Langenscheidt
Vocabulário básico e avançado

Francês

Langenscheidt
martins fontes
selo martins

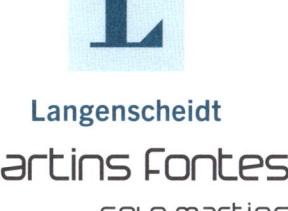

© 2021 Martins Editora Livraria Ltda., São Paulo, para a presente edição.
© 2015 PONS GmbH Stuttgart.
Esta obra foi originalmente publicada em alemão sob o título
Langenscheidt Grund- und Aufbauwortschatz – Französisch.

Publisher	*Evandro Mendonça Martins Fontes*
Coordenação editorial	*Vanessa Faleck*
Produção editorial	*Carolina Cordeiro Lopes*
Tradução	*Saulo Krieger*
Preparação	*Lucas Torrisi*
Revisão	*Renata Sangeon* *Bárbara Parente* *Julia Ciasca Brandão*
Revisão técnica	*Lara Milani*

1ª edição abril de 2021 | **Fonte** Helvetica Neue, Trade Gothic LT
Papel Offset 75 g/m² | **Impressão e acabamento** EGB

Dados Internacionais de Catalogação na Publicação (CIP)
Angelica Ilacqua CRB-8/7057

Vocabulário básico e avançado Langenscheidt : francês / tradução de Saulo Krieger. – São Paulo : Martins Fontes – selo Martins, 2021.
460 p.

ISBN: 978-85-8063-390-0
Título original: Langenscheidt Grund- und Aufbauwortschatz Französisch

1. Língua francesa – Vocabulário 2. Língua francesa – Estudo e ensino 3. Língua francesa – Conversação e frases – Português I. Krieger, Saulo

20-1421   CDD 448.2469

Índice para catálogo sistemático:
1. Língua francesa – Conversação e frases – Português

Todos os direitos desta edição reservados à
Martins Editora Livraria Ltda.
Av. Doutor Arnaldo, 2076
01255-000 São Paulo/SP Brasil
Tel: (11) 3116 0000
info@emartinsfontes.com.br
www.emartinsfontes.com.br

Prefácio

O *Vocabulário básico e avançado – Francês* destina-se tanto a iniciantes quanto a estudantes avançados. As palavras e expressões contidas aqui são contempladas pelos níveis A1 a B2. Para saber se um termo pertence ao vocabulário básico ou ao avançado deve-se atentar para a coloração do fundo da página, que pode se manter branca ou assumir um tom azulado.

O vocabulário é selecionado de acordo com a frequência e atualidade. É apresentado por temas ao longo dos 21 capítulos. No interior de um capítulo, as palavras são agrupadas segundo campos temáticos, de modo que conceitos com o mesmo radical possam ser aprendidos em conjunto.

Para cada **palavra-chave** você encontrará como exemplo ao menos um enunciado ilustrando seu uso correto. Em caso de significados diferentes de um mesmo termo, são apresentados mais exemplos, com exceção de palavras cujo significado possa ser nitidamente depreendido na tradução, como no caso de alimentos, animais ou plantas. Esses conceitos são mostrados em listas temáticas de palavras.

Na seção **Dicas**, uma série de dicas informa sobre o uso e a diferença entre palavras facilmente confundíveis ou sobre importantes detalhes culturais. Além disso, você poderá encontrar notas para a formação de palavras.

Um **Registro** para cada direção linguística faz que uma palavra possa ser encontrada rapidamente.

Desejamos que você se divirta muito e tenha sucesso no aprendizado dos termos!

4 Prefácio

Funciona de modo muito simples:

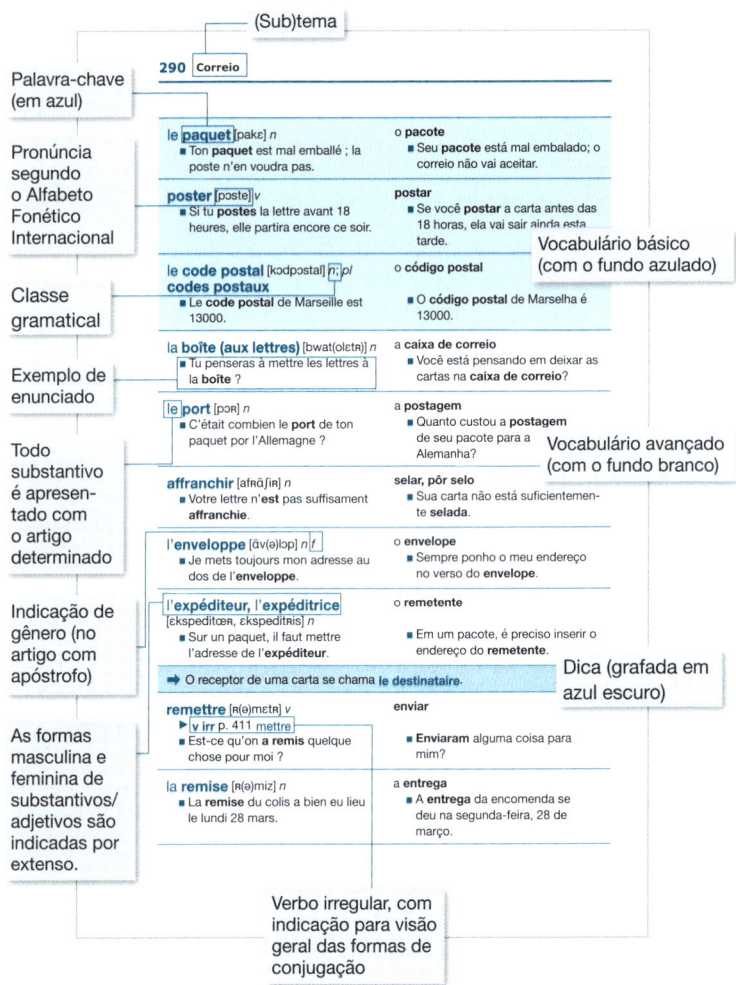

Sumário

Abreviações gramaticais — 10
Outras abreviações — 10
Indicações de pronúncia e fonética — 11

Personalidade — 17
Informações pessoais — 17
Traços de personalidade — 21
Aparência — 27
    Características físicas — 27
    Vestuário e calçados — 31
    Acessórios — 37
Vínculos sociais — 38
    Família — 38
    Parceria e casamento — 43
    Amizade e outros contatos sociais — 47
Ciclo da vida — 51

Percepções, comunicação e atividades — 56
Pensar e sentir — 56
    Pensamentos — 56
    Sentimentos — 59
    Impressões dos sentidos — 66
Situações da fala — 69
    Conversas — 69
    Perguntar, pedir e responder — 72
    Ordens e proibições — 75
    Discussão e acordo — 76
    Resolver conflitos — 81
    Saudações e despedidas — 83
    Expressões frequentes — 84
Ações e comportamentos — 86
    Atividades gerais — 86
    Esforços e ocupações — 92
    Auxílio, obrigação e confiança — 94
    Posses, dar e receber — 96

Saúde e cuidados corporais — 99
Partes e órgãos do corpo — 99
Doenças e comprometimentos físicos — 101

Exames médicos e hospital	108
Pedido de socorro	113
Cuidados corporais	115

Formação — 118
Aprendizado	118
Linguagem	126
Escola, universidade e formação	130
Disciplinas escolares e universitárias	139

Profissão — 142
Vida profissional	142
Profissões	147
Cotidiano e material de escritório	152
Candidatura à vaga de emprego, colocação e demissão	156
Condições de trabalho	160

Interesses culturais — 164
Leitura	164
Música	167
Arte	170
Teatro e cinema	172

Lazer e tempo livre — 176
Festas	176
Feriados	179
Saídas e diversão	181
Esportes	183
Hobbies	190
Fazer compras	196
Escolher e pagar	196
Lojas	202

Alimentação — 204
Conceitos gerais	204
Pães, doces e cereais	211
Frutas e verduras	212
Carnes, peixes e derivados do leite	213
Temperos, ervas e outros ingredientes	216
Doces, salgados e guloseimas	217
Bebidas	218

Sumário

Restaurantes e cafés — 220
Restaurantes — 220
Pratos e aperitivos — 221
Servir-se, fazer um pedido e pagar — 222

Moradia — 226
Casas e habitações — 226
Quartos e cômodos — 229
Instalações — 232
    Mobiliário — 232
    Assuntos do lar — 236

Turismo e transporte — 244
Viagens — 244
Pernoites — 248
Atrações turísticas — 250
Locais — 253
Meios de transporte público — 257
    Transporte público de curta distância — 257
    Transporte ferroviário — 259
    Transporte aéreo e navegação — 263
Transporte individual — 266

Natureza e meio ambiente — 273
Animais e plantas — 273
Paisagens — 275
Pontos cardeais — 280
Universo — 282
Meio ambiente, tempo e clima — 284

Meios de comunicação e mídia — 289
Correio — 289
Mídia impressa e radiodifusão — 291
Telefone, celular e internet — 294
Computador e multimídia — 302

Economia, técnica e pesquisa — 309
Indústria, comércio e prestação de serviços — 309
Dinheiro, bancos e mercado financeiro — 312
Agricultura — 316
Técnica, energia e pesquisa — 319
Recursos naturais e matérias-primas — 324

Sociedade e Estado — 328
História — 328
Sociedade — 331
Religião e moral — 334
Política — 338
Defesa e segurança — 343
Instituições públicas e administração — 346
Lei e jurisprudência — 348

Tempo — 353
Decurso do ano — 353
Meses do ano — 354
Dias da semana — 354
Períodos do dia — 355
Horas do dia — 356
Outros conceitos de tempo — 357
    Atualidade, passado e futuro — 357
    Duração e frequência — 359
    Antes e depois — 362
    Transcurso do tempo — 364

Espaço — 366
Conceitos espaciais — 366
Movimento, velocidade e repouso — 371
Ir e vir — 373

Cores e formas — 375
Cores — 375
Formas — 376

Números e unidades de medida — 377
Números inteiros — 377
Números ordinais — 380
Pesos e medidas — 382
Conceitos de quantidade — 383

Classificação – conceitos gerais — 387
Diferença e divisão — 387
Causa e efeito — 391
Modos — 393

Termos estruturais — 396
Artigos — 396

Pronomes	396
Pronomes pessoais	396
Pronomes possessivos	399
Pronomes demonstrativos	400
Pronomes interrogativos	401
Pronomes indefinidos e adjetivos indeterminados	401
Preposições	403
Conjunções	404
Verbos auxiliares e modais	405
Anexo	407
Verbos irregulares	407
Países, línguas e povos	415
Índice onomástico português – francês	000
Índice onomástico – francês – português	000

Abreviações gramaticais

adj	adjetivo
adv	advérbio
art	artigo
conj	conjunção
f	feminino
interj	interjeição
inv	invariável
irr	irregular
m	masculino
m/f	masculino e feminino
n	substantivo
neut	neutro
num	número
part	particípio
loc	expressão
pl	plural
prep	prep
pron	pronome
sg	singular
v	verbo

Outras abreviações

abrev.	abreviação
col.	coloquial
fig.	sentido figurado
i. e.	isto é
p. e.	por exemplo
refl.	reflexivo
rec.	recíproco
qn	quelqu'un [alguém]
qc	quelque chose [alguma coisa]

Indicações de pronúncia e fonética

Fonética

A transcrição fonética de uma palavra é apresentada entre colchetes imediatamente após a palavra-chave: **monsieur** [məsjø].

Na sequência, você vai encontrar as regras de pronúncia mais importantes. Para evidenciar os sinais individuais, seguir-se-á sempre um exemplo na língua francesa juntamente com a elucidação da pronúncia.

Vogais

Nas sílabas tônicas, as vogais longas são pronunciadas mais demoradamente do que as átonas.

Sinal	Exemplo	Fonética	Pronúncia
[a]	adresse, madame	[adʀɛs], [madam]	mato
[ɑ]	classe, âge, château	[klɑs], [ɑʒ], [ʃɑto]	Não há equivalente exato em português. Assemelha-se ao som [a], mas mais curto.
[e]	aimer, payer, étage, bébé, porter, et	[eme], [peje], [etaʒ], [bebe], [pɔrte], [e]	medo
[ɛ]	raison, espoir, mettre, être, tête, adresse, père, oreille, ouvert	[ʀɛzõ], [ɛspwaʀ], [mɛtʀ], [ɛtʀ], [tɛt], [adʀɛs], [pɛʀ], [ɔʀɛj], [uvɛʀ]	café
[ə]	se, menu, département	[sə], [məny], [departəmã]	Não há equivalente exato em português. Semelhante ao som [e], mas átono.

Indicações de pronúncia e fonética

[i]	identité, joli, gentil, famille, île	[idãtite], [ʒɔli], [ʒãti], [famij], [il]	**i**greja
[o]	sauce, eau, nouveau, dos, rose, hôtel	[sos], [o], [nuvo], [do], [ʀoz], [otɛl]	cap**ô**
[ø]	euro, jeu, monsieur, vieux, heurex	[øʀo], [ʒø], [məsjø], [vjø], [øʀø]	Não há equivalente em português.
[œ]	œuvre, bœuf, neuf, feuille	[œvʀ], [bœf], [nœf], [fœj]	Não há equivalente em português.
[u]	oublier, amour	[ublije], [amuʀ]	**u**ma
[y]	utiliser, adulte, vue, sûr	[utilize], [adylt], [vy], [syʀ]	Não há equivalente em português.

Semivogais

Sinal	Exemplo	Fonética	Pronúncia
[j]	fille, bien, marié, nièce, voyage	[fij], [bjɛ̃], [maʀje], [njɛs], [vwajaʒ]	histór**i**a
[w]	oiseau, voir, boîte, ouest, jouer, voyage	[wazo], [vwaʀ], [bwat], [wɛst], [ʒwe], [vwajaʒ]	ág**u**a
[ɥ]	nuage, polluer, fruit	[nɥaʒ], [pɔlɥe], [fʀɥi],	Não há equivalente exato em português. Semelhante a ling**u**iça.

Nasais

Sinal	Exemplo	Fonética	Pronúncia
[ã]	ancien, sans, emploi, temps, encore, pendant	[ãsjɛ̃], [sã], [ãplwa], [tã], [ãkɔʀ], [pãdã]	Não há equivalente exato em português. Semelhante a t**an**to, porém mais nasal.
[ɛ̃]	faim, pain, peinture, bien, simple, intérêt, magasin	[fɛ̃], [pɛ̃], [pɛ̃tyʀ], [bjɛ̃], [sɛ̃pl], [ɛ̃teʀɛ], [magazɛ̃]	Não há equivalente em português. É o som de f**é**, mas nasalizado.

[õ]	monde, nom	[mõd], [nõ]	som
[œ̃]	parfum, lundi	[paʀfœ̃] (ou [parfɛ̃]), [lœ̃d]	Não há equivalente exato em português. Semelhante a **rã**, mas mais nasal.

Consoantes

Sinal	Exemplo	Fonética	Pronúncia
[p]	parents, espérer	[paʀã], [ɛspeʀe]	**p**ato
[t]	toucher, écouter	[tuʃe], [ekute]	**t**aco
[k]	conversation, accepter, quitter, critiquer	[kõvɛʀsasjõ], [aksɛpte], [kite], [kʀitike]	**c**asa
[b]	bureau, table	[byʀo], [tabl]	**b**elo
[d]	document, guide	[dɔkymã], [gid]	**d**ono
[g]	gare, magazine	[gaʀ], [magazin]	**g**ato
[f]	fenêtre, informer	[fənɛtʀ], [ɛ̃fɔʀme]	**f**esta
[v]	vrai, télévision	[vʀɛ], [televizjõ]	**v**aso
[s]	soleil, ensemble, essayer, certitude, nièce, divorcer, garçon, explication	[sɔlɛj], [ãsãbl], [eseje], [sɛʀtityd], [njɛs], [divɔʀse], [gaʀsõ], [ɛksplikasjõ]	**s**apo
[z]	bise, raison, zip	[biz], [ʀɛzõ], [zip]	**z**ebra
[ʃ]	chaussure, chercher	[ʃosyʀ], [ʃɛʀʃe]	**ch**ama
[ʒ]	jardin, journal, séjour, village, bagages, voyager, voyageur, région	[ʒaʀdɛ̃], [ʒuʀnal], [seʒuʀ], [vilaʒ], [bagaʒ], [vwajaʒe], [vwajaʒœʀ], [ʀeʒjõ]	**j**ato
[l]	lunettes, joli	[lynɛt], [ʒɔli]	**s**ala
[m]	mal, aimer	[mal], [eme]	**m**açã

[n]	numéro, donner	[nymeʀo], [dɔne]	número
[ɲ]	campagne, baigner	[kãpaɲ], [beɲe]	senha
[ŋ]	camping	[kãpiŋ]	Não há equivalente exato em português. Semelhante a bingo.
[ʀ]	restaurant, servir	[ʀestɔʀã], [sɛʀviʀ]	Não há equivalente exato em português. Semelhante a rato, mas produzido no fundo da garganta.

Indicação: Entre as consoantes em língua francesa, distinguem-se dois sons de *h*: o *h* mudo e o *h* aspirado. Nem um nem outro são pronunciados, e na ortografia são tratados da mesma maneira. Porém, na pronúncia a diferença desempenha um importante papel.

- h muet [aʃmɥɛ] (*h* mudo): se uma palavra se iniciar com *h* mudo, ela é pronunciada como se iniciasse com a vogal subsequente: **l'horaire** [lɔʀɛʀ], **les horaires** [lezɔʀɛʀ].

- h aspiré [aʃaspiʀɛʀ] (h aspirado): esse som é tratado como se fosse de uma consoante pronunciada, isto é, não se forma nenhuma *liaison*, e os artigos *le* e *la* não são abreviados por meio de apóstrofo; le **haricot** [ləaʀiko], **les haricots** [ləaʀiko].

Sílaba tônica

Se na escrita em língua francesa não houver indicação de acentuação, sempre a última sílaba da sentença ou de parte da sentença será a tônica. Mas com isso não se está levando em conta um *e* mudo [ə] no final da palavra.

Ligação

O elemento essencial da pronúncia francesa é a chamada *liaison*: isso significa que ao final da palavra pronuncia-se uma consoante quando a palavra seguinte se iniciar com uma vogal ou com um *h* mudo.

São pronunciadas conjuntamente somente palavras que, juntas, componham um sentido:

- artigo + substantivo: **les animaux** [lezanimo]
- pronome + substantivo: **ces animaux** [sezanimo]
- numeral + substantivo: **trois animaux** [tʀwazanimo]
- adjetivo + substantivo: **un grand animal** [ɛ̃gʀɑ̃tanimal]
- pronome + verbo: **ils ont** [ilzõ]
- após as seguintes preposições: **chez**, **dans**, **en**, **sans**, **sous**
- após os seguintes advérbios: **très**, **tout**, **plus**, **moins**

Indicação: no francês, após **et** e antes de *h* aspirado não se pronuncia nenhuma *liaison*.

Acentuação

Na língua francesa, os acentos determinam a pronúncia ou servem para a diferenciação de palavras:

- accent aigu (é): p. e., **café** [kafe]
- accent grave (è): p. e., **père** [pɛʀ]
- accent circonflexe (ê) ou (ô): p. ex., **arrêt** [aʀɛ]; **contrôle** [kõtʀol]
- O acento grave é também empregado como indicador de

diferenciação em **a** e **u**, por exemplo **il a** (ele tem), **à Paris** (em ou para Paris), **ou** (ou) **où** (onde/para onde)

Outros sinais gráficos

Na língua francesa, são usados os sinais gráficos cedilha, hífen e trema.

- Cedilha: indica que, antes de *a*, *o* e *u*, *c* é pronunciado como um *s* mudo, por exemplo **ça y est** [sajɛ]

- Hífen: é empregado para a introdução do pronome reflexivo na formação do imperativo e, além disso, para a formação de substantivos compostos, por exemplo, **donnez-moi**, **repose-toi** e **grand-mère**.

- Trema: assinala a pronúncia separada de duas vogais que imediatamente se sucedem, por exemplo, **Noël** [nɔɛl]

Apóstrofo

Se uma palavra inicia com uma vogal ou com *h* mudo e a vogal precedente termina com um *a* ou com *e*, a vogal final é introduzida por um apóstrofo: **l'activité** [laktivite], **c'est ça** [sɛsa].

Personalidade

Informações pessoais

le **monsieur** [məsjø] *n*; *pl* **messieurs** ▪ Deux **messieurs** bien habillés accompagnent la présidente.	o **senhor** ▪ Dois **senhores** bem vestidos acompanham a presidente.

➡ Em tratamentos e nomeações, **Monsieur** é escrito com letra maiúscula. A abreviação é **M**.

l'**homme** [ɔm] *n m* ▪ À l'Assemblée, il y a encore plus d'**hommes** que de femmes.	o **homem** ▪ No Congresso Nacional há sempre mais homens do que mulheres.
madame [madam] *n f*; *pl* **mesdames** ▪ C'est **Madame** Martin qui s'occupera de vous pendant votre stage.	**senhora** (tratamento) ▪ A **Sra.** Martin vai cuidar de você durante seu estágio.

➡ Em tratamentos e nomeações, **Madame** é escrito com inicial maiúscula. A abreviação é **Mme**.

la **femme** [fam] *n* ▪ Il y a une chanson qui dit que toutes les **femmes** sont belles.	a **mulher** ▪ Há uma canção que diz que todas as mulheres são belas.
la **dame** [dam] *n* ▪ Qui est cette **dame** à côté du directeur ?	a **dama** ▪ Quem é essa **dama** ao lado do diretor?
la **mademoiselle** [mad(ə)mwazɛl] *n*; *pl* **mesdemoiselles** ▪ Je vous présente **Mademoiselle** Legrande, ma sœur aînée.	a **senhorita** ▪ Eu lhe apresento a **senhorita** Legrand, minha irmã mais velha.

➡ No tratamento e em casos de nomeação, **Mademoiselle** é escrito com letra maiúscula. A abreviação é **Mlle**. Para mulheres desconhecidas, usa-se hoje **Madame**, independentemente de ela ser casada ou não. Em 2012, por decreto governamental, o uso de **Mademoiselle** foi banido como tratamento para mulheres não casadas em ofícios e formulários.

l'**enfant** [ɑ̃fɑ̃] *n m/f*
- Les familles nombreuses ont rarement plus de quatre **enfants**.

a **criança**, o **filho**
- Famílias numerosas raramente têm mais do que quatro **filhos**.

➡ É empregado também como feminino: **C'est encore qu'une enfant. – É ainda uma criança.**

le **garçon** [gaʀsɔ̃] *n*
- Le premier **garçon** avec qui je suis sortie s'appelait Thomas.

o rapaz
- O primeiro **rapaz** com quem saí chama-se Thomas.

la **fille** [fij] *n*
- Autrefois, les garçons et les **filles** n'allaient pas à la même école.

a garota, a moça
- No início, rapazes e **moças** não iam à mesma escola.

appeler [ap(ə)le] *v*
- Je m'appele Rudolf, mais on m'**appelle** Rudi.

chamar-se
- Eu me chamo Rudolf, mas **me chamam** de Rudi.

s'**appeler** [sap(ə)le] *v*
- Comment tu **t'appelles** ? – Je m'appelle Jörg.

chamar-se
- Como você **se chama**? – Eu **me chamo** Jörg.

le **nom** [nɔ̃] *n*
- Martin est le **nom** français le plus courant.

o nome
- Martin é o **nome** francês mais comum.

le **nom de famille** [nɔ̃d(ə)famij] *n*
- Mon **nom de famille** est Weber, mais vous pouvez m'appeler Stefan !

o sobrenome
- Meu **sobrenome** é Weber, mas você pode me tratar por Stefan.

le **prénom** [pʀenɔ̃] *n*
- C'est quoi, ton **prénom** ?

o prenome
- Como é seu **prenome**?

marié, mariée [maʀje] *adj*
- De plus en plus de couples non **mariés** ont des enfants.

casado
- Cada vez mais casais não **casados** têm filhos.

Informações pessoais 19

veuf, veuve [vœf, vœv] *adj*
- Mon beau-frère est **veuf** mais encore jeune, et pourtant il ne veut pas se remarier.

viúvo
- Meu cunhado é **viúvo**, mas jovem ainda, e mesmo assim ele não quer casar de novo.

séparé, séparée [sepaʀe] *adj*
- Ils sont **séparés** depuis cinq ans mais ils passent leurs vacances ensemble pour les enfants.

separado
- Eles estão **separados** há cinco anos, mas passam as férias juntos por causa das crianças.

venir de [vənɪʀdə] *v*
▶ v irr p. 413 venir
- Elle **vient d'**un petit village près de Paris.

vir de
- Ela **vem de** uma pequena vila nas proximidades de Paris.

l'**adresse** [adʀɛs] *n f*
- Pense à me donner ta nouvelle **adresse** !

o endereço
- O que acha de me dar seu novo **endereço**?

la **rue** [ʀy] *n*
- Vous pouvez me dire où est la **rue** qui mène à l'hôtel de ville ?

a rua
- O senhor poderia me dizer onde fica a **rua** da prefeitura?

➡ Somente ruas em cidades e vilas são referidas por **la rue**. Rodovias são referidas por **la route**.

le **numéro de la maison** [nym(ə)ʀodelamezõ] *n*
- Même de loin, le **numéro de la maison** est bien visible.

o número da casa
- Mesmo de longe, o **número da casa** é bem visível.

la **personne** [pɛʀsɔn] *n*
- Je pourrais réserver une table pour quatre **personnes** ?

a pessoa
- Eu poderia reservar uma mesa para quatro **pessoas**?

le **bébé** [bebe] *n*
- Ma sœur attend un **bébé**.

o bebê
- Minha irmã espera um **bebê**.

majeur, majeure [maʒœʀ] *adj*
- On devient **majeur** à 18 ans.

maior de idade
- Torna-se **maior de idade** aos 18 anos.

mineur, mineure [minœʀ] *adj*
- Quand on est **mineur**, il faut l'autorisation des parents pour se marier.

menor de idade
- Quando se é **menor de idade**, é preciso da autorização dos pais para se casar.

Informações pessoais

> ➡ **Mineur** é frequentemente empregado como substantivo: **Interdit aux mineurs. – Proibido para menores.**

le **domicile** [dɔmisil] n
- Je travaille à Lyon et mon **domicile** est à Toulon.

o **domicílio**
- Trabalho em Lyon, mas meu **domicílio** é em Toulon.

la **nationalité** [nasjɔnalite] n
- Veuillez indiquer votre nom et votre **nationalité**.

a **nacionalidade**
- Queira indicar seu nome e sua **nacionalidade**.

l'**état civil** [etasivil] n m
- Il est très important que vous comuniquiez toutes les modifications de votre **état civil** à l'ambassade.

o **estado civil**
- É muito importante que você comunique todas as mudanças de seu **estado civil** à embaixada.

célibataire [selibatɛʀ] adj
- Elle est **célibataire**, mais elle ne veut pas qu'on lui dise «mademoiselle».

solteiro
- Ela é **solteira**, mas não quer ser tratada por "mademoiselle".

divorcé, divorcée [divɔʀse] adj
- Je ne peux pas l'épouser, car il n'est pas encore **divorcé**.

divorciado
- Eu não posso me casar com ele, pois ele ainda não está **divorciado**.

le **sexe** [sɛks] n
- Peut-on choisir le **sexe** de son enfant ?

o **sexo**
- É possível escolher o **sexo** de seu filho?

le **surnom** [syʀnõ] n
- Pipo… quel drôle de **surnom** pour un homme si important !

o **apelido**
- Pipo… Que **apelido** engraçado para um homem tão importante!

Traços de personalidade

brave [bʀav] *adj* ■ Il se met parfois en colère, mais finalement, c'est un **brave** type.	**bom** ■ Por vezes ele fica furioso, mas na verdade é um **bom** homem.
gentil, gentille [ʒɑ̃ti, ʒɑ̃tij] *adj* ■ Monique est une jeune fille très **gentille**. ■ C'est très **gentil** de votre part de m'avoir invitée.	**gentil** ■ Monique é uma garota muito **gentil**. ■ Foi muito **gentil** de sua parte me convidar.
bon, bonne [bɔ̃, bɔn] *adj* ■ C'est une personne vraiment **bonne** qui aide où elle peut.	**bom** ■ É realmente uma **boa** pessoa, que ajuda onde pode.
aimable [ɛmabl] *adj* ■ Seriez-vous assez **aimable** pour laisser cette porte ouverte ?	**amável** ■ Seria muito **amável** de sua parte se deixasse a porta aberta.
sage [saʒ] *adj* ■ Les enfants, soyez bien **sages**, je reviens dans cinq minutes.	**comportado** ■ Crianças, sejam bem-**comportadas**, estarei de volta em cinco minutos.
le **charme** [ʃaʀm] *n* ■ On peut avoir du **charme** et ne pas être beau.	o **charme** ■ Pode-se ter **charme** e não ser belo.
charmant, charmante [ʃaʀmɑ̃, ʃaʀmɑ̃t] *adj* ■ On lui pardonne tous ses mensonges, car elle est si **charmante**.	**charmoso** ■ São-lhes perdoadas todas as mentiras, já que ela é tão **charmosa**.
la **raison** [ʀɛzɔ̃] *n* ■ Heureusement que la **raison** l'a empêché de conduire, car il avait bu trop d'alcool.	a **razão** ■ Felizmente a **razão** impediu-o de guiar, pois ele havia bebido muito álcool.
raisonnable [ʀɛzɔnabl] *adj* ■ Allons, sois **raisonnable** et ne fais pas de bêtises !	**razoável** ■ Portanto, seja **razoável** e não faça besteiras!

sérieux, sérieuse [seʀjø, seʀjøz] *adj*
- Philippe est un jeunne homme très **sérieux**.

sério
- Philippe é um jovem homem bastante **sério**.

sympathique [sɛ̃patik] *adj*
- Je l'ai tout de suite trouvée **sympathique**.

simpático
- Eu logo a achei **simpática**.

➡ Na linguagem corrente, diz-se também **sympa**.

calme [kalm] *adj*
- Il reste **calme** même quand les choses vont mal.

calmo
- Ele se mantém **calmo**, mesmo quando as coisas vão mal.

tranquille [tʀɑ̃kil] *adj*
- J'espère que les enfants seront **tranquilles**, pour que je puisse travailler un peu.

tranquilo, quieto
- Espero que as crianças fiquem **quietas**, para que eu possa trabalhar um pouco.

comique [kɔmik] *adj*
- La scène était tellement **comique** que tous les spectateurs ont éclaté de rire.

cômico
- A cena foi tão cômica que todos os espectadores caíram na gargalhada.

le courage [kuʀaʒ] *n*
- Allez, du **courage**; on est presque arrivés!

a coragem
- **Coragem**, estamos quase lá!

courageux, courageuse [kuʀaʒø, kuʀaʒøz] *adj*
- Si j'étais plus **courageux**, je lui dirais ce que je pense.

corajoso
- Se eu fosse mais **corajoso**, eu lhe diria o que penso.

la bêtise [betiz] *adj*
- Il ne se rend pas compte de sa **bêtise**.

burrice
- Ele não se dá conta de sua **burrice**.

bête [bɛt] *n*
- C'est trop **bête** ! J'ai encore oublié mes clés au bureau.

burro
- Mas que **burro**! Esqueci as chaves no escritório.

méchant, méchante [meʃɑ̃, meʃɑ̃t] *adj*
- Il a été vraiment **méchant** avec moi.

mau, vil
- Ele foi realmente **mau** comigo.

Traços de personalidade

lâche [lɑʃ] *adj*
- Il est trop **lâche** pour me dire la vérité en face.

covarde
- Ele é **covarde** demais para me dizer a verdade na cara.

la personnalité [pɛʀsɔnalite] *n*
- Cette actrice a une **personnalité** un peu compliquée.

a **personalidade**
- Essa atriz tem uma **personalidade** um pouco complicada.

le caractère [kaʀaktɛʀ] *n*
- Mes frères ont des **caractères** très différents.

o caráter
- Meus irmãos têm **caracteres** bem diferentes.

ambitieux, ambitieuse [ɑ̃bisjø, ɑ̃bisjøz] *adj*
- Elle est très **ambitieuse** et veut réussir dans la vie.

ambicioso
- Ela é bastante **ambiciosa** e quer vencer na vida.

apliqué, appliquée [aplike] *adj*
- Mon fils est très **appliqué** et a de bons résultats en classe.

aplicado
- Meu filho é muito **aplicado** e tira boas notas.

paresseux, paresseuse [paʀɛsø, paʀɛsøz] *adj*
- En vacances, je devins **paresseux** : je me lève parfois à midi.

preguiçoso
- Nas férias, eu fico bem **preguiçoso**. Às vezes me levanto ao meio-dia.

poli, polie [pɔli] *adj*
- Je suis **polie** avec le voisins, mais ça s'arrête là.

educado, educada
- Sou **educado** com os vizinhos, mas não vou além disso.

impoli, impolie [ɛ̃pɔli] *adj*
- Ces gens sont vraiment **impolis**, ils ne disent jamais bonjour.

mal-educado, mal-educada
- Essas pessoas são realmente **mal-educadas**, nunca dizem bom-dia.

➡ Em francês, frequentemente se usa o prefixo **in-** ou **im-** para converter uma palavra em seu contrário.

antipathique [ɑ̃tipatik] *adj*
- Le nouveau collègue m'est **antipathique** : il est trop arrogant.

antipático
- O novo colega me é **antipático**: ele é muito arrogante.

rude [ʀyd] *adj*
- Il a des manières **rudes**, ton fils !

rude, grosseiro
- Mas é **grosseiro** esse seu filho!

Traços de personalidade

l'**honnêteté** [ɔnɛtte] *n f*
- Je vous assure que malgré son passé l'**honnêteté** est sa plus grande qualité.

a **honestidade**
- Garanto ao senhor que, apesar de seu passado, a **honestidade** é a sua maior qualidade.

honnête [ɔnɛt] *adj*
- On peut lui faire confiance, c'est quelqu'un d'**honnête**.

honesto
- Pode-se confiar nele, ele é **honesto**.

sincère [sɛ̃sɛʀ] *adj*
- Comment savoir s'il est **sincère** ?

sincero
- Como vou saber se ele é **sincero**?

la **patience** [pasjɑ̃, pasjɑ̃t] *n*
- Avec un peu de **patience**, on y arrive.

a **paciência**
- Com um pouco de **paciência**, consegue-se.

patient, patiente [pasjɑ̃, pasjɑ̃t] *adj*
- Quand on veut photographier des animaux, il faut savoir être **patient**.

paciente
- Quando se quer fotografar animais, é preciso saber ser **paciente**.

impatient, impatiente [ɛ̃pasjɑ̃] *adj*
- Ne sois donc pas si **impatient** ! Attends une minute !

impaciente
- Não seja tão **impaciente**! Espere um minuto!

généreux, généreuse [ʒeneʀø, ʒeneʀøz] *adj*
- Le gouvernement n'a pas été très **généreux** : 0,5 pour cent d'augmentation des salaires !

generoso
- O governo não foi muito **generoso**: 0,5 por cento de aumento dos salários!

avare [avaʀ] *adj*
- Je ne suis pas **avare**, mais je dois faire des économies.

avarento
- Eu não sou **avarento**, mas preciso economizar.

joyeux, joyeuse [ʒwajø, ʒwajøz] *adj*
- Je me demande ce qui la rend aussi **joyeuse**.

feliz
- Eu me pergunto o que a faz tão **feliz**.

gai, gaie [ge] *adj*
- Avec son caractere **gai**, elle anime nos réunions.

alegre
- Com sua personalidade **alegre**, ela anima nossos encontros.

drôle [dʀol] *adj*
- Elle est vraiment **drôle**, avec sa jupe rouge !

engraçado
- Ela está realmente **engraçada** com sua saia vermelha!

l'**humour** [ymuʀ] *n m*
- Tu n'as vraiment pas le sens de l'**humour** !

o **humor**
- Você realmente não tem senso de **humor**!

L'**humeur** [ymœʀ] *n f*
- Il est toujours de bonne **humeur**.

o **humor**
- Ele está sempre de bom **humor**.

la **curiosité** [kyʀjozite] *n*
- Cette nouvelle mode de biquínis éveille la **curiosité** de tous les hommes.

a **curiosidade**
- Essa nova moda de biquínis desperta a **curiosidade** de todos os homens.

curieux, curieuse [kyʀjø, kyʀjøz] *adj*
- Ce que ta voisine peut être **curieuse** : toujours à la fenêtre !

curioso
- Mas essa sua vizinha é **curiosa**: sempre junto à janela!

prudent, prudente [pʀydɑ̃, pʀydɑ̃t] *adj*
- Soyez **prudents** en traversant la rue !

prudente
- Sejam **prudentes** ao atravessar a rua!

imprudent, imprudente [ɛ̃pʀydɑ̃, ɛ̃pʀydɑ̃t] *adj*
- Je te le redis: ne sois pas **imprudent** et ne te penche pas par la fenêtre !

imprudente
- Eu lhe digo mais uma vez: não seja **imprudente** e não fique pendurado na janela!

la **passion** [pasjɔ̃] *n*
- C'est l'amour de sa vie et il en parle avec **passion**.

a **paixão**
- É o amor de sua vida e ele fala dela com **paixão**.

passionné, passionée [pasjone] *adj*
- Claire est une jeune femme engagée et **passionnée**.

apaixonado
- Claire é uma moça comprometida e **apaixonada**.

mal élevé, mal élevée [malelve] *adj*
- Nous n'inviterons plus chez nous cet enfant **mal élevé**.

mal-educado, malcriado
- Não convidamos mais essa criança **malcriada**.

Traços de personalidade

sensible [sãsibl] *adj*
- Ne sois pas si **sensible** !

sensível, vulnerável
- Não seja tão **sensível**!

nerveux, nerveuse [nɛʀvø, nɛʀvøz] *adj*
- Je suis toujours **nerveux** quand je dois prendre l'avion.

nervoso
- Sempre fico **nervoso** quando tenho de pegar um avião.

timide [timid] *adj*
- Ne sois pas si **timide** !

tímido
- Não seja tão **tímido**!

modeste [mɔdɛst] *adj*
- Mon frère reste **modeste** malgré sa fortune.

modesto
- Meu irmão continua **modesto**, apesar de sua fortuna.

malin [malɛ̃] *adj*; *f* **maligne**
- Elle est **maligne** : elle sait bien qu'il finira par dire oui.

maligno, mau
- Ela é **maligna**: ela bem sabe que ele vai acabar dizendo sim.

fol, folle [fu, fɔl] *adj*
- Je ne suis tout de même pas **folle** ; je suis certaine d'avoir éteint la lumière en partant.

louco, louca
- Não estou ficando **louca**; tenho plena certeza de ter apagado a luz ao sair.

➡ A forma **fol** é empregada quando o adjetivo é inserido antes de um substantivo masculino iniciado com vogal ou *h* mudo.

la **fierté** [fjɛʀte] *n*
- Moi aussi j'ai ma **fierté** : je ne m'excuserai pas !

o **orgulho**
- Também eu tenho meu **orgulho**. Não vou me desculpar!

fier, fière [fje, fjɛʀ] *adj*
- Les Français sont très **fiers** de leurs vins.

orgulhoso
- Os franceses são muito **orgulhosos** de seus vinhos.

Aparência

Características físicas

le **visage** [vizaʒ] n
- Son **visage** me dit quelque chose; j'ai déjà dû le rencontrer quelque part.

o **rosto**
- Seu **rosto** me parece conhecido; devo já tê-lo visto alguma vez.

la **figure** [figyʀ] n
- Il est revenu du ski avec la **figure** toute bronzée.

o **rosto**
- Ele voltou do esqui com o **rosto** bem bronzeado.

les **cheveux** [ʃ(ə)vø] n m pl
- En ce moment, les garçons ont plutôt les **cheveux** courts.

o **cabelo**
- No momento, os rapazes **estão** usando o cabelo mais curto.

ressembler à [ʀəsɑ̃blea] v
- Elle **ressemble** plus à son père qu'à sa mère.

parecer-se
- Ela **se parece** mais com o pai do que com a mãe.

se ressembler [sər(ə)sɑ̃ble] v
- Ils ne **se ressemblent** pas du tout.

ser parecido
- Eles não são nem um pouco **parecidos**.

joli, jolie [ʒɔli] adj
- Je trouve ta sœur plus **jolie** avec les cheveux courts.

bonito
- Acho sua irmã mais **bonita** de cabelos curtos.

➡ **Joli** é empregado somente para mulheres e garotas; para homens e rapazes, usa-se **beau**.

la **beauté** [bote] n
- Ce n'est pas une **beauté**, mais elle est très gentille.

a **beleza**
- Ela não é nenhuma **beleza**, mas é muito gentil.

beau, bel, belle [bo, bɛl] adj; pl **beaux**
- On ne peut pas dire que Laurent soit **beau**, mais il est charmant quand même.

belo
- Não se pode dizer que Laurent é **belo**, mas ele é charmoso mesmo assim.

Características físicas

> ➡ Normalmente, em francês, o adjetivo é inserido após o substantivo. **Beau**, no entanto, frequentemente é usado antes. Quando o substantivo subsequente se inicia com vogal ou *h* mudo e for masculino, emprega-se a forma **bel**, por exemplo, **ton bel ami – seu belo amigo**.

attirant, attirante [atiʀɑ̃, atiʀɑ̃t] *adj*
- Cette grande femme blonde est vraiment très **attirante**.

atraente
- Esta grande mulher loura é de fato muito **atraente**.

laid, laide [lɛ, lɛd] *adj*
- Louis XI était, paraît-il, très **laid**.

feio
- Luís XI era, ao que parece, muito **feio**.

moche [mɔʃ] *adj*
- Vous le trouvez **moche**? Eh bien moi, il me plaît.

feio
- Você o acha **feio**? Pois a mim ele agrada.

être bien fait, être bien faite [ɛtʀəbjɛ̃fɛ, ɛtʀəbjɛ̃fɛt] *loc*
- ▶ v irr p. 410 être
- Elle **est** vraiment **bien faite** sur cette photo.

estar bem, estar bonito
- Ela **está** realmente **bonita** nesta foto.

grand, grande [gʀɑ̃, gʀɑ̃d] *adj*
- De Gaulle était si **grand** qu'il lui fallait partout un lit spécial.

alto, alta
- De Gaulle era tão **alto** que aonde ia precisava de uma cama especial.

> ➡ **Grand** também pode ser empregado para indicar **importância**; nesse caso é inserido antes do substantivo. De modo correspondente se tem **un homme grand – um homem alto** e **un grand homme – um grande homem**.

petit, petite [p(ə)ti, p(ə)tit] *adj*
- Edith Piaf était toute **petite**.

pequeno
- Edith Piaf era bem **pequena**.

> ➡ **Petit** é empregado também no sentido de jovem, por exemplo, **quand j'étais petite – quando eu era mais nova**.

gros, grosse [gʀo, gʀos] *adj*
- Il ne mange pas beaucoup et pourtant il est **gros**.

gordo
- Ele não come muito e, no entanto, é **gordo**.

maigre [mɛgʀ] *adj*
- Tu est trop **maigre**, car tu ne manges pas assez.

magro
- Você é **magro** demais por não comer o suficiente.

mince [mɛ̃s] *adj*
- Les top-models ne sont pas **minces**, elles sont carrément maigres.

esbelto
- *Top models* não são **esbeltas**, elas são absolutamente magras.

pâle [pɑl] *adj*
- Quand il a su à quel danger il avait échappé, il est devenu tout pâle.

pálido
- Quando ele se deu conta do perigo de que escapara, ficou **pálido**.

la **coiffure** [kwafyʀ] *n*
- Je trouve que ta nouvelle **coiffure** te va très bien.

o penteado
- Eu acho que o seu novo **penteado** fica bem em você.

se **coiffer** [s(ə)kwafe] *v*
- Avec ces cheveux longs, quand je **me coiffe**, j'en ai pour des heures.

pentear-se
- Com estes cabelos compridos, quando **me penteio**, eu preciso de horas.

blond, blonde [blɔ̃, blɔ̃d] *adj*
- C'est une fille aux yeux bleus, cheveux **blonds** et super longues jambés.

louro
- Ela é uma garota de olhos azuis, cabelos **louros** e pernas superlongas.

brun, brune [bʀɛ̃, bʀyn] *adj*
- Ma femme est **brune**, mais tous nos enfants sont blonds.
- À la fin de l'été, j'ai la peau toute **brune**.

cabelos castanhos, moreno
- Minha mulher tem **cabelos castanhos**, mas todos os nossos filhos são louros.
- No final do verão, estou com uma pele bem **morena**.

aux **cheveux gris** [oʃ(ə)vøgʀi] *loc*
- Ce vieil homme **aux cheveux gris**, c'est ton grand-père ?

cabelos grisalhos
- O homem idoso de **cabelos grisalhos** é seu avô?

aux **cheveux noirs** [oʃ(ə)vønwaʀ] *loc*
- C'est le maquillage parfait pour les femmes **aux cheveux noirs**.

cabelos negros
- Essa é a maquiagem perfeita para mulheres de **cabelos negros**.

roux, rousse [ʀu, ʀus] *adj*
- Non, tous les Anglais ne sont pas **roux** !

cabelos ruivos
- Não, nem todos os ingleses são **ruivos**!

clair, claire [klɛʀ] *adj*
- Ta cravate est trop **claire** pour aller avec une chemise blanche.

claro
- Sua gravata é **clara** demais para usar com camisa branca.

foncé, foncée [fõse] *adj*
- Lors d'un enterrement, on porte plutôt des vêtements **foncés**.

escuro
- Em enterro se veste roupa **escura**.

avoir l'air [avwaʀlɛʀ] *loc*
▶ **v irr** p. 407 avoir
- Il **a l'air** triste aujourd'hui.

ter um ar, estar com uma aparência
- Ele está **com um ar** triste hoje.

la mine [min] *n*
- Ma fille avait la **mine** réjouie quand elle a appris les résultats de ses examens.

feição, cara
- Minha filha estava com **cara** de satisfação quando ficou sabendo dos resultados das suas provas.

avoir bonne mine [avwaʀbɔnmin] *loc*
▶ **v irr** p. 407 avoir
- Quand on est jeune on **a bonne mine** même sans maquillage.

ter/estar/ficar com a cara boa
- Quando se é jovem, **fica-se com a cara boa** até sem maquiagem.

avoir mauvaise mine [avwaʀmɔvɛmin] *loc*
▶ **v irr** p. 407 avoir
- Mon père se promène tous les jours et pourtant il **a mauvaise mine**.

não parecer bem
- Meu pai caminha todos os dias, e mesmo assim **não parece bem**.

mignon, mignonne [miɲõ, miɲɔn] *adj*
- La fille des voisins est vraiment **mignonne**.

bonitinho, querido
- A filha do vizinho é realmente **querida**.

➡ **Mignon** é empregado somente para crianças e pessoas jovens; tem uma conotação bastante amistosa.

grossir [gʀosiʀ] *v*
- J'**ai grossi** ; je ne rentre plus dans me jeans.

engordar
- Eu **engordei**; já não entro no meu jeans.

maigrir [megʀiʀ] *v*
- Il faut absolument que je **maigrisse** avant l'été.

emagrecer
- Tenho de **emagrecer** até o verão.

la tête chauve [tɛtʃov] *n*
- Il cache sa **tête chauve** toujours sous un chapeau.

a careca
- Ele sempre esconde a **careca** sob um chapéu.

soigné, soignée [swaɲe] *adj*
- Que c'est agréable d'aller voir cette vieille dame toujours si **soignée**.

cuidado
- É agradável visitar essa velha senhora sempre tão **cuidada**.

mal soigné, mal soignée [malswaɲe] *adj*
- Depuis qu'elle vit seule elle est toujours **mal soignée**.

descuidado
- Depois que passou a viver sozinha, ela anda sempre **descuidada**.

la **barbe** [baʀb] *n*
- Quelle drôle d'idée de te faire pousser la **barbe** !

a barba
- Que ideia engraçada, você deixar crescer uma **barba**!

➡️ **La barbe** designa uma **barba cheia**, **completa**; para **bigode** se diz **la moustache**, e para **cavanhaque**, **le bouc.**

le **teint** [tɛ̃] *n*
- Elle a un **teint** vraiment pâle.

a **cor da pele do rosto**, a **tez**
- Ela tem uma **tez** bastante pálida.

Vestuário e calçados

les **vêtements** [vɛtmɑ̃] *n m pl*
- J'emporte des vêtements chauds; il pourrait neiger.

a roupa
- Estou levando **roupa** de frio; poderia nevar.

la **mode** [mɔd] *n*
- Ça coûte cher de vouloir être toujours à la **mode**.

a moda
- É caro querer sempre andar na **moda**.

élégant, élégante [elegɑ̃, elegɑ̃t] *adj*
- Un homme peut être **élégant** sans forcément porter une cravate.

elegante
- Um homem pode ser **elegante** sem necessariamente estar de gravata.

s'habiller [sabije] *v*
- Je **m'habille** et je suis prête.

vestir-se
- Eu me **visto** e estou pronta.

mettre [mɛtʀ] *v*
▶ *v irr* p. 411 mettre
- Je n'ai rien à me **mettre**.

vestir
- Não tenho nada para **vestir**.

32 Vestuário e calçados

enlever [ɑl(ə)ve] v
- J'ai trop chaud; j'**enlève** ma veste.

tirar
- Está muito quente, vou **tirar** minha jaqueta.

se déshabiller [s(ə)dezabije] v
- J'étais tellement fatiguée que je me suis cochée sans me **déshabiller**.

despir-se
- Eu estava tão cansada que caí na cama sem me **despir**.

porter [pɔʀte] v
- Elle **porte** une jupe trop courte.

trajar, usar
- Ela está **usando** uma saia muito curta.

essayer [eseje] v
- Il faut que tu **essaies** la robe pour te rendre compte si elle te va.

provar
- Você precisa **provar** o vestido para ver se lhe cai bem.

se changer [sə ʃɑʒẽ] v
- Je vais **me changer** en vitesse pour ne pas prendre froid.

trocar-se
- Vou **me trocar** rapidamente para não passar frio.

aller [ale] v
▶ v irr p. 407 aller
- La barbe lui **va** très bien.
- Cette jupe me **va** parfaitement bien.

cair, ficar bem
- A barba **lhe cai** muito bem.
- Esta saia **fica** perfeita em mim.

aller ensemble [aleɑ̃sɑ̃bl] loc
▶ v irr p. 407 aller
- Ton pantalon et ton chemisier **vont** bien **ensemble**.

combinar
- Sua calça e sua blusa estão **combinando**.

le manteau [mɑ̃to] n; pl **manteaux**
- Est-ce que je mets mon **manteau** ou ma veste ?

o casaco
- Devo usar o **casaco** ou a jaqueta?

la veste [vɛst] n
- Il fait un peu trop froid pour sortir en **veste**.

a jaqueta
- Está muito frio para sair de **jaqueta**.

➡ Com **veste** é possível se referir tanto a jaquetas femininas quanto masculinas. Para o colete que compõe o terno, diz-se **le gilet**.

le pantalon [pɑ̃talɔ̃] n
- Il n'y a pas si longtemps que les filles peuvent venir en **pantalon** au lycée.

as calças
- Não faz muito tempo, uma garota não poderia ir de **calças** ao colégio.

le **jean** [dʒin] *n*
- Tu ne vas tout de même pas aller à ce mariage en **jean** !

o **jeans**
- Você não vai querer ir de **jeans** ao casamento!

➡ Existe também a forma plural **jeans**.

le **tee-shirt** [tiʃœʀt] *n*
- C'est moi qui ai dessiné le **tee-shirt** du lycée.

a **camiseta**
- Fui eu que desenhei a **camiseta** do colégio.

le **pull-over**, le **pull** [pylovɛʀ] *n*
- Mes **pull-overs** se déforment au lavage en machine.

o **pulôver**
- Meus **pulôveres** deformam se os lavo na máquina.

la **robe** [ʀɔb] *n*
- Je vais mettre ma **robe** bleue.

o **vestido**
- Vou usar o meu **vestido** azul.

la **jupe** [ʒyp] *n*
- Mais comment fait-elle pour marcher avec une **jupe** aussi étroite ?

a **saia**
- Como é que ela consegue andar com uma **saia** tão apertada?

le **short** [ʃɔʀt] *n*
- Les joueurs de l'équipe de France portent en général des **shorts** blancs.

os **shorts**
- Os jogadores da seleção da França normalmente usam **shorts** brancos.

la **chemise** [ʃ(ə)miz] *n*
- À la maison, c'est mon père qui repasse ses **chemises**.

a **camisa**
- Em casa, é meu pai quem passa as **camisas**.

le **chemisier** [ʃ(ə)mizje] *n*
- Je cherche un **chemisier** pour aller avec ma jupe.

a **blusa**
- Estou procurando uma **blusa** que combine com a minha saia.

le **costume** [kɔstym] *n*
- Au bureau, je suis obligé d'être en **costume**.

o **terno**
- No escritório, eu devo usar **terno**.

➡ **Costume** refere-se a um terno para homens; o equivalente para mulheres é **tailleur**. **Costume** é empregado também para fantasias.

le **bas** [bɑ] *n*
- Ma mère porte toujours des **bas** de dentelle noire.

meia-calça
- Minha mãe sempre usa **meias-calças** de renda negra.

la **chaussette** [ʃosɛt] *n*
- Quand je skie, je mets deux paires de **chaussettes**.

a **meia**
- Ao esquiar, uso dois pares de **meias**.

Vestuário e calçados

la **chaussure** [ʃosyʀ] *n* ■ J'ai pris des **chaussures** em 38, mais elles sont trop grandes.	o **sapato** ■ Peguei **sapatos** 38, mas estão muito grandes.
la **pointure** [pwɛ̃tyʀ] *n* ■ Je chausse du 42 ; c'est une **pointure** difficile à trouver.	o **tamanho**, o **número** ■ Eu calço 42; é um tamanho difícil de encontrar.
la **taille** [taj] *n* ■ Pendant les soldes, je ne trouve jamais ma **taille**.	o **tamanho**, o **número** ■ Durante as promoções, eu nunca encontro meu **tamanho**.
le **pyjama** [piʒama] *n* ■ Tu mets un **pyjama** la nuit ? Moi, je dors toute nue.	o **pijama** ■ Você usa **pijama** de noite? Eu durmo completamente nua.
la **chemise de nuit** [ʃ(ə)mizdənui] *n* ■ En hiver, ma grand-mère porte une chemise de nuit bien chaude.	a **camisola** ■ No inverno, minha avó usa uma **camisola** bem quente.
le **slip** [slip] *n* ■ Un **slip** est tout de même plus sexy qu'un caleçon !	a **cueca slip** ■ Uma **cueca slip** é mais sexy do que uma samba-canção.

➡ As mulheres usam **culottes**. Os homens, **caleçons**, e ambos usam **slips**.

la **culotte** [kylɔt] *n* ■ Quand je suis seule, je me promène en **culotte** dans l'appartement.	a **calcinha** ■ Quando estou sozinha, ando de **calcinha** pelo apartamento.
le **caleçon** [kalsɔ̃] *n* ■ Je change de **caleçon** tous le jours. ■ Je préfère les **caleçons**, c'est plus confortable que le slips. ➡ slip p. 34	a **samba-canção** ■ Troco de **samba-canção** todos os dias. ■ Prefiro as **sambas-canção**, são mais confortáveis do que as slips.
le **maillot de bain** [majod(ə)bɛ̃] *n* ■ Les **maillots de bain** une pièce sont de nouveau à la mode.	o **maiô** ■ Os **maiôs** de uma única peça estão de novo na moda.
le **slip de bain** [slipdəbɛ̃] *n* ■ Pourquoi ne mets-tu pas le **slip de bain** que nous avons acheté hier ?	a **sunga** ■ Por que você não veste a **sunga** que nós compramos ontem?

Vestuário e calçados

le **bikini** [bikini] *n*
- La fille en **bikini** attire tous les regards.

o **biquíni**
- A garota de **biquíni** está atraindo todos os olhares.

étroit, étroite [etʀwa, etʀwat] *adj*
- Comment peut-on mettre des jeans aussi **étroits** ?

apertado
- Como se consegue entrar em jeans tão **apertados**?

large [laʀʒ] *adj*
- Le manteau est trop **large** pour elle.

grande
- O casaco é **grande** demais para ela.

court, courte [kuʀ, kuʀt] *adj*
- Tu ne peux pas aller à l'église comme ça, ta jupe est beaucoup trop **courte**.

curto
- Você não pode ir à igreja assim, sua saia está muito **curta**.

long, longue [lõ, lõg] *adj*
- Que tu es élégante dans cette jolie robe **longue** !

longo, comprido
- Como você está elegante de vestido **comprido**!

le **veston** [vɛstõ] *n*
- Quel goût ! Ton **veston** ne va pas du tout avec ton pantalon !

o **casaco**
- Que gosto estranho! O seu **casaco** não combina com a calça.

l'**imperméable** [ɛ̃pɛʀmeabl] *n m*
- Mets ton **imperméable** ! Il commence à pleuvoir.

o **casaco de chuva**, o **impermeável**
- Vista seu **casaco de chuva**! Está começando a chover.

le **soutien-gorge** [sutjɛ̃gɔʀʒ] *n*
- C'est ma mère qui m'a offert mon premier **soutien-gorge**.

o **sutiã**
- Foi minha mãe quem me deu meu primeiro **sutiã**.

la **chemisette** [ʃ(ə)mizɛt] *n*
- Aujourd'hui il fait trop chaud pour porter une **chemisette**.

a **camiseta**
- Hoje está muito frio para usar **camiseta**.

le **collant** [kɔlɑ̃] *n*
- Ah zut ! Encore un **collant** fichu !

a **meia-calça**
- Droga! Mais uma **meia-calça** com defeito!

➡ Usa-se também a forma **collants** no plural ou, também, **une paire de collants**.

le/la **tennis** [tɛnis] *n m/f*
- Yannik est très fier de ses nouveaux **tennis**.

o **tênis**
- Yannik está muito orgulhosa de seus novos **tênis**.

Vestuário e calçados

la **botte** [bɔt] n
- Les gendarmes portent des **bottes** noires.

a **bota**
- Os policiais usam **botas** pretas.

la **sandale** [sɑ̃dal] n
- L'été, Emma porte des **sandales** de toile.

a **sandália**
- No verão, Emma usa **sandálias** de linho.

les **tongs** [tõg] n f pl
- En été, les **tongs** sont mes chaussures préférées.

o **chinelo**, a **sandália de dedo**
- No verão, **chinelo** é meu calçado preferido.

démodé, démodée [demɔde] adj
- Même jeune, elle porte toujours des vêtements **démodés**.

fora de moda
- Mesmo jovem, sempre usa roupas **fora de moda**.

à la mode [alamɔd] loc
- Elle porte toujours des jeans très **à la mode**.
- Cette saison, les tee-shirts à manches longues sont **à la mode**.

na moda
- Ela sempre usa jeans bem **na moda**.
- Nesta estação, as camisetas de manga longa estão **na moda**.

le **col** [kɔl] n
- Je n'arrive pas à nettoyer le **col** sale de ta chemise.

o **colarinho**
- Não consigo deixar limpo o **colarinho** de sua camisa.

la **manche** [mɑ̃ʃ] n
- En été, je ne mets que des chemises à **manches** courtes.

a **manga**
- No verão eu sempre uso camisa de **manga** curta.

le **bouton** [butõ] n
- Il manque un **bouton** à ta veste.

o **botão**
- Falta um **botão** na sua jaqueta.

la **fermeture éclair** [fɛʀmətyʀekleʀ] n; pl **fermetures éclair**
- La plupart des pantalons sont à **fermeture éclair**.

o **zíper**

- A maioria das calças tem **zíper**.

➡ Em francês, outra expressão é **zip**. Ambas são marcas registradas.

le **motif** [mɔtif] n
- Quel jolie **motif** tu as choisi pour ta robe !

a **estampa**
- Que bela **estampa** você escolheu para o seu vestido!

uni, unie [yni] adj
- Je crois que le tissu **uni** de la chemise ira mieux avec ton pantalon rayé.

monocromático, de uma cor
- Acho que o tecido **de uma cor** da camisa vai cair melhor com a sua calça listrada.

rayé, rayée [ʀeje] *adj*
- J'aime bien ton pull **rayé**.

listrado
- Eu adoro seu pulôver **listrado**.

à carreaux [akaʀo] *loc*
- Mon collègue porte une cravate **à carreaux** rouge et verts.

xadrez
- Meu colega está usando uma gravata **xadrez** vermelho e verde.

nu, nue [ny] *adj*
- Ça me gêne vraiment de me mettre tout **nu**.

nu
- Incomoda-me muito ficar inteiramente **nu**.

habillé, habillée [abije] *adj*
- La femme de mon patron est toujours **habillé** d'une façon simple, mais avec goût.

vestido, trajado
- A esposa de meu chefe está **vestida** sempre de maneira simples, mas com gosto.

la **poche** [pɔʃ] *n*
- Sors le mains de tes **poches** quand tu parles avec une dame !

os **bolsos**
- Tire as mãos dos **bolsos** ao falar com uma dama!

Acessórios

le **sac** [sak] *n*	a **bolsa**
le **sac à main** [sakamɛ̃] *n*	a **bolsa de mão**
le **porte-monnaie** [pɔʀt(ə)mɔnɛ] *n*; *pl inv*	o **porta-moedas**
le **chapeau** [ʃapo] *n*; *pl* **chapeaux**	o **chapéu**
le **bonnet** [bɔnɛ] *n*	o **gorro**, a **toca**
le **gant** [gɑ̃] *n*	a **luva**
la **cravate** [kʀavat] *n*	a **gravata**
le **parapluie** [paʀaplɥi] *n*	o **guarda-chuva**
la **bague** [bag] *n*	o **anel**
la **montre** [mɔ̃tʀ] *n*	o **relógio**
les **lunettes** [lynɛt] *n f*	os **óculos**

> ➡ **Lunettes** é usado sempre no plural. Tal como em português, ao se referir a um ou mais óculos, pode-se referir a **paire**: **deux paires de lunettes** – **dois pares de óculos.**

les **lunettes de soleil** [lynɛtdəsɔlɛj] *n f pl*	os **óculos de sol**
le **collier** [kɔlje] *n*	o **colar**
le **bracelet** [bʀaslɛ] *n*	o **bracelete**
le **portefeuille** [pɔʀtəfœj] *n*	a **carteira**
l'**écharpe** [eʃaʀp] *n f*	a **echarpe**, o **xale**
la **ceinture** [sɛ̃tyʀ] *n*	o **cinto**, a **cinta**
le **bijoux** [biʒu] *n m pl*	a **joia**
le **bijoux fantaisie** [biʒufɑ̃tezi] *n m pl*	a **bijuteria**
la **boucle d'oreille** [buklədɔʀɛj] *n*	o **brinco**
le **foulard** [fulaʀ] *n*	o **lenço de cabeça**, o **lenço**
les **lentilles de contact** [lɑ̃tijdəkõtakt] *n f pl*	as **lentes de contato**
la **barrette** [baʀɛt] *n*	a **presilha** (de cabelo)

Vínculos sociais

Família

la **famille** [famij] *n* ■ Cette année, je passe les vacances en **famille**.	a **família** ■ Este ano vou passar as férias em **família**.
familial, familiale [familjal] *adj*; *pl* **familiaux** ■ C'est um petit hôtel charmant, avec une ambiance **familiale**. ■ Comme tous les ans pour Noël, il y aura une grande réunion **familiale**.	**familiar** ■ É um pequeno hotel charmoso, com um ambiente **familiar**. ■ Como todos os anos no Natal, vai haver uma grande reunião **familiar**.

la **grande famille** [gʀɑ̃dfamij] *n*
- Je ne connais pas tous le membres de ma **grande famille**.

a **família extensa**
- Eu não conheço todos os membros de minha **extensa família**.

les **parents** [paʀɑ̃] *n m pl*
- J'habite encore chez me **parents**.

os **pais**
- Eu ainda moro com meus **pais**.

le **père** [pɛʀ] *n*
- Ma mère ne vit plus avec mon **père**.

o **pai**
- Minha mãe não vive mais com meu **pai**.

le **papa** [papa] *n*
- À la maison, c'est **papa** qui fait la cuisine.

o **papai**
- Em casa, é **papai** quem cozinha.

la **mère** [mɛʀ] *n*
- Ma **mère** est professeur de français et d'histoire.

a **mãe**
- Minha **mãe** é professora de francês e de história.

la **maman** [mamɑ̃] *n*
- **Maman** m'a donné ce petit cadeau pour vous.

a **mamãe**
- **Mamãe** deixou este presentinho para vocês.

le **fils** [fis] *n*
- Si j'ai un **fils**, il s'appellera Boris.

o **filho**
- Se eu tivesse um **filho**, ele se chamaria Boris.

la **fille** [fij] *n*
- La **fille** de nos voisins fait ses études à l'étranger.

a **filha**
- A **filha** de nossos vizinhos estudou no exterior.

le **frère** [fʀɛʀ] *n*
- J'ai un **frère** et une sœur, mais c'est moi l'ainé.

o **irmão**
- Tenho um **irmão** e uma irmã, mas sou o filho mais velho.

la **sœur** [sœʀ] *n*
- De temps en temps, je suis jalouse de ma **sœur** parce que mes parents me disent toujours de prendre exemple sur elle.

a **irmã**
- De vez em quando, fico com ciúme da minha **irmã**, porque meus pais sempre me dizem para seguir o exemplo dela.

les **frères et sœurs** [fʀɛʀesœʀ] *n m pl*
- Tu as combien de **frères et sœurs** ?

os **irmãos e irmãs**
- Quantos **irmãos e irmãs** você tem?

les **enfants** [ɑ̃fɑ̃] *n m pl*
- Ma fille adore les **enfants**, surtout quand ils sont petits.

as **crianças**, os **filhos**
- Minha filha adora **crianças**, sobretudo quando são pequenas.

l'**oncle** [ɑ̃fɑ̃] *n m*
- Napoléon Iᵉʳ était l'**oncle** de Napoléon III.

o **tio**
- Napoleão I era **tio** de Napoleão III.

la **tante** [tɑ̃t] *n*
- Les enfants appellent souvent leur **tante** "tatie".

a **tia**
- É frequente as crianças chamarem a **tia** de "tatie".

le **cousin**, la **cousine** [kuzɛ̃, kuzin] *n*
- Je fête Noël avec mes **cousins** et **cousines**.

o **primo**, a **prima**
- Eu festejo o Natal com meus **primos** e **primas**.

les **grands-parents** [gʀɑ̃pəʀɑ̃] *n m pl*
- Mes **grands-parents** étaient à mon mariage.

os **avós**
- Meus **avós** estavam no meu casamento.

le **grand-père** [gʀɑ̃pɛʀ] *n*; *pl* **grands-pères**
- Quand il était jeune, mon **grand-père** était membre du parti socialiste.

o **avô**
- Quando jovem, meu **avô** foi membro do partido socialista.

la **grand-mère** [gʀɑ̃mɛʀ] *n*
- Quand nous étions petits, notre **grand-mère** nous lisait des histoires.

a **avó**
- Quando éramos pequenos, nossa **avó** nos contava histórias.

le **papi** [papi] *n*
- J'aime être appelé **papi** par mes petits-enfants.

o **vovô**
- Gosto muito de ser chamado de **vovô** por meus netos.

la **mamie** [mami] *n*
- Quand mes petits-enfants m'appellent **mamie** je me sens toute vieille.

a **vovó**
- Quando meus netos me chamam de **vovó**, eu me sinto muito velha.

vivre ensemble [vivʀɑ̃sɑ̃bl] *loc*
▶ **v irr** p. 413 vivre
- Ils **vivent ensemble** depuis trente ans et on décidé de ne jamais se marier, car ils sont contre le mariage.

viver junto
- Eles **vivem juntos** há trinta anos e decidiram não se casar, pois são contra o casamento.

s'occuper de [sɔkype] *v*
- Il **s'occupe** de ses parents âgés.

cuidar de
- Ele **cuida** de seus pais idosos.

le **neveu** [n(ə)vø] *n*; *pl* **neveux**
- Napoléon III était le **neveu** de Napoléon Iᵉʳ.

o sobrinho
- Napoleão III era **sobrinho** de Napoleão I.

la **nièce** [njɛs] *n*
- Mes neveux et **nièces** passent toutes leurs vacances avec nos enfants.

a sobrinha
- Meus sobrinhos e **sobrinhas** passam todas as suas férias com nossos filhos.

le **petit-fils**, la **petite-fille** [p(ə)tifis, p(ə)itfij] *n*; *pl* **petits-fils**; *pl f* **petites-filles**
- Tous les samedis, mon **petit-fils** va à la pêche avec moi.
- Quand la maman travaille, la grand-mère va promener sa **petite-fille**.

o neto
- Todo sábado, meu **neto** vai pescar comigo.
- Quando a mãe trabalha, a avó vai passear com a **neta**.

les **beaux-parents** [bopaʀɑ̃] *n m pl*
- Elle passe ses vacances chez ses **beaux-parents**.

os sogros
- Ela passa as férias com os **sogros**.

le **beau-père** [bopɛʀ] *n*; *pl* **beaux-pères**
- Je dis « vous » à mon **beau-père**.

o sogro
- Eu trato meu **sogro** por "senhor".

➡ **Beau-père** pode significar também **padrasto**.

la **belle-mère** [bɛlmɛʀ] *n*; *pl* **belles-mères**
- En France, on raconte beaucoup d'histoires drôles sur les **belles-mères**.

a sogra
- Na França, contam-se muitas histórias engraçadas sobre as **sogras**.

➡ **Belle-mère** pode significar também **madrasta**.

Família

le **beau-frère** [bofʀɛʀ] n; pl **beaux-frères**
- Mon **beau-frère** et ma sœur vivent à Paris.

o **cunhado**
- Meu **cunhado** e minha irmã vivem em Paris.

la **belle-sœur** [bɛlsœʀ] n; pl **belles-sœurs**
- Ma **belle-sœur** est devenue ma meilleure amie.

a **cunhada**
- Minha **cunhada** se tornou minha melhor amiga.

le **gendre** [ʒɑ̃dʀ] n
- Mon **gendre** est paresseux et reste toute la journée assis sur le sofa.

o **genro**
- Meu **genro** é preguiçoso e fica o dia inteiro sentado no sofá.

La **belle-fille** [bɛlfij] n f; pl **belles-filles**
- Mon beau-père me préfère à toutes ses autres **belles-filles**.
➡ belle-mére p. 41

a **nora**
- Meu sogro prefere a mim a todas as suas outras **noras**.

➡ **Belle-fille** pode significar também **enteada**.

le **parent**, la **parente** [paʀɑ̃, paʀɑ̃t] n
- J'ai reçu une lettre d'un **parent** éloigné.

o **parente**; **pais** (pai e mãe)
- Recebi uma carta de um **parente** distante.

parent, parente [paʀɑ̃, paʀɑ̃t] adj
- Bardot? Vous êtes **parente** avec l'actrice ?

parente
- Bardot? Você é **parente** da atriz?

élever [elve] v
- Elle a **élevé** seule ses trois enfants.

criar
- Ela **criou** sozinha os três filhos.

le **jumeau** [ʒymo] n; pl **jumeaux**
- Oui, ce sont des **jumeaux** !
- Il joue toujours avec son **jumeau**.

o **gêmeo**
- Sim, são **gêmeos**!
- Ele sempre brinca com seu irmão **gêmeo**.

la **jumelle** [ʒymɛl] n
- Les **jumelles** s'appellent Nora et Sina.

a **gêmea**
- As **gêmeas** chamam-se Nora e Sina.

➡ Gêmeos do sexo masculino e mistos são chamados de **jumeaux**; os do sexo feminino, **jumelles**.

l'**ancêtre** [ɑ̃sɛtʀ] *n m* ■ Cette drôle de tradition nous vient de nos **ancêtres**.	o ancestral ■ Esta tradição engraçada vem de nossos **ancestrais**.
l'**enfant adoptif** [ɑ̃fɑ̃adɔptif] *n m* ■ Elle aime ses **enfants adoptifs** autant que ses propres enfants.	o filho adotivo ■ Ela ama os **filhos adotivos** tanto quanto seus próprios filhos.
adopter [adɔpte] *v* ■ J'ai lu dans le journal qu'une actrice bien connue a **adopté** un enfant à sa naissance.	adotar ■ Li no jornal que uma atriz bastante conhecida **adotou** uma criança recém-nascida.

Parceria e casamento

l'**amour** [amuʀ] *n m* ■ Est-ce qu'on peut vivre sans **amour** ?	o amor ■ É possível viver sem **amor**?
aimer [ver orig] *v* ■ Je t'**aime** depuis le premier jour.	amar ■ Eu **amo** você desde o primeiro dia.
s'**aimer** [eme] *v* ■ Ils s'**aiment** et pensent tout savoir l'un de l'autre.	amar ■ Eles se **amam** e acreditam saber tudo um sobre o outro.
la **haine** ['ɛn] *n* ■ Je ne sens pas de **haine** contre lui; il n'en mérite pas.	o ódio ■ Não tenho **ódio** dele; ele não merece isso.
haïr ['aiʀ] *v* ▶ *v irr* p. 410 haïr ■ Je ne le **hais** pas, malgré tout le mal qu'il m'a fait.	odiar ■ Não o **odeio**, apesar de todo o mal que tenha me causado.
amoureux, amoureuse [amuʀø, amuʀøz] *adj* ■ Il est **amoureux** d'Anne.	apaixonado ■ Ele está **apaixonado** por Anne.
tomber amoureux [tɔ̃beamuʀø] *loc* ■ Elle **est tombée amoureuse** de l'ami de son frère.	apaixonar-se ■ Ela **se apaixonou** pelo amigo de seu irmão.

le **baiser** [beze] n
- Le premier **baiser**, c'est celui qu'on n'oublie jamais.

o **beijo**
- O primeiro **beijo** jamais se esquece.

embrasser [ɑ̂bʀase] v
- Il l'a **embrassée** les yeux fermés.

beijar
- Ele a **beijou** com os olhos fechados.

s'embrasser [sɑ̂bʀase] v
- Ils **s'embrassent** sans s'occuper des autres.

beijar-se
- Eles **se beijam** sem se importar com os outros.

prendre dans ses bras
[pʀɑ̂dʀədɑ̂sebʀa] loc
▶ v irr p. 412 prendre
- Après l'avoir embrassée, il l'a prise tendrement **dans ses bras**.

abraçar

- Depois de beijá-la, ele a **abraçou** ternamente.

le **mariage** [maʀjaʒ] n
- Mon frère ne voulait pas de **mariage** à l'église; il s'est juste marié à la mairie.
- Malgré quelques disputes, c'est un **mariage** heureux.

o **casamento**
- Meu irmão não quis **casamento** na igreja, casou só no civil.
- Apesar de algumas brigas, é um **casamento** feliz.

se marier [s(ə)maʀje] v
- Pierre et sa fiancée ont fait des économies pour **se marier** dans un château.

casar-se
- Pierre e sua noiva fizeram economia para **se casar** num castelo.

le **mari** [maʀi] n
- Jules est le **mari** de Gisèle.
- Ils vivent comme **mari** et femme, mais ils ne sont pas mariés.

o **marido**
- Jules é **marido** de Gisèle.
- Eles vivem como **marido** e mulher, mas não são casados.

la **femme** [fam] n
- Gisèle est la **femme** de Jules.
- J'ai rencontré ma future **femme** à la fac.

a **mulher, a esposa**
- Gisèle é a **esposa** de Jules.
- Conheci minha futura **esposa** na faculdade.

le **ménage** [menaʒ] n
- Le jeune **ménage** s'installe dans um premier temps dans la maison des beaux-parents.

o **casal**
- Nos primeiros tempos, o jovem **casal** morou na casa dos sogros.

Parceria e casamento

---

fidèle [fidɛl] *adj*
- J'ai promis à Sophie de lui être **fidèle**.

fiel
- Prometi a Sophie ser **fiel** a ela.

---

infidèle [ɛ̃fidɛl] *adj*
- Elle a terriblement souffert d'avoir un mari **infidèle**.

infiel
- Ela sofreu terrivelmente por ter um marido **infiel**.

---

les fiançailles [f(i)jɑ̃saj] *n f pl*
- Hier, nos voisins ont organisé une grand fête pour leurs **fiançailles**.

o **noivado**
- Ontem, nossos vizinhos deram uma grande festa para seu **noivado**.

---

fiancé, fiancée [f(i)jɑ̃se] *adj*
- Ma sœur est **fiancée** depuis trois mois.

noiva
- Minha irmã está **noiva** há três meses.

---

la séparation [sepaʀasjɔ̃] *n*
- La **séparation** entre mari et femme précède souvent le divorce.

a **separação**
- A **separação** entre marido e mulher geralmente precede o divórcio.

---

se séparer [səsepaʀe] *v*
- Nous **nous sommes séparés**, mais nous sommes restés bons amis.

separar-se
- Nós **nos separamos**, mas permanecemos bons amigos.

---

le marié, la mariée [maʀje] *n*
- Mon fils est le meilleur ami du **marié**.
- La jeune **mariée** était très jolie.

o **noivo**
- Meu filho é o melhor amigo do **noivo**.
- A jovem **noiva** estava muito bonita.

---

le couple [kupl] *n*
- Marc et Laure forment un drôle de **couple**.

o **casal**
- Marc e Laure formam um **casal** incrível.

---

jaloux, jalouse [ʒalu, ʒaluz] *adj*
- Elle est **jalouse** de sa petite sœur.

ciumento, ter/estar com ciúme de
- Ela **está com ciúme** da irmãzinha.

---

faire l'amour [fɛʀlamuʀ] *loc*
▶ **v irr** p. 410 faire
- Ils **font l'amour** une fois par semaine.

fazer sexo
- Eles **fazem sexo** uma vez por semana.

Parceria e casamento

le sexe [sɛks] *n*
- Aujourd'hui, on parle de **sexe** plus librement qu'autrefois.

o **sexo**
- Hoje em dia se fala de **sexo** mais livremente do que antes.

tendre [tɑ̃dʀ] *adj*
- Il lui chuchotait des mots **tendres** à l'oreille.

carinhoso
- Ele cochichava palavras **carinhosas** em sua orelha.

homosexuel, homosexuelle [ɔmɔsɛksɥɛl] *adj*
- Ils viennent d'apprendre que leur fils est **homosexuel**.

homossexual
- Eles acabam de saber que o filho é **homossexual**.

➡ Na linguagem corrente, costuma-se dizer também **homo**.

lesbien, lesbienne [lɛsbjɛ̃, lɛsbjɛn] *adj*
- Elle dément les rumeurs qui prétendent qu'elle est **lesbienne**.
- ➡ **homosexuel** p. 46

lésbico
- Ela desmente os rumores de que seria **lésbica**.

Le petit ami, la petite amie [p(ə)titami] *n*
- Son **petit ami** lui téléphone tous les jours depuis son bureau.

o **namorado**, a **namorada**
- Sua **namorada** liga todos os dias do escritório.

➡ **Petit ami, petite amie** também podem ser usados para adultos.

le partenaire [paʀtənɛʀ] *n*
- Depuis des années, il joue au tennis avec le même **partenaire**.

o **parceiro**, a **parceira**
- Depois de anos, ele joga tênis com o mesmo **parceiro**.

le PACS [paks] *n*
- Je ne suis pas mariée mais je vis en PACS.

união estável
- Eu não sou casada, mas vivo em **união estável**.

➡ PACS é a abreviação de Pacte Civil de Solidarité.

se pacser [səpakse] *v*
- Mon frère et son ami **se sont pacsés**.

viver em união estável
- Meu irmão e o namorado **vivem em união estável**.

la **relation** [ʀəlasjɔ̃] *n*
- Nous avons cassé toute **relation**.

a **relação**
- Terminamos a **relação**.

l'**union libre** [ynjɔ̃libʀ] *n f*
- L'**union libre** est aujourd'hui un mode de vie répandu.

a **união livre**
- A **união livre** é hoje em dia uma forma de vida bem disseminada.

le **divorce** [divɔʀse] n
- Quand elle a appris qu'il la trompait, elle a demandé le **divorce**.

o **divórcio**
- Quando ela ficou sabendo que ele a enganava, pediu o **divórcio**.

divorcer [divɔʀse] v
- À Paris, deux couples sur trois **divorcent**.

divorciar-se
- Em Paris, dois de cada três casais **se divorciam**.

le **parent isolé** [paʀɑ̃izɔle] n
- Le nombre des **parents isolés** augmente de plus en plus.

o **pai solteiro**, a **mãe solteira**
- O número de **pais e mães solteiras** aumenta cada vez mais.

la **famille monoparentale** [famijmɔnɔpaʀɑ̃ɑ̃tal] n
- Il est issue d'une **famille monoparentale** où il a été seul avec sa mère.

a **família monoparental**
- Ele vem de uma **família monoparental**, em que era só ele e a mãe.

➡ Um pai que cria sozinho é também chamado **père de famille monoparentale**, e uma mãe que cria sozinha, **mère de famille monoparentale**.

le **compagnon**, la **compagne** [kɔ̃paɲɔ̃, kɔ̃paɲə] n
- Ma sœur et son **compagnon** font du camping en Bretagne.

o **companheiro**, a **companheira**
- Minha irmã e seu **companheiro** fizeram *camping* na Bretanha.

Amizade e outros contatos sociais

l'**amitié** [amitje] n f
- L'UE s'appuie sur l'**amitié** franco-allemande.

a **amizade**
- A EU se baseia na **amizade** franco-alemã.

l'**ami**, l'**amie** [ami] n m/f
- Nous sommes de vieux **amis**.

o **amigo**
- Nós somos velhos **amigos**.

amical, **amicale** [amikal] adj; pl **amicaux**
- Nous avons toujours eu des relations **amicales**.

amigável, **amistoso**

- Sempre tivemos relações **amigáveis**.

la **copain**, la **copine** [kɔpɛ̃, kɔpin] n
- Il change de **copine** tous les mois.

namorado
- Ele muda de **namorada** todos os meses.

➡ **Copain, copine** é muito corrente entre os jovens e pode se aplicar a relações amorosas.

personnel, personnelle
[pɛʀsɔnɛl] *adj*
- Est-ce que je peux te poser une question très **personnelle** ?

pessoal
- Posso lhe fazer uma pergunta muito **pessoal**?

les gens [ʒɑ̃] *n m pl*
- Le samedi, il y a beaucoup de **gens** en ville.

as **pessoas**
- Aos sábados há sempre muitas **pessoas** na cidade.

commun, commune [kɔmɛ̃, kɔmyn] *adj*
- Ce peuple fait cause **commune** avec les terroristes fondamentalistes.

comum
- Essas pessoas são solidárias aos terroristas fundamentalistas.

le membre [mɑ̃bʀ] *n*
- Au début, notre club de tennis avait vingt **membres**.

o membro
- No início, nosso clube de tênis tinha vinte **membros**.

le voisin, la voisine [vwazɛ̃, vwazin] *n*
- Ma **voisine** est très curieuse et veut savoir tout ce qui se passe dans la maison.

o **vizinho**, a **vizinha**
- Minha **vizinha** é muito curiosa e quer saber tudo o que se passa em casa.

le type [tip] *n (col.)*
- Notre prof de math, c'est un **type** très sympa.
- C'est un drôle de **type**, ton frère.

o **tipo**, o **cara**
- Nosso professor de matemática é um **cara** muito simpático.
- É um **cara** e tanto, o seu irmão.

la rencontre [ʀɑ̃kɔ̃tʀ] *n*
- J'ai fait la connaissance de Jean lors d'une **rencontre** internationale à Rome.

o encontro
- Conheci Jean por ocasião de um **encontro** nacional em Roma.

rencontrer [ʀɑ̃kɔ̃tʀe] *v*
- Quand je **rencontre** mes copains, on parle de choses et d'autres.

encontrar
- Quando **encontro** meus amigos, falamos sobre isso e aquilo.

la réunion [ʀeynjɔ̃] *n*
- J'aimerais vous inviter tous à notre **réunion** annuelle.

a **reunião**
- Eu gostaria de convidar vocês todos para nossa **reunião** anual.

le rendez-vous [ʀɑ̃devu] *n; pl inv*
- Nous avions **rendez-vous**, mais elle n'est pas venue.

o encontro
- Tínhamos um **encontro**, mas ela não veio.

Amizade e outros contatos sociais

➡ Um **rendez-vous** pode significar tanto um encontro amoroso como uma reunião de caráter geral ou neutro.

prendre rendez-vous
[pʀɑ̃dʀəʀɑ̃devu] *loc*
- Nous **avons pris rendez-vous** pour aller faire des courses en ville demain matin.

encontrar-se
- Vamos nos **encontrar** para fazer compras na cidade amanhã de manhã.

participer [paʀtisipe] *v*
- Tous les ans, je **participe** aux fêtes du 14 juillet.

participar, tomar parte
- Todo ano **participo** dos festejos de 14 de julho.

l'invité, l'invitée [ɛ̃vite] *n m f*
- À mon mariage, il y avait plus de cent **invités**.

o convidado
- No meu casamento havia mais de cem **convidados**.

inviter [ɛ̃vite] *v*
- C'est gentil de m'**inviter** à ton anniversaire.

convidar
- Foi gentil de sua parte me **convidar** para o seu aniversário.

aller voir [alevwaʀ] *loc*
▶ *v irr* p. 407 aller
- Je **vais voir** mes grands-parents tous les dimanches.

ir ver
- Eu **vou ver** meus avós todos os domingos.

rendre visite (à) [ʀɑ̃dʀ(ə)vizit(a)] *loc*
- Cela fait longtemps que vous ne m'**avez** pas **rendu visite**.

visitar, fazer visita
- Você está há um bom tempo sem me **fazer uma visita**.

passer [pase] *v*
- Il **passe** tous les jours chez moi m'apporter le journal.

passar
- Ele **passa** todos os dias em casa e me traz o jornal.

la connaissance [kɔnɛsɑ̃s] *n*
- C'est une vieille **connaissance** que j'ai revue hier dans la rue.
- J'ai fait la **connaissance** d'un homme très attirant.

o conhecido
- É um velho **conhecido** que ontem eu reencontrei na rua.
- **Conheci** um homem muito atraente.

le contact [kõtakt] *n*
- Je suis resté en **contact** avec mon premier correspondant français.

o contato
- Eu mantive **contato** com meu primeiro correspondente francês.

Amizade e outros contatos sociais

contacter qn [kɔ̃takte] *v*
- Je vous **contacterai** à mon retour des vacances.

entrar em contato, contatar
- **Entrarei em contato** com você quando voltar das férias.

le groupe d'amis [gʀupdami] *n*
- Mon fils me donne des soucis, mais il a un bon **groupe d'amis**.

o grupo de amigos
- Meu filho me dá preocupações, mas tem um bom **grupo de amigos**.

être ami avec, être amie avec [ɛtʀamiavɛk] *loc*
▶ v irr p. 410 être
- Je **suis amie avec** mes collègues de bureau.

ser amigo de, ficar amigo de

- Eu **sou amiga de** minhas colegas de escritório.

se réunir [s(ə)ʀeyniʀ] *v*
- Le samedi, on **se réunit** entre amis pour boire un verre.

reunir-se
- Aos sábados, nós **nos reunimos** para beber.

joindre [ʒwɛ̃dʀ] *v*
▶ v irr p. 410 joindre
- Je vais vous **joindre** après le cours.

juntar-se

- Depois da aula, vou **me juntar** a vocês.

le club [klœb] *n*
- Je fais partie d'un **club** qui organise la fête nationale dans notre village.

o clube
- Faço parte de um **clube** que organiza o festejo nacional em nossa cidade.

l'association [asɔsjasjɔ̃] *n f*
- Les joueurs de cette **association** sont appelés «les verts».

a associação
- Os jogadores dessa **associação** são chamados "os verdes".

accompagner [akɔ̃paɲe] *v*
- Je t'**accompagne** jusque chez toi.

acompanhar
- Eu o **acompanho** até sua casa.

s'entendre [sɑ̃tɑ̃dʀ] *v*
▶ v irr p. 412 rendre
- Je me suis toujours bien **entendue** avec mon frère.

entender-se

- Sempre **me entendi** bem com meu irmão.

serrer la main [seʀəlamɛ̃] *loc*
- Au début du match, l'arbitre et les deux capitaines se **serrent la main**.

apertar a mão
- No início do jogo, o árbitro e os dois capitães **apertam as mãos**.

aimer bien faire qc
[emebjɛ̃fɛʀkɛlkəʃoz] *loc*
- J'**aime bien** manger du poisson.

gostar de fazer alguma coisa
- **Gosto de** comer peixe.

aimer bien [emebjɛ̃] *loc*
- J'**aime bien** les couchers de soleil.

adorar
- **Adoro** o pôr do sol.

l'**attitude** [atityd] *n f*
- Je ne comprends pas ton **attitude** envers la religion.

a **atitude**, a **postura**
- Não compreendo a sua **postura** ante a religião.

collectif, collective [kɔlɛktif, kɔlɛktif] *adj*
- L'année dernière, la ville a investi dans des équipements **collectifs** importants.

coletivo, comunitário
- No ano passado, a cidade investiu em equipamentos **comunitários** importantes.

le **milieu** [miljø] *n*; *pl* **milieux**
- Bien que chacun soit d'un **milieu** différent, ils forment un couple très uni.

o **meio**
- Ainda que cada um seja de um **meio** diferente, eles formam um casal muito unido.

voir du monde [vwaʀdymõd] *loc*
▶ v irr p. 414 voir
- Le soir, j'aime **voir du monde**.

ver pessoas, estar entre pessoas
- À noite eu gosto de **sair para ver pessoas**.

Ciclo da vida

l'**homme** [ɔm] *n m*
- Tous les **hommes** sont égaux.

o **homem**
- Todos os **homens** são iguais.

la **vie** [ni] *n*
- Ils mènent une **vie** tranquille.

a **vida**
- Levam uma **vida** tranquila.

vivant, vivante [vivɑ̃, vivɑ̃t] *adj*
- Je suis contre les expériences sur les animaux **vivants**.
- Mes quatre grands-parents sont encore **vivants**.

vivo
- Eu sou contra as experiências com animais **vivos**.
- Meus quatro avós ainda estão **vivos**.

vivre [vivʀ] *v*
▶ **v irr** p. 413 vivre
- Picasso **a vécu** très vieux.

viver
- Picasso **viveu** bastante.

➡ **Vivre** frequentemente é usado também como transitivo direto. Nesse caso, significa **vivenciar**, por exemplo, **Nous avons vécu une aventure. – Nós vivenciamos (vivemos) uma aventura.**

la naissance [nɛsɑ̃s] *n*
- La **naissance** de mon bébé est prévue pour le 19 mai.

o **nascimento**
- O **nascimento** de meu bebê está previsto para 19 de maio.

naître [nɛtʀ] *v*
▶ **v irr** p. 411 naître
- Je **suis née** un 29 février.

nascer
- Eu **nasci** em 29 de fevereiro.

l'enfance [ɑ̃fɑ̃s] *n f*
- Il a passé une partie de son **enfance** dans le Midi.

a **infância**
- Ele passou parte de sua **infância** no Sul.

la jeunesse [ʒœnɛs] *n*
- Pendant ma **jeunesse** j'ai beaucoup voyagé.

a **juventude**
- Durante a **juventude** eu viajei muito.

jeune [ʒœn] *adj*
- Tu es encore trop **jeune** pour sortir seul le soir.
- Cette jupe, ça ne fait pas un peu trop **jeune** ?

jovem, novo, jovial
- Você é ainda muito **nova** para sair à noite.
- Esta saia não é um pouco **jovial** demais?

l'adulte [adylt] *n m/f*
- Ce film est réservé aux **adultes**.

o **adulto**
- Este filme é somente para **adultos**.

adulte [adylt] *adj*
- Quand devient-on **adulte** ?

adulto
- Quando a gente se torna **adulto**?

la vieillesse [vjɛjɛs] *n*
- Lorsqu'on est jeune, on ne pense pas à la **vieillesse**.

a **velhice**
- Quando se é jovem, não se pensa na **velhice**.

vieux, vieil, vieille [vjø, vjɛj] *adj*
- Mon grand-père est très **vieux**.

velho
- Meu avô é muito **velho**.

➡ A forma **vieil** é empregada quando o adjetivo se encontra diante de um substantivo masculino iniciado com uma vogal ou com *h* mudo, por exemplo, **le vieil homme** – o velho homem. A forma masculina plural é **vieux**; a feminina, **vieilles**.

l'**âge** [ɑʒ] *n m*
- À partir d'un certain **âge**, les années qui passent comptent double.

âgé, âgée [ɑʒɛ] *adj*
- Les personnes **âgées** sont de plus en plus nombreuses.

avoir... ans [avwaʀ... ɑ̃] *loc*
- ▶ **v irr** p. 407 avoir
- Mon oncle a déjà soixante **ans**.

grandir [gʀɑ̃diʀ] *v*
- Que tu **as** vite **grandi** !
- Leurs enfants **ont grandi** à l'étranger.

la **mort** [mɔʀ] *n*
- Je l'ai rencontrée dans la rue la veille de sa **mort**.

mort, morte [mɔʀ, mɔʀt] *adj*
- Mes grand-parents sont **morts** depuis longtemps.

a **idade**
- A partir de certa **idade**, os anos que passam contam em dobro.

idoso
- Há cada vez mais pessoas **idosas**.

ter ... anos (de idade)
- Meu tio já **tem** sessenta **anos de idade**.

crescer
- Como você **cresceu** depressa!
- Os filhos deles **cresceram** no estrangeiro.

a **morte**
- Eu a encontrei na rua na véspera de sua **morte**.

morte
- Meus avós **estão mortos** há muito tempo.

➡ **Mort** é também a forma do particípio perfeito do verbo **mourir**: **Il est mort.** – Ele morreu.

mortel, mortelle [mɔʀtɛl] *adj*
- Le soldat est mort à la suite d'une blessure **mortelle**.

mourir [muʀiʀ] *v*
- ▶ **v irr** p. 411 mourir
- Si on est mordu par ce serpent, on **meurt** en quelques minutes.

trouver la mort [tʀuvelamɔʀ] *loc*
- Hier, deux jeunes gens **ont trouvé la mort** dans un accident de voiture.

mortal
- O soldado morreu em decorrência de um ferimento **mortal**.

morrer
- Quando se é picado por essa serpente, **morre-se** em alguns minutos.

encontrar a morte
- Ontem, dois jovens **encontraram a morte** num acidente de carro.

Ciclo da vida

la tombe [tõb] *n* ▪ À la Toussaint nous sommes allés sur la **tombe** de nos grands-parents.	o **túmulo** ▪ No Dia de Todos os Santos fomos ao **túmulo** de nossos avós.
l'**enterrement** [ɑ̃tɛʁmɑ̃] *n m* ▪ Tout le village était venu à l'**enterrement** du maire.	o **enterro** ▪ Toda a cidade foi ao **enterro** do prefeito.
enterrer [ɑ̃tɛʁe] *v* ▪ Elle veut être **enterrée** à côté de son mari.	**enterrar** ▪ Ela quer ser **enterrada** ao lado de seu marido.
le **veuf**, la **veuve** [vœf, vœv] *n* ▪ Comme les femmes vivent plus longtemps, il y a beaucoup moins de **veufs** que de **veuves**.	o **viúvo**, a **viúva** ▪ Como as mulheres vivem mais tempo, há muito menos **viúvos** do que **viúvas**.
la **génération** [ʒeneʁasjõ] *n* ▪ Ce tableau passe de **génération** en **génération**.	a **geração** ▪ Esse quadro passa de **geração** em **geração**.
humain, humaine [ymɛ̃, ymɛn] *adj* ▪ L'erreur est **humaine**.	**humano** ▪ Errar é **humano**.
la **grossesse** [gʁosɛs] *n* ▪ Après neuf mois difficiles, l'accouchement s'est mieux passé que la **grossesse**.	a **gravidez** ▪ Após nove meses difíceis, o parto transcorreu melhor do que a **gravidez**.
enceinte [ɑ̃sɛ̃t] *adj* ▪ Elle était déjà **enceinte** de sept mois quand elle l'a dit à ses parents.	**grávida** ▪ Ela estava **grávida** já de sete meses quando contou aos pais.

➡ Os meses de gravidez são contados da seguinte forma: **enceinte de trois, quatre, cinq… mois – grávida de três, quatro, cinco … meses**.

les **personnes du troisième âge** [pɛʁsɔndytʁwazjɛmɑʒ] *n f pl* ▪ Aujourd'hui, les **personnes du troisième âge** restent plus actives qu'autrefois.	as **pessoas da terceira idade** ▪ Hoje as **pessoas da terceira idade** são muito mais ativas do que antes.
la **puberté** [pybɛʁte] *n* ▪ Elle commence à devenir difficile – c'est la **puberté** !	a **puberdade** ▪ Ela começou a ficar difícil – é a **puberdade**!

Ciclo da vida

le **démon de midi** [demõd(ə) midi] *n*
- Est-ce le **démon de midi** qui le pousse à changer de femme ?

a **crise da meia-idade**
- É a **crise da meia-idade** que o leva a buscar outra mulher?

➡ Essa expressão é usada somente para os homens. Para os dois sexos pode-se falar em **crise de la quarantaine** ou **crise de la cinquantaine**.

les **condoléances** [kõdɔleâs] *n f pl*
- Je voux presente mes **condoléances**.

os **pêsames**, as **condolências**
- Meus **pêsames**!

le **corps** [kɔʀ] *n*
- Les Égyptiens considéraient qu'il était très important de conserver le **corps** du mort dans le meilleur état possible.

o **corpo**
- Os egípcios consideravam muito importante conservar o **corpo** do morto no melhor estado possível.

incinérer [ɛ̃sineʀe] *v*
- Mon père ne souhaitait pas être incinéré après sa mort.

cremar
- Meu pai não queria **ser cremado** após a morte.

le **deuil** [dœj] *n*
- Ma voisine est en **deuil** depuis six semaines.

o **luto**
- Minha vizinha está de **luto** há seis semanas.

hériter [eʀite] *v*
- De son père elle a **hérité** une grande fortune.

herdar
- De seu pai ela **herdou** uma grande fortuna.

le **testament** [testamã] *n*
- Peu avant sa mort, il a modifié son **testament**.

o **testamento**
- Pouco antes de sua morte, ele mudou seu **testamento**.

Percepções, comunicação e atividades

Pensar e sentir

Pensamentos

la **pensée** [pâse] *n*
- Nous ne viendrons pas mais nous serons en **pensée** avec vous.

o **pensamento**
- Nós não vamos, mas estaremos em **pensamento** com vocês.

penser à [pâsea] *v*
- **Pensez** bien **à** éteindre la lumière avant de partir !

pensar em, lembrar-se de
- **Lembre-se de** apagar a luz antes de partir!

penser de [pâsedə] *v*
- Que **penses**-tu **de** ma proposition ?

achar de
- O que você **acha da** minha ideia?

réfléchir [ʀefleʃiʀ] *v*
- Il faut bien **réfléchir** avant d'agir, c'est une décision importante.

refletir
- É preciso **refletir** antes de agir, é uma decisão importante.

le **souvenir** [suv(ə)niʀ] *n*
- J'ai de très bons **souvenirs** de mon séjour dans les Alpes.

a **lembrança**
- Tenho **lembranças** muito boas de minha estada nos Alpes.

rappeler [ʀap(ə)le] *v*
- Ma grand-mère aime le jazz ; ça lui **rappelle** sa jeunesse.

lembrar
- Minha avó adora jazz; ele a faz **lembrar**-se de sua juventude.

se rappeler [s(ə)ʀap(ə)le] *v*
- Est-ce qu'elle **s'est rappelé** mon adresse ?

lembrar, recordar-se de
- Ela **se recorda** de meu endereço?

➡ Se rappeler é transitivo.

oublier [ublije] *v*
- J'ai **oublié** comment on dit «hoje» en français.

esquecer
- Eu **esqueci** como se diz "hoje" em francês.

sembler [sâble] *v*
- Vous me **semblez** très en forme; c'est le soleil ?

parecer
- Você me **parece** bem em forma; é o sol?

croire [kʀwaʀ] v
- ▶ v irr p. 408 croire
- Tu **crois** à l'enfer ?

crer, acreditar
- Você **acredita** no inferno?

l'**espoir** [ɛspwaʀ] n m
- Il ne faut jamais perdre **espoir**.

a esperança
- Não se deve jamais perder a **esperança**.

espérer [ɛspeʀe] v
- J'**espère** que tu pourras venir demain.

esperar
- **Espero** que você possa vir amanhã.

supposer [sypoze] v
- Je **suppose** qu'elle est malade, sinon elle serait là.

supor
- **Suponho** que ela esteja doente, caso contrário estaria lá.

probable [pʀɔbabl] adj
- Il est **probable** que l'homme volera un jour vers Mars.

provável
- É **provável** que o homem vá a Marte algum dia.

probablement [pʀɔbabləmɑ] adv
- Nous viendrons **probablement** à Noël, sauf si les routes sont mauvaises.

provavelmente
- Vamos **provavelmente** no Natal, a não ser que as estradas estejam ruins.

sans doute [sɑ̃dut] adv
- C'est **sans doute** la plus belle plage de la Martinique.

provavelmente
- É **provavelmente** a praia mais bonita da Martinica.

peut-être [pøtɛtʀ] adv
- Ta sœur veut **peut-être** venir avec nous.

talvez
- **Talvez** sua irmã queira vir.

possible [pɔsibl] adj
- Je me serais trompé? Après tout, c'est bien **possible**.

possível
- Eu estaria enganado? Mas afinal seria bem **possível**.

impossible [ɛ̃pɔsibl] adj
- Il me paraît vraiment **impossible** que le CD-ROM puisse remplacer un jour le livre.

impossível
- Parece-me realmente **impossível** que o CD-ROM possa algum dia substituir o livro.

se demander [sədəmɑ̃de] v
- Je **me demande** si cela lui ferait plaisir de venir avec nous au cinéma.

perguntar-se
- Eu me **pergunto** se lhe daria prazer ir ao cinema conosco.

le **sens** [sâs] *n*
- Ça n'a pas de **sens** de vouloir visiter Paris en un jour.

o **sentido**
- Não faz **sentido** querer visitar Paris em um dia.

l'**impression** [ɛpʀɛsjõ] *n f*
- J'ai l'**impression** que je l'ai déjà vue, mais où ?

a **impressão**
- Tenho a **impressão** de que já a vi, mas onde?

prendre en considération
[pʀâdʀâkõsideʀasjâ] *loc*
▶ v irr p. 412 prendre
- Avant de te fair opérer, **prends en considération** ce que t'a dit ton médecin.

levar em consideração

- Antes de se submeter à operação, **leve em consideração** o que seu médico lhe disse.

s'attendre à [satâdʀa] *v*
▶ v irr p. 412 rendre
- Nous ne **nous attendions** pas à votre visite.

contar com, esperar

- Nós não **contávamos com** sua visita.

reconnaître [ʀ(ə)kɔnɛtʀ] *v*
▶ v irr p. 408 connaître
- Excusez-moi ; je ne vous **avais** pas **reconnu**, avec votre nouvelle coiffure.

reconhecer

- Desculpe-me, eu não o **reconheci** com seu novo corte de cabelo.

remarquer [ʀ(ə)maʀke] *v*
- Tu n'**as** même pas **remarqué** que je suis allé chez le coiffeur !

notar, perceber
- Você nem **notou** que eu fui ao cabeleireiro.

l'**apparence** [apaɑ̃s] *n f*
- Selon toute **apparence**, elle a décidé de ne pas quitter son mari.

aparência
- **Aparentemente**, ela decidiu não deixar o marido.

paraître [paʀɛtʀ] *v*
▶ v irr p. 408 connaître
- La situation de l'emploi me **paraît** meilleure qu'au début des années 90.

parecer

- A situação do emprego me **parece** melhor do que no início dos anos 90.

considérer comme
[kõsideʀekɔm] *v*
- Je **considère** mon collaborateur **comme** quelqu'un de très capable.

considerar

- **Considero** meu colaborador alguém muito capaz.

l'**imagination** [imaʒinasjɔ̃] *n f*
- Il suffit d'un peu d'**imagination** pour se promener dans le futur.

a **imaginação**
- Basta um pouco de **imaginação** para viajar pelo futuro.

imaginer [imaʒine] *v*
- J'**imagine** que vous avez été déçu de ne pas arriver premier.

imaginar
- **Imagino** que você tenha ficado decepcionado em não chegar primeiro.

➡ **S'imaginer** pode também ser pejorativo, com o sentido de a pessoa **se achar mais do que é**: Non, mais qu'est-ce qu'il s'imagine ! – Não, mas ele se acha o tal!

tenir compte de [t(ə)niʀkɔ̃tdə] *loc*
▶ **v irr** p. 413 venir
- Les hommes politiques doivent **tenir compte des** problèmes écologiques.

levar em conta

- Os políticos devem **levar em conta** os problemas ecológicos.

la **conscience** [kɔ̃sjɑ̃s] *n*
- Hier, mon père est tombé dans la rue et n'a repris **conscience** qu'à l'hôpital.

a **consciência**
- Ontem, meu pai caiu na rua e só foi recobrar a **consciência** no hospital.

prévoir [pʀevwaʀ] *v*
▶ **v irr** p. 414 voir
- Je ne pouvais quand même pas **prévoir** qu'il allait pleuvoir !

prever

- Eu não poderia **prever** que iria chover!

le **non-sens** [nɔ̃sɑ̃s] *n*
- Le tromper pour te venger, quel **non-sens** !

não faz sentido
- Enganá-lo para se vingar **não faz sentido**!

Sentimentos

le **sentiment** [sɑ̃timɑ̃] *n*
- J'ai le **sentiment** qu'on pourrait faire beaucoup plus pour l'environnement.

a **sensação**
- Tenho a **sensação** de que se poderia fazer muito mais pelo ambiente.

la **joie** [ʒwa] *n*
- C'est avec **joie** que j'ai appris ton mariage.

a **alegria**
- É com **alegria** que fico sabendo de seu casamento.

le **plaisir** [plezɔʀ] n
- C'est vraiment un **plaisir** de discuter avec vous.

o **prazer**
- É realmente um **prazer** debater com você.

agréable [agʀeabl] adj
- Ce chanteur a une voix **agréable**.

agradável
- Este cantor tem uma voz **agradável**.

désagréable [dezagʀeabl] adj
- N'avoir rien à faire, de temps en temps, ça n'est pas **désagréable**.

desagradável
- Ficar ser ter o que fazer vez ou outra não é **desagradável**.

le **bonheur** [bɔnœʀ] n
- Je ne veux pas être un obstacle à ton **bonheur**.

a **felicidade**
- Eu não quero ser um obstáculo à sua **felicidade**.

heureux, heureuse [øʀø. øʀøz] adj
- J'ai eu une enfance très **heureuse**.
- Je suis **heureuse** d'être ton amie.

feliz
- Tive uma infância muito **feliz**.
- Estou **feliz** em ser sua amiga.

malheureux, malheureuse [maløʀø, maløʀøz] adj
- Tu as l'air **malheureux**; ça ne va pas ?

infeliz
- Você me parece **infeliz**; tem algo errado?

malheureusement [maløʀøzmã] adv
- Je n'avais **malheureusement** pas revu le sujet qui est tombé.

infelizmente
- **Infelizmente** eu não revisara o tema que caiu na prova.

étrange [etʀɑ̃ʒ] adj
- C'est tout de même **étrange** que personne ne réponde.

estranho
- É mesmo **estranho** que ninguém responda.

le **rire** [ʀiʀ] n
- Son **rire** bête ne me plaît pas du tout.

o **riso**
- Seu **riso** besta não me agrada nem um pouco.

rire [ʀiʀ] v
▶ v irr p. 412 rire
- Je vais vous raconter une histoire qui va vous faire **rire**.

rir
- Vou-lhe contar uma história que vai fazê-lo **rir**.

le sourire [suʀiʀ] *n*
- «Un certain **sourire**» est le livre de Françoise Sagan que je préfère.

o **sorriso**
- *Um certo **sorriso*** é o livro de Françoise Sagan de que mais gosto.

sourire [suʀiʀ] *v*
▶ *v irr* p. 412 rire
- Pourquoi tu **souris** ? J'ai dit une bêtise ?

sorrir
- Por que você **sorri**? Eu disse alguma besteira?

aimer [eme] *v*
- J'**aime** bien le Midi et j'y passe toutes mes vacances.

adorar
- Eu **adoro** o sul da França, é lá que eu passo todas as minhas férias.

aimer faire qc [emefɛʀkɛlkəʃoz] *loc*
- J'**aime** me **baigner** la nuit.

gostar
- **Gosto** de tomar banho à noite.

adorer [adɔʀe] *v*
- On peut **adorer** ses enfants, sans les gâter pour autant.

amar
- Pode-se **amar** os filhos, e nem por isso estragá-los.

préféré, préférée [pʀefeʀe] *adj*
- Pendant des années, Romy Schneider a été l'actrice **préférée** des Français.

preferir
- Durante anos, Romy Schneider foi a atriz **preferida** dos franceses.

la surprise [syʀpʀiz] *n*
- Tiens, une lettre de ma sœur. Quelle bonne **surprise** !

a **surpresa**
- Veja só, uma carta de minha irmã. Que bela **surpresa**!

surprendre [syʀpʀɑ̃dʀ] *v*
▶ *v irr* p. 412 prendre
- Son départ soudain nous a tous beaucoup **surpris**.

surpreender
- Sua súbita partida nos **surpreendeu** a todos.

content, contente [kɔ̃tɑ̃, kɔ̃tɑ̃t] *adj*
- Nous sommes très **contents** de notre nouvelle voiture.

satisfeito
- Estamos muito **satisfeitos** com nosso carro novo.

la peur [pœʀ] *n*
- De **peur** de rater leur train, ils sont arrivés à la gare avec une heure d'avance.

o **medo**
- Com **medo** de perder o trem, chegaram à estação com uma hora de antecedência.

faire peur à [fɛʁpœʁa] *loc*
▶ **v irr** p. 410 faire
- Ne criez pas, vous allez lui **faire peur** !

assustar
- Não grite, assim você vai **assustá-lo**!

inquiet, inquiète [ɛ̃kjɛ, ɛ̃kjɛt] *adj*
- Les parents sont toujours **inquiets** quand leurs enfants sont sortis.

inquieto
- Os pais sempre ficam **inquietos** quando os filhos saem.

la tristesse [tʁistɛs] *n*
- C'est avec beaucoup de **tristesse** que j'ai appris la mort de votre père.

a tristeza
- É com muita **tristeza** que fico sabendo da morte de seu pai.

triste [tʁist] *adj*
- Il est tout **triste** parce que son petit chat est malade.

triste
- Ele está muito **triste** porque seu gatinho adoeceu.

seul, seule [sœl] *adj*
- Je me sens moins **seule** depuis que j'ai fait leur connaissance.

só, sozinho
- Eu me sinto menos **só** depois que os conheci.

terrible [tɛʁibl] *adj*
- L'accident a été **terrible** et a fait plusieurs morts.

terrível
- O acidente foi **terrível** e fez muitos mortos.

le doute [dut] *n*
- Tu es sûr de toi ? Parce que moi, j'ai des **doutes**.

a dúvida
- Você tem certeza? Porque de minha parte tenho **dúvidas**.

sans aucun doute [sɑ̃zokɛ̃dut] *loc*
- Mon oncle est **sans aucun doute** le meilleur médecin que je connaisse.

sem dúvida
- Meu tio é **sem dúvida** o melhor médico que eu conheço.

➡ A palavra **aucun** aqui é muito importante! **Sans doute**, apenas, significa **provavelmente**.

pleurer [plœʁe] *v*
- Les films tristes me font **pleurer**.

chorar
- Os filmes tristes me fazem **chorar**.

la larme [laʁm] *n*
- À l'enterrement, tout le monde avait les **larmes** aux yeux.

a lágrima
- No enterro, todo mundo tinha **lágrimas** nos olhos.

Sentimentos

affreux, affreuse [afʀø, afʀøz] *adj*
- Au début, on trouvait la tour Eiffel **affreuse**.

assustador, medonho
- No início, todo mundo achava a torre Eiffel **medonha**.

soucieux, soucieuse [susjø, susjøz] *adj*
- Je lui trouve l'air **soucieux** ; il a des ennuis?

preocupado
- Acho que ele está com um ar **preocupado**. Está com problemas?

s'inquiéter [sɛ̃kjete] *v*
- Ne **t'inquiète** pas ! Il aurait téléphoné s'il avait eu un problème.

preocupar-se
- Não **se preocupe**! Ele teria telefonado se tivesse algum problema.

mécontent, mécontente [mekõtã, mekõtãt] *adj*
- Je suis très **mécontent** que tu sois rentré si tard hier soir.

descontente
- Estou muito **descontente** por você ter chegado tão tarde ontem em casa.

détester [detɛste] *v*
- Je **déteste** les gens qui ne tiennent pas leurs promesses.

detestar
- **Detesto** pessoas que não mantêm suas promessas.

se réjouir (de) [s(ə)ʀeʒwiʀ] *v*
- Je **me réjouis** de ton succès.

alegrar-se
- Eu me **alegro** com seu sucesso.

l'admiration [admiʀasjõ] *n f*
- Je suis pleine d'**admiration** pour tout ce que tu fais et représentes.

a admiração
- Tenho muita **admiração** por tudo o que você faz e representa.

admirer [admiʀɛ] *v*
- J'**admire** ta patience.

admirar
- **Admiro** a sua paciência.

l'enthousiasme [ɑ̃tuzjasm] *n m*
- C'est avec beaucoup d'**enthousiasme** qu'elle a ouvert son magasin de fleurs.

o entusiasmo
- Foi com muito **entusiasmo** que ela abriu sua floricultura.

enthousiaste [ɑ̃tuzjast] *adj*
- Nous étions si **enthousiastes** que nous avons applaudi les acteurs pendant un long moment.

entusiasmado
- Estávamos tão **entusiasmados** que aplaudimos os atores por um bom tempo.

excité, excitée [ɛksite] *adj*
- Demain je prends ma première leçon de conduite ; je suis déjà tout **excitée**.

animado
- Amanhã tenho minha primeira aula de direção; estou muito **animada**.

excitant, excitante [εksitɑ̃, εksitɑ̃t] *adj*
- Rouler à 200 à l'heure sur l'autoroute, c'est **excitant**, mais c'est dangereux.

excitante
- Rodar a 200 por hora na autoestrada é **excitante**, mas perigoso.

agressif, agressive [agrεsif] *adj*
- Je ne veux pas que tu me parles sur ce ton **agressif**.

agressivo
- Não quero que você me fale nesse tom **agressivo**.

L'ennui [ɑ̃nɥi] *n*
- J'ai cru que j'allais mourir d'**ennui**.

o **tédio**
- Achei que fosse morrer de **tédio**.

ennuyex, ennuyeuse [ɑ̃nɥijø, ɑ̃nɥijøz] *adj*
- Le film était tellement **ennuyeux** que je me suis endormie.

tedioso
- O filme era tão **tedioso** que peguei no sono.

s'ennuyer [sɑ̃nɥije] *v*
- Si tu **t'ennuies**, on peut sortir.

entediar-se
- Se você **está entediada**, podemos sair.

la **déception** [desεpsjɔ̃] *n*
- Ça fait deux ans que je suis célibataire après une grande **déception**.

a **decepção**
- Há dois anos estou solteira após uma grande **decepção**.

décevoir [des(ə)vwaʀ] *v*
▶ v irr p. 412 recevoir
- Son échec l'a terriblement **déçue**.

decepcionar
- Seu fracasso a **decepcionou** terrivelmente.

reconnaissant, reconnaissante [ʀ(ə)kɔnεsɑ̃, ʀ(ə)kɔnεsɑ̃t] *adj*
- Docteur, je vous serai toujours **reconnaissant** de m'avoir guéri.

grato
- Doutor, eu lhe serei sempre muito **grato** por me ter curado.

étonnant, étonnante [etɔnɑ̃, etɔnɑ̃t] *adj*
- Son comportement envers elle n'est pas **étonnant** ; elle l'a trompe avec son meilleur ami.

surpreendente
- Seu comportamento para com ela não é **surpreendente**; ela o engana com seu melhor amigo.

étonner [etɔne] *v*
- Il a eu un accident ? Ça ne m'**étonne** pas ; il roule toujours trop vite.

surpreender
- Ele sofreu um acidente? Não me **surpreende**, ele sempre vai muito rápido.

s'éttoner [setɔne] v
- Personne ne **s'est étonné** de mon absence.

espantar
- Ninguém **se espantou** com minha ausência.

la pitié [pitje] n
- Ayez donc un peu **pitié** de moi !

a **piedade**
- Tenha um pouco de **piedade** de mim!

regretter [ʀ(ə)gʀɛte] v
- Nous **regrettons**, l'hôtel est complet.

lamentar
- **Lamentamos**, mas o hotel está lotado.

bizarre [bizaʀ] adj
- C'est **bizarre** qu'il ne soit pas encore là ; il est toujours à l'heure.

estranho, bizarro
- É **estranho** que ele ainda não esteja lá; ele é sempre pontual.

la honte [õt] n
- J'etais rouge de **honte** et pourtant, tu sais que je rougis difficilement.

a vergonha
- Eu estava vermelho de **vergonha**, e você sabe que não enrubesço com facilidade.

avoir honte [avwaʀõt] loc
▶ v irr p. 407 avoir
- Vous n'**avez** pas **honte** de mentir ainsi ?

ter vergonha

- Você não **tem vergonha** de mentir assim?

le dégoût [degu] n
- Quand je prépare des épinards je vois le **dégoût** sur son visage.

a **repulsa**, o **nojo**
- Quando eu cozinho espinafre, vejo a cara de **repulsa** que ele faz.

douter [dute] v
- Je **doute** qu'on réussisse.

duvidar
- **Duvido** que se vá conseguir.

le mal du pays [maldypei] n
- Dès que je suis à l'étranger j'ai le **mal du pays**.

a saudade
- Tão logo chego ao exterior, sinto **saudade** de casa.

toucher [tuʃe] v
- **J'étais** vraiment **touché**, à la limite de pleurer.

sensibilizado
- Eu estava realmente **sensibilizado**, a ponto de chorar.

manquer à qn [mãkeakɛlkɛ̃] v
- Tu lui **manques** ; il demande tout le temps de tes nouvelles.

ter saudades de alguém
- Ele **está com saudades de você**; a todo tempo ele pergunta sobre você.

envier [ãvje] *v* ■ Je t'**envie** ta belle maison.	invejar ■ Eu **invejo** sua bela casa.
le chagrin [aɡʀɛ̃] *n* ■ La lecture est un bon remède contre le **chagrin** et le stress. ■ La mort de ma fille m'a plongé dans un **chagrin** immense.	a **preocupação**, a **aflição**, a **dor** ■ A leitura é um bom remédio contra a **preocupação** e o estresse. ■ A morte de minha filha me lançou numa **dor** imensa.
désespéré, désespérée [dezɛspeʀe] *adj* ■ Depuis son divorce, elle est totalement **désespérée**.	desesperado ■ Desde o divórcio, ela está completamente **desesperada**.
le sort [sɔʀ] *n* ■ Je ne peux pas me plaindre de mon **sort**.	a sorte ■ Não posso reclamar da minha **sorte**.

Impressões dos sentidos

voir [vwaʀ] *v* ▶ v irr p. 414 voir ■ Oh pardon ! Je ne vous **avais** pas **vu** !	ver ■ Perdão! Eu não o tinha **visto**!
le regard [ʀ(ə)ɡaʀ] *n* ■ Elle a un **regard** très doux.	o olhar ■ Ela tem um **olhar** muito doce.
regarder [ʀ(ə)ɡaʀde] *v* ■ Je **regarde** tous les matchs de football. ■ Si vous **aviez** mieux **regardé**, vous auriez vu la différence.	assistir, observar ■ Eu **assisto** a todos os jogos de futebol. ■ Se você tivesse **observado** melhor, teria visto a diferença.
entendre [ãtãdʀ] *v* ▶ v irr p. 412 rendre ■ Il **entend** mal de l'oreille gauche.	ouvir ■ Ele **ouve** mal pela orelha esquerda.
écouter [ekute] *v* ■ **Écoute** ! Tu n'entends pas un bruit bizarre ? ■ Il ne l'a même pas **écoutée**.	escutar ■ **Escute**! Não está ouvindo um ruído estranho? ■ Ele nem **escutou** a ela.

➡️ Entendre caracteriza **ouvir**, perceber com a audição; já écouter designa ouvir ou dar ouvidos de modo intencional.

le **bruit** [bʀɥi] *n*
- En hiver, j'aime le **bruit** de la neige sous mes chaussures.
- Ne faites pas de **bruit**, les enfants dorment !

o **ruído**, o **barulho**
- No inverno, eu gosto do **barulho** da neve sob meus sapatos.
- Não faça **barulho**, as crianças estão dormindo.

toucher [tuʃe] *v*
- Prière de ne **toucher** à rien.

tocar
- Por favor, não **toque** em nada.

l'**odeur** [odœʀ] *n f*
- Elle ne peut pas supporter cette **odeur**.

o **odor**
- Ela não pode suportar esse **odor**.

le **parfum** [paʀfɛ̃] *n*
- J'aime le **parfum** du pain frais.

o **aroma**
- Gosto do **aroma** de pão fresco.

puer [pɥe] *v*
- Quelle horreur, ça **pue** le caoutchouc brûlé.

feder
- Que horror, como borracha queimada **fede**!

➡️ Puer é transitivo.

le **sens** [sɑ̃s] *n*
- L'homme a cinq **sens**.

o **sentido**
- O homem tem cinco **sentidos**.

la **sensation** [sɑ̃sasjɔ̃] *n*
- Faire du parapente me donne une **sensation** de liberté et de légèreté.

a **sensação**
- Fazer parapente me dá uma **sensação** de liberdade e leveza.

sentir [sɑ̃tiʀ] *v*
▶ *v irr* p. 411 partir
- Vous pouvez commencer, je ne **sens** plus rien.
- Vous trouvez que ça **sent** le gaz ?
- Moi, je ne **sens** rien.

sentir
- Você pode começar, já não **sinto** mais nada.
- Você não **sente** cheiro de gás?
- Não, não **sinto** nada.

jeter un coup d'œil sur [ʒ(ə)teɛ̃kudœjsyʀ] *loc*
- Pourriez-vous **jeter un coup d'œil sur** ma lettre pour corriger les fautes ?

dar uma olhada em
- Você poderia **dar uma olhada** na minha carta para corrigir os erros?

éprouver [epʀuve] v ■ Qu'as-tu **éprouvé** en le revoyant ?	**notar** ■ O que você **notou** ao tornar a vê-lo?
observer [ɔpsɛʀve] v ■ J'ai l'impression que ce type-là nous **observe** depuis un bon moment.	**observar** ■ Tenho a impressão de que aquele cara ali já nos **observa** há um bom tempo.
la vue [vy] n ■ Ma **vue** baisse; il faut que je change de lunettes.	**a visão** ■ Minha **visão** já não alcança; preciso de novos óculos.
l'ouïe [wi] n f ■ Notre chatte a l'**ouïe** si fine qu'elle entend le moindre bruit.	**a audição** ■ Nossa gata tem uma **audição** tão apurada que ouve o mínimo ruído.
le sens du toucher [sâsdytuʃe] n ■ Le **sens du toucher** est uns sens très important, mais on l'oublie un peu. ■ Depuis son accident de moto, il a perdu le **sens du toucher** dans la main droite.	o **tato**, o **sentido do tato** ■ O **tato** é um sentido muito importante, mas um pouco esquecido. ■ Desde o seu acidente de moto, ele perdeu o **tato** na mão direita.
l'odorat [ɔdɔʀa] n m ■ Mon chien a un **odorat** très fin.	o **olfato**, o **sentido do olfato** ■ Meu cachorro tem o **olfato** muito apurado
le sens du goût [sâsdygu] n ■ Depuis mon opération de la gorge j'ai perdu le **sens du goût**.	o **paladar**, a **gustação** ■ Desde a minha operação da garganta, perdi o **paladar**.

Situações da fala

Conversas

la **conversation** [kɔ̃vɛʀsasjɔ̃] *n*
- Nous avons eu une longe **conversation** sur l'avenir de l'Europe.

a **conversa**
- Tivemos uma longa **conversa** sobre o futuro da Europa.

parler [paʀle] *v*
- C'est tout de même bien agréable de **parler** la langue du pays et de pouvoir discuter avec les gens.
- Elle déteste les personnes qui **parlent** trop.

falar, conversar
- É mesmo muito agradável **falar** a língua do país e poder comunicar-se com as pessoas.
- Ela não suporta pessoas que **falam** muito.

dire [diʀ] *v*
▶ v irr p. 409 dire
- Les médecins ne **disent** pas toujours toute la vérité au malade.

dizer

- Os médicos nem sempre **dizem** toda a verdade ao paciente.

raconter [ʀakɔ̃te] *v*
- Qui a **raconté** à mes parents que j'ai un nouveau copain ?

contar
- Quem **contou** aos meus pais que tenho um novo namorado?

apprendre [apʀɑ̃dʀ] *v*
▶ v irr p. 412 prendre
- Félicitations, j'**ai appris** que tu allais te marier l'été prochain !

ficar sabendo, aprender

- Parabéns! **Fiquei sabendo** que você vai se casar no próximo verão!

appeler [ap(ə)le] *v*
- Peux-tu **appeler** les enfants, on mange.

chamar
- Você pode **chamar** as crianças, vamos comer.

le **silence** [silɑ̃s] *n*
- Les enfants, **silence** ! Je vais vous lire un conte de fées.
- La parole est d'argent, le **silence** est d'or.

o **silêncio**
- **Silêncio**, crianças! Vou ler para vocês um conto de fadas.
- Falar é prata, o **silêncio** é ouro.

expliquer [ɛksplike] *v*
- Vous pouvez m'**expliquer** la fin du film ? Je n'ai pas tout compris.

explicar
- Você poderia me **explicar** o fim do filme? Não compreendi tudo.

l'**expression** [ɛkspʀɛsjɔ̃] *n f*
- Que veut dire cette **expression** ?

a **expressão**
- O que quer dizer essa **expressão**?

exprimer [εkspʀime] *v*
- Comment **exprimer** ses sentiments quand on ne connaît que quelques mots d'une langue ?

expressar
- Como **expressar** sentimentos quando se conhecem apenas algumas palavras de uma língua?

s'exprimer [sεkspʀime] *v*
- Vous **vous exprimez** parfaitement ; pour un peu, on croirait que vous êtes français.

expressar-se
- Você **se expressa** perfeitamente; por pouco se acharia que você é francês.

silencieux, silencieuse [silɑ̃sjø, silɑ̃sjøz] *adj*
- Je te trouve bien **silencieuse**, tu as des idées noires ?

quieto, silencioso
- Estou achando você tão **quieta**, está com algum pensamento sombrio?

le discours [diskuʀ] *n*
- J'ai vu le **discours** du ministre à la télévision.

o discurso
- Assisti ao **discurso** do ministro na televisão.

l'explication [εksplikasjɔ̃] *n f*
- Il est parti sans donner d'**explication**.

a explicação
- Ele partiu sem dar **explicação**.

la nouvelle [nuvεl] *n*
- J'ai une bonne **nouvelle** pour toi.

a notícia
- Tenho uma boa **notícia** para você.

le message [mεsaʒ] *n*
- Elle n'est pas là pour le moment; voulez-vous laisser un **message** ?

a mensagem
- Ela não está no momento; gostaria de deixar uma **mensagem**?

faire savoir [fεʀsavwaʀ] *v*
▶ *v irr* p. 413 venir
- **Faites**-moi **savoir** au plus vite où je peux vous joindre.

fazer saber, comunicar

- **Faça-me saber** o mais rápido possível onde posso encontrá-lo.

prévenir [pʀev(ə)niʀ] *v*
▶ *v irr* p. 413 venir
- **Préviens**-moi suffisamment tôt !

prevenir

- **Previna-me** a tempo!

l'information [ε̃fɔʀmasjɔ̃] *n f*
- Je vou donne là une **information** tout à fait confidentielle.

a informação
- Vou dar-lhe uma **informação** completamente confidencial.

informer [ɛ̃fɔʀme] *v*
- La police nous **a informés** tout de suite de l'accident de notre fils.

informar
- A polícia nos **informou** logo em seguida sobre o acidente de nosso filho.

la remarque [ʀ(ə)maʀk] *n*
- Je voudrais faire une **remarque**, mais ne la prenez surtout pas pour une critique !

a observação
- Eu gostaria de fazer uma **observação**, mas não a tome por uma crítica!

mentionner [mɑ̃sjɔne] *v*
- Son nome **est mentionné** déjà sur la première page du livre.

mencionar
- Seu nome foi **mencionado** já na primeira página do livro.

souligner [suliɲe] *v*
- Notre professeur **a souligné** l'importance de la langue française dans le monde.

ressaltar
- Nosso professor **ressaltou** a importância da língua francesa no mundo.

s'entretenir [sɑ̃tʀətniʀ] *v*
- Les ministres **se sont entretenus** pendant deux heures avec le président.

reunir-se
- Os ministros **se reuniram** por duas horas com o presidente.

bavarder [bavaʀde] *v*
- Venez samedi soir, on **bavardera** autour d'un verre !

conversar
- Venha no sábado à noite, a gente poderá **conversar** tomando um vinho!

se taire [s(ə) tɛʀ] *v*
▶ *v irr* p. 411 plaire
- Parfois il vaut mieux **se taire**.

calar-se
- Por vezes o melhor é **se calar**.

chuchoter [ʃyʃɔte] *v*
- Ils se **chuchotaient** à l'oreille des mots tendres.

cochichar
- Eles **cochichavam** ao ouvido palavras carinhosas.

les ragots [ʀago] *n m pl*
- Allez, arrête de raconter des **ragots** sur tes voisins !

as fofocas
- Vamos, pare de contar **fofoca** sobre os vizinhos!

Perguntar, pedir e responder

demander [d(ə)mâde] v
- Puis-je vous **demander** du pain ?

pedir, perguntar
- Posso **pedir**-lhe um pouco de pão?

demander à qn [d(ə)mâdea] v
- **Demandez** votre chemin **à** un agent !

perguntar a alguém
- **Pergunte** ao policial sobre o caminho.

la **question** [kɛstjõ] n
- Est-ce que je peux te poser une **question** ?

a pergunta
- Posso fazer-lhe uma **pergunta**?

la **réponse** [ʀepõs] n
- Ma **réponse** est non !

a resposta
- Minha **resposta** é não!

répondre [ʀepõdʀ] v
▶ v irr p. 412 rendre
- Il n'**a** pas **répondu** à son père.

responder

- Ele não **respondeu** a seu pai.

répondre à une question
[ʀepõdʀaynkɛstjõ] v
▶ v irr p. 412 rendre
- Je n'ai pas su **répondre à** la **question** du prof.

responder a uma pergunta

- Não consegui **responder** à pergunta do professor.

oui [wi] adv
- Vous comprenez l'allemand ? – **Oui**, un peu.

sim
- Você entende alemão? – **Sim**, um pouco.

si [si] adv
- Tu ne m'as pas dit que tu étais malade. – Mais **si**, je te l'ai dit trois fois !

sim
- Você não tinha me dito que estava doente. – **Sim**, eu lhe disse três vezes.

➡ Apesar de **si** e **oui** terem a mesma tradução em português, em respostas, **si** é utilizado para negar uma oração negativa. **Oui** é utilizado para responder orações afirmativas.

non [nõ] adv
- Vous êtes Française ? – **Non**, je suis Allemande.

não
- Você é francesa? – **Não**, eu sou alemã.

ne ... pas [nə...pa] adv
- Un Français que **ne** connaît **pas** Jeanne d'Arc ? Ça, c'est étonnant !

não
- Um francês que **não** conhece Joana D'Arc? É espantoso!

Perguntar, pedir e responder

→ Diante de vogais e *h* mudo, o **ne** se torna **n'**, enquanto na linguagem falada frequentemente é suprimido.

Pardon ? [paʀdõ] *interj*	**Perdão?**
S'il vous plaît [silvuplɛ] *loc*	**Por favor!**

→ **S'il vous plaît** se usa quando se quer tratar desconhecidos de modo cortês para solicitar alguma coisa. Quando se quer tratar de modo menos formal, diz-se: **S'il te plaît !**

Voilà ! [vwala] *interj*	**Eis! Aí está!**

→ Quando se dá, se oferece ou se mostra algo para alguém.

Je vous en prie ! [ʒ(ə)vuzɑ̃pʀi] *loc*	**Não há de quê!**

→ É uma maneira gentil de responder a um "obrigado". Nesse caso, quando se trata alguém de modo menos formal, diz-se: **Je t'en prie !**

De rien ! [dəʀjẽ] *loc*	**Não há de quê! De nada!**
Merci ! [mɛʀsi] *interj*	**Obrigado!**
Merci beaucoup ! [mɛʀsiboku] *loc*	**Muito obrigado!**
la **volonté** [vɔlõte] *n* ■ J'en ai assez, il faut toujours faire ta **volonté** !	a **vontade** ■ Para mim chega! Sempre se tem de fazer a sua **vontade**!
vouloir [vulwaʀ] *v* ▶ v irr p. 414 vouloir ■ Mes parents ne **veulent** pas que je rentre aussi tard.	**querer** ■ Meus pais não **querem** que eu volte muito tarde.
souhaiter [swete] *v* ■ Je vous **souhaite** à tous une bonne et heureuse année.	**desejar** ■ Quero **desejar** a todos um bom e feliz ano-novo.
promettre [pʀɔmɛtʀ] *v* ▶ v irr p. 411 mettre ■ J'**ai promis** à mes parents d'être là à Noël.	**prometer** ■ **Prometi** a meus pais estar lá no Natal.
l'**excuse** [ɛkskyz] *n f* ■ Mais le mauvais temps, ce n'est pas une **excuse**, au contraire!	a **desculpa** ■ Mas o mau tempo não é **desculpa**, pelo contrário!
excuser [ɛkskyze] *n f* ■ **Excusez** mon retard.	**desculpar** ■ **Desculpe**-me pelo atraso.

remercier [ʀ(ə)mɛʀsje] v
- Je vous **remercie** pour cette soirée agréable.
- J'espère que tu **as remercié** toute l'équipe avant de partir. Sans eux tu ne serais pas là.

agradecer
- Eu lhe **agradeço** por esta tarde agradável.
- Espero que você **tenha agradecido** a toda equipe antes de partir. Sem eles, você não estaria aqui.

➡ **Remercier** é transitivo.

la demande [d(ə)mɑ̃d] n
- C'est à la **demande** des parents qu'on a supprimé les cours du samedi.

o pedido
- A **pedido** dos pais, as aulas de sábado foram suprimidas.

le souhait [swɛ] n
- Je n'ai qu'un **souhait**: c'est que tu puisses passer Noël avec nous.

o desejo
- Tenho apenas um **desejo**: que você possa passar o Natal conosco.

➡ Quando alguém espirra, diz-se: **À tes/vos souhaits !** – Saúde!

réalisable [ʀealizabl] adj
- Je crois que ton projet est tout à fait **réalisable**.

realizável
- Creio que seu projeto é absolutamente **realizável**.

réaliser [ʀealize] v
- Malheureusement, tu ne pourras pas **réaliser** tous tes rêves.

realizar
- Infelizmente você não poderá **realizar** todos os seus sonhos.

la promesse [pʀɔmɛs] n
- Vous m'avez promis de me rendre visite, j'espère que vous tiendrez votre **promesse**.

a promessa
- Você prometeu me visitar; espero que cumpra sua **promessa**.

s'excuser [ɛkskyze] v
- Je **me suis excusée** auprès de notre directeur d'être arrivée si tard à la réunion.

desculpar-se
- Eu me **desculpei** com nosso diretor por ter chegado tão tarde à reunião.

pardonner [paʀdɔne] v
- Je lui **pardonne** ce qu'elle m'a dit: elle était en colère.

perdoar
- Eu a **perdoo** pelo que me disse: ela estava com raiva.

Excusez-moi ! [ɛkskyzemwa] loc

Desculpe-me!

Désolé/Désolée ! [dezɔle] interj

Sinto muito!

renoncer à [ʀ(ə)nɔ̃se a] v
- Pour le moment, Paris **renonce à** construire un troisième aéroport.

renunciar a, recusar-se a
- No momento, Paris **se recusa** a construir um terceiro aeroporto.

Ordens e proibições

l'**ordre** [ɔʀdʀ] *n m* ■ Je n'aime pas donner d'**ordres**.	a **ordem** ■ Não gosto de dar **ordens**.
permettre [pɛʀmɛtʀ.] *v* ▶ **v irr** p. 411 mettre ■ Il n'**est** pas **permis** de fumer dans cette salle.	**permitir** ■ Não é **permitido** fumar nesta sala.
Vous permettez ? [vupɛʀmɛte] *loc*	O senhor/A senhora **permite**?
pouvoir [puvwaʀ] *v* ▶ **v irr** p. 412 pouvoir ■ Est-ce qu'on **peut** fumer dans les lycées français ?	**poder** ■ **Pode-se** fumar nos colégios franceses?

➡ **Pouvoir** também significa "ter a capacidade de". Para o sentido de **poder/ter a permissão de**, usa-se **avoir le droit de: Tu en as le droit ? – Você tem esse direito?**

interdire [ɛ̃tɛʀdiʀ] *v* ▶ **v irr** p. 409 dire ■ Il **est interdit** de stationner devant un garage.	**proibir** ■ É **proibido** estacionar na frente de uma garagem.

➡ **Interdire** é conjugado como **dire**, com exceção da segunda pessoa do plural: **interdisez**.

la **permission** [pɛʀmisjɔ̃] *n* ■ J'ai la **permission** de sortir jusqu'à minuit.	a **permissão** ■ Tenho **permissão** de sair até a meia-noite.
l'**autorisation** [ɔtɔʀizasjɔ̃] *n f* ■ Il nous faut une **autorisation** du ministre pour y entrer. ■ Mon amie algérienne ne peut se marier sans l'**autorisation** de ses parents.	a **autorização** ■ É preciso uma **autorização** do ministro para entrar aí. ■ Minha namorada argelina não pode casar sem a **autorização** de seus pais.
l'**interdiction** [ɛ̃tɛʀdiksjɔ̃] *n f* ■ D'où vient cette **interdiction** de monter au grenier ?	a **proibição** ■ De onde vem essa **proibição** de subir no sótão?
ordonner [ɔʀdɔne] *v* ■ Il **a ordonné** aux soldats de retourner à la caserne. ■ Il **a ordonné** qu'on ne le dérange pas.	**mandar, ordenar** ■ Ele **ordenou** que seus soldados retornassem à caserna. ■ Ele **ordenou** que não o incomodassem.

charger [ʃaʁʒe] *v* ▪ Notre directeur m'**a chargé** de te dire que la traduction doit être terminée pour demain matin.	encarregar ▪ Nosso diretor me **encarregou** de lhe dizer que a tradução deve estar pronta para amanhã de manhã.
insister [ɛ̃siste] *v* ▪ Si tu **insistes** vraiment, je veux bien t'accompagner.	insistir ▪ Já que você realmente **insiste**, posso acompanhá-lo.
obéir [ɔbeiʁ] *v* ▪ Son chien ne lui **obéit** pas toujours.	obedecer ▪ Seu cão não o **obedece** sempre.
accorder [akɔʁde] *v* ▪ La banque nous **a** enfin **accordé** un crédit.	conceder ▪ O banco finalmente nos **concedeu** um crédito.
exiger [ɛgziʒe] *v* ▪ J'**exige** que vous me remboursiez.	exigir ▪ **Exijo** que você me reembolse.
obliger [ɔbliʒe] *v* ▪ On ne peut pas **obliger** un ouvrier à travailler plus de quarante-trois heures par semaine.	obrigar ▪ Não se pode **obrigar** um funcionário a trabalhar mais do que 43 horas por semana.
empêcher de [ɑ̃peʃedə] *v* ▪ La musique ne m'**empêche** pas **de** travailler.	impedir ▪ A música não me **impede** de trabalhar.

Discussão e acordo

l'**opinion** [ɔpinjɔ̃] *n f* ▪ J'ai peut-être tort, mais c'est mon **opinion**.	a opinião ▪ Eu posso estar errado, mas é a minha **opinião**.
l'**avis** [avi] *n m* ▪ À mon **avis**, c'était une erreur d'envoyer tons fils en pension.	o ponto de vista ▪ Do meu **ponto de vista**, foi um erro ter mandado seu filho ao internato.
penser [pɑ̃se] *v* ▪ Vous **pensez** sérieusement ce que vous dites ?	pensar ▪ Você está **pensando** seriamente no que está dizendo?

le conseil [kɔ̃sɛj] *n*
- Donne-moi donc un bon **conseil** pour préparer la dinde.

o conselho
- Dê-me um bom **conselho** para preparar o peru.

conseiller [kɔ̃seje] *v*
- Que me **conseillez**-vous, l'avion ou le train ?

aconselhar
- O que você me **aconselha**, o avião ou o trem?

recommander [ʀ(ə)kɔmɑ̃de] *v*
- Le guide **recommande** l'«Hôtel des Trois Canards».

recomendar
- O guia **recomenda** o "Hotel dos Três Patos".

proposer [pʀɔpoze] *v*
- Je **propose** de faire une promenade en forêt.

propor
- **Proponho** que façamos um passeio na floresta.

convaincu, convaincue [kɔ̃vɛ̃ky] *adj*
- C'est un partisan **convaincu** de l'Union européenne.

convicto
- É um partidário **convicto** da União Europeia.

convaincre [kɔ̃vɛ̃kʀ] *v*
▶ *v irr* p. 413 vaincre
- Comment **convaincre** les gens de consommer moins de médicaments ?

convencer
- Como **convencer** as pessoas a consumir menos medicamentos?

tolérer [tɔleʀe] *v*
- Notre professeur de maths ne **tolère** pas que nous arrivions en retard à ses cours.

tolerar
- Nosso professor de matemática não **tolera** que cheguemos atrasado à sua aula.

préférer [pʀefeʀe] *v*
- Mon père ne m'aimait pas et **préférait** ma sœur.

preferir
- Meu pai não gostava de mim e **preferia** minha irmã.

accepter [aksɛpte] *v*
- J'**accepte** les conditions du contrat.
- Il **a accepté** de répondre à nos questions.

aceitar
- Eu **aceito** as condições do contrato.
- Ele **aceitou** responder a nossas perguntas.

être d'accord [ɛtʀ(ə)dakɔʀ] *loc*
▶ *v irr* p. 410 être
- On s'entend bien, même si on n'**est** pas toujours **d'accord**.
- Je **suis d'accord** avec vous.

estar de acordo
- A gente se entende bem, mesmo não **estando** sempre **de acordo**.
- **Estou de acordo** com você.

Discussão e acordo

D'accord ! [dakɔʀ] *loc*	**De acordo!**
avoir raison [avwaʀʀɛzõ] *loc* ▶ v irr p. 407 avoir ■ Il veut toujours **avoir raison**.	**ter razão** ■ Ele sempre quer **ter razão**.
avoir tort [avwaʀtɔʀ] *loc* ▶ v irr p. 407 avoir ■ Dans cette histoire tu sais que tu **as tort**, alors ne discute plus !	**estar errado** ■ Nessa história você sabe que **está errado**, então não discuta mais!
précis, précise [pʀesi, pʀesiz] *adj* ■ J'ai une idée **précise** de ce que je veux faire plus tard.	**preciso** ■ Tenho uma ideia **precisa** do que quero fazer mais tarde.
justement [ʒystəmã] *adv* ■ Ça tombe bien, c'est **justement** le livre que j'avais envie de lire !	**justamente** ■ Este cai bem, é **justamente** o livro que eu estava com vontade de ler!
Tout à fait ! [tutafɛ] *loc*	**Exatamente!**
l'importance [ɛ̃pɔʀtɑ̃s] *n f* ■ Pour moi, cet examen est de la plus haute **importance**.	**a importância** ■ Para mim, esta prova é da mais alta **importância**.
important, importante [ɛ̃pɔʀtɑ̃, ɛ̃pɔʀtɑ̃t] *adj* ■ Pour moi, la famille, c'est **important**.	**importante** ■ Para mim, a família é **importante**.
la critique [kʀitik] *n* ■ Moi, j'aurais une **critique** à faire: la visite était trop longue.	**a crítica** ■ De minha parte, eu teria uma **crítica** a fazer: a visita foi longa demais.
critiquer [kʀitike] *v* ■ Il y a des gens qui **critiquent** tout.	**criticar** ■ Tem gente que **critica** tudo.
c'est-à-dire [sɛtadiʀ] *loc* ■ Elle gagne le SMIC, **c'est-à-dire** très peu.	**isto é, ou seja** ■ Ela ganha salário mínimo, **ou seja**, muito pouco.
par exemple [paʀagzɑ̃pl] *loc* ■ On pourrait **par exemple** aller au cinéma.	**por exemplo** ■ A gente poderia, **por exemplo**, ir ao cinema.

contre [kõtʀ] *prep* ■ J'ai toujours été **contre** la peine de mort, et vous ?	**contra** ■ Sempre fui **contra** a pena de morte, e você?
la **proposition** [pʀɔpozisjõ] *n* ■ Nous sommes tous d'accord avec ta **proposition**.	a **proposta** ■ Estamos todos de acordo com sua **proposta**.
la **recommandation** [ʀ(ə)kɔmɑ̃dasjõ] *n* ■ Avant de partir en Chine, il m'a donné toute une série de **recommandations**.	a **recomendação** ■ Antes de ir para a China, ele me deu uma série de **recomendações**.
évident, évidente [evidɑ̃, evidɑ̃t] *adj* ■ Le téléphone portable a des avantages **évidents**.	**evidente** ■ O telefone celular tem vantagens **evidentes**.
la **discussion** [diskysjõ] *n* ■ Tu te souviens de notre **discussion** sur la télé ?	a **discussão** ■ Você se lembra de nossa **discussão** sobre a TV?
discuter [diskyte] *v* ■ Nous **avons discuté** toute la nuit près du feu de camp.	**discutir, debater** ■ **Discutimos** a noite inteira, perto da fogueira do acampamento.
discuter de [diskytedə] *v* ■ Tu peux **discuter de** ces sujets avec tes parents ?	**falar sobre, debater** ■ Você pode **falar sobre** esses assuntos com seus pais?
affirmer [afiʀme] *v* ■ Tu es sûr ? Moi, je ne l'**affirmerais** pas.	**afirmar** ■ Você tem certeza? Eu não **afirmaria** isso.
concerner [kõsɛʀne] *v* ■ Ce texte me **concerne** directement puisqu'il parle des jeunes Allemands.	**concernir, dizer respeito** ■ Esse texto me **diz respeito** diretamente, porque fala dos jovens alemães.
le **point de vue** [pwɛ̃d(ə)vy] *n* ■ Je crois que nous avons de **points de vue** différents sur le mariage. ■ Il existe plusieurs **points de vue** différents sur ce sujet.	o **ponto de vista** ■ Creio que temos **pontos de vista** diferentes sobre o casamento. ■ Existem muitos **pontos de vista** diferentes sobre esse assunto.

Discussão e acordo

l'accord [akɔʀ] *n m*
- Ils ont conclu un **accord** au sujet de l'augmentation des salaires.

o **acordo**
- Eles celebraram um **acordo** sobre o tema do aumento de salários.

se mettre d'accord [s(ə)mɛtʀədakɔʀ] *loc*
▸ *v irr* p. 411 mettre
- Mon mari et moi, nous **nous sommes** enfin **mis d'accord** pour partir en Égypte à Noël.

entrar em acordo
- Eu e meu marido **entramos em acordo** de ir para o Egito no Natal.

être d'accord [ɛtʀ(ə)dakɔʀ] *loc*
▸ *v irr* p. 414 vouloir
- Mes parents **sont d'accord** pour que mon petit ami passe quelques jours à la maison.

estar de acordo
- Meus pais **estão de acordo** que meu namorado passe alguns dias em casa.

l'avantage [avɑ̃taʒ] *n m*
- Selon les écologistes, l'énergie solaire n'a que des **avantages**.

a **vantagem**
- Segundo os ecologistas, a energia solar só tem **vantagens**.

l'inconvénient [ɛ̃kɔ̃venjɑ̃] *n m*
- L'**inconvénient** de la voiture électrique, c'est son prix.

o **inconveniente**
- O **inconveniente** do carro elétrico é o preço.

persuader [pɛʀsɥade] *v*
- Ma fille m'**a persuadée** d'aller voir le docteur.

persuadir, convencer
- Minha filha me **convenceu** a ir ver um médico.

la concession [kɔ̃sɛsjɔ̃] *n*
- Il faut faire des **concessions** dans un couple.

a **concessão**
- É preciso fazer **concessões** para viver em casal.

l'exagération [ɛgzaʒeʀasjɔ̃] *n f*
- Sans **exagérations**, il ment comme il respire !

o **exagero**
- Sem **exagero**, ele mente como respira!

exagérer [ɛgzaʒeʀe] *v*
- Là, ils **exagèrent** ! Ils ont déjà fait grève il y a un mois.

exagerar
- Mas eles também **exageram**! Fizeram greve há um mês!

Resolver conflitos

la **dispute** [dispyt] n
- Ils n'arrivent pas à éviter les **disputes** dans leur couple.

a **briga**
- Eles não conseguem evitar as **brigas** no relacionamento.

se **disputer** [s(ə)dispyte] v
- Il est normal que des frères et sœurs **se disputent** de temps en temps.

brigar
- É normal que irmãos e irmãs por vezes **briguem**.

la **colère** [kɔlɛʀ] n
- Son visage était rouge de **colère**.

a **raiva**, o **ódio**, a **ira**
- Sua face estava vermelha de **ódio**.

s'**énerver** [senɛʀve] v
- Ne t'**énerve** pas !

enraivecer-se, **ficar nervoso**
- Não **fique nervoso**!

contrarié, contrariée [kɔ̃tʀaʀje] adj
- Papa va être très **contrarié** par ton retard.

bravo, contrariado
- Papai vai ficar muito **bravo** com seu atraso.

furieux, furieuse [fyʀjø, fyʀjøz] adj
- Il est **furieux** d'être arrivé seulement deuxième.

furioso
- Ele está **furioso** por ter chegado apenas em segundo lugar.

fâcher [fɑʃe] v
- Ne lui dites pas qu'il est gros; ça va le **fâcher** !

irritar
- Não lhe diga que ele é gordo; isso vai **irritá**-lo!

se **fâcher** [s(ə)fɑʃe] v
- Si tu continues comme ça, je vais **me fâcher**.

irritar-se
- Se você continuar com isso, vou **me irritar**.

le **cri** [kʀi] n
- Lorsque je suis tombée de l'échelle, j'ai poussé un **cri**.

o **grito**
- Quando eu caí da escada, dei um **grito**.

crier [kʀije] v
- Ce n'est pas la peine de **crier**; je ne suis pas sourd.

gritar
- Não precisa **gritar**, eu não sou surdo.

protester [pʀɔtɛste] v
- Les écologistes **protestent** contre le projet d'un troisième aéroport près de Paris.

protestar
- Os ecologistas **protestam** contra o projeto de um terceiro aeroporto nas cercanias de Paris.

Resolver conflitos

déranger [deʀɑ̃ʒe] v
- Ça vous **dérange** que je fume une cigarette ?

incomodar-se
- Você **se incomoda** se eu fumar um cigarro?

le secret [səkʀɛ] n
- Je vous le dis à vous, mais c'est un **secret**.

o **segredo**
- Vou contar a você, mas é **segredo**.

méchant, méchante [meʃɑ̃, meʃɑ̃t] adj
- Il a été vraiment **méchant** avec moi.

mau, maldoso, ruim
- Ele realmente foi **mau** comigo.

➡ Attention, chien méchant ! significa: **Cuidado, cão bravo!**

en vouloir à qn [ɑ̃vulwaʀakelkɛ̃] loc
- Je regrette vraiment ce que j'ai fait, elle **m'en veut** maintenant.

guardar rancor, ter raiva
- Lamento muito o que fiz, agora ela tem **raiva de mim**.

la protestation [pʀɔtɛstasjɔ̃] n
- Dans notre supermarché il y a eu de nombreuses **protestations** contre l'ouverture du magasin le dimanche.

o **protesto**
- Em nosso supermercado houve muitos **protestos** contra a abertura da loja aos domingos.

se plaindre [s(ə)plɛ̃dʀ] v
▶ v irr p. 411 peindre
- Les lycéens **se plaignent** d'avoir trop d'heures de cours.

reclamar
- Os alunos **reclamam** por ter horas-aula demais.

le refus [ʀ(ə)fy] n
- Quel est le motif de son **refus** ?

a **recusa**
- Qual é o motivo de sua **recusa**?

refuser [ʀ(ə)fyze] v
- J'espère que vous ne **refuserez** pas mon invitation.
- Mon fils tousse beaucoup, mais il **refuse** d'aller chez le docteur.

recusar(-se)
- Espero que você não **recuse** meus convites.
- Meu filho tosse muito, mas **se recusa** a ir ao médico.

le mensonge [mɑ̃sɔ̃ʒ] n
- Dire que le chômage disparaîtra rapidement, c'est un **mensonge**.

a **mentira**
- Dizer que o desemprego vai desaparecer rapidamente é **mentira**.

mentir [mɑ̃tiʀ] v
▶ v irr p. 411 partir
- Ce type **ment** comme il respire.

mentir
- Esse cara **mente** como respira.

mentir à [mɑ̃tiʀ a] *v*
▶ *v irr* p. 411 partir
- Je me suis rendue compte qu'il m'avait **menti** depuis le premier jour de notre relation.

mentir
- Eu me dei conta de que ele tinha **mentido** desde o primeiro dia de nossa relação.

l'excuse [ɛkskyz] *n f*
- Tu pourrais trouver une autre **excuse**.

a **desculpa**
- Você poderia encontrar outra **desculpa**.

insulter [ɛ̃sylte] *v*
- Quand on **insulte** un agent, ça peut coûter cher.

insultar
- **Insultar** um funcionário pode custar caro.

harceler [aʀsəle] *v*
- Il a été **harcelé** déjà à l'école primaire.

assediar, atormentar, importunar
- Ele **foi assediado** já no ensino fundamental.

le harcèlement moral [aʀsɛlmɑ̃ mɔʀal] *n*
- Ce que tu fais avec moi, c'est du **harcèlement moral** !

o **assédio moral**
- O que você faz comigo é **assédio moral**!

Saudações e despedidas

Bonjour ! [bɔ̃ʒuʀ] *interj*	**Bom dia! Boa tarde!**

➜ Em francês não há diferença entre o **bom dia!** e o **boa tarde!** como há em português. **Bonjour** pode ser dito tanto na parte da manhã quanto à tarde.

Bonsoir ! [bɔ̃swaʀ] *interj*	**Boa noite!**

➜ **Bonsoir** diz-se na despedida e também para saudar.

Bonne nuit ! [bɔnnɥi] *loc*	**Boa noite!**
Salut ! [saly] *interj*	**Olá! Tchau!**

➜ **Salut !** é dito na chegada e na despedida. Só deve ser dito para pessoas com as quais o emissor tem uma relação mais pessoal, menos formal.

Au revoir ! [ɔʀ(ə)vwaʀ] *loc*	**Até mais!**
les amitiés [amitje] *n f pl* - Mes **amitiés** à ton mari !	as **saudações** - Minhas **saudações** a seu marido!

la **bise** [biz] n ■ Moi, je fais la **bise** à mes amies et je serre la main de mes collègues masculins.	o **beijo** ■ Eu dou um **beijo** nas minhas amigas e aperto a mão de meus colegas homens.

➡ Na França, os bons amigos e os parentes se saúdam e se despedem com dois ou mais beijos, nos lados direito e esquerdo da face. A isso se chama **faire la bise**.
Também na troca de correspondência usa-se com frequência: **bises** ou **grosses bises** – beijos.

À tout à l'heure ! [atutalœʀ] loc	Até logo!
À plus ! [a plys] loc	Até mais!
Bienvenue ! [bjɛ̃v(ə)ny] interj	Bem-vindo!

➡ Diz-se também **Soyez bienvenu/la bievenue/les bienvenu(e)s !**, a depender do sexo e da quantidade de visitantes.

Enchanté ! [ãʃãte] interj	Encantado! Muito prazer!
Adieu ! [adjø] interj	Adeus!
Bonne journée ! [bɔn ʒuʀne] loc	Bom dia!
Bonne soirée ! [bɔn swaʀe] loc	Boa noite!

Expressões frequentes

Ça va ? [sava] loc	Tudo bem?
Comment vas-tu ? [kɔmâvaty] loc	Como vai?
Comment allez-vous ? [kɔmâtalevu] loc	Como vai?
Bien, merci ! [bjɛ̃mɛʀsi] loc	Bem, obrigado!
Entrez ! [ãtʀe] interj	Entre!
Prenez place, je vous en prie ! [pʀəneplasʒəvuzâpʀi] loc	Por favor, sente-se!

Expressões frequentes

Je voudrais... [ʒ(ə)vudʀɛ...] *loc*	Eu gostaria...
Est-ce que tu veux... ? [ɛskətyvø...] *loc*	Você gostaria de...?
Qu'est-ce qui se passe ? [kɛskispɑs] *loc*	O que está acontecendo?
Servez-vous ! [sɛʀvevu] *loc*	Sirva-se!
Sers-toi ! [sɛʀtwa] *loc*	Sirva-se!
Oui, je veux bien [wiʒ(ə)vøbjɛ̃] *loc*	Sim, eu gostaria!
Non, merci. [nõmɛʀsi] *loc*	Não, obrigado!
Je pense que oui. [ʒ(ə)pɑ̃skəwi] *loc*	Eu acho que sim.
Moi aussi. [mwaosi] *loc*	Eu também!
Moi non plus. [mwanõply] *loc*	Nem eu.
J'espère (bien) ! [ʒɛspeʀ(bjɛ̃)] *loc*	Espero que sim! Assim espero!
N'est-ce pas ? [nɛspɑ] *loc*	Não é?
Ça y est ! [sajɛ] *loc*	Pronto!
Tant mieux ! [tɑ̃mjø] *loc*	Tanto melhor!
Tant pis ! [tɑ̃pi] *loc*	Tanto pior!
C'est ça ! [sɛsa] *loc*	É isso aí!
Eh bien [ebjɛ̃] *loc* ■ **Eh bien**, tu te dépêches ?	então ■ **Então**, quer se apressar?
hein [ɛ̃] *interj* ■ Tu m'en veux pas, **hein** ?	hein ■ Não está chateado comigo, **hein**?
Oh là là ! [olala] *loc*	Veja só!
Tiens [tjɛ̃] *interj* ■ **Tiens**, tu sais la nouvelle ? ■ **Tiens**, c'est toi ? Je te croyais en ville.	Ei! Veja! ■ **Ei**, você sabe da última? ■ **Ei**, você por aqui? Pensei que estivesse na cidade.

86 Atividades gerais

Pas de problème ! [pɑdpʀɔblɛm] *loc*	Sem problemas!
Zut ! [zyt] *interj*	Droga!
➡ **Zut** é coloquial, mas muito mais aceitável do que **merde**.	
Merci, ça suffit. [mɛʀsisasyfi] *loc*	Obrigado, estou satisfeito.
Ah bon ? [abɔ̃] *loc*	Ah, é?
Dommage ! [dɔmaʒ] *interj*	Pena! Que pena!
Dehors ! [dəɔʀ] *interj*	Para fora!
Avec plaisir ! [avɛkplɛziʀ] *loc*	Com prazer!
Ne t'en fais pas ! [n(ə)tɑ̃fɛpɑ] *loc*	Não se preocupe!
Est-ce que je peux… ? [ɛskəʒ(ə)pø] *loc*	Eu posso … ?
Mon Dieu ! [mɔ̃djø] *loc*	Minha Nossa! Meu Deus!
Laisse-moi tranquille ! [lɛsmwatʀɑ̃kil] *loc*	Me deixe em paz!

Ações e comportamentos

Atividades gerais

l'**activité** [aktivite] *n f* ■ Mon frère aime beaucoup les **activités** manuelles ; il sait même tricoter !	a **atividade** ■ Meu irmão ama **atividades** manuais; sabe até tricotar!
l'**action** [aksjɔ̃] *n f* ■ En les aidant, vous faites une bonne **action**. ■ Je ne comprends pas ses **actions** !	a **ação** ■ Ajudando a eles, vocês fazem uma boa **ação**. ■ Não compreendo essas **ações**!

faire [fɛʀ] v
▶ **v irr** p. 410 faire
- Et vous, que **faites**-vous cet après-midi ?

fazer
- E vocês, o que vão **fazer** agora à tarde?

laisser [lese] v
- À l'aéroport, tu **laisseras** tes bagages à la consigne avant de venir nous voir.

deixar
- No aeroporto, você vai **deixar** as bagagens no guarda-volumes antes de vir nos ver.

agir [aʒiʀ] v
- Il faut **agir** tout de suite, sinon il sera trop tard.

agir
- É preciso **agir** logo ou será tarde demais.

l'affaire [afɛʀ] n f
- Ce sont mes **affaires** et c'est à moi de m'en occuper.

o **assunto**
- São **assuntos** meus, e sou eu que tenho de me ocupar deles.

utiliser [ytilize] v
- Il **utilise** des mots anglais dans ses messages.

usar, utilizar
- Ele **usa** palavras em inglês nas mensagens

mettre [mɛtʀ] v
▶ **v irr** p. 411 mettre
- J'ai **mis** mon bureau devant la fenêtre.
- Tu peux **mettre** ton manteau sur mon lit.
- **Mets** le pot par terre, c'est trop lourd.

pôr, colocar
- **Coloquei** minha escrivaninha em frente à janela.
- Você pode **pôr** o casaco em cima da cama.
- **Ponha** a panela no chão, está pesada demais.

porter [pɔʀte] v
- Pouvez-vous m'aider à **porter** ma valise ?

carregar
- Você pode me ajudar a **carregar** minha mala?

tenir [t(ə)niʀ] v
▶ **v irr** p. 413 venir
- Sur cette photo, ma mère **tient** ma petite sœur dans ses bras.

ter
- Nesta foto, minha mãe **tem** minha irmãzinha no colo.

tirer [tiʀe] v
- Nous ne pouvons pas porter cette caisse, il faudra la **tirer**.

puxar
- Não podemos carregar essa caixa, será necessário **puxá-la**.

pousser [puse] *v*
- Il faut **pousser** la porte, pas la tirer.
- On va **pousser** la voiture dans la descente; elle devrait démarrer.

pressionar, empurrar
- É preciso **pressionar** a porta, não puxá-la.
- Vamos **empurrar** o carro na descida; ele vai ter de pegar.

appuyer [apɥije] *v*
- **Appuyer** sur le bouton pour ouvrir.

apertar, pressionar
- **Aperte** o botão para abrir.

tourner [tuʀne] *v*
- Tu peux **tourner** la télé vers moi ? Je ne vois rien.

girar, virar
- Você poderia **virar** a TV na minha direção? Não estou vendo nada.

avoir besoin de [avwaʀbəzwɛ̃də] *loc*
▶ v irr p. 407 avoir
- Pour travailler, j'**ai besoin de** calme.

precisar, ter necessidade de

- Para trabalhar, **preciso de** sossego.

chercher [ʃɛʀʃe] *v*
- Ça fait six mois que je **cherche** un emploi.

buscar, procurar
- Faz seis meses que **procuro** um emprego.

trouver [tʀuve] *v*
- Vous **trouverez** l'adresse de l'hôtel dans l'annuaire.

encontrar
- Você poderá **encontrar** o endereço do hotel na lista telefônica.

retrouver [ʀ(ə)tʀuve] *v*
- J'**ai retrouvé** mes lunettes sous mon lit.

reencontrar, achar
- **Achei** meus óculos debaixo da cama.

enlever [ɑ̃l(ə)ve] *v*
- **Enlevez** le couvercle avec un petit tournevis.
- **Enlève** tes pieds de là !

tirar, afastar
- **Tire** a tampa com uma pequena chave de fenda.
- **Tire** seus pés daí!

séparer [sepaʀe] *v*
- On ne devrait pas **séparer** les enfants handicapés des autres.

separar
- Não se deveriam **separar** as crianças com deficiências das outras.

remplir [ʀɑ̃pliʀ] *v*
- Peux-tu **remplir** cette bouteille d'eau fraîche ?

encher
- Você poderia **encher** esta garrafa com água fresca?

quitter [kite] v
- Avant de **quitter** l'hôtel, vérifiez que vous avez rendu la clé de la chambre.

deixar
- Antes de **deixar** o hotel, certifique-se de ter entregado a chave do quarto.

se préparer [s(ə)pʀepaʀe] v
- **Prépare-toi**, nous partons dans une demi-heure.

preparar-se, aprontar-se
- **Apronte-se**, vamos partir em meia hora.

dormir [dɔʀmiʀ] v
▶ v irr p. 409 dormir
- Je n'ai pas voulu te réveiller: tu **dormais** si bien !

dormir
- Eu não queria acordá-lo: você **dormia** tão bem!

s'endormir [sɑ̃dɔʀmiʀ] v
▶ v irr p. 409 dormir
- Je **me suis endormie** avant la fin de l'émission.

adormecer, pegar no sono
- Peguei no **sono** antes do fim do programa.

se réveiller [s(ə)ʀeveje] v
- À cause de l'orage, les enfants **se sont réveillés** dans la nuit.

acordar, despertar
- Por causa da tempestade, as crianças **acordaram** durante a noite.

se lever [səl(ə)ve] v
- J'ai décidé de **me lever** plus tôt pour avoir le temps de prendre un vrai petit-déjeuner.

levantar-se
- Decidi **levantar-me** mais cedo para ter tempo de tomar um verdadeiro café da manhã.

fatigué, fatiguée [fatiɡe] adj
- Les enfants étaient si **fatigués** qu'ils se sont endormis pendant le repas.

cansado
- As crianças estavam tão **cansadas** que dormiram durante a refeição.

se reposer [s(ə) ʀ(ə)poze] v
- Le week-end, je **me repose** ; pas question de travailler !

repousar, descansar
- Aos fins de semana eu **descanso**; nem cogito trabalhar!

la chose [ʃoz] n
- Je vais en ville ; j'ai deux ou trois **choses** à acheter.

a coisa
- Vou à cidade; tenho de comprar duas ou três **coisas**.

l'objet [ɔbʒɛ] n m
- Le grenier de mes grands-parents est plein de vieux **objets**.

o objeto, a coisa
- O sótão de meus avós é cheio de **objetos** antigos.

l'**usage** [yzaʒ] *n m*
- L'**usage** de l'ordinateur est devenu courant dans les écoles.

o **uso**
- O **uso** do computador se tornou corrente nas escolas.

la **mesure** [m(ə)zyʀ] *n*
- Le gouvernement a promis de prendre des **mesures** contre le chômage.

a **medida**
- O governo prometeu tomar **medidas** contra o desemprego.

traiter [tʀete] *v*
- Il a guéri, car il **a été traité** suffisament tôt.

tratar
- Ele se curou, pois **foi tratado** a tempo.

prêt, prête [pʀɛ, pʀɛt] *adj*
- Nous sommes **prêts** à partir.

pronto
- Estamos **prontos** para partir.

la **fin** [fɛ̃] *n*
- À la **fin** du film, tout le monde pleurait.

o **fim**
- Ao **fim** do filme, todo mundo chorava.

terminer [tɛʀmine] *v*
- Pour bien **terminer** l'année, nous avons organisé une soirée.

terminar
- Para **terminar** o ano, organizamos uma festa.

la **situation** [sitɥasjɔ̃] *n*
- J'espère que la **situation** dans le tiers monde va s'améliorer.

a **situação**
- Espero que a **situação** no Terceiro Mundo melhore.

l'**état** [eta] *n m*
- Ma voiture est vieille, mais elle est encore en très bon état.

o **estado**
- Meu carro é velho, mas ainda está em bom **estado**.

transformer [tʀɑ̃sfɔʀme] *v*
- Cet évènement **a transformé** ma vie.

mudar, transformar
- Este acontecimento **mudou** minha vida.

fixer [fikse] *v*
- Je ne sais pas comment **fixer** ce cadre au mur.

fixar
- Não sei como **fixar** este quadro na parede.

soulever [sul(ə)ve] *v*
- Je n'arrive pas à **soulever** ce carton plein de livres.

levantar, erguer
- Não consigo **levantar** esta caixa cheia de livros.

descendre [desɑ̃dʀ] *v*
▶ **v irr** p. 412 rendre
- Il faut **descendre** tous le meubles à la cave.

descer
- É preciso **descer** todos os móveis para o porão.

ramasser [ʀamase] v
- **Ramasse** tout de suite ce que tu as laissé tomber par terre !

reunir, juntar
- **Junte** logo tudo o que você deixou cair no chão!

laisser tomber [lesetõbe] v
- Attention, c'est fragile, ne le **laisse** pas **tomber** !

deixar cair
- Cuidado, é frágil, não **deixe cair**!

casser [kase] v
- Qui **a cassé** ce verre ?

quebrar
- Quem **quebrou** este copo?

déchirer [deʃiʀe] v
- Pourquoi **as**-tu **déchiré** toutes les lettres que je t'avais envoyées ?

rasgar
- Por que você **rasgou** todas as cartas que eu lhe enviei?

jeter [ʒ(ə)te] v
- Aujourd'hui, on **jette** les choses, au lieu de les faire réparer.

jogar fora
- Hoje em dia **jogam-se fora** as coisas, em vez de consertá-las.

abandonner [abɑ̃dɔne] v
- J'**abandonne** ; vou avez gagné.

desistir
- **Desisto**, você venceu.

frapper [fʀape] v
- Elle est entrée sans **frapper**.

bater
- Ela entrou sem **bater**.

réveiller [ʀeveje] v
- Pouvez-vous me **réveiller** à 6 heures ; j'ai un train à prendre.

acordar
- Você poderia me **acordar** às 6 horas; preciso tomar um trem.

le **rêve** [ʀɛv] n
- La petite s'est mise à pleurer dans son sommeil ; elle a dû faire un mauvais **rêve**.

o sonho
- A pequena começou a chorar enquanto dormia; devia estar tendo um **sonho** ruim.

rêver [ʀɛve] v
- J'**ai rêvé** que j'étais riche.

sonhar
- **Sonhei** que era rico.

Esforços e ocupações

le projet [pʀɔʒɛ] *n* ■ Vous avez des **projets** pour les vacances ?	o **plano**, o **projeto** ■ Você já tem **planos** para as férias?
essayer [eseje] *v* ■ J'ai fait une promesse ; j'**essaierai** de la tenir.	**tentar**, **experimentar** ■ Eu fiz uma promessa e **tentarei** mantê-la.
préparer [pʀepaʀe] *v* ■ Il **avait** bien **préparé** son discours.	**preparar** ■ Ele **preparou** bem seu discurso.
décider [deside] *v* ■ En vacances, je fais du stop et c'est le hasard qui **décide** où je vais. ■ Cette année, nous **avons décidé** d'aller à la mer.	**decidir** ■ Nas férias, viajo de carona, e é o acaso que **decide** para onde vou. ■ Este ano, **decidimos** ir para a praia.
la certitude [sɛʀtityd] *n* ■ Je sais avec **certitude** que tu t'es trompé dans tes comptes.	**a certeza** ■ Tenho **certeza** de que você se enganou nas contas.
sûr, sûre [syʀ] *adj* ■ Vous êtes **sûr** de ce que vous dites ?	**certo** ■ Você está **certo** do que diz?
faire attention à [fɛʀatɑ̃sjɔ̃a] *loc* ▶ v irr p. 410 faire ■ Je mets la radio en travaillant, mais je ne **fais** pas **attention** à ce que j'entends.	**prestar atenção a** ■ Eu ligo o rádio enquanto trabalho, mas não **presto atenção** ao que ouço.
respecter [ʀɛspɛkte] *v* ■ C'est souvent le professeur le plus sévère qu'on **respecte** le plus.	**respeitar** ■ Muitas vezes é o professor mais severo que se **respeita** mais.
le mal [mal] *n* ■ Elle s'est donné beaucoup de **mal** pour rien.	o **esforço** ■ Ela fez muito **esforço** por nada.

fatigant, fatigante [fatigɑ̃, fatigɑ̃t] *adj* ■ C'est **fatigant** de rester des heures devant l'ordinateur.	**cansativo** ■ É **cansativo** ficar horas na frente do computador.
la **décision** [desizjɔ̃] *n* ■ C'était une bonne **décision** d'arrêter de fumer.	a **decisão** ■ É uma boa **decisão** parar de fumar.
projeter [pʀɔʒte] *v* ■ Cet été nous **projetons** de passer nos vacances en Toscane.	**planejar, projetar** ■ Neste verão, **planejamos** passar as férias na Toscana.
la **préparation** [pʀepaʀasjɔ̃] *n* ■ Ce n'est pas un plat difficile à faire, c'est la **préparation** qui est très longue.	o **preparo** ■ Não é um prato difícil de fazer, o **preparo** que é demorado.
l'**effort** [efɔʀ] *n m* ■ Il a passé tous ses examens sans **effort**.	o **esforço** ■ Ela passou em todos os seus exames sem **esforço**.
faire des efforts [fɛʀdezefɔʀ] *loc* ▶ v irr p. 410 faire ■ J'ai beau **faire des efforts**, je n'arrive pas à arrêter complètement de fumer.	**fazer esforço(s)** ■ Eu **fiz esforço**, mas não consegui parar completamente de fumar.
s'efforcer [sefɔʀse] *v* ■ Je vais **m'efforcer** de faire moins de fautes.	**esforçar-se** ■ Vou **me esforçar** para cometer menos erros.
le **respect** [ʀɛspɛ] *n* ■ J'ai beaucoup de **respect** pour les gens qui défendent leurs idées.	o **respeito** ■ Tenho muito **respeito** pelas pessoas que defendem suas ideias.
l'**essai** [esɛ] *n m* ■ Le premier **essai** a été le bon.	o **teste (experimento), a tentativa** ■ O primeiro **teste** foi bem-sucedido.
la **tentative** [tɑ̃tativ] *n* ■ J'ai échoué dans ma **tentative**.	a **tentativa** ■ Fracassei em minha **tentativa**.
la **possibilité** [pɔsibilite] *n* ■ J'ai beau réfléchir, je ne vois pas d'autre **possibilité**.	a **possibilidade** ■ Por mais que reflita, não vejo outra **possibilidade**.

le **but** [by(t)] *n*
- Les Français voulaient être champions du monde et ils ont atteint leur **but**.

o **objetivo**
- Os franceses queriam ser campeões do mundo e alcançaram seu **objetivo**.

réussir à [ʀeysiʀa] *v*
- En 1998, les Français **ont réussi à** devenir champions du monde.

conseguir
- Em 1998, os franceses **conseguiram** tornar-se campeões do mundo.

atteindre [atɛ̃dʀ] *v*
▶ v irr p. 411 peindre
- Frédéric **a atteint** son objectif de devenir médecin.

atingir
- Frédéric **atingiu** seu objetivo de se tornar médico.

l'**intention** [ɛ̃tɑ̃sjõ] *n f*
- Le gouvernement a l'**intention** de diminuer les impôts.

a **intenção**
- O governo tem a **intenção** de diminuir os impostos.

exprès [ɛkspʀɛ] *adv*
- Excuse-moi, mais je ne fais pas **exprès** de te faire mal !

de propósito, propositalmente
- Desculpe, mas eu não o prejudiquei **de propósito**!

Auxílio, obrigação e confiança

l'**aide** [ɛd] *n f*
- Sans ton **aide**, je n'y serais pas arrivée.

a **ajuda**
- Sem sua **ajuda**, eu não teria conseguido.

aider [ede] *v*
- Tu peux les **aider** à traduire ce texte ?

ajudar
- Você pode **ajudá**-los a traduzir este texto?

➡ **Aider** é transitivo.

le **devoir** [d(ə)vwaʀ] *n*
- Est-ce que tu crois que c'est mon **devoir** de frère de te prêter cette somme-là ?

o **dever**
- Você acredita que é meu **dever** de irmão emprestar-lhe o dinheiro?

la **faveur** [favœʀ] *n*
- Puis-je vous demander une petite **faveur** ?

o **favor**
- Posso pedir-lhe um pequeno **favor**?

Auxílio, obrigação e confiança

rendre (un) service à qn [ʀɑ̃dʀ(ɛ̃) sɛʀvisakɛlkɛ̃] *loc*
▶ v irr p. 412 rendre
- Si un jour je peux **te rendre service**, dis-le-moi.

prestar (um) serviço a alguém

- Se um dia eu puder **lhe prestar um serviço**, avise-me.

---

le soutien [sutjɛ̃] *n*
- Le gouvernement compte sur le **soutien** de tous les partis de gauche.

o apoio
- O governo conta com o **apoio** de todos os partidos de esquerda.

---

soutenir [sutniʀ] *v*
▶ v irr p. 413 venir
- Nous sommes nombreux à **soutenir** le maire dans sa lutte contre la pollution.

apoiar

- Muitos de nós **apoiam** o prefeito em sua luta contra a poluição.

---

négliger [negliʒe] *v*
- Dans les années 50 et 60, on a totalement **négligé** l'environnement.

negligenciar
- Nos anos 50 e 60, **negligenciou-se** totalmente o meio ambiente.

---

compter sur [kɔ̃tesyʀ] *v*
- Puis-je **compter sur** toi pour me remplacer au bureau si je suis malade ?

contar com
- Posso **contar com** você para me substituir no escritório se eu ficar doente?

---

la confiance [kɔ̃fjɑ̃s] *n*
- Depuis qu'il m'a menti je n'ai plus **confiance** en lui.

a confiança
- Desde que ele mentiu para mim, já não tenho **confiança** nele.

---

confier [kɔ̃fje] *v*
- Elle m'**a confié** qu'elle avait trompé son mari plusieurs fois.

confiar, contar
- Ela me **contou** que enganou o marido diversas vezes.

---

la méfiance [mefjɑ̃s] *n*
- Après avoir vu, ma **méfiance** s'est transformée en curiosité.

a desconfiança
- Depois de constatar, minha **desconfiança** se transformou em curiosidade.

---

encourager [ɑ̃kuʀaʒe] *v*
- Mes bons résultats au bac m'ont **encouragé** à faire des études.

incentivar
- Meus bons resultados na graduação me **incentivaram** a continuar os estudos.

---

la garantie [gaʀɑ̃ti] *v*
- Ma voiture est encore sous **garantie**.

a garantia
- Meu carro ainda está na **garantia**.

garantir [gaʀɑ̃tiʀ] v
- Le vendeur m'**a garanti** que tout fonctionne sans problèmes.

garantir
- O vendedor me **garantiu** que tudo funciona sem problemas.

assurer [asyʀe] v
- Mon frère m'**a assuré** qu'il me rembourserait le plus vite possible.

assegurar
- Meu irmão me **assegurou** que vai me reembolsar o mais rápido possível.

certainement [sɛʀtɛnmɑ̃] adv
- Tu as **certainement** raison ; j'ai dû me tromper.

certamente
- **Certamente** você tem razão; devo ter me enganado.

Posses, dar e receber

avoir [avwaʀ] v
▶ v irr p. 407 avoir
- **As-**tu déjà ton permis de conduire ?

ter
- Você já **tem** carta de motorista?

posséder [pɔsede] v
- Mes parents **possèdent** une maison dans le Midi.

possuir
- Meus pais **possuem** uma casa no Sul.

garder [gaʀde] v
- Je **garde** ma vieille voiture tant qu'elle roule.

conservar
- **Conservo** meu velho carro enquanto ainda anda.

propre [pʀɔpʀ] adj
- Chez nous, chacun a sa **propre** télé, comme ça, il n'y a pas d'histoires.

própria
- Em casa, cada um tem sua **própria** televisão, desse modo não há brigas.

donner [dɔne] v
- Attends, je vais te **donner** mon adresse !

dar
- Espere, vou lhe **dar** meu endereço!

passer [pɑse] v
- Tu me **passes** la moutarde, s'il te plaît ?

passar
- Você me **passa** a mostarda, por favor?

prendre [pʀɑ̃dʀ] v
▶ v irr p. 412 prendre
- Tu peux **prendre** mon vélo.

pegar
- Você pode **pegar** minha bicicleta.

Posses, dar e receber

apporter [apɔʀte] v
- Peux-tu m'**apporter** mes lunettes ?
- Je vous **ai apporté** une spécialité de ma région.

trazer
- Você pode me **trazer** meus óculos?
- Eu lhes **trouxe** uma especialidade de minha região.

emporter [ɑ̃pɔʀte] v
- Je préfère **emporter** ma valise avec moi.

levar
- Eu prefiro **levar** minha mala comigo.

➡ Com coisas usa-se **emporter**; com pessoas, **emmener**.

accepter [aksɛpte] v
- J'**accepte** avec plaisir votre invitation.

aceitar
- **Aceito** com prazer seu convite.

aller chercher [aleʃɛʀʃe] loc
▶ v irr p. 407 aller
- Peux-tu **aller chercher** mes lunettes ?

ir buscar

- Você pode **ir buscar** meus óculos?

laisser [lese] v
- Est-ce que tu peux me **laisser** ta voiture pour trois jours ?

emprestar
- Você pode me **emprestar** seu carro por três dias?

recevoir [ʀ(ə)s(ə)vwaʀ] v
▶ v irr p. 412 recevoir
- J'espère que tu **recevras** ma lettre demain.

receber

- Espero que você **receba** a minha carta amanhã.

rendre [ʀɑ̃dʀ] v
▶ v irr p. 412 rendre
- Pourrais-tu me **rendre** mon livre ?

devolver

- Você poderia **devolver** meu livro?

prêter [pʀɛte] v
- Pourriez-vous me rendre assez rapidement la somme que je vous **avais prêtée** ?

emprestar ⌐ dinheiro
- Você poderia dev⌐hais rápido que lhe **empre**⌐ possível?

emprunter [ɑ̃pʀɛte] v
- Je lui **ai emprunté** deux cassettes vidéo pour ce soir.

pegar emprestado dele duas ⌐o para esta noite.
- Eu⌐

emmener [ɑ̃m(ə)ne] v
- Je veux bien t'**emmener**, mais i⌐ ne pourrai pas te ramener.
➡ emporter p. 97

⌐m grado eu o **levo junto**, ⌐ não posso trazê-lo de volta.

la **possession** [pɔsɛsjõ] *n*
- Mon oncle est en **possession** d'une immense fortune.

a **posse**
- Meu tio está de **posse** de uma imensa fortuna.

distribuer [distʀibɥe] *v*
- Dans l'Est de la France, Saint Nicolas **distribue** des bonbons et de jouets aux enfants.

distribuir
- No leste da França, São Nicolau **distribui** balas e brinquedos para as crianças.

Partes e órgãos do corpo

le **doigt** [dwa] n	o **dedo**
le **poing** [pwɛ̃] n	o **punho**
la **jambe** [ʒɑ̃b] n	a **perna**
le **genou** [ʒ(ə)nu] n; pl **genoux**	o **joelho**
le **pied** [pje] n	o **pé**
le **sang** [sɑ̃] n	o **sangue**
le **cœur** [kœʀ] n	o **coração**
la **peau** [po] n; pl **peaux**	a **pele**
les **fesses** [fɛs] n f pl (coll.)	as **nádegas**
le **cul** [ky] n (coll.)	a **bunda**
le **derrière** [dɛʀjɛʀ] n	o **traseiro**
les **seins** [sɛ̃] n m pl	os **seios**
le **menton** [mɑ̃tõ] n	o **queixo**
la **joue** [ʒu] n	a **bochecha**
le **coude** [kud] n	o **cotovelo**
le **poignet** [pwaɲɛ] n	o **pulso**
le **pouce** [pus] n	o **polegar**
l'**index** [ɛ̃dɛks] n m	o **indicador**
le **majeur** [maʒœʀ] n	o **dedo médio**
l'**annulaire** [anylɛʀ] n m	o **anular**
l'**auriculaire** [ɔʀikylɛʀ] n m	o **dedo mínimo**
le **doigt de pied** [dwadepje] n	o **dedo do pé**
l'**estomac** [ɛstɔma] n m	o **estômago**
le **poumon** [pumõ] n	o **pulmão**
le **muscle** [myskl] n	o **músculo**

Saúde e cuidados corporais

Partes e órgãos do corpo

le **corps** [kɔʀ] n	o **corpo**
la **tête** [tɛt] n	a **cabeça**
le **nez** [ne] n	o **nariz**
l'**œil** [œj] n m; pl **yeux**	o **olho**
➡ O plural **les yeux** é pronunciado [lezjø].	
l'**oreille** [ɔʀej] n f	a **orelha**
la **bouche** [buʃ] n	a **boca**
la **dent** [dɑ̃] n	o **dente**
la **langue** [lɑ̃g] n	a **língua**
le **cou** [ku] n	o **pescoço**
la **gorge** [gɔʀʒ] n	a **garganta**
la **lèvre** [lɛvʀ] n	o **lábio**
le **front** [fʀɔ̃] n	a **testa**
le **cerveau** [sɛʀvo] n; pl **cerveaux**	o **cérebro**
la **poitrine** [pwatʀin] n	o **peito**
le **ventre** [vɑ̃tʀ] n	o **ventre**
le **dos** [do] n	as **costas**
l'**épaule** [epol] n f	o **ombro**
l'**os** [ɔs] n m; pl inv	o **osso**
le **bras** [bʀa] n	o **braço**
la **main** [mɛ̃] n	a **mão**

le **poil** [pwal] *n*	o **cabelo**
le **nerf** [nɛʀ] *n*	o **nervo**

➡ O *f* no final de le **nerf** não é pronunciado.

Doenças e comprometimentos físicos

la **maladie** [maladi] *n*
- Il a déjà eu toutes les **maladies** possibles.

a **doença**
- Ele já teve todas as **doenças** possíveis.

malade [malad] *adj*
- Elle est tombée **malade** pendant les vacances.

doente
- Ela ficou **doente** durante as férias.

la **santé** [sɑ̃te] *n*
- Mon grand-père est encore en très bonne **santé**.

a **saúde**
- Meu avô ainda goza de muito boa **saúde**.

sain, saine [sɛ̃, sɛn] *adj*
- Il est très **sain** de manger des fruits.

saudável
- Comer frutas é muito **saudável**.

se sentir [səsɑ̃tiʀ] *v*
▶ v irr p. 411 partir
- Comment vous **sentez-vous** aujourd'hui ?

sentir-se

- Como você **se sente** hoje?

aller bien [alebjɛ̃] *loc*
▶ v irr p. 407 aller
- Et toi, comment vas-tu ? – Ça **va bien**.

ir bem

- E você, como vai? – **Vou bem**.

physique [fizik] *adj*
- Un peu d'exercice **physique** ne te ferait pas de mal.

físico
- Um pouco de exercício **físico** não lhe fará mal.

guérir [geʀiʀ] *v*
- Je suis enfin **guérie**.

curar(-se)
- Enfim estou **curada**.

se remettre [s(ə)ʀəmɛtʀ] *v*
▶ v irr p. 411 mettre
- Ma mère **s'est remise** très vite de son opération.

recuperar-se

- Minha mãe **recuperou-se** da operação bastante rápido.

la force [fɔʀs] *n*
- L'enfant n'a pas assez de **force** pour ouvrir la porte.

a força
- A criança não tem **força** suficiente para abrir a porta.

la douleur [dulœʀ] *n*
- Après mon accident, j'avais des **douleurs** partout.

a dor
- Após o acidente tive **dores** pelo corpo todo.

faire mal [fɛʀmal] *loc*
▶ v irr p. 410 faire
- Excusez-moi, je ne vous ai pas **fait mal**, j'espère !

fazer mal
- Desculpe, espero não lhe **ter feito mal**.

avoir mal [avwaʀmal] *loc*
▶ v irr p. 407 avoir
- **As**-tu encore **mal** au genou ?

sentir dores
- Você ainda **sente dores** no joelho?

souffrir [sufʀiʀ] *v*
▶ v irr p. 411 ouvrir
- De quoi **souffrez**-vous ?

sofrer
- Do que você **sofre**?

saigner [seɲe] *v*
- Ce n'est pas bien grave, ça ne **saigne** même pas !

sangrar
- Não é tão grave, nem mesmo está **sangrando**!

la blessure [blesyʀ] *n*
- La **blessure** n'est pas grave.

o ferimento
- O **ferimento** não é grave.

blessé, blessée [blese] *adj*
- Tous les soldats **blessés** ont été transportés à l'hôpital.

ferido
- Todos os soldados **feridos** foram transportados para o hospital.

blesser [blese] *v*
- C'est une chance que personne n'**ait été blessé**.

ferir-se
- Foi uma sorte que ninguém **se feriu**.

se blesser [s(ə)blese] *v*
- Fais attention à ne pas **te blesser** en plantant des clous dans ce mur !

machucar-se
- Cuidado para não **se machucar** com esses pregos!

se casser [s(ə)kase] *v*
- Pendant mes dernières vacances de ski, je **me suis cassé** la jambe.

quebrar
- Nas minhas últimas férias de esqui, **quebrei** a perna.

Doenças e comprometimentos físicos

le choc [ʃɔk] n
- Quand nous avons appris sa maladie, ça nous a fait un **choc**.

o **choque**
- Quando ficamos sabendo da doença, foi um **choque**.

le rhume [ʀym] n
- Si vous sortez aussi peu habillé, vous allez attraper un **rhume** !

o **resfriado**
- Se você sair assim tão pouco vestida, vai pegar um **resfriado**.

enrhumé, enrhumée [ɑ̃ʀyme] adj
- Je ne vous embrasse pas, car je suis très **enrhumée**.

resfriado
- Não vou beijar você, pois estou muito **resfriada**.

tousser [tuse] v
- Le bébé **a toussé** toute la nuit.

tossir
- O bebê **tossiu** a noite inteira.

la fièvre [fjɛvʀ] n
- La petite doit avoir de la **fièvre** : elle est toute rouge.

a **febre**
- A menina deve estar com **febre**: está toda vermelha.

le mal de tête [maldətɛt] n
- Ce bruit m'a donné un **mal de tête**.

a **dor de cabeça**
- Esse barulho me deu **dor de cabeça**.

le mal de ventre [maldəvɑ̃tʀ] n
- J'ai un **mal de ventre** terrible.

dor de barriga
- Estou com uma **dor de barriga** terrível.

transpirer [tʀɑ̃spiʀe] v
- On dit qu'il faut beaucoup **transpirer** pour faire tomber la fièvre.

transpirar
- Dizem que é necessário **transpirar** bastante para fazer a febre baixar.

le handicapé, la handicapée ['ɑ̃dikape] n
- Y a-t-il dans ce restaurant des toilettes pour **handicapés** ?

o **deficiente**
- Há banheiros para **deficientes** neste restaurante?

handicapé, handicapée ['ɑ̃dikape] adj
- Pourquoi les enfants **handicapés** sont-ils séparés des autres ?

deficiente
- Por que as crianças **deficientes** estão separadas das outras?

muet, muette [mɥɛ, mɥɛt] adj
- Les enfants sourds sont souvent aussi **muets**.

mudo
- As crianças surdas são muitas vezes também **mudas**.

trembler [tʀɑ̃ble] v
- Elle avait tellement froid qu'elle **tremblait**.

tremer
- Sentia tanto frio que **tremia**.

Doenças e comprometimentos físicos

la **grippe** [gʀip] n
- Voilà un médicament miraculeux contre la **grippe**.

a **gripe**
- Este é um medicamento milagroso contra a **gripe**.

l'**habitude** [abityd] n f
- Les Français ont l'**habitude** de prendre un repas chaud également le soir.

o **hábito**
- Os franceses têm o **hábito** de fazer uma refeição quente também à noite.

dépendre de [depɑ̃dʀədə] v
▶ v irr p. 412 rendre
- J'**ai** trop longtemps **dépendu** de ma famille ; maintenant je veux être libre.

depender

- **Dependi** de minha família durante muito tempo; agora quero ser livre.

s'**habituer à** [abitɥea] v
- Vous verrez ; vous **vous y habituerez**.

habituar-se a, acostumar-se com
- Você vai ver; você vai **se habituar a** isso.

le **fumeur**, la **fumeuse** [fymœʀ, fymøz] n
- Chez moi, personne n'est **fumeur**.

o **fumante**

- Em casa ninguém é **fumante**.

le **non-fumeur**, la **non-fumeuse** [nõfymœʀ, nõfymøz] n
- Je cherche une chambre à Paris à partir de septembre. Je suis une étudiante allemande, je suis **non--fumeuse** et sérieuse.

o **não fumante**

- Procuro um quarto em Paris a partir de setembro. Sou uma estudante alemã, **não fumante** e séria.

fumer [fyme] v
- Cela fait quinze jours que j'ai arrêté de **fumer**.

fumar
- Faz quinze dias que parei de **fumar**.

ivre [ivʀ] adj
- J'arrête, sinon je vais être **ivre**.

embriagado, bêbado
- Prefiro parar, se não fico bêbado.

l'**alcoolique** [alkɔlik] n m/f
- Il est **alcoolique** et a déjà fait plusieurs cures de désintoxication.

o **alcoólatra**
- Ele é **alcoólatra** e já fez uma série de tratamentos para desintoxicação.

la **drogue** [dʀɔg] n
- La cocaïne est une **drogue** très dangereuse.

a **droga**
- A cocaína é uma **droga** muito perigosa.

Doenças e comprometimentos físicos

---

se droguer [s(ə)dʀɔge] *v*
- Je crois que ma sœur **se drogue**. Elle a besoin d'aide.

drogar-se
- Acho que minha irmã **se droga**. Ela precisa de ajuda.

---

le/la toxicomane [tɔksikɔman] *n m/f*
- C'est un hôpital spécialisé dans le traitement des **toxicomanes**.

o toxicômano
- É um hospital especializado no tratamento dos **toxicômanos**.

---

la sueur [sɥœʀ] *n*
- Chaque fois que je fais du jogging je rentre chez moi couvert de **sueur**.

o suor
- Cada vez que faço corrida chego em casa coberto de **suor**.

---

la nausée [noze] *n*
- L'odeur du poisson me donne la **nausée**.

a náusea
- O cheiro de peixe me dá **náuseas**.

---

la toux [tu] *n*
- Avec cette **toux**, tu dois aller tout de suite chez le docteur.

a tosse
- Com essa **tosse**, você deveria ir ao médico o quanto antes.

---

la fracture [fʀaktyʀ] *n*
- Vous avez de la chance : ce n'est pas une **fracture**.

a fratura
- Você teve sorte: não é uma **fratura**.

---

sans connaissance [sɑ̃kɔnɛsɑ̃s] *adj*
- Après son accident de voiture elle est restée **sans connaissance** pendant une heure.

desacordado
- Depois do acidente de carro, ela ficou **desacordada** durante uma hora.

---

s'évanouir [sevanwiʀ] *v*
- Je **m'évanouis** quand je vois du sang.

desmaiar
- Eu **desmaio** quando vejo sangue.

---

mental, mentale [mɑ̃tal] *adj*
- L'accusé est en pleine possession de ses facultés **mentales**.
- Son manque de succès en sport est bien dû à un problème **mental**.

mental
- O acusado está em plena posse de suas faculdades **mentais**.
- Sua falta de êxito nos esportes é consequência de um problema **mental**.

---

psychique [psiʃik] *adj*
- Je suis sûre qu'il est malade pour des raisons **psychiques**.

psíquico
- Tenho certeza de que ele está doente por razões **psíquicas**.

Doenças e comprometimentos físicos

guérir [geʀiʀ] v
- La blessure a guéri très vite.
- Ce médicament ralentit la maladie, mais ne la **guérit** pas.

sarar, curar
- O ferimento **sarou** muito rápido.
- Este medicamento atenua a doença, mas não a **cura**.

aveugle [avœgl] adj
- Depuis son accident il est **aveugle**.

cego
- Depois do acidente ele ficou **cego**.

sourd, sourde [suʀ, suʀd] adj
- Elle est **sourde** de naissance.

surdo
- Ela é **surda** de nascença.

dur d'oreille [dyʀdɔʀɛj] adj
- Fais donc ce que je te dis ! Tu es **dur d'oreille** ou quoi ?

que não escuta bem
- Faça o que eu digo! Você **não escuta bem** ou o quê?

gonfler [gõfle] v
- Après ma chute dans l'escalier, mon genou a beaucoup **gonflé**.

inchar
- Após minha queda da escada, meu joelho **inchou** muito.

supportable [sypɔʀtabl] adj
- Ces douleurs sont **supportables**.

suportável
- As dores são **suportáveis**.

supporter [sypɔʀte] v
- Il y a des médicaments pour mieux **supporter** la douleur.

suportar
- Há medicamentos para **suportar** melhor a dor.

l'infection [ɛ̃fɛksjõ] n f
- Il a une **infection** au doigt qui le gêne depuis des jours.

a infecção
- Ele está com uma **infecção** no dedo que o incomoda já há dias.

contagieux, contagieuse [kõtaʒjø, kõtaʒjøz] adj
- Cette maladie est très **contagieuse**.

contagioso
- Essa doença é muito **contagiosa**.

le microbe [mikʀɔb] n
- Je répète à mes enfants de se laver les mains pour ne pas attraper de **microbes**.

o micróbio, a bactéria
- Insisto com meus filhos para lavar as mãos, para não pegar **bactérias**.

le virus [viʀys] n
- Il paraît que ce **virus**-là ne touche que les personnes âgées.

o vírus
- Parece que este **vírus** só acomete as pessoas idosas.

l'inflammation [ɛ̃flamasjõ] n f
- J'ai une **inflammation** au doigt depuis trois semaines.

a inflamação
- Estou com uma **inflamação** no dedo há três semanas.

Doenças e comprometimentos físicos

enflammé, enflammée [ɑ̃flame] *adj*
- Docteur ! Cela fait trois jours que j'ai la gorge **enflammée** et très mal à la tête.

inflamado
- Doutor! Faz três dias que estou com a garganta **inflamada** e com dor de cabeça.

irrité, irritée [iʀite] *adj*
- Le bébé a les fesses très **irritées**.

irritado
- O bebê está com as nádegas muito **irritadas**.

le cancer [kɑ̃sɛʀ] *n*
- Il est mort d'un **cancer** en trois semaines.

o câncer
- Ele morreu de um **câncer** em três semanas.

l'infarctus [ɛ̃faʀktys] *n m*
- Mon oncle a eu trois **infarctus**, ce qui ne l'empêche pas de faire du sport régulièrement.

o infarto
- Meu tio teve três **infartos**, o que não o impede de praticar esportes regularmente.

j'ai le vertige [ʒɛlvɛʀtiʒ] *loc*
▶ v irr p. 407 avoir
- En montagne, **j'ai le vertige** quand c'est trop raide.

tenho vertigens
- Na montanha, **tenho vertigens** quando é muito íngreme.

la diarrhée [djaʀe] *n*
- Si tu ne veux pas avoir la **diarrhée**, ne bois que de l'eau en bouteille.

a diarreia
- Se você não quiser ter **diarreias**, beba água só de garrafa.

la crise [kʀiz] *n*
- Ce type est fou. Il a eu trois **crises**, l'une après l'autre.

a crise, o ataque
- Esse cara é louco. Ele teve três **ataques**, um depois do outro.

l'épidémie [epidemi] *n f*
- Actuellement, le sida est une des plus grandes épidémies d'Afrique.

a epidemia
- Atualmente, a AIDS é uma das maiores **epidemias** da África.

le sida [sida] *n*
- Mon médecin m'a expliqué comment je peux me protéger du **sida**.

a AIDS
- Meu médico me explicou como eu posso me proteger da AIDS.

l'allergie [alɛʀʒi] *n f*
- J'ai une **allergie** aux poils de chat.

a alergia
- Tenho **alergia** a pelo de gato.

le **diabète** [djabɛt] *n*
- Malade du **diabète** très jeune, il est quand même devenu un grand sportif.

a **diabete**, o **diabetes**
- Portador de **diabetes** desde muito jovem, mesmo assim ele se tornou um grande esportista.

l'**avortement** [avɔʀtemɑ̃] *n m*
- L'**avortement** a été souvent un sujet de discussion dans la politique allemand.

o **aborto**
- O **aborto** tem sido um tema frequente de debate na política alemã.

avorter [avɔʀte] *v*
- Elle a pris la décision d'**avorter** dès qu'elle a su qu'elle était enceinte.

abortar
- Ela tomou a decisão de **abortar** tão logo soube que estava grávida.

les **caries** [kaʀi] *n f pl*
- Si tu continues à manger des bonbons après t'être lavé les dents le soir, ne t'étonne pas d'avoir des **caries**.

as **cáries**
- Se você continuar a comer balas depois de ter escovado os dentes à noite, não vá se espantar com as **cáries**.

le **stress** [stʀɛs] *n*
- Vous devez travailler moins. Tout ce **stress** n'est pas bon pour votre bébé.

o **estresse**
- Você deveria trabalhar menos. Todo esse **estresse** não é bom para seu bebê.

le **coup de soleil** [kudsɔlɛj] *n*
- Les **coups de soleil** répétés sont mauvais pour la peu.

raios de sol, exposição ao sol
- A frequente **exposição ao sol** é ruim para a pele.

Exames médicos e hospital

l'**examen** [ɛgzamɛ̃] *n m*
- Cet **examen** ne fait pas mal et ne dure pas plus de cinq minutes.

o **exame**
- Este **exame** não dói e não dura mais do que cinco minutos.

examiner [ɛgzamine] *v*
- Après m'avoir bien **examiné**, le docteur m'a dit que j'étais en bonne santé.

examinar
- Depois de me **examinar** bem, o médico me disse que eu estava com boa saúde.

traiter [tʀete] *v*
- Il a guéri, car il **a été traité** suffisamment tôt.

tratar
- Ele se curou, pois **foi tratado** suficientemente cedo.

soigner [swaɲe] v
- On l'a **soignée** pour une maladie qu'elle n'avait pas.

tratar-se, receber tratamento
- Ela **se tratou** de uma doença que não tinha.

médical, médicale [medikal] adj; pl **médicaux**
- Depuis des années, je suis en traitement **médical** pour mon asthme.

médico
- Já há anos faço tratamento **médico** para a minha asma.

le **souffle** [sufl] n
- Si tu manques de **souffle**, c'est que tu fumes trop.

o ar (a **respiração**)
- Se lhe falta **ar**, é porque você fuma demais.

respirer [ʀɛspiʀe] v
- Il vaut mieux **respirer** par le nez que par la bouche.

respirar
- É melhor **respirar** pelo nariz do que pela boca.

la **pharmacie** [faʀmasi] n
- Tu trouveras ce médicament en **pharmacie**.

a farmácia
- Você vai encontrar esse remédio na **farmácia**.

le **remède** [ʀ(ə)mɛd] n
- Les chercheurs américains ont enfin trouvé un **remède** contre la migraine.

o remédio
- Os pesquisadores americanos finalmente encontraram um **remédio** contra a enxaqueca.

le **médicament** [medikamɑ̃] n
- Tu as un **médicament** contre le mal de tête ?

o medicamento
- Você tem um **medicamento** contra a dor de cabeça?

les **médicaments** [medikamɑ̃] n m pl
- Si tu veux aller mieux il faut prendre tes **médicaments** régulièrement.

os medicamentos
- Se você quiser melhorar, é preciso tomar os **medicamentos** regularmente.

le **comprimé** [kɔ̃pʀime] n
- Prends deux **comprimés** tout de suite ; ça fera plus d'effet !

o comprimido
- Tome dois **comprimidos** ao mesmo tempo; faz mais efeito.

la **pilule** [pilyl] n
- C'est ma mère qui m'a dit de prendre la **pilule**.

a pílula
- Foi minha mãe quem me disse para tomar a **pílula**.

ordonner [ɔʀdɔne] v
- Son psychiatre lui **a ordonné** un traitement qui doit durer un an.

receitar
- Seu psiquiatra lhe **receitou** um tratamento que deve durar um ano.

prescrire [pʀɛskʀiʀ] v
- Il fait très attention au coût des médicaments qu'il **prescrit**.

prescrever
- Ele presta muita atenção ao custo dos medicamentos que **prescreve**.

l'hôpital [opital] n m; pl **hôpitaux**
- Pour faire des économies, on ferme tous les petits hôpitaux.

o hospital
- Para fazer economias, fecham-se todos os pequenos **hospitais**.

la **clinique** [klinik] n f
- C'est une petite **clinique**, mais j'y ai été très bien soigné.

a **clínica**
- É uma **clínica** pequena, mas fui muito bem cuidado lá.

➡ Clinique é normalmente um hospital pequeno e particular.

l'**opération** [ɔpeʀasjɔ̃] n f
- C'est une **opération** longue et difficile, mais je vous assure que vous irez mieux après.

a **operação**
- É uma **operação** longa e difícil, mas eu lhe garanto que depois você vai ficar melhor.

opérer [ɔpeʀe] v
- Depuis que je me **suis fait opérer** du genou, je peux jouer au football comme avant mon accident.

operar
- Desde que **operei** o joelho, posso jogar futebol como antes de meu acidente.

le **patient**, la **patiente** [pasjɑ̃, pasjɑ̃t] n
- Tous ses **patients** se plaignent beaucoup d'attendre des heures avant de rentrer dans son cabinet.

o **paciente**
- Todos os **pacientes** dele reclamam muito de ter de esperar horas antes de entrar em seu consultório.

la **prévention** [pʀevɑ̃sjɔ̃] n
- Le ministère de la santé a lancé une grande campagne de **prévention** contre le cancer du sein.

a **prevenção**
- O ministério da saúde lançou uma grande campanha de **prevenção** contra o câncer de mama.

préventif, préventive [pʀevɑ̃tif, pʀevɑ̃tiv] adj
- Le meilleur traitement **préventif** contre le sida est le préservatif.

preventivo
- O melhor tratamento **preventivo** contra a AIDS é o preservativo.

Exames médicos e hospital

le cabinet médical
[kabinɛmedikal] n; pl **cabinets médicaux**
- Ils ont le même **cabinet médical**, mais chacun a ses heures de consultation.

o **consultório médico**
- Eles têm o mesmo **consultório médico**, mas cada um tem seus horários de consulta.

les heures de consultation
[œʀdəkõsyltasjõ] n f pl
- Les **heures de consultation** sont de 8 heures à midi et de 3 à 6 heures

os **horários de consulta**
- Os **horários de consulta** são das 8 horas ao meio-dia e das 3 às 6 horas.

le traitement [tʀɛtmã] n
- Le **traitement** du sida a fait de gros progrès.

o **tratamento**
- O **tratamento** contra a AIDS fez muitos progressos.

faire une radio [fɛʀynʀadjo] loc
▶ v irr p. 410 faire
- Son médecin lui a recommandé d'aller se **faire une radio** des poumons le plus vite possible.

fazer radiografia, fazer raios-X
- Seu médico lhe recomendou **fazer uma radiografia** dos pulmões o mais rápido possível.

la pommade [pɔmad] n
- Tu devrais essayer cette **pommade** qui fait des merveilles.

a **pomada**
- Você deveria experimentar esta **pomada**, que faz maravilhas.

la piqûre [pikyʀ] n
- Je fais la **piqûre** à droite ou à gauche ?

a **picada**, a **injeção**
- Devo dar a **injeção** no lado direito ou no esquerdo?

le sparadrap [spaʀadʀa] n
- Je me suis coupée; va vite me chercher un **sparadrap** dans la salle de bains !

o **band-aid**
- Eu me cortei; vá rápido me buscar um **band-aid** no banheiro!

le pansement [pãsmã] n
- Il faut changer le **pansement** tous le jours.

o **curativo**
- É preciso mudar o **curativo** todos os dias.

hygiénique [iʒjenik] adj
- Je ne dis pas que c'est sale, mais que ce n'est pas **hygiénique**.

higiênico
- Não digo que isso é sujo, mas que não é **higiênico**.

le **fauteuil roulant** [fotœjʁulɑ̃] n
- Depuis son accident il ne peut se déplacer que dans un **fauteuil roulant**.

a **cadeira de rodas**
- Depois de seu acidente ele só pode se locomover em **cadeira de rodas**.

le **contraceptif** [kɔ̃tʁasɛptif] n
- La pilule est le **contraceptif** le plus utilisé en France.

o **contraceptivo**
- A pílula é o **contraceptivo** mais utilizado na França.

l'**ordonnance** [ɔʁdɔnɑ̃s] n f
- Le pharmacien ne te donnera ce médicament que sur **ordonnance**.

a **receita (médica)**
- O farmacêutico só lhe dará esse medicamento com a **receita**.

la **notice** [nɔtis] n
- Lisez la **notice** ou demandez conseil à votre médecin ou à votre pharmacien.

a **bula**
- Leia a **bula** ou peça conselho a seu médico ou farmacêutico.

le **massage** [masaʒ] n m
- Le docteur m'a donné une ordonnance pour des **massages** pour soigner mon mal de dos.

a **massagem**
- O médico me deu uma receita de **massagem** para tratar de minha dor nas costas.

la **salle d'attente** [saldatɑ̃t] n
- Ouf ! La **salle d'attente** est presque vide.

a **sala de espera**
- Ufa! A **sala de espera** está quase vazia.

la **Sécurité sociale** [sekyʁitesɔsjal] n
- Ce médicament n'est pas remboursé par la **Sécurité sociale**.

a **seguridade social**
- Esse medicamento não é reembolsado pela **seguridade social**.

➡ A abreviação frequentemente utilizada é **la Sécu**. A **Sécurité sociale** abrange também o sistema público de saúde. Todos os franceses são garantidos pela **Sécurité sociale**.

le **certificat médical** [sɛʁtifikamedikal] n; pl **certificats médicaux**
- Je vais vous envoyer un **certificat médical** dès que possible.

o **atestado médico**
- Vou lhe enviar o **atestado médico** assim que possível.

Pedido de socorro

le danger [dɑ̃ʒe] *n*
- Est-ce que vous savez quel **danger** il y a dans tout ça ?

o **perigo**, o **risco**
- Você sabia do **risco** que havia em tudo isso?

dangereux, dangereuse [dɑ̃ʒʀø, dɑ̃ʒʀøz] *adj*
- En cas de gros orages, les rivières du Midi sont très **dangereuses**.

perigoso
- Em caso de fortes tempestades, os rios do sul da França ficam muito **perigosos**.

l'accident [aksidɑ̃] *n m*
- Vous avez eu un **accident** ? Rien de grave, j'espère.

o **acidente**
- Você sofreu um **acidente**? Nada grave, espero.

l'incendie [ɛ̃sɑ̃di] *n m*
- L'**incendie** a commencé par un feu de cheminée.

o **incêndio**
- O **incêndio** começou com um fogo de chaminé.

se brûler [s(ə)bʀyle] *v*
- Hier, je **me suis brûlée**, en faisant des crêpes.

queimar-se
- Ontem eu **me queimei** fazendo crepes.

sauver [sove] *v*
- Il a risqué sa vie en **sauvant** son camarade.

salvar
- Ele arriscou sua vida **salvando** seu amigo.

la police [pɔlis] *n*
- Si on fait trop de bruit, les voisins vont appeler la **police**.

a **polícia**
- Se a gente fizer muito barulho, os vizinhos vão chamar a **polícia**.

l'ambulance [ɑ̃bylɑ̃s] *n f*
- Il faut appeler un **ambulance**.

a **ambulância**
- É preciso chamar uma **ambulância**.

➡ Na França, o serviço de resgate também se chama SAMU – **service d'aide médicale d'urgence**.
➡ Em um hospital, o ambulatório se chama **hôpital de jour**.

l'alarme [alaʀm] *n f*
- Heureusement qu'il y avait un concierge dans l'immeuble qui a pu donner l'**alarme**.

o **alarme**
- Felizmente havia um zelador no imóvel, que pôde dar o **alarme**.

les secours [s(ə)kuʀ] *n m pl*
- Les **secours** sont arrivés quelques minutes après accident.

o **socorro**
- O **socorro** chegou alguns minutos após o acidente.

Pedido de socorro

crier au secours [kʀijeoskuʀ] *loc* ■ Je l'ai entendu **crier au secours** et je me suis précipité dans l'eau.	**pedir socorro** ■ Eu o ouvi **pedir socorro** e me lancei na água.
Au secours ! [oskuʀ] *loc*	**Socorro!**
Attention ! [atɑ̃sjɔ̃] *loc*	**Atenção!**
le **numéro d'urgence** [nymeʀodyʀʒɑ̃s] *n* ■ Le **numéro d'urgence** 112 est valable dans tous les pays de l'Union européenne.	o **número de emergência** ■ O **número de emergência** 112 vale para todos os países da União Europeia.

➡ Na França, os números de emergência 15 (serviço de resgate), 17 (polícia) e 18 (bombeiros) podem ser discados de qualquer telefone, sem custos. Em telefones celulares, usa-se sempre o 112.

survivre à [syʀivʀ a] *v* ▶ v irr p. 413 vivre ■ Seul le conducter a **survécu à** ce terrible accident.	**sobreviver** ■ Apenas o condutor **sobreviveu** a esse terrível acidente.
les **pompiers** [pɔ̃pje] *n m pl* ■ Sauf dans les grandes villes, les **pompiers** ne sont pas des professionnels.	os **bombeiros** ■ A não ser nas grandes cidades, os **bombeiros** não são profissionais.
la **collision** [kɔlizjɔ̃] *n* ■ Sur l'autoroute, il y a eu une **collision** très grave qui a fait trois morts.	a **colisão** ■ Na rodovia houve uma grave **colisão** que fez três mortos.
entrer en collision [ɑ̃tʀeɑ̃kɔlizjɔ̃] *loc* ■ J'ai bien vu le camion **entrer en collision** avec les deux voitures qui se trouvaient devant lui.	**colidir** ■ Vi bem quando o caminhão **colidiu** com os dois carros que estavam à sua frente.
les **urgences** [yʀʒɑ̃s] *n f pl* ■ Quand il est tombé de son échelle, nous l'avons tout de suite emmené aux **urgences** de l'hôpital le plus près.	o **pronto-socorro** ■ Quando ele caiu da escada, nós o levamos imediatamente ao **pronto-socorro** do hospital mais próximo.

les **premiers soins** [prəmjeswɛ̃]
n m pl
- J'ai appris à donner les **premiers soins** à un bléssé.

os **primeiros socorros**

- Aprendi a prestar os **primeiros socorros** a uma pessoa ferida.

la **sortie de secours** [sɔʀtidsəkuʀ]
n
- Grâce aux nombreuses **sorties de secours** tout le mond a pu s'échapper.

a **saída de emergência**

- Graças às numerosas **saídas de emergência**, todo mundo pôde escapar.

Cuidados corporais

se laver [(sə)lave] *v*
- Pendant notre randonnée en Corse, nous ne **nous sommes** pas **lavés** tous les jours.

tomar banho
- Durante nossa excursão pela Córsega, não **tomamos banho** todos os dias.

➡ Em francês, o passado composto dos verbos reflexivos é sempre formado com **être**. Não havendo objeto direto, o particípio concorda em gênero e número com o sujeito.

prendre une douche [pʀɑ̃dʀyndu∫] *loc*
▶ **v irr** p. 412 prendre
- Je **prends une douche** chaque matin.

tomar uma ducha

- **Tomo uma ducha** toda manhã.

prendre un bain [pʀɑ̃dʀɛ̃bɛ̃] *loc*
▶ **v irr** p 412 prendre
- Nos enfants adorent **prendre un bain** ensemble dans la baignoire.

tomar banho

- Nossos filhos adoram **tomar banho** juntos na banheira.

le **savon** [savõ] *n*
- Prends du **savon** pour te laver les mains !

o **sabonete**
- Pegue um **sabonete** para lavar as mãos!

la **crème** [kʀɛm] *n*
- On n'a pas encore trouvé la **crème** idéale contre les rides.

o **creme**
- Ainda não encontraram o **creme** ideal contra as rugas.

s'essuyer [esɥije] v
- En sortant du bain, j'aime bien **m'essuyer** avec une grande serviette éponge.

enxugar-se, secar-se
- Saindo do banho, gosto de **me enxugar** com uma grande toalha felpuda.

le peigne [pɛɲ] n
- Ma femme n'aime que les **peignes** en plastique.

o pente
- Minha mulher gosta somente de **pente** de plástico.

la brosse (à cheveux) [bʀɔs(aʃəvø)] n
- Regarde ta **brosse** ! Elle est pleine de cheveux.

a escova
- Olha a sua **escova**! Está cheia de cabelos!

la brosse à dents [bʀɔsadɑ̃] n
- N'oublie pas d'acheter une nouvelle **brosse** à dents.

a escova de dente
- Não se esqueça de comprar uma nova **escova de dente**.

brosser [bʀɔse] v
- Elle se **brosse** les cheveux plusieurs fois par jour.

escovar
- Ela **escova** os cabelos muitas vezes por dia.

se laver les dents [s(ə)laveledɑ̃] loc
- Allez, **lave-toi** vite **les dents**, sinon je ne pourrai pas t'embrasser !

escovar os dentes
- Vá, **escove** logo os **dentes**, senão eu não poderei beijá-lo!

le dentifrice, la pâte dentifrice [dɑ̃tifʀis pɑtdɑ̃tifʀis] n
- Quelle horreur, cette **pâte dentifrice** a un goût de fromage !

o dentifrício, a **pasta de dente**
- Que horror, essa **pasta de dente** tem gosto de queijo!

se raser [s(ə)ʀɑze] v
- Il doit **se raser** tous les matins.

barbear-se, fazer a barba
- Ele tem de **fazer a barba** toda manhã.

le mouchoir [muʃwaʀ] n
- Fais un nœud à ton **mouchoir** pour ne pas oublier !

o lenço
- Faça um nó no **lenço** para não esquecer!

le parfum [paʀfɛ̃] n
- Tu t'est mis trop de **parfum** ; cela me donne mal à la tête.

o perfume
- Você passou **perfume** demais, me dá dor de cabeça.

le shampooing [ʃɑ̃pwɛ̃] n
- Ce **shampooing** ne convient pas à mes cheveux.

o xampu
- Esse **xampu** não é apropriado para os meus cabelos.

le **gel douche** [ʒɛlduʃ] *n*
- C'est encore toi qui a pris mon **gel douche** ?

o **sabonete líquido**
- Você pegou de novo meu **sabonete líquido**?

le **rasoir** [ʀɑzwaʀ] *n*
- Tu me prêtes ton **rasoir** ?

barbeador
- Você me empresta o seu **barbeador**?

le **mouchoir en papier** [muʃwaʀɑ̃papje] *n*
- Prends un **mouchoir en papier** et jette-le après usage.

o **lenço de papel**
- Pegue um **lenço de papel** e jogue-o fora depois de usar.

le **papier hygiénique** [papjeiʒjenik] *n*
- Deux rouleaux de **papier hygiénique**, tu penses que ça suffit ?

o **papel higiênico**
- Você acha que dois rolos de **papel higiênico** são suficientes?

la **couche** [kuʃ] *n*
- La nouvelle baby-sitter ne veut pas changer les **couches** de notre bébé.

as **fraldas**
- A nova babá não quer trocar as **fraldas** de nosso bebê.

le **maquillage** [makijaʒ] *n*
- Elle est si jolie qu'elle n'a pas besoin de **maquillage**.

a **maquiagem**
- Ela é tão bonita que não precisa de **maquiagem**.

maquiller [s(ə)makije] *v*
- Je me **maquille** juste un peu les yeux.

maquiar
- Eu **maquio** um pouco em torno dos olhos.

le **vernis à ongles** [vɛʀniaɔ̃gl] *n*
- Je n'arrive pas à enlever le **vernis à ongles** que j'ai laissé tomber sur mon pantalon.

o **esmalte**
- Ainda não consegui remover o **esmalte** que deixei cair na minha calça.

la **crème solaire** [kʀɛmsɔlɛʀ] *n*
- Malgré la **crème solaire** j'ai attrapé un gros coup de soleil sur le nez.

o **filtro solar**
- Mesmo com **filtro solar**, peguei muito sol no nariz.

Formação

Aprendizado

apprendre [apʀɑ̃dʀ] *v*
- ▶ v irr p. 412 prendre
- J'**apprends** le français depuis trois ans.

aprender
- Estou **aprendendo** francês há três anos.

étudier [etydje] *v*
- Pour chaque heure, nous avons du vocabulaire à **étudier**.
- Elle **étudie** l'histoire à l'université de Montpellier.

estudar
- Para cada hora, temos vocabulário a **estudar**.
- Ela **estuda** história na universidade de Montpellier.

savoir [savwaʀ] *v*
- ▶ v irr p. 413 savoir
- En informatique je ne **sais** pas grand-chose.

saber
- Não **sei** muita coisa de informática.

➡ Savoir significa saber: **Je savais déjà nager à six ans. – Eu já sabia nadar aos seis anos.** Pouvoir é empregado quando a pessoa se encontra em condições de fazer alguma coisa: **Je ne peux pas venir avec toi. – Eu não posso vir com você.**

comprendre [kɔ̃pʀɑ̃dʀ] *v*
- ▶ v irr p. 412 prendre
- Je ne **comprends** vraiment rien aux maths.

compreender, entender
- Não **entendo** realmente nada de matemática.

la connaissance [kɔnɛsɑ̃s] *n*
- Je n'ai aucune **connaissance** en ce domaine.

o conhecimento
- Não tenho nenhum **conhecimento** nessa área.

l'intérêt [ɛ̃teʀɛ] *n m*
- Les Français ont beaucoup d'**intérêt** pour la gastronomie.

o interesse
- Os franceses têm muito **interesse** por gastronomia.

s'intéresser à [sɛ̃teʀesea] *v*
- La plupart des jeunes **s'intéressent** à l'informatique.

interessar-se por
- A maior parte dos jovens **se interessa por** informática.

intéressant, intéressante
[ɛ̃teʀɛsɑ̃, ɛ̃teʀɛsɑ̃t] *adj*
- À la télé, les émissions **intéressantes** sont souvent tard.

interessante
- Na televisão, os programas **interessantes** na maioria das vezes passam tarde.

le cours [kuʀ] *n*; *pl* **cours**
- Si tu veux apprendre l'espagnol, j'ai une amie qui donne des **cours**.

a aula, o curso
- Se você quer aprender espanhol, tenho uma amiga que dá **aulas**.

la leçon [l(ə)sɔ̃] *n*
- Nous en sommes à la **leçon** 27.

a lição
- Estamos na **lição** 27.

l'exemple [ɛgzɑ̃pl] *n m*
- N'oubliez pas dans votre devoir de donner quelques **exemples**.

o exemplo
- Não se esqueça, no seu exercício, de dar alguns **exemplos**.

l'exercice [ɛgzɛʀsis] *n m*
- Peux-tu me dire quels **exercices** nous devons faire pour demain ?

o exercício
- Você pode me dizer quais **exercícios** temos de fazer para amanhã?

s'exercer [sɛgzɛʀse] *v*
- Je **m'étais** pourtant **exercée** pendant des semaines mais le jour de l'examen, j'avais tout oublié.

praticar
- Mesmo **tendo praticado** durante semanas, no dia do exame eu tinha esquecido tudo.

répéter [ʀepete] *v*
- Peux-tu **répéter** ta question ?

repetir
- Você pode **repetir** sua pergunta?

le cahier [kaje] *n*
- Avec tous leurs livres et tous leurs **cahiers**, les écoliers doivent porter plusieurs kilos.

o caderno
- Com todos os seus livros e **cadernos**, os estudantes devem carregar vários quilos.

la page [paʒ] *n*
- Les aventures des trois Mousquetaires font plusieurs milliers de **pages**.

a página
- As aventuras dos três mosqueteiros compreendem milhares de **páginas**.

exact, exacte [ɛgzakt] *adj*
- Dans le dernier test, j'ai eu dix réponses fausses et dix **exactes**.

exato, correto
- No último teste, tive dez respostas erradas e dez **corretas**.

juste [ʒyst] *adj*
- Ce que tu dis n'est pas **juste**.

justo, correto
- O que você diz não é **correto**.

correct, correcte [kɔʀɛkt] *adj*
- Ta phrase est **correcte**, mais personne ne parle comme ça.

correto
- Sua frase está **correta**, mas as pessoas não falam desse jeito.

la **faute** [fot] *n*
- Si on ne fait pas une seule **faute** en dictée, on a vingt.

o erro
- Se não tiver nenhum **erro** no ditado, recebem-se vinte pontos.

faux, fausse [fo, fos] *adj*
- C'est une idée **fausse** de croire qu'il pleut tout le temps en Bretagne.

falso, incorreto
- É uma ideia **incorreta** achar que na Bretanha chove o tempo inteiro.

l'**erreur** [ɛʀœʀ] *n f*
- Tu as dû faire une **erreur** : ce n'est pas le bon résultat.

o erro
- Você cometeu um **erro**: o resultado não está correto.

➡ Erreur é usado mais para um erro de cálculo ("erreur de calcul"); faute, mais para erro de escrita ou digitação ("faute de frappe").

se tromper [s(ə)tʀɔ̃pe] *v*
- Excusez-moi, je **me suis trompé** de porte.

enganar-se, errar
- Desculpe, **errei** de porta.

le **contrôle** [kõtʀol] *n*
- Nous avions une série de **contrôles** à passer avant les grandes vacances.

o teste, a prova
- Temos uma série de **provas** para passar antes das férias.

l'**examen** [ɛgzamɛ̃] *n m*
- Le bac est un **examen** national : les épreuves sont les memes pour tous.

o exame
- O **exame** de conclusão do ensino médio é um **exame** nacional: as provas são as mesmas para todos.

tester [tɛste] *v*
- On m'a posé quelques questions pour me **tester**.

testar
- Fizeram-me algumas perguntas para me **testar**.

le **diplôme** [diplom] *n*
- Avec un bon **diplôme**, on a plus de chances de trouver du travail.

o diploma
- Com um bom **diploma**, têm-se mais chances de se encontrar trabalho.

corriger [kɔʀiʒe] *v*
- Pouvez-vous me **corriger** quand je fais des fautes ?

corrigir
- Você poderia me **corrigir** quando eu cometer erros?

noter [nɔte] *v*
- Prenez votre carnet pour **noter** les devoirs.

anotar, tomar nota
- Peguem seus cadernos para **anotar** os deveres.

la note [nɔt] *n*
- Elle a toujours de bonnes **notes**.

a nota
- Ela sempre tira boas **notas**.

→ Na França, a avaliação é feita por um sistema de pontos, segundo o qual a pontuação máxima e melhor nota é 20. Aprova-se com 10 pontos, **la moyenne**. Diz-se, por exemplo: **Dans le contrôle de maths, j'ai eu seize sur vingt**. Assim se tem 16 pontos de um total de vinte, o que perfaz, no Brasil, a nota 8,0.

bon, bonne [bõ bɔn] *adj*
- Marie est **bonne** en biologie.

bom
- Marie é **boa** em biologia.

mieux [mjø] *adv*
- Nous ferons **mieux** la prochaine fois.

melhor
- Faremos **melhor** da próxima vez.

le mieux [ləmjø] *adv*
- C'est toujours ma sœur qui a **le mieux** réussi à l'école.

o melhor
- É sempre minha irmã que tem o **melhor** aproveitamento na escola.

excellent, excellente [ɛkselã, ɛkselãt] *adj*
- Elle est vraiment **excellente** en mathématiques.

excelente
- Ela é realmente **excelente** em matemática.

mauvais, mauvaise [mɔvɛ, mɔvɛz] *adj*
- Presque toute la classe est **mauvaise** en histoire.

mal
- Quase a classe inteira vai **mal** em história.

simple [sɛ̃pl] *adj*
- La gare ? C'est tout **simple**, vous prenez la première à droite.

simples
- A estação? É muito **simples**, você pega a primeira à direita.

facile [fasil] *adj*
- Pour un Français, l'italien est assez **facile** à apprendre.

fácil
- Para um francês, o italiano é bastante **fácil** de aprender.

la difficulté [difikylte] *n*
- Si tu as des **difficultés** en maths, je peux t'aider.

a dificuldade
- Se você está com **dificuldade** em matemática, posso ajudá-lo.

difficile [difisil] *adj* ■ Les Français trouvent l'allemand **difficile**.	**difícil** ■ Os franceses acham o alemão **difícil**.
l'attention [atɑ̃sjɔ̃] *n f* ■ Je vous remercie de votre **attention**.	a **atenção** ■ Agradeço por sua **atenção**.
le **soin** [swɛ̃] *n* ■ On voit tout de suite que tu as fait ton dessin avec beaucoup de **soin**.	o **cuidado** ■ Logo se vê que você fez seu desenho com muito **cuidado**.
présent, présente [pʀezɑ̃, pʀezɑ̃t] *adj* ■ Les étudiants qui sont **présents** doivent signer la feuille de présence.	**presente** ■ Os estudantes que estão **presentes** devem assinar a lista de presença.
être absent, être absente [ɛtʀapsɑ̃, ɛtʀapsɑ̃t] *loc* ▶ v irr p. 410 être ■ Elle **était absente** pour cause de maladie.	**faltar, estar ausente** ■ Ela **faltou** porque estava doente.
l'éducation [edykasjɔ̃] *n f* ■ Pour l'**éducation**, l'école ne peut pas remplacer la famille.	a **educação** ■ No que diz respeito à **educação**, a escola não pode substituir a família.
éduquer [edyke] *v* ■ Mon père **a été éduqué** à la dure, mais il ne s'en est jamais plaint.	**educar** ■ Meu pai foi **educado** de maneira rígida, mas jamais reclamou.
l'inscription [ɛ̃skʀipsjɔ̃] *n f* ■ Cette année, il y a plus d'**inscriptions** au cours d'anglais qu'il n'y a de places disponibles.	a **inscrição** ■ Neste ano, há mais **inscrições** no curso de inglês do que vagas disponíveis.
s'inscrire [sɛ̃skʀiʀ] *v* ▶ v irr p. 409 écrire ■ Je **me suis inscrite** au permis.	**inscrever-se** ■ Eu **me inscrevi** para tirar a carteira de motorista.
passer dans la classe supérieure [pɑse dɑ̃laklɑsypeʀjœʀ] *loc* ■ Tous mes copains **sont passés dans la classe supérieure**.	**passar de ano** ■ Todos os meus amigos **passaram de ano**.

avoir la moyenne
[avwaʀlamwajɛn] *loc*
▶ v irr p. 407 avoir
- Il est passé dans la classe supérieure, car il **a eu la moyenne** dans toutes les matières.

atingir a média

- Ele passou de ano, pois **atingiu a média** em todas as matérias.

➡ A média é 10 de 20 pontos possíveis.

redoubler (une classe) [ʀəduble (ynklɑs)] *loc*
- Je n'ai jamais **redoublé** une classe.

reprovar

- Jamais **reprovei** uma matéria.

échouer à [eʃwea] *v*
- La vie ne s'arrête pas parce qu'on **échoue** à un examen.

fracassar

- A vida não para por se **fracassar** num exame.

rater [ʀate] *v*
- J'**ai raté** mon examen à cause des maths.

não passar, fracassar

- **Não passei** no exame por causa de matemática.

insuffisant, insuffisante [ɛ̃syfizɑ̃, ɛ̃syfizɑ̃t] *adj*
- Si tu as 9 sur 20, c'est **insuffisant**.

insuficiente

- Se você tirou 9 de 20, é **insuficiente**.

➡ note p. 121

le **bulletin** [byltɛ̃] *n*
- Quand mon père a vu mon **bulletin**, il a fait une drôle de tête.

o boletim

- Quando meu pai viu meu **boletim**, fez uma cara estranha.

l'**oral** [ɔʀal] *n m*
- Je préfère l'**oral** à l'écrit.

a prova oral

- Prefiro **prova oral** à escrita.

le **concours (d'entrée)** [kɔ̃kuʀ (dɑ̃tʀe)] *n*
- Est-ce que tu participes aussi au **concours** ?

o vestibular

- Você também está participando do **vestibular**?

l'**épreuve** [epʀœv] *n f*
- Les **épreuves** du bac durent plusieurs jours.

a prova (escrita)

- As **provas** do exame de conclusão do ensino médio duram vários dias.

l'**intelligence** [ɛ̃teliʒɑ̃s] *n f*
- L'**intelligence** n'est pas tout ; sans travail, on n'arrive à rien.
- Le but principal est d'agir avec **intelligence**.

a **inteligência**
- **Inteligência** não é tudo; sem trabalho não se chega a lugar nenhum.
- O objetivo principal é agir com **inteligência**.

intelligent, intelligente [ɛ̃teliʒɑ̃, ɛ̃teliʒɑ̃t] *adj*
- On peut être très **intelligent** et rater quand même ses examens.

inteligente
- Pode-se ser muito **inteligente** e mesmo assim fracassar em seus exames.

la **mémoire** [memwaʀ] *n*
- Je n'ai aucune **mémoire** ; c'est pour ça que j'ai du mal en histoire.

a **memória**
- Minha **memória** é péssima, por isso vou tão mal em história.

la **réflexion** [ʀeflɛksjõ] *n*
- Ce livre commence par les **réflexions** de l'auteur sur la guerre.

a **reflexão**
- O livro se inicia com **reflexões** do autor sobre a guerra.

réfléchir [ʀefleʃiʀ] *v*
- **Réfléchis** bien, c'est une décision importante.

refletir
- **Reflita** bem, é uma decisão importante.

la **concentration** [kõsɑ̃tʀasjõ] *n*
- Avec un peu plu de **concentration**, tu auras moin de difficultés à suivre le cours.

a **concentração**
- Com um pouco de **concentração**, você poderia acompanhar melhor o curso.

se concentrer [s(ə)kõsɑ̃tʀe] *v*
- Après huit heures de travail, je n'arrive plus à **me concentrer** sur un livre.

concentrar-se
- Após oito horas de trabalho, já não consigo **me concentrar** num livro.

la **solution** [sɔlysjo] *n*
- Ça fait une heure que je cherche la **solution** de cet exercice de maths.

a **solução**
- Faz uma hora que busco a **solução** para este exercício de matemática.

résoudre [ʀezudʀ] *v*
▶ **v irr** p. 412 résoudre
- **J'ai résolu** ce problème en cinq minutes.

resolver
- **Resolvi** este problema em cinco minutos.

la **correction** [kɔʀɛksjõ] *n*
- Il écrit ses textes au crayon pour faire ensuite des **corrections** plus facilement.

a **correção**
- Ele escreve seus textos a lápis para em seguida fazer as **correções** mais facilmente.

compréhensible [kõpʀeɑ̃sibl] *adj*
- Le professeur a donné des explications **compréhensibles** par tous.

compreensível
- O professor deu explicações **compreensíveis** para todos.

incompréhensible [ɛ̃kõpʀeɑ̃sibl] *adj*
- J'ai surligné en jaune toutes les phrases **incompréhensibles**.

incompreensível
- Sublinhei em amarelo todas as frases **incompreensíveis**.

logique [lɔʒik] *adj*
- C'est la seule solution **logique**.

lógico
- É a única solução **lógica**.

la **description** [dɛskʀipsjõ] *n*
- Il vaut parfois mieux une photo qu'une longue **description**.

a **descrição**
- Por vezes vale mais uma foto do que uma longa **descrição**.

décrire [dekʀiʀ] *v*
▶ *v irr* p. 409 écrire
- Ce tableau est difficile à **decrire**.

descrever
- Esse quadro é difícil de **descrever**.

consulter [kõsylte] *v*
- Je vais **consulter** le dictionnaire pour trouver la traduction juste.

consultar
- Vou **consultar** no dicionário para encontrar a tradução correta.

le **talent** [talɑ̃] *n*
- Marion est une élève qui a un **talent** naturel pour la musique.

o **talento**, o **dom**
- Marion é uma aluna que tem um **dom** natural para a música.

doué, douée [dwe] *adj*
- Elle est **douée** pour les maths.

dotado, com inclinação para
- Ela é **dotada** para matemática.

surdoué, surdouée [syʀdwe] *adj*
- Notre fils est **surdoué** ; c'est pour cela qu'il va dans un lycée spécial en Suisse.

superdotado
- Nosso filho é **superdotado**; por isso ele frequenta um colégio especial na Suíça.

la **formation en ligne** [lafɔʀmasjõlin] *n*
- Je me suis inscrite à un cours **en formation en ligne**.

ensino a distância
- Eu me inscrevi num curso de **ensino a distância**.

Linguagem

la **lettre** [lɛtʀ] n ■ En français, beaucoup de **lettres** ne se prononcent pas, comme dans «tronc» ou «trop».	a **letra** ■ Em francês, muitas letras não são pronunciadas, como em "tronc" ou "trop".
épeler [ep(ə)le] v ■ Je ne sais pas **épeler** mon nom en français.	**soletrar** ■ Não sei **soletrar** meu nome em francês.
le **mot** [mo] n ■ Chaque jour, j'apprends des **mots** nouveaux.	a **palavra** ■ A cada dia eu aprendo **palavras** novas.

➡ **Mot** é sempre "palavra", no sentido estrito; **parole** pode significar mais palavras ou uma sentença curta.

la **parole** [paʀɔl] n ■ J'aurais bien pris la **parole**, mais on ne me l'a pas donnée. ➡ mot p. 126	a **palavra** ■ Eu gostaria de tomar a **palavra**, mas não me deram-na.
la **phrase** [fʀɑz] n ■ Laissez-moi au moins terminer ma **phrase** !	a **frase** ■ Deixe-me ao menos terminar minha **frase**!
le **nom** [nõ] n ■ En français, il n'y a que deux genres pour les **noms**.	o **substantivo** ■ Em francês, existem apenas dois gêneros de **substantivos**.
le **genre** [ʒɑʀ] n ■ J'ai vraiment problèmes avec les **genres** ; c'est plus facile en anglais.	o **gênero** ■ Realmente tenho problema com os **gêneros**; em inglês é mais fácil.
l'**adjectif** [adʒɛktif] n m ■ On n'utilise pas l'**adjectif** «joli» pour un homme.	o **adjetivo** ■ Não se utiliza o **adjetivo** "*joli*" para um homem.
l'**adverbe** [advɛʀb] n m ■ «Rapidement» est un **adverbe**, «rapide» un adjectif.	o **advérbio** ■ "Rapidement" é um **advérbio**; "rapide", um adjetivo.

➡️ Em francês, o advérbio geralmente é formado acrescentando-se **-ment** à forma feminina do adjetivo. Quando o adjetivo termina em **-ent**, a forma adverbial é **-emment**; por exemplo, **prudent** se torna **prudemment**. Se um adjetivo terminar em **-ant**, o advérbio terminará em **-amment**, por exemplo, **courant** torna-se **couramment**. Entretanto, ambas as terminações são pronunciadas da mesma forma, qual seja [amã].

le **verbe** [vɛʀb] *n*
- Les **verbes** français sont répartis en trois groupes.

o **verbo**
- Os **verbos** franceses são divididos em três grupos.

masculin, masculine [maskylɛ̃, maskylin] *adj*
- Camille, Claude, Dominique sont des prénoms **masculins** ou féminins.

masculino
- Camille, Claude, Dominique são prenomes **masculinos** ou femininos.

féminin, féminine [feminɛ̃, feminin] *adj*
- Sexe : **féminin**. Âge : 17 ans.

feminino
- Sexo: **feminino**. Idade: 17 anos.

le **singulier** [sɛ̃gylje] *n*
- «Je» est la première personne du **singulier**.

o **singular**
- "Je" é a primeira pessoa do **singular**.

le **pluriel** [plyʀjɛl] *n*
- Presque tous les noms masculins en «-ail» font leur **pluriel** en «-aux».

o **plural**
- Quase todos os substantivos masculinos terminados em "-ail" formam o **plural** em "-aux".

le **sens** [sâs] *n*
- Quel est le **sens** de cette expression ?

o **sentido**, o **significado**
- Qual é o **sentido** dessa expressão?

la **langue** [lâg] *n*
- Il est utile de parler plusieurs **langues**.

a **língua**
- É útil falar diversas **línguas**.

➡️ **Langue** designa normalmente uma língua natural; já para linguagens especiais, por exemplo, linguagem de sinais ou mesmo a linguagem de um grupo de falantes específicos é designada por **langage**.

le **langage** [lâgaʒ] *n*
- En France, le **langage** parlé est différent du langage écrit.
➡️ langue p. 127

a **língua**
- Na França, a **língua** falada é diferente da língua escrita.

vouloir dire [vulwaʀdiʀ] *loc*
- ▶ v irr p. 414 vouloir
- Je connais les mots, mais je ne sais pas ce que **veut dire** la phrase.

querer dizer
- Conheço as palavras, mas não sei o que a frase **quer dizer**.

traduire [tʀadɥiʀ] v
- ▶ v irr p. 408 conduire
- Tu me **traduis** ma lettre en français ?

traduzir
- Você **traduz** minha carta para o francês?

le **dictionnaire** [diksjɔnɛʀ] n
- C'est très utile de savoir chercher vite dans un **dictionnaire**.

o **dicionário**
- É muito útil saber procurar rapidamente num **dicionário**.

le **signe** [siɲ] n
- Dans une langue il y a des lettres et des **signes**.

o **signo**
- Numa língua existem letras e **signos**.

la **grammaire** [gʀam(m)ɛʀ] n
- Si tu veux bien parler l'anglais, il faut en apprendre la **grammaire**.

a **gramática**
- Se você quiser falar bem inglês, é preciso aprender a **gramática**.

prononcer [pʀonõse] v
- En français, beaucoup de lettres ne **sont** pas **prononcées**, comme le f de «nerf».

pronunciar
- Em francês, muitas letras não são **pronunciadas**, como o f de "nerf".

l'**accent** [aksɑ̃] n m
- En français, il y a trois sortes d'**accent**.

o **acento**
- Em francês, há três tipos de **acento**.

➡ Em francês existe o "*accent aigu*", como em é; o "*accent grave*", como em à, è, ù; e o "accent circonflexe", como em â, ê, î, ô, û.
➡ Outros sinais diacríticos são o trema, como em ë, ï, ü; e a cedilha. Mas **accent** também significa o sotaque: **Elle a un léger accent. – Ela tem um leve sotaque.**

la **langue maternelle** [lɑ̃gmatɛʀnɛl] n
- Je rêve de parler un jour le français aussi bien que ma **langue maternelle**.

a **língua materna**
- Sonho um dia falar francês tão bem quanto falo a minha **língua materna**.

la **langue étrangère** [lɑ̃getʀɑ̃ʒɛʀ] n
- Elle aime les **langues étrangères** ; elle en parle quatre couramment.

a **língua estrangeira**
- Ela adora as **línguas estrangeiras**; fala quatro fluentemente.

le **proverbe** [pʀɔvɛʀb] *n*
- «Pas de fumée sans feu» est un **proverbe** français très connu.

o **provérbio**
- "Pas de fumée sans feu" é um **provérbio** francês muito conhecido.

➡ O provérbio da sentença do exemplo significa: **Onde há fumaça há fogo**.

La **traduction** [tʀadyksjõ] *n*
- Il y a le texte sur une page et la **traduction** sur celle d'en face ; c'est pratique !

a **tradução**
- Tem o texto numa página, e a **tradução** no verso; é prático.

➡ Com **traduction** designa-se, normalmente, a tradução do francês para uma língua estrangeira. A tradução a partir da língua estrangeira é chamada **la version**, aquela para uma língua estrangeira, **le thème**.

le **vocabulaire** [vɔkabylɛʀ] *n*
- Je parle facilement, mais je manque de **vocabulaire**.

o **vocabulário**
- Falo com facilidade, mas me falta **vocabulário**.

la **prononciation** [pʀɔnõsjasjõ] *n*
- J'aime bien écouter les Anglais parler français, car leur **prononciation** est vraiment charmante.

a **pronúncia**
- Adoro ouvir os ingleses falarem francês, pois sua **pronúncia** é realmente encantadora.

la **rédaction** [ʀedaksjõ] *n*
- Le prof nous a donné une **rédaction** pour demain.

a **redação**
- A professora nos passou uma **redação** para amanhã.

la **dictée** [dikte] *n*
- La **dictée** en français, je trouve ça très difficile.

o **ditado**
- **Ditado** em francês, acho muito difícil.

l'**orthographe** [ɔʀtɔgʀaf] *n f*
- Beaucoup des élèves ont des problèmes avec l'**orthographe**.

a **ortografia**
- Muitos alunos têm problemas com a **ortografia**.

l'**alphabet** [alfabɛ] *n m*
- La prononciation des lettres de l'**alphabet** est différente en allemand et en français.

o **alfabeto**
- A pronúncia das letras do **alfabeto** é diferente em alemão e em francês.

➡ Em francês, as letras e, f, h, j, l, m, n, q, r, s, u, v, w, y e z são assim pronunciadas: ə, ɛf, aʃ, ʒi, ɛl, ɛm, ɛn, ky, ɛʀ, ɛs, y, dublǝve, iks, igʀɛk, zɛd.

130 Escola, universidade e formação

---

la **virgule** [viʀgyl] *n*
- En français, on n'utilise pas la **virgule** comme en allemand.

a **vírgula**
- Em francês, não se usa a **vírgula** como no alemão.

le **point** [pwɛ̃] *n*
- À la fin d'une phrase, on met un **point**.

o **ponto**
- Ao final da frase, insere-se um **ponto**.

Escola, universidade e formação

l'**école** [ekɔl] *n f*
- Comment, tu as trois ans et tu vas déjà à l'**école** ? – Mais oui, à l'école maternelle.

a **escola**
- Como? Você tem três anos e já vai à **escola**? – Sim, à escola maternal.

➡ Na França, o ensino obrigatório universal vai de seis a dezesseis anos. Após os cinco anos de **école élémentaire**, ou **école primaire**, que é o ciclo básico ou fundamental, os alunos passam para o **collège**, uma espécie de ciclo integrado, que dura quatro anos. A conclusão do **collège** é o **brevet des collèges**, que corresponde a um nível intermediário de formação. Em seguida, os estudantes prosseguem a sua formação no **lycée**, correspondente ao segundo grau, concluído em três anos com o **baccalauréat**, que é o exame nacional do ensino secundário francês.
Na França, todas as escolas são de período integral. A quarta-feira é livre para os alunos do ciclo básico, e as tardes de quarta-feira frequentemente o são também para os alunos do **collège**. Mas os alunos do ciclo básico muitas vezes têm aulas também nas tardes de sábado.

l'**écolier**, l'**écolière** [ekɔlje, ekɔljɛʀ] *n m f*
- Les **écoliers** sortent à 11 h 30 le matin et à 16 h 30 l'après-midi.

o **aluno**, o **estudante**
- Os **alunos** saem às 11h30 pela manhã e às 16h30 à tarde.

le **lycée** [lise] *n*
- Les **lycées** français ont souvent plusieurs milliers d'élèves.
➡ école p. 130

o **liceu**, o **ensino secundário**
- O **liceu** francês frequentemente conta com muitos milhares de alunos.

le **lycéen**, la **lycéenne** [liseɛ̃, liseɛn] *n*
- Pour fêter le bac, les **lycéens** organisent une grande soirée.

o **secundarista**
- Para festejar o exame nacional, os **secundaristas** organizam uma grande festa.

Escola, universidade e formação 131

apprendre à [apʀɑ̃dʀa] v
▶ v irr p. 412 prendre
- Aujourd'hui, on **apprend aux** bébés à nager.

ensinar
- Hoje em dia se **ensinam** bebês a nadar.

la **classe** [klɑs] n
- Demain il n'y a pas de **classe** : c'est le 8 mai.
- Dans ma **classe** de première, nous sommes 38.
- Allez, entrez dans la **classe** !

a aula, a classe, a sala
- Amanhã não haverá **aula**: é 8 de maio.
- Em minha **classe** de terceiro ano somos 38.
- Vamos, entre na **sala**!

➡️ **Classe** significa também **ano letivo**. Na França, os alunos prestam o exame nacional após 12 anos. A partir do primeiro ano do **collège**, que é o **sixième**, passa-se a contar de trás para a frente até a **première**, quando então tem lugar a classe **terminale**.

le/la **camarade de classe** [kamaʀaddəklɑs] n m/f
- Ce matin, j'ai rencontré en ville un vieux **camarade de classe** que je n'avais pas vu depuis des années.

o colega de classe
- Hoje de manhã reencontrei na cidade um velho **colega de classe** que não via há anos.

la **rentrée (des classes)** [ʀɑ̃tʀe (deklɑs)] n
- Pour la **rentrée**, notre supermarché fait des promotions sur les stylos.

volta às aulas
- Para a **volta às aulas**, nosso supermercado faz promoções de canetas.

➡️ **La rentrée** é o início do período escolar e de trabalho após as férias. Muitas ações comerciais são orientadas por esse período, isto é, existem ofertas especiais de material escolar etc.

le **cours** [kuʀ] n; pl **cours**
- Les **cours** commencent à 9 heures.

as aulas
- As **aulas** começam às 9 horas.

l'**élève** [elɛv] n m/f
- Je trouve que les **élèves** français travaillent trop.

o aluno
- Acho que os **alunos** franceses trabalham demais.

la **matière** [matjɛʀ] n
- La **matière** que je préfère, c'est la physique.

a matéria, a disciplina
- A **matéria** de que mais gosto é física.

l'**année scolaire** [aneskɔlɛʀ] n f
- L'**année scolaire** est divisée en trois trimestres.

o ano escolar
- O **ano escolar** é dividido em três trimestres.

la **récréation** [ʀekʀeasjɔ̃] *n*
- C'est pendant la **récréation** que nous jouons à cache-cache.

o **recreio**
- É durante o **recreio** que brincamos de esconde-esconde.

➡ Na linguagem informal, diz-se também, resumidamente, récré.

le **problème** [pʀɔblɛm] *n*
- Le prof de maths nous a donné un **problème** difficile pour demain.
- Mon fils a des **problèmes** à l'école.

o **problema**
- O professor de matemática nos passou um **problema** difícil para amanhã.
- Meu filho está com **problemas** na escola.

➡ Com problème designa-se um exercício envolvendo cálculo ou ciências.

le **devoir à la maison** [dəvwaʀalamɛzɔ̃] *n*
- Tu as des **devoirs à la maison** même le week-end ?

o **dever de casa**
- Você tem **dever de casa** mesmo nos fins de semana?

la **cantine** [kɑ̃tin] *n*
- Je déteste la **cantine** ; il y a tous les jours de la soupe.

a **cantina**
- Detesto a **cantina**; tem sopa todo dia.

➡ Na França, todas as escolas são de período integral. A maioria das escolas tem uma cantina (la cantine), onde os alunos que não voltam para casa na parte da tarde possam almoçar.

le **directeur**, la **directrice** [diʀɛktœʀ, diʀɛktʀis] *n*
- Cette année, la **directrice** de l'école a la classe des petits.

o **diretor**
- Neste ano, a **diretora** da escola dá aula para os pequenos.

le/la **professeur** [pʀɔfɛsœʀ] *n m/f*
- À 11 heures le **professeur** Martin doit faire un cours de philosophie, mais il n'est toujours pas là.

o **professor**
- Às 11 horas, o **professor** Martin deve dar um curso de filosofia, mas nem sempre ele está lá.

le **baccalauréat** [bakalɔʀea] *n*
- Si je réussis mon **baccalauréat**, mes parents me paient une voiture.

o **exame nacional do ensino médio**
- Se eu for bem no **exame nacional**, meus pais me darão um carro.

➡ Em vez de baccalauréat, na linguagem corrente costuma-se usar a forma abreviada bac.

Escola, universidade e formação 133

les études [etyd] *n f pl*
- Le bac permet automatiquement de faire des **études**.

os **estudos universitários**
- O exame nacional permite automaticamente fazer os **estudos universitários**.

l'étudiant, l'étudiante [etydjɑ̃, etydjɑ̃t] *n m, f*
- Ma copine est **étudiante** à l'université de Nantes.

o **estudante**
- Minha namorada é **estudante** na Universidade de Nantes.

la carte d'étudiant [kaʀt(ə)detydjɑ̃] *n*
- Zut, j'ai oublié ma **carte d'étudiant** !

a **carteira de estudante**
- Droga, esqueci minha **carteira de estudante**!

l'université [ynivɛʀsite] *n f*
- Il y a plus de 70.000 étudiants à l'**université** de Rennes.

a **universidade**
- Há mais de 70 mil alunos na **Universidade** de Rennes.

la faculté [fakylte] *n*
- Nous nous sommes connus à la **faculté**.
- La **faculté** de médecine est-elle loin du centre-ville ?

A **faculdade**
- Nós nos conhecemos na **faculdade**.
- A **faculdade** de medicina é muito distante do centro da cidade?

➡ Fac é a abreviação da linguagem coloquial para **faculté**.

le sujet [syʒɛ] *n*
- Le **sujet** de sa thèse est très actuel.

o **tema**
- O **tema** de sua tese é muito atual.

scolaire [skɔlɛʀ] *adj*
- L'année **scolaire** s'est terminée par un concert donné par les élèves.

escolar
- O ano **escolar** termina com um concerto dado pelos alunos.

enseigner [ɑ̃seɲe] *v*
- Ma mère **enseigne** le français au lycée.

ensinar
- Minha mãe **ensina** francês no colégio.

le tableau [tablo] *n*; *pl* **tableaux**
- Madame, vous pourriez écrire la phrase au **tableau** ?

o **quadro negro**, a **lousa**
- Senhora, poderia escrever a frase na **lousa**?

la craie [kʀɛ] *n*
- Quelqu'un peut-il aller me chercher un morceau de **craie** ?

o **giz**
- Alguém poderia ir procurar um pedaço de **giz**?

le **trimestre** [tʀimɛstʀ] *n*
- À la fin de chaque **trimestre**, les parents reçoivent un bulletin.

o **trimestre**
- Ao final de cada **trimestre**, os pais recebem um boletim.

➡ O ano letivo francês compreende três **trimestres**, já que as férias escolares não contam. Ao final de cada trimestre são entregues os boletins, que são enviados aos pais.

l'**emploi du temps** [ãplwadytã] *n m*
- Tu as le même **emploi du temps** toutes le semaines ?

a **agenda**, **programação**
- Você tem a mesma **agenda** toda semana?

le **principal**, la **principale** [pʀɛ̃sipal] *n*; *pl* **principaux**
- Notre lycée change de **principal** tous les cinq ans.

o **diretor**
- Nosso colégio muda de **diretor** a cada cinco anos.

➡ A diretora é chamada **Madame le principal**.

le **proviseur** [pʀɔvizœʀ] *n*
- Le surveillant nous a menacés de nous envoyer chez le **proviseur**.

o **diretor**
- O supervisor ameaçou nos mandar ao **diretor**.

➡ A diretora é chamada **Madame le proviseur**.

le **surveillant**, la **surveillante** [syʀvɛjã, syʀvɛjãt] *n*
- Il travaille comme **surveillant** pour payer ainsi ses études.

o **supervisor**, o **bedel**
- Ele trabalha como **supervisor** para pagar seus estudos.

➡ Os **surveillants** são uma peculiaridade do sistema escolar francês. São responsáveis pela supervisão, possuem funções administrativas e ajudam nas lições e nos trabalhos para casa.

l'**école maternelle** [ekɔlmatɛʀnɛl] *n f*
- À l'**école maternelle**, l'institutrice est une deuxième maman.

a **escola maternal**
- Na **escola maternal**, a professora é como uma segunda mãe.

➡ Também se diz, de maneira abreviada, **maternelle**. A pré-escola de três anos é frequentada por crianças entre 3 e 5 anos e é parte do esquema escolar estatal francês (o mesmo vale também para **école**), porém não é obrigatória.

l'école élémentaire
[ekɔlelemɑ̃tɛʁ] *n f*
- Nos enfants vont à l'**école élémentaire** du village et iront ensuite au lycée de la ville la plus proche.
➡ école p. 130.

a **escola de ensino fundamental**
- Nossos filhos frequentam a **escola de ensino fundamental** da vila e depois irão ao colégio da cidade mais próxima.

le collège [kɔlɛʒ] *n*

(tipo de escola com quatro anos de duração, correspondendo ao **ensino fundamental II** do Brasil)
- Vers onze ans les enfants français entrent au **collège**.
- Com cerca de onze anos, as crianças francesas entram para o **segundo ciclo do ensino fundamental**.
➡ école p. 130

l'école privée [ekɔlpʁive] *n f*
- C'est une **école privée** très réputée mais malheureusement trop chère pour nous.

a **escola particular**
- É uma **escola particular** muito renomada, mas infelizmente cara demais para nós.

la terminale [tɛʁminal] *n*
- Mon frère est en **terminale** et ne connaît pas encore les règles les plus importantes de la grammaire allemande.

o **último ano**
- Meu irmão está no **último ano** e ainda não conhece as regras mais importantes da gramática alemã.

le master [mastɛʁ] *n*
- Il effectue actuellement son **master** en logistique.

o **mestrado**
- Atualmente ele faz seu **mestrado** em logística.

le bachelor [ˈbɛtʃələʁ] *n*
- Elle a obtenu son **bachelor** en psychologie.

o **bacharelado**
- Ela obteve seu **bacharelado** em psicologia.

passer son diplôme
[pɑsesõdiplom] *loc*
- J'espère qu'il va enfin **passer son diplôme**.

obter o diploma
- Espero que ele enfim **obtenha seu diploma**.

passer son doctorat
[pɑsesõdɔktɔʁa] *loc*
- Après dix ans d'études il a enfin **passé son doctorat**.

defender seu doutorado
- Após dez anos de estudo, ele enfim **obteve seu doutorado**.

la **licence** [lisâs] *n*
- Ma copine a fait sa **licence** en droit à l'université de Poitiers.

(**formar-se** em curso universitário)
- Minha namorada **formou-se** em direito na Universidade de Poitiers.

➡ A **licence** é o encerramento dos estudos no sistema francês após três anos e corresponde ao nosso exame nacional.

le CAPES [kapɛs] *n*
- J'ai obtenu le CAPES de mathématiques l'an passé.

(exame universitário para professor de segundo grau)
- Obtive o CAPES em matemática ano passado.

➡ CAPES é a abreviação de **certificat d'aptitude professionelle à l'enseignement secondaire**. CAPES e **agrégation** são abreviações especiais para designar a formação dos professores para lecionar no segundo grau. Os que detêm o CAPES são chamados **capésien** ou **capésienne**, professor **certifié**, **certifiée**, e o professor com "agrégation", **agrégé**, **agrégée**.

l'**agrégation** [aɡʀegasjõ] *n f*
- Elle a passé son **agrégation** tout de suite après le CAPES.
➡ CAPES p. 136.

(exame do ensino superior para lecionar no ensino superior)
- Ela fez sua **agrégation** logo após ter feito o CAPES.

l'**exposé** [ɛkspoze] *n m*
- Bravo pour ton **exposé** ! C'est bien écrit et bien analysé.

a **apresentação**
- Sua **apresentação** foi excepcional! Bem escrita e bem analisada.

le **mémoire (de maîtrise)** [memwaʀ (dəmetʀiz)] *n*
- Pour obtenir mon examen, j'ai présenté un **mémoire** sur le tourisme en France.

a **dissertação (de mestrado)**
- Para obter o mestrado, apresentei uma **dissertação** sobre o turismo na França.

la **thèse (de doctorat)** [tɛz (dədɔktɔʀa)] *n*
- Le sujet de ma **thèse** est l'écrivain Jean Genet.

a **tese (de doutorado)**
- O tema de minha **tese** foi o escritor Jean Genet.

la **grande école** [gʀɑ̃dekɔl] *n*
- Il a beaucoup poussé ses fils à entrer dans les **grandes écoles**.

(**universidades de elite** para determinadas carreiras)
- Ele incentivou muito os filhos a entrar nas **universidades de elite**.

→ Uma **grande école** é uma universidade estatal de elite, cujo prestígio é muito maior do que o das universidades. As mais conhecidas são a **ENA** (École national d'administration) para carreiras em administração; a **ENS** (École normal supérieure), destinada à formação de professores do ensino superior; a chamada **X** (École polytechnique) para engenharia; ou a **HEC** (École des hautes études commerciales), para carreiras no setor de negócios. A formação dura três anos, e os candidatos devem submeter-se a uma avaliação (**CONCOURS**). Para terem alguma chance de entrar, após o exame nacional devem frequentar e ser aprovados nas **CPGE** – **classes préparatoires aux grandes écoles** (classes preparatórias para as *grandes écoles*), que têm a duração de dois anos e são ministradas em colégios especialmente selecionados.

l'**académie** [akademi] *n f*
- Le recteur de l'**académie** de Bordeaux a réuni ses collègues à 10 heures.

a **academia**
- O reitor da **academia** de Bordeaux reuniu seus colegas às 10h.

→ Uma instituição francesa importante é a **Académie française**. É a instância mais elevada na preservação da língua francesa; nos últimos anos esteve em evidência ao propor a substituição de anglicismos por palavras francesas (por exemplo, **logiciel** em vez de **software** etc.). A **Académie française** foi fundada em 1635 e é composta por quarenta membros eleitos, personalidades iminentes da vida cultural e política, os chamados **les immortels – os imortais.**

la **matière principale** [matjɛʀ pʀɛ̃sipal] *n*
- Pour le bac, c'est obligatoire de prendre le maths comme **matière principale**.

a **disciplina obrigatória**
- Para poder fazer o exame nacional, é preciso ter matemática como **disciplina obrigatória**.

la **matière secondaire** [matjɛʀ s(ə)gõdɛʀ] *n*
- J'ai pris le russe comme **matière secondaire**.

a **disciplina optativa**
- Escolhi o russo como **disciplina optativa**.

le **semestre** [s(ə)mɛstʀ] *n*
- L'année universitaire est divisée en deux **semestres**.

o **semestre**
- O ano letivo universitário é dividido em dois **semestres**.

la **bourse (d'études)** [buʀs (detyd)] *n*
- Il a obtenu une **bourse** qui lui permet de passer deux ans à l'étranger.

a **bolsa (de estudos)**
- Ele obteve uma **bolsa** que lhe permite passar dois anos no exterior.

Escola, universidade e formação

le **cours (magistral)** [kuʀ (maʒistʀal)] *n*; *pl* **cours magistraux**
- Est-ce que tu vas au **cours magistral** du professeur Martin ?

a **conferência**
- Você vai à **conferência** do professor Martin?

➡ Também se usa com frequência a abreviação CM.

les **travaux dirigés** [tʀavodiʀiʒe] *n m pl*
- Les **travaux dirigés** auront lieu dans le vieux bâtiment de la faculté des lettres.

o **seminário**
- Os **seminários** vão se dar no antigo edifício da faculdade de letras.

➡ Também se usa com frequência a abreviação TD.

les **travaux pratiques** [tʀavopʀatik] *n m pl*
- Tous les jeudis, vous aurez des **travaux pratiques** dans le laboratoire de chimie.

a **aula prática**
- Todas as quintas-feiras vocês terão **aula prática** no laboratório de química.

➡ Também se usa com frequência a abreviação TP.

s'inscrire [sɛ̃skʀiʀ] *v*
▶ **v irr** p. 409 écrire
- J'ai eu de la chance d'être pris, car je **me suis inscrit** à la dernière minute.

inscrever-se
- Tive a sorte de conseguir, pois **me inscrevi** no último minuto.

être en apprentissage [ɛtʀɑ̃napʀɑ̃tisaʒ] *loc*
▶ **v irr** p. 410 être
- Mon petit ami **est en apprentissage** chez le boulanger de notre quartier.

ser aprendiz
- Meu namorado é aprendiz na padaria de nosso bairro.

le **stage** [staʒ] *n*
- Quand on a déjà fait un **stage**, on trouve plus facilement du boulot.

o **estágio**
- Quando se faz um **estágio** fica mais fácil arranjar um emprego.

former [fɔʀme] *v*
- Les apprentis **sont formés** en entreprise.

formar
- Os aprendizes são **formados** na empresa.

l'**apprentissage** [apʀɑ̃tisaʒ] *n m* ■ Notre fils a fait un **apprentissage** de deux ans pour devenir électricien.	a **formação** ■ Nosso filho fez uma **formação** de dois anos para se tornar eletricista.
l'**apprenti**, l'**apprentie** [apʀɑ̃ti] *n m, f* ■ En France, certains artisans n'arrivent pas à trouver d'**apprenti**.	o **aprendiz** ■ Na França, há artesãos que não conseguem encontrar um **aprendiz**.
la **place d'aprenti** [plasdapʀɑ̃ti] *n* ■ Je n'ai pas trouvé de **place d'apprenti** électronicien.	o **estágio, vaga de aprendiz** ■ Não encontrei **vaga de aprendiz** em eletrônica.

Disciplinas escolares e universitárias

l'**histoire** [istwaʀ] *n f*	a **história**
la **géographie** [ʒeɔgʀafi] *n*	a **geografia**

➡ **Geografia** também é frequentemente referida pela forma coloquial abreviada **la géo**.

les **sciences physiques et naturelles** [sjɑ̃sfizikenatyʀɛl] *n f pl*	as **ciências físicas e naturais**
les **lettres et sciences humaines** [lɛtʀsjɑ̃ss(ə)zymɛn] *n f pl*	as **letras e ciências humanas**
la **biologie** [bjɔlɔʒi] *n*	a **biologia**

➡ Na escola, esta disciplina chama-se oficialmente **Sciences de la Vie et de la Terre**. Com frequência se diz e se escreve svt.

les **mathématiques** [matematik] *n f pl*	a **matemática**

➡ **Maths** é o termo usado na linguagem corrente. Também é empregada no plural.

la **physique** [fizik] *n*	a **física**
la **chimie** [ʃimi] *n*	a **química**
l'**informatique** [ɛ̃fɔʀmatik] *n f*	a **informática**

Disciplinas escolares e universitárias

l'**électrotechnique** [elɛktʀotɛknik] *n f*	a **eletrotécnica**
la **mécanique** [mekanik] *n*	a **mecânica**
les **lettres** [lɛtʀ] *n f pl*	as **letras**
la **philologie germanique** [filɔlɔʒiʒɛʀmanik] *n*	a **filologia alemã**
la **philologie anglaise** [filɔlɔʒiâglɛ] *n*	a **filologia inglesa**
la **philologie romane** [filɔlɔʒiroman] *n*	a **filologia românica**
la **philologie espagnole** [filɔlɔʒiɛspaɲɔl] *n*	a **filologia espanhola**
le **latin** [latɛ̃] *n*	o **latim**
l'**histoire de l'art** [istwaʀdəlaʀ] *n f*	a **história da arte**
l'**éducation artistique** [edykasjõaʀtistik] *n f*	a **educação artística**
l'**architecture** [aʀʃitɛktyʀ] *n f*	a **arquitetura**
le **droit** [dʀwa] *n*	o **direito**
l'**économie politique** [ekɔnɔmipɔlitik] *n f*	a **economia política**
les **sciences économiques et de gestion** [sjɑ̃sekɔnɔmikedəʒɛstjõ] *n f pl*	as **ciências econômicas**
la **médecine** [mɛdsin] *n*	a **medicina**
la **psychologie** [psikɔlɔʒi] *n*	a **psicologia**
les **sciences sociales** [sjɑ̃ssɔsjal] *n f pl*	as **ciências sociais**
la **pédagogie** [pedagɔʒi] *n*	a **pedagogia**
la **théologie** [teɔlɔʒi] *n*	a **teologia**

la **philosophie** [filɔzɔfi] *n*	a **filosofia**
les **sciences politiques** [sjɑ̃spɔlitik] *n f pl*	as **ciências políticas**

➡ Com frequência usa-se a abreviação **sciences po**.

Profissão

Vida profissional

le **métier** [metje] *n* ■ Quel est le **métier** de tes parents ?	a **profissão** ■ Qual a **profissão** de seus pais?
la **profession** [pʀɔfɛsjõ] *n* ■ Ma mère est sans **profession**.	a **profissão** ■ Minha mãe não tem **profissão**.
professionnel, professionnelle [pʀɔfɛsjɔnɛl] *adj* ■ Dans quel secteur **professionnel** travaillez-vous ? ■ La traduction doit être revue par un traducteur **professionnel**. ■ Elle suit une formation **professionnelle** de programmatrice.	**profissional** ■ Em qual setor **profissional** você trabalha? ■ A tradução deve ser revisada por um tradutor **profissional**. ■ Ela faz uma formação **profissional** em programação.
exercer une profession [ɛgzɛʀseynpʀɔfɛsjõ] *loc* ■ Pour **exercer une profession** à l'étranger, vous devez parler la langue parfaitement.	**exercer uma profissão** ■ Para **exercer uma profissão** no exterior, você tem de falar perfeitamente a língua.
le **travail** [tʀavaj] *n*; *pl* **travaux** ■ Mon frère a trouvé du **travail** tout de suite.	o **trabalho** ■ Meu irmão logo arranjou **trabalho**.
travailler [tʀavaje] *v* ■ En France, on ne **travaille** pas le 14 juillet : c'est la fête nationale.	**trabalhar** ■ Na França não se **trabalha** no dia 14 de julho; é feriado nacional.
le **boulot** [bulo] *n* ■ Je vais au **boulot** tous le jours en vélo. ■ Les jeunes ne trouvent souvent que des petits **boulots**.	o **trabalho**, o **emprego** ■ Vou para o **trabalho** todos os dias de bicicleta. ■ Os jovens em geral só conseguem **trabalhos** pequenos.
le **personnel** [pɛʀsɔnɛl] *n* ■ Tout le **personnel** est en grève depuis trois jours.	o **pessoal** ■ Todo o **pessoal** está em greve há três dias.

le/la **collègue** [kɔlɛg] *n m/f*
- Ma nouvelle **collègue** a offert un verre à tout le service.

o **colega**
- Minha nova **colega** ofereceu bebida para o departamento inteiro.

le **poste** [pɔst] *n*
- C'est une femme qui occupe le **poste** de directeur.

o **cargo**, o **posto**
- É uma mulher que ocupa o **cargo** de diretor.

l'**organisation** [ɔʀganizasjɔ̃] *n f*
- La fête était réussie, mais ça manquait un peu d'**organisation**.

a **organização**
- A festa foi um sucesso, mas faltou um pouco de **organização**.

diriger [diʀiʒe] *v*
- Il y a encore trop peu de femmes qui **dirigent** des entreprises.

dirigir
- Ainda são poucas as mulheres que **dirigem** empresas.

devenir [dəv(ə)niʀ] *v*
▶ *v irr* p. 413 venir
- Quand j'étais petit, je voulais **devenir** astronaute.

tornar-se

- Quando eu era pequeno, queria **tornar-me** astronauta.

responsable [ʀɛspɔ̃sabl] *adj*
- Elle est **responsable** des relations avec les clients

responsável
- Ela é **responsável** pelo relacionamento com os clientes.

le **patron**, la **patronne** [patʀɔ̃, patʀɔn] *n*
- Mon **patron** est contre les 35 heures.

o **patrão**, o **chefe**

- Meu **chefe** é contra a semana de 35 horas.

l'**employé**, l'**employée** [ɑ̃plwaje] *n m, f*
- De nombreux **employés** de la SNCF ont la retraite à 55 ans.

o **empregado**, o **funcionário**

- Muitos **funcionários** da SNCF se aposentam aos 55 anos.

l'**ouvrier**, l'**ouvrière** [uvʀije, uvʀijɛʀ] *n m, f*
- Au début, un **ouvrier** est payé au SMIC.

o **trabalhador**

- No início, um **trabalhador** recebe salário mínimo.

se qualifier [s(ə)kalifje] *v*
- Elle veut **se qualifier** professionnellement por devenir assistante sociale.

qualificar-se
- Ela quer **qualificar-se** profissionalmente para se tornar assistente social.

la **formation continue**
[fɔʀmasjɔ̃kɔ̃tiny] n
- Grâce à la **formation continue**, mon fils s'est spécialisé et a retrouvé du travail.

a **formação continuada**
- Graças à **formação continuada**, meu filho se especializou e encontrou trabalho.

le **département** [depaʀtəmɑ̃] n
- Pendant mon stage à la banque j'ai passé deux mois dans chaque **département**.

o **departamento**
- Durante meu estágio no banco, passei dois meses em cada **departamento**.

la **direction** [diʀɛksjɔ̃] n
- C'est la **direction** qui a décidé de nous donner une prime en fin d'année.

a **direção**
- A **direção** decidiu dar-nos um bônus no fim do ano.

le **collaborateur**, la **collaboratrice** [kɔlabɔʀatœʀ, kɔlabɔʀatʀis] n
- Voilà mes deux **collaborateurs** les plus proches.

o **colaborador**
- Eis aqui meus dois **colaboradores** mais próximos.

➡ Em francês, **collaborateur** nesse sentido não é termo negativo.

la **collaboration** [kɔlabɔʀasjɔ̃] n
- Ce film a été réalisé en **collaboration** avec l'auteur du livre.

a **colaboração**
- Este filme foi realizado em **colaboração** com o autor do livro.

à son compte [asɔ̃kɔ̃t] adv
- Elle travaille **à son compte** avec deux amies.

por conta própria
- Ela trabalha **por conta própria** com duas amigas.

en free-lance [ɑ̃fʀilɑ̃s] adv
- Nous avons un ami journaliste qui travaille **en free-lance** pour trois journaux.

como *freelance*
- Temos um amigo jornalista que trabalha **como *freelance*** para três jornais.

indépendant, indépendante [ɛ̃depɑ̃dɑ̃, ɛ̃depɑ̃dɑ̃t] adj
- Depuis un an mon ancien collègue de bureau est **indépendant** et travaille chez lui avec sa femme.

autônomo
- Já há um ano meu antigo colega é **autônomo** e trabalha em casa com a mulher.

se mettre à son compte [s(ə)mɛtʀasɔ̃kɔ̃t] loc
▶ v irr p. 411 mettre
- Elle voudrait **se mettre à son compte**, mais elle n'en a pas les moyens.

trabalhar por conta própria
- Ela gostaria de **trabalhar por conta própria**, mas não tem meios para isso.

Vida profissional

l'**équipe** [ekipe] n f
- Toute l'**équipe** a travaillé pendant le week-end pour obtenir cette commande.

a **equipe**
- Toda a **equipe** trabalhou durante o fim de semana para ganhar esse pedido.

la **responsabilité** [Rɛspõsabilite] n
- Elle a de grosses **responsabilités** dans l'entreprise.

a **responsabilidade**
- Ela tem grandes **responsabilidades** na empresa.

le **supérieur**, la **supérieure** [syperjœr] n
- Deux de mes **supérieurs** ne sont pas du tout qualifiés et pourtant je dois faire ce qu'ils disent.

o **superior**
- Dois de meus **superiores** não são qualificados, e, no entanto, tenho de fazer o que eles dizem.

le **subordonné**, la **subordonnée** [sybɔrdɔne] n
- Notre patron est toujours très aimable avec ses **subordonnés**.

o **subordinado**
- Nosso patrão é sempre muito amável com seus **subordinados**.

le **cadre supérieur** [kɑdrəsyperjœr] n
- Demain soir les **cadres supérieurs** de notre entreprise vont dîner tous ensemble au restaurant.

a **diretoria**
- Amanhã, a **diretoria** de nossa empresa vai jantar no restaurante.

la **main d'œuvre** [mɛ̃dœvr] n
- Aujourd'hui, on n'a plus besoin de tant de **main d'œuvre** qu'avant.

a **mão de obra**
- Hoje em dia já não se tem tanta necessidade de **mão de obra** quanto antes.

➡ **Main d'œuvre** é empregado somente no singular.

remplacer [rɑ̃plase] v
- Pourquoi ai-je tant de e-mails ? Je croyais que tu m'**avais remplacé** pendant mes vacances.

substituir
- Por que tenho tantos e-mails? Pensei que você **tivesse** me **substituído** durante as férias!

le **congrès** [kɔ̃grɛ] n
- Le prochain **congrès** de médecine nucléaire aura lieu à Pékin.

o **congresso**
- O próximo **congresso** de medicina nuclear será realizado em Pequim.

la **conférence** [kɔ̃feʀɑ̃s] *n*
- Je suis désolée, elle est en **conférence** en ce moment.
- L'université propose des **conférences** sur les pays d'Afrique.

a **conferência**
- Sinto muito, neste momento ela está numa **conferência**.
- A universidade propõe **conferências** sobre os países da África.

les **cours du soir** [kuʀdyswaʀ] *n m pl*
- Il travaille dans la journée et suit les **cours du soir**.

aula à noite
- Ela trabalha durante o dia e vai à **aula à noite**.

l'**enseignement à distance** [ɑ̃seɲmɑ̃adistɑ̃s] *n m*
- L'**enseignement à distance** me permet d'apprendre encore plus.

ensino a distância
- O **ensino a distância** me permite aprender ainda mais.

le/la **spécialiste** [spesjalist] *v*
- Dans le service, nous aurions besoin d'un **spécialiste** en informatique.

o **especialista**
- No departamento, teríamos a necessidade de um **especialista** em informática.

se spécialiser [səspesjalize] *v*
- Pendant mes études, je **me suis spécialisée** dans le droit du travail.

especializar-se
- Em meus estudos, **especializei-me** em direito do trabalho.

la **capacité** [kapasite] *n*
- Il rêve d'être diplomate, mais n'en a pas les **capacités**.

a **capacidade**
- Ele sonha em ser diplomata, mas não tem **capacidade**.

l'**adresse** [adʀes] *n f*
- Même très jeune, il étonne ses collègues par son **adresse** et sa précision.

destreza
- Ainda que ele seja muito jovem, causa admiração nos colegas por sua **destreza** e precisão.

adroit, adroite [adʀwa, adʀwat] *adj*
- Mon frère est très **adroit**, il sait tout réparer.

hábil
- Meu irmão é muito **hábil**, sabe consertar tudo.

maladroit, maladroite [maladʀwa, maladʀwat] *adj*
- Elle est très **maladroite** en affaires.

inábil, inabilidoso
- Ela é muito **inábil** nos negócios.

pratique [pʀatik] *adj*
- Ce livre donne beaucoup de conseils **pratiques** pour économiser l'énergie.

prático
- Este livro dá uma série de conselhos **práticos** para se economizar energia.

capable [kapabl] *adj*
- C'est un collègue très **capable**.

capaz
- É um **colega** muito capaz.

incapable [ɛ̃kapabl] *adj*
- Je suis **incapable** de dire deux mots dans une langue étrangère.

incapaz
- Sou **incapaz** de dizer duas palavras numa língua estrangeira.

Profissões

le/la **secrétaire** [s(ə)kʀetɛʀ] *n m/f*	o **secretário**
le **vendeur**, la **vendeuse** [vɑ̃dœʀ, vɑ̃døz] *n*	o **vendedor**
le **gérant**, la **gérante** [ʒeʀɑ̃, ʒeʀɑ̃t] *n*	o **gerente**
la **femme au foyer** [famofwaje] *n*	a **dona de casa**
le **coiffeur**, la **coiffeuse** [kwafœʀ, kwaføz] *n*	o **cabeleireiro**
le **policier**, la **policière** [pɔlisje, pɔlisjɛʀ] *n*	o **policial**
l'**enseignant**, l'**enseignante** [ɑ̃sɛɲɑ̃, ɑ̃sɛɲɑ̃t] *n*	o **professor**

➡ **Enseignant** é o termo em francês para **professor**. Professores de escola elementar e pré-escolar são chamados de **instituteur**. Professores do ensino superior chamam-se **professeur**. Também o professor da pré-escola recebe na França uma formação magisterial como professor de escola elementar.

le/la **professeur** [pʀɔfesœʀ] *n m/f* ➡ enseignant p. 147	o **professor** (de ensino superior)

➡ Na linguagem coloquial usa-se também le/la **prof**.

l'**instituteur**, l'**institutrice** [ɛ̃stitytœʀ, ɛ̃stitytʀis] *n m, f* ➡ enseignant p. 147	o **professor** (de 1º grau e da pré-escola)
l'**avocat**, l'**avocate** [avɔka, avɔkat] *n m, f*	o **advogado**
le **médecin** [mɛd(ə)sɛ̃] *n*	o **médico**

➡ Não há forma feminina: **Elle est médecin. – Ela é médica.**

le **docteur** [dɔktœʀ] *n* ➡ médecin p. 148	o **médico**
le/la **dentiste** [dɑ̃tist] *n m/f*	o **dentista**
le **pharmacien**, la **pharmacienne** [faʀmasjɛ̃, faʀmasjɛn] *n*	o **farmacêutico**
l'**infirmier**, l'**infirmière** [ɛ̃fiʀmje, ɛ̃fiʀmjɛʀ] *n m, f*	o **enfermeiro**
le **garçon** [gaʀsõ] *n*	o **garçom**
la **serveuse** [sɛʀvøz] *n*	a **garçonete**

➡ Em francês, garçonetes são tratadas por **Mademoiselle**.

le **boulanger**, la **boulangère** [bulɑ̃ʒe, bulɑ̃ʒɛʀ] *n*	o **padeiro**
le **boucher**, la **bouchère** [buʃe, buʃɛʀ] *n*	o **açougueiro**
le **paysan**, la **paysanne** [peizɑ̃, peizan] *n*	o **camponês**

➡ O termo **paysan**, que significa **camponês** ou **colono**, por vezes pode soar pejorativo; **agriculteur** soa mais neutro e mais formal.

le **pêcheur**, le **pêcheuse** [pɛʃœʀ, pɛʃœz] *n*	o **pescador**
l'**auteur**, l'**auteure** [otœʀ] *n m, f* ➡ médecin, p. 148	o **autor**
le **chanteur**, la **chanteuse** [ʃɑ̃tœʀ, ʃɑ̃tøz] *n*	o **cantor**

le **peintre** [pɛ̃tʀ] *n*	o **pintor**, a **pintora**

➡ Para designar uma pintora costuma-se usar **une femme peintre**.

l'**artiste** [aʀtist] *n m/f*	o **artista**
l'**acteur**, l'**actrice** [aktœʀ, aktʀis] *n m, f*	o **ator**, a **atriz**
le/la **pilote** [pilɔt] *n m/f*	o **piloto**
le **directeur**, la **directrice** [diʀɛktœʀ, diʀɛktʀis] *n*	o **diretor**
le **soldat** [sɔlda] *n*	o **soldado**
l'**assistant**, l'**assistante** [asistɑ̃, asistɑ̃t] *n m, f*	o **assistente**
l'**ouvrier qualifié**, l'**ouvrière qualifiée** [uvʀijekalifje, uvʀijɛʀkalifje] *n m, f*	o **operário qualificado**
le **mécanicien**, la **mécanicienne** [mekanisjɛ̃, mekanisjɛn] *n*	o **mecânico**

➡ Na linguagem coloquial, **mécanicien**, **mécanicienne** são frequentemente abreviados para **mécano**.

l'**électricien**, l'**électricienne** [elɛktʀisjɛ̃, elɛktʀisjɛn] *n m, f*	o **eletricista**
l'**artisan**, l'**artisane** [aʀtizɑ̃, aʀtizan] *n m, f*	o **artesão**
le **jardinier**, la **jardinière** [ʒaʀdinje, ʒaʀdinjɛʀ] *n*	o **jardineiro**

➡ A forma feminina não é muito usada, uma vez que **la jardinière** designa também um cachepô de flores ou uma saladeira.

le **cuisinier**, la **cuisinière** [kɥizinje, kɥizinjɛʀ] *n*	o **cozinheiro**
l'**agriculteur**, l'**agricultrice** [aɡʀikyltœʀ, aɡʀikyltʀis] *n*	o **agricultor**
le **portier** [pɔʀtje] *n*	o **porteiro**

le/la **concierge** [kõsjɛʀʒ] n m/f	o **zelador**

> ➡ Em muitos edifícios e condomínios na França tem-se um ou dois **concierge**, cujas incumbências são próximas às do zelador no Brasil. Um **concierge** supervisiona, por exemplo, o trânsito de entrada e saída de pessoas, distribui as correspondências e cuida da limpeza das dependências comuns.

l'**architecte** [aʀʃitekt] n m/f	o **arquiteto**
le/la **photographe** [fɔtɔgʀaf] n m/f	o **fotógrafo**
le/la **vétérinaire** [veteʀinɛʀ] n m/f	o **veterinário**
le **savant** [savɑ̃] n ➡ médecin p. 148	o **cientista**
le/la **chimiste** [ʃimist] m/f	o **químico**
le **techinicien**, la **technicienne** [teknisjɛ̃, teknisjɛn] n	o **técnico**
l'**ingénieur** [ɛ̃ʒenjœʀ] n m/f	o **engenheiro**
le **programmeur**, la **programmeuse** [pʀɔgʀamœʀ, pʀɔgʀamøz] n	o **programador**
le/la **physiothérapeute** [fizjoteʀapøt] n m/f	o **fisioterapeuta**
le **masseur**, la **masseuse** [masœʀ, masøz] n	o **massagista**
l'**assistant de service social**, l'**assistante de service sociale** [asistɑ̃d(ə)sɛʀvissɔsjal, asistɑ̃td(ə)sɛʀvissɔsjal] n m, f	o **assistente social**
l'**interprète** [ɛ̃tɛʀpʀɛt] n m/f	o **intérprete**
le/la **journaliste** [ʒuʀnalist] m/f	o/a **jornalista**
le/la **reporter** [ʀ(ə)pɔʀtɛʀ] n m/f	o **repórter**
l'**écrivain** [ekʀivɛ̃] n m ➡ médecin p. 148	o **escritor**
le **musicien**, la **musicienne** [myzisjɛ̃, myzisjɛn] n	o **músico**, a **musicista**

le **chef d'orchestre** [ʃɛfdɔʀkɛstʀ] n ➡ médecin p. 148	o maestro, o regente
le **compositeur**, la **compositrice** [kõpozitœʀ, kõpozitʀis] n	o compositor

➡ A forma feminina **compositrice** existe, mas é raramente empregada.

le **sculpteur**, la **sculptrice** [skyltœʀ, skyltʀis] n	o escultor
le **danseur de ballet**, la **danseuse de ballet** [dɑ̃sœʀdəbalɛ, dɑ̃søzdəbalɛ] n	o bailarino
le **metteur en scène** [mɛtœʀɑ̃sɛn] n ➡ médecin p. 148	o diretor
le **réalisateur**, la **réalisatrice** [ʀealizatœʀ, ʀealizatʀis] n	o diretor artístico
le/la **guide** [gid] n m/f	o guia turístico
le **steward** [stiwaʀd] n	o comissário de bordo
l'**hôtesse de l'air** [otɛsdəlɛʀ] n f	a comissária de bordo
le **capitaine** [kapitɛn] n	o capitão
le **marin** [maʀɛ̃] n	o marinheiro
le **représentant**, la **représentante** [ʀ(ə)pʀezɑ̃tɑ̃, ʀ(ə)pʀezɑ̃tɑ̃t] n	o representante
le **commerçant**, la **commerçante** [kɔmɛʀsɑ̃, kɔmɛʀsɑ̃t] n	o comerciante
l'**homme d'affaires**, la **femme d'affaires** [ɔmdafɛʀ, famdafɛʀ] n m, f	o homem de negócios
le **chef d'entreprise** [ʃɛfdɑ̃tʀəpʀiz] n	o empresário
le **conseiller**, la **conseillère** [kõseje, kõsejɛʀ] n	o conselheiro
le/la **juge** [ʒyʒ] n m/f	o juiz

> A forma feminina **la juge** é usada mais na linguagem cotidiana; a designação mais correta é **Madame le juge**.

l'**homme politique**, la **femme politique** [ɔmpɔlitik, fampɔlitik] *n m, f*	o político
l'**ambassadeur**, l'**ambassadrice** [ɑ̃basadœʀ, ɑ̃basadʀis] *n, m/f*	o embaixador
le/la **diplomate** [diplɔmat] *n m/f*	o diplomata
l'**officier** [ɔfisje] *n m*	o oficial
le **général** [ʒeneʀal] *n*; *pl* **généraux**	o general
le/la **fonctionnaire** [fõksjɔnɛʀ] *n m/f*	o funcionário

Cotidiano e material de escritório

le **bureau** [byʀo] *n*; *pl* **bureaux** • Il reste au **bureau** jusque tard dans la nuit pour obtenir enfin une promotion. • Je ne me vois pas rester toute la journée assise à un **bureau**.	o escritório, a escrivaninha • Ele trabalha até tarde da noite no **escritório** para obter uma promoção. • Não quero ficar o dia inteiro numa **escrivaninha**.
la **copie** [kɔpi] *n* • Faites passer les **copies**, s'il vous plaît !	a cópia • Faça passar as **cópias**, por favor!
la **carte de visite** [kaʀt(ə)dəvizit] *n* • Enchanté de faire votre connaissance ! Est-ce que je peux vous donner ma **carte de visite** ?	o cartão de visita • Foi um prazer conhecê-lo! Posso dar-lhe meu **cartão de visita**?
les **documents** [dɔkymɑ̃] *n m pl* • N'oubliez pas de prendre tous les **documents** avant de partir chez le notaire.	os documentos • Não se esqueça de pegar todos os **documentos** antes de ir ao tabelião.
le **dossier** [dosje] *n* • Il faut que je vérifie dans me **dossiers** quand c'était.	a ata • É preciso que eu verifique em minhas **atas** quando foi.

Cotidiano e material de escritório

la **correspondance** [kɔʀɛspɔ̃dɑ̃s] *n*
- J'ai toute cette **correspondance** avec nos deux clients à lire.

a **correspondência**
- Tenho toda esta **correspondência** com nossos dois clientes para ler.

la **note** [nɔt] *n*
- La secrétaire prend des **notes** au cours de la réunion.

a **nota**
- A secretária toma **notas** durante a reunião.

noter [nɔte] *v*
- Il faut absolument que nous **notions** votre nouvelle adresse.

anotar, tomar nota
- É absolutamente necessário que **anotemos** seu novo endereço.

le **papier** [papje] *n*
- Il y a toujours un tas de **papiers** sur son bureau.

o **papel**, o **documento**
- Há sempre uma pilha de **papéis** sobre a sua escrivaninha.

la **feuille** [fœj] *n*
- Écrivez votre nom sur une **feuille** de papier.

a **folha**
- Escreva seu nome numa **folha** de papel.

écrire [ekʀiʀ] *v*
▶ *v irr* p. 409 écrire
- Ça fait au moins un mois qu'Ève ne nous **a** pas **écrit**.

escrever
- Faz pelo menos um mês que Ève não nos **escreve**.

le **crayon** [kʀɛjɔ̃] *n*
- Donne-moi un **crayon** rouge, s'il te plaît !

o **lápis**
- Dê-me um **lápis** vermelho, por favor!

le **stylo** [stilo] *n*
- Vous pouvez me prêter un **stylo** ?

a **caneta**
- Você poderia me emprestar uma **caneta**?

le **stylo à bille** [stiloabij] *n*
- On considere qu'il est impoli d'écrire une lettre au **stylo à bille**.

a **caneta esferográfica**
- É considerado pouco educado escrever uma carta a **caneta esferográfica**.

le **rendez-vous** [ʀɑ̃devu] *n pl inv*
- J'ai un **rendez-vous** à dix heures avec des clients importants.

a **reunião**
- Tenho uma **reunião** às dez horas com clientes importantes.

a **liste** [list] *n*
- Le patron m'a demandé de lui préparer une **liste** de tous les numéros de téléphone de notre département.

a **lista**
- O chefe me pediu que fizesse uma **lista** com todos os números de telefone de nosso departamento.

Cotidiano e material de escritório

les ciseaux [sizo] *n m pl* ■ Je suis incapable de couper droit avec des **ciseaux**.	a **tesoura** ■ Sou incapaz de cortar direito com uma **tesoura**.

➡ **Ciseaux** é um substantivo usado somente no plural. Para falar de duas ou mais tesouras, usa-se **paire**.

la règle [rɛgl] *n* ■ Sans **règle**, je n'arrive pas à tirer des traits bien droits.	a **régua** ■ Sem **régua**, não consigo fazer traços bem retos.
la gomme [gɔm] *n* ■ C'est encore toi qui as pris ma **gomme** ?	a **borracha** ■ Você pegou minha **borracha** de novo?
le bloc-notes [blɔknɔt] *n*; *pl* **blocs-notes** ■ Le **bloc-notes** se trouve à côté du téléphone.	o **bloco de notas** ■ O **bloco de notas** está ao lado do telefone.
le bout de papier [budpapje] *n* ■ Est-ce que tu as un **bout de papier** pour écrire ton adresse ?	**pedaço de papel** ■ Você tem um **pedaço de papel** para escrever seu endereço?
le fichier [fiʃje] *n* ■ La police a établi un nouveau **fichier** pour tous les suspects. ■ Regarde dans mon **fichier**, tu vas trouver l'adresse que tu cherches.	o **fichário**, o **arquivo** ■ O policial dispôs um novo **fichário** para todos os suspeitos. ■ Veja no meu **arquivo**, você vai encontrar o endereço que procura.
la fiche [fiʃ] *n* ■ J'ai enfin retrouvé la **fiche** que je cherchais depuis des jours.	a **ficha** ■ Finalmente encontrei a **ficha** que procurava já há dias.
la photocopie [fɔtɔkɔpi] *n* ■ J'ai besoin de quinze **photocopies** de ce dossier.	a **fotocópia** ■ Preciso de quinze **fotocópias** desse documento.
la photocopieuse [fɔtɔkɔpjøz] *n* ■ J'ai oublié mes lunettes à côté de la **photocopieuse**.	a **fotocopiadora** ■ Esqueci meus óculos ao lado da **fotocopiadora**.

➡ Esta palavra existe também no masculino: **photocopieur**.

photocopier [fɔtɔkɔpje] *v* ■ Pouvez-vous me **photocopier** ce document ?	**fotocopiar** ■ Você poderia **fotocopiar** este documento para mim?

Cotidiano e material de escritório

l'**agenda** [aʒɛ̃da] *n m*
- Passe-moi mon **agenda** pour que j'y marque notre prochaine réunion.

a **agenda**
- Passe-me a minha **agenda** para que eu marque nossa próxima reunião.

la **chaise de bureau** [ʃɛzdəbyʀo] *n*
- Ma **chaise de bureau** ne me convient pas : j'ai un mal de dos terrible.

a **cadeira de escritório**
- Minha **cadeira de escritório** não está sendo boa para mim; estou com horríveis dores nas costas.

la **réunion** [ʀeynjõ] *n*
- Le directeur est en **réunion** ; on ne peut pas le déranger.

a **reunião**
- O diretor está em **reunião**, e não se pode incomodá-lo.

le **tableau** [tablo] *n*; *pl* **tableaux**
- Vous trouverez en pièce jointe un **tableau** de tous les produits que nous vendons.

a **tabela**
- Vocês encontrarão anexa uma **tabela** com todos os produtos que nós vendemos.

taper [tape] *v*
- Pouvez-vous me **taper** cette lettre ?

digitar
- Você poderia **digitar** esta carta para mim?

la **présentation** [pʀezɑ̃tasjõ] *n*
- Ma collègue de bureau a travaillé toute la soirée pour préparer la **présentation** qu'elle doit faire demain.

a **apresentação**
- Minha colega de escritório trabalhou a noite inteira preparando a **apresentação** que ela deve fazer amanhã.

présenter [pʀezɑ̃te] *v*
- Hier, à la foire, notre entreprise a **présenté** deux nouveaux produits.

apresentar
- Ontem, na feira, nossa empresa **apresentou** dois novos produtos.

le **rétroprojecteur** [ʀetʀopʀɔʒɛktœʀ] *n*
- Il faudra que tu me montres comment marche le nouveau **rétroprojecteur**.

o **retroprojetor**
- É preciso que você me mostre como funciona o novo **retroprojetor**.

le **vidéoprojecteur** [videopʀɔʒɛktœʀ] *n*
- La lampe du **vidéoprojecteur** chauffe trop.

o **videoprojetor**
- A lâmpada do **videoprojetor** esquenta demais.

la **calculatrice** [kalkylatʀis] *n*
- Sans **calculatrice** je ne peux pas calculer mon augmentation de salaire.

a **calculadora**
- Sem **calculadora** eu não posso calcular meu aumento de salário.

le **tampon** [tɑ̃põ] *n*
- Comment ce type pouvait-il apposer son **tampon** sur ma photo !

o **carimbo**
- Como é que esse cara pôde botar seu **carimbo** bem em cima da minha foto?

la **colle** [kɔl] *n*
- Les nouvelles **colles** sont très efficaces, mais attention à ne pas se coller les doigts !

a **cola**
- A **cola** nova é muito boa, mas é preciso atenção para não colar os dedos.

le **trombone** [tʀõbɔn] *n*
- Le symbole en forme de **trombone** indique une pièce jointe dans le mail.

o **clipe**
- O símbolo em forma de **clipe** indica um arquivo anexado no e-mail.

la **corbeille à papier** [kɔʀbɛjapapje] *n*
- Malheureusement, j'ai jeté dans la **corbeille à papier** toutes les lettres que j'avais écrites à nos clients.

a **lixeira**
- Infelizmente, joguei na **lixeira** todas as cartas que escrevi para nossos clientes.

le **perforateur** [pɛʀfɔʀatœʀ] *n*
- Mon **perforateur** est cassé. Il fait un trou au lieu de deux.

o **perfurador**
- Meu **perfurador** está quebrado. Faz um furo em vez de dois.

Candidatura à vaga de emprego, colocação e demissão

l'**emploi** [ɑ̃plwa] *n m*
- J'espère bien trouver un **emploi** tout de suite.
- En période de crise économique, beaucoup de gens ne trouvent pas d'**emploi**.

o **emprego**
- Espero encontrar um **emprego** logo.
- Em período de crise econômica, muitas pessoas não encontram **emprego**.

l'**employeur**, l'**employeuse** [ɑ̃plwajœʀ, ɑ̃plwajøz] *n m, f*
- Le plus gros **employeur**, c'est l'État.

o **empregador**
- O maior **empregador** é o Estado.

employé, employée [ɑ̃plwaje] *adj*
- Cela fait bien dix ans qu'il est **employé** comme chauffer dans cette agence.

empregado
- Faz dez anos que ele está **empregado** como motorista nesta agência.

employer [ɑ̃plwaje] *v*
- L'industrie **emploie** de moins en moins d'ouvriers.

empregar
- A indústria **emprega** cada vez menos trabalhadores.

le **salarié**, la **salariée** [salaʀje] *n*
- La direction va être obligée de mettre au moins cinquante **salariés** au chômage.

o **assalariado**, a **assalariada**
- A direção vai ser obrigada a demitir pelo menos cinquenta **assalariados**.

l'**expert**, l'**experte** [ɛkspɛʀ, ɛkspɛʀt] *n m, f*
- Il est **expert** en droit du travail.
➡ médecin p. 148

o **especialista**, a **especialista**
- Ele é **especialista** em direito do trabalho.

engager [ɑ̃gaʒe] *v*
- Mon patron a décidé d'**engager** une secrétaire de plus pour m'aider.

contratar
- Meu patrão decidiu **contratar** mais uma secretária para me ajudar.

embaucher [ɑ̃boʃe] *v*
- Il **a été embauché** dès sa sortie d'école.

contratar
- Ele **foi contratado** logo ao sair da escola.

l'**occupation** [ɔkypasjɔ̃] *n f*
- Je me suis trouvé une nouvelle **occupation** : je peins.

a ocupação
- Encontrei uma nova **ocupação**: eu pinto.

le **chômage** [ʃomaʒ] *n*
- Le **chômage** est un des grands problèmes de notre société.

o **desemprego**
- O **desemprego** é um dos grandes problemas de nossa sociedade.

être au chômage [ɛtʀoʃomaʒ] *loc*
▶ v irr p. 410 être
- Avec un bon diplôme, on risque moins d'**être au chômage**.

estar desempregado

- Com um bom diploma, é menor o risco de **estar desempregado**.

la **candidature** [kɑ̃didatyʀ] *n*
- J'espère que ma **candidature** retiendra votre attention.

a candidatura
- Espero que a minha **candidatura** atraia sua atenção.

Candidatura à vaga de emprego, colocação e demissão

poser sa candidature
[pozesakɑ̃didatyʀ] loc
- **Il a posé sa candidature** au poste d'architecte.

candidatar-se
- Ele **se candidatou** à vaga de arquiteto.

la carrière [kaʀjɛʀ] n
- Mon père a fait toute sa **carrière** dans la même entreprise.
- Il a commencé comme petit journaliste pour faire ensuite une **carrière** formidable d'écrivain.

a carreira
- Meu pai fez toda a sua **carreira** na mesma empresa.
- Ele começou como um modesto jornalista para em seguida fazer uma **carreira** brilhante como escritor.

le licenciement [lisɑ̃simɑ̃] n
- La crise a provoqué de nombreux **licenciements**.

a demissão
- A crise provocou numerosas **demissões**.

➡ **Licenciement** é a demissão por iniciativa do empregador; **démission** é a demissão por iniciativa do empregado.

licencier [lisɑ̃sje] v
- C'est dur de se faire **licencier** après trente ans.

ser demitido
- É duro **ser demitido** após trinta anos.

la démission [demisjɔ̃] n
- J'en ai assez, j'envoie ma **démission** à la fin du mois.
➡ licenciement p. 158

a demissão
- Para mim chega, vou pedir minha **demissão** no final do mês.

démissioner [demisjɔne] v
- Je **démissionnerais** bien, mais pour aller où ?

demitir
- Eu bem que me **demitiria**, mas para ir aonde?

virer [viʀe] v
- Après deux mois il **s'est fait virer**, car il arrivait toujours en retard le matin.

ser despedido
- Após dois meses ele **foi despedido**, pois chegava atrasado todas as manhãs.

l'entretien d'embauche
[ɑ̃tʀətjɛ̃dɑ̃boʃe] n m
- Il s'est montré très timide pendant son **entretien d'embauche**, pourtant il a obtenu le poste.

a entrevista de emprego
- Na **entrevista de emprego**, ele se mostrou muito tímido, mas mesmo assim conseguiu a vaga.

la chance [ʃɑ̃s] n
- Ce stage aumente tes **chances** de trouver un nouvel emploi.

a chance
- Esse estágio aumenta suas **chances** de conseguir um novo emprego.

Candidatura à vaga de emprego, colocação e demissão

la **lettre de candidature** [lɛtʀ(ə) dəkɑ̃didatyʀ] *n*
- J'ai envoyé trente **lettres de candidature** dont une dizaine sont restées sans réponse.

a **carta de apresentação**
- Mandei trinta **cartas de apresentação**, das quais uma dezena ficou sem resposta.

le **cv** [seve] *n*
- Tu devrais coller une autre photo sur ton **cv**.

o **currículo**
- Você deveria colar outra foto em seu **currículo**.

l'**offre d'emploi** [ɔfʀ(ə)dɑ̃plwa] *n f*
- Mon mari a répondu à toutes les **offres d'emploi** qui lui semblaient intéressantes.

a **oferta de emprego**
- Meu marido respondeu a todas as **ofertas de emprego** que lhe pareceram interessantes.

l'**expérience professionnelle** [ɛkspeʀjɑ̃s pʀɔfɛsjɔnɛl] *n f*
- Nous recherchons un ingénieur avec plusieurs années d'**expérience professionnelle**.

a **experiência profissional**
- Procuramos um engenheiro com muitos anos de **experiência profissional**.

le **débutant**, la **débutante** [debytɑ̃, debytɑ̃t] *n*
- Comme **débutante** je ne gagne pas beaucoup.

o **iniciante**, a **iniciante**
- Como **iniciante**, não ganho muito.

s'y connaître [sikɔnɛtʀ] *v*
▶ v irr p. 408 connaître
- Je regrette, mais je ne **m'y connais** pas du tout en életronique.

ver-se, imaginar-se (numa atividade, fazendo alguma coisa)
- Desculpe, mas de modo algum **eu me vejo** em eletrônica.

la **compétence** [kɔ̃petɑ̃s] *n*
- Cela n'est pas de ma **compétence**.

a **competência**, a **alçada**
- Isso não é de minha **alçada**.

l'**ANPE** [ɑɛnpeœ] *n f*
- Va t'inscrire à la **ANPE** pour trouver du travail!

a **ANPE**
- Vá se inscrever na **ANPE** para arrumar um emprego!

➡ ANPE é a abreviação de **Agence nationale pour l'emploi** (Agência Nacional de emprego).

le **travail en intérim** [tʀavajɑ̃nɛteʀim] *n*
- Je préfère le **travail en intérim** qui me permet de faire de plus longs voyages.

o **trabalho temporário**
- Prefiro um **trabalho temporário**, que me permita fazer viagens mais longas.

l'**agence d'intérim** [aʒɑ̃sdɛ̃teʀim] *n f*
- C'est une **agence d'intérim** très connue. Peut-être que tu vas y trouver le job que tu cherches.

a **agência de empregos temporários**
- É uma **agência de empregos temporários** bastante conhecida. Talvez ali você encontre o trabalho que procura.

Condições de trabalho

le **syndicat** [sɛ̃dika] *n*
- En France, les **syndicats** jouent un rôle important dans la politique.

o **sindicato**
- Na França, os **sindicatos** desempenham um papel importante na política.

la **grève** [gʀɛv] *n*
- Les ouvriers ont décidé de se mettre en **grève**.

a **greve**
- Os trabalhadores decidiram entrar em **greve**.

être en grève [ɛtʀɑ̃gʀɛv] *loc*
▶ v irr p. 410 être
- Les ouvriers **sont en grève** depuis trois jours.

estar em greve

- Os trabalhadores **estão em greve** há três dias.

convenir [kɔ̃vniʀ] *v*
▶ v irr p. 413 venir
- Nous **avons convenu** de partir en vacances l'un après l'autre, pour que le bureau soit toujours occupé.

concordar

- **Concordamos** em partir de férias um depois do outro, para que o escritório fique sempre ocupado.

par heure [paʀœʀ] *loc*
- Je fais un travail très pénible et pourtant je ne gagne que dix euros **par heure**.

por hora
- Realizo um trabalho difícil e, no entanto, não ganho mais do que dez euros **por hora**.

le **salaire** [salɛʀ] *n*
- Il ne parle jamais de son **salaire**.

o **salário**
- Ele jamais fala de seu **salário**.

le SMIC [smik] *n*
- C'est difficile de vivre quand on est au SMIC.

o **salário mínimo**
- É difícil viver quando se recebe **salário mínimo**.

➡ SMIC é a abreviação de **Salaire Minimum Interprofessionnel de Croissance**. É o salário mínimo para os empregos em geral. Quem o recebe chama-se **smicard, smicarde**.

Condições de trabalho

l'augmentation de salaire [ɔgmɑ̃tasjɔ̃d(a)salɛʀ] *n f*
- Les ouvriers demandent une **augmentation de salaire**.

o **aumento de salário**
- Os trabalhadores pedem **aumento de salário**.

gagner [gaɲɛ] *v*
- Je préfère **gagner** moins et avoir un peu de temps livre.

ganhar
- Prefiro ganhar menos e dispor de um pouco de tempo livre.

gagner sa vie [gaɲesavi] *loc*
- Mes parents **gagnent** bien **leur vie**.

ganhar
- Meus pais **ganham** bem.

la retraite [ʀ(ə)tʀɛt] *n*
- Il est en **retraite** depuis longtemps.

o **aposentado**
- Ele está **aposentado** há tempos.

➡ Pode-se também dizer: **Il est à la retraite**.

prendre sa retraite [pʀɑ̃dʀ(ə)sa ʀ(ə)tʀɛt] *loc*
▶ *v irr* p. 412 prendre
- Quel bonheur de **prendre sa retraite** !

aposentar-se

- Que felicidade **se aposentar**!

le contrat de travail [kɔ̃tʀadtʀavaj] *n*
- Normalement, on signe le **contrat de travail** au bout d'un mois.

o **contrato de trabalho**
- Normalmente se assina o **contrato de trabalho** ao final de um mês.

la pause [poz] *n*
- La **pause**, pour moi, c'est sacré.

a **pausa**, o **descanso**
- O **descanso**, para mim, é sagrado.

la convention [kɔ̃vɑ̃sjɔ̃] *n*
- Ils se sont mis d'accord et ont enfin signé une **convention** sur les salaires.

o **acordo**
- Eles se entenderam e por fim assinaram um **acordo** sobre os salários.

le congé parental [ver orig.] *n*
- Il est en **congé parental** depuis deux semaines.

licença parental
- Ele está em **licença parental** há duas semanas.

Condições de trabalho

la convention collective
[kõvâsjõkɔlɛktiv] *n*
- Il existe une **convention collective** qui règle les salaires des employés et des cadres.

a convenção coletiva
- Existe uma **convenção coletiva** que regula os salários dos empregados e dos superiores.

les allocations familiales [ver orig.] *n f pl*
- Les **allocations familiales** sont un droit pour tous les parents.

o abono de família
- O **abono de família** é um direito para todos os pais.

l'allocation de parent isolé
[alɔkasjõd(ə)paRɑ̃izɔle] *n f*
- Elle vit seule et attend un bébé, donc elle a droit à l'**allocation de parent isolé**.

o abono de família monoparental
- Ela vive só e espera um bebê, então tem direito a um **abono de família monoparental**.

la revendication [R(ə)vâdikasjõ] *n*
- Les ouvriers ont envoyé la liste de leurs **revendications** au directeur.

a reivindicação
- Os trabalhadores enviaram a lista de suas **reivindicações** ao diretor.

revendiquer [R(ə)vâdike] *v*
- Cela fait des semaines que nous **revendiquons** une augmentation de salaire.

reivindicar
- Faz semanas que **reivindicamos** um aumento de salário.

le revenu [R(ə)vəny] *n*
- Son **revenu** annuel a beaucoup augmenté depuis qu'il a changé d'entreprise.

a renda, os rendimentos
- Seus **rendimentos** anuais aumentaram muito desde que ele mudou de empresa.

la promotion [pRɔmɔsjõ] *n*
- Hier, nous avons fêté la **promotion** au poste de chef de clinique de mon mari.

a promoção
- Ontem nós festejamos a **promoção** ao cargo de chefe de clínica de meu marido.

nommer [nɔme] *v*
- Elle **a été nommée** directrice du personnel.
- Mon mari **a été nommé** professeur d'histoire à l'université de Genève.

nomear
- Ela **foi nomeada** diretora de pessoal.
- Meu marido **foi nomeado** professor de história da Universidade de Genebra.

la période d'essai [peRjɔddesɛ] *n*
- Je ne peux pas encore prendre de vacances, car je suis en **période d'essai**.

o período de experiência
- Ainda não posso tirar férias, pois estou em **período de experiência**.

Condições de trabalho

les **horaires de travail**
[ɔʀɛʀətʀavaj] n m pl
- Comment trouves-tu les nouveaux **horaires de travail** ?

os **horários de trabalho**
- O que você está achando dos novos **horários de trabalho**?

les **horaires individualisés**
[ɔʀɛʀɛ̃dividɥalize] n m pl
- Dans mon contrat de travail il y a un paragrafe qui traite des **horaires individualisés**.

os **horários flexíveis**
- Em meu contrato de trabalho há um parágrafo que trata dos **horários flexíveis**.

travailler à plein temps
[tʀavajeaplɛ̃tɑ̃] loc
- Depuis que je **travaille à plein temps** je suis crevée le soir.

trabalhar em período integral
- Desde que passei a **trabalhar em período integral**, à noite eu me sinto quebrada.

travailler à temps partiel
[tʀavajeatɑ̃paʀsje] loc
- Ma fille **travaille à temps partiel** pour pouvoir s'occuper de ses enfants.

trabalhar em meio período
- Minha filha **trabalha em meio período** para poder cuidar dos filhos.

travailler à mi-temps
[tʀavajeamitɑ̃] loc
- Est-il possible de **travailler à mi-temps** ?

trabalhar meio período
- É possível **trabalhar meio período**?

travailler par roulement
[tʀavajepaʀʀulmɑ̃] loc
- Mon père ne couche pas toujours à la maison, car il **travaille par roulement**.

trabalhar por turnos
- Meu pai nem sempre dorme em casa, pois **trabalha por turnos**.

travailler à la chaîne
[tʀavajealaʃɛn] loc
- Elle **travaille à la chaîne** depuis qu'elle a quinze ans.

trabalhar em linha de montagem
- Ela **trabalha em linha de montagem** desde os quinze anos.

l'**heure supplémentaire**
[œʀsyplemɑ̃tɛʀ] n f
- Les **heures supplémentaires** doivent être payées.

as **horas extras**
- As **horas extras** devem ser pagas.

l'**autorisation de travail**
[ɔtɔʀizasjɔ̃dtʀavaj] n f
- Heureusement, j'ai obtenu tout de suite une **autorisation de travail**.

a **autorização de trabalho**
- Felizmente eu logo consegui uma **autorização de trabalho**.

Interesses culturais

Leitura

le **livre** [livʀ] *n* ■ À la fin de l'année, les élèves doivent rendre tous leurs **livres**.	o **livro** ■ Ao final do ano, os alunos devem devolver todos os seus **livros**.
le **lecteur**, la **lectrice** [lɛktœʀ, lɛktʀis] *n* ■ Dans le roman moderne, l'auteur s'adresse souvent au **lecteur**.	o **leitor**, a **leitora** ■ No romance moderno, o autor frequentemente se dirige ao **leitor**.
lire [liʀ] *v* ▶ v irr p. 416 lire ■ Pendant mes vacances, j'**ai lu** un livre par jour. ■ Tous les soirs, avant d'aller nous coucher, ma mère nous **lisait** un conte de fées.	**ler** ■ Durante minhas férias, **li** um livro por dia. ■ Todas as noites, antes de nos deitarmos, minha mãe nos **lia** um conto de fadas.
l'**histoire** [istwaʀ] *n f* ■ As-tu aimé cette **histoire** ?	a **história** ■ Você gostou desta **história**?
le **conte** [kõt] *n* ■ Cet auteur a écrit beaucoup de **contes**.	o **conto** ■ Esse autor escreveu muitos **contos**.
le **roman** [ʀɔmɑ̃] *n* ■ «Notre-Dame de Paris» est le **roman** le plus célèbre de Victor Hugo.	o **romance** ■ *O corcunda de Notre Dame* é o **romance** mais famoso de Victor Hugo.
le **roman policier** [ʀɔmɑ̃pɔlisje] *n* ■ Ce **roman policier** est tellement bon que j'ai lu jusqu'à minuit.	o **romance policial** ■ Este **romance policial** é tão bom que eu o fiquei lendo até a meia-noite.

➡ Na linguagem corrente, costuma-se dizer também apenas **policier**.

le polar [pɔlaʀ] *n* ■ À la clinique, j'aurai le temps de lire les **polars** que tu m'as prêtés.	o **romance policial** ■ No hospital, eu teria tempo de ler os **romances policiais** que você me emprestou.
le conte de fées [kõtdəfe] *n* ■ «Cendrillon» est un **conte de fées** très connu.	o **conto de fadas** ■ *Cinderela* é um **conto de fadas** bastante conhecido.
la fable [fabl] *n* ■ La **fable** la plus connue de Jean de la Fontaine est sans doute «La cigale et la fourmi».	a **fábula** ■ A **fábula** mais conhecida de Jean de la Fontaine é sem dúvida *A cigarra e a formiga*.
la nouvelle [nuvɛl] *n* ■ Il a écrit des contes et des **nouvelles**.	a **novela** ■ Ele escreveu contos e **novelas**.
le titre [titʀ] *n* ■ Je cherche désespérément le **titre** d'un roman que j'ai lu il y a cinq ans.	o **título** ■ Busco desesperadamente o **título** de um romance que li há cinco anos.
la bibliothèque [biblijɔtɛk] *n* ■ J'ai emprunté deux livres à la **bibliothèque**.	a **biblioteca** ■ Peguei emprestados dois livros da **biblioteca**.
la fiction [fiksjõ] *n* ■ Il ne faut pas confondre réalité et **fiction**.	a **ficção** ■ Não se deve confundir realidade e **ficção**.
la littérature [liteʀatyʀ] *n* ■ Cette année nous étudions la **littérature** du xxe siécle.	a **literatura** ■ Neste ano estamos estudando a **literatura** do século xx.
littéraire [liteʀɛʀ] *adj* ■ J'aime beaucoup cette émission **littéraire** de la télévision, mais elle passe trop tard dans la soirée.	**literário** ■ Gosto muito desse programa de TV **literário**, mas ele passa muito tarde da noite.
le texte [tɛkst] *n* ■ Ce **texte** est très difficile à traduire.	o **texto** ■ Este **texto** é muito difícil de traduzir.
la biographie [bjɔgʀafi] *n* ■ Une nouvelle **biographie** de Charles de Gaulle vient de paraître.	a **biografia** ■ Uma nova **biografia** de Charles de Gaulle acaba de ser lançada.

le journal intime [ʒuʀnalɛ̃tim] *n*
- Le **journal intime** de George Sand n'est paru qu'après sa mort.

o **diário**
- O **diário** de George Sand só foi publicado depois de sua morte.

le poème [pɔɛm] *n*
- J'ai appris ce **poème** par cœur.

o **poema**
- Sei esse **poema** de cor.

la bande dessinée [bɑ̃ddesine] *n*
- «Les aventures de Tintin» est une **bande dessinée** très connue.

a **história em quadrinhos**
- As aventuras de Tintin é uma **história em quadrinhos** muito conhecida.

➡ Com frequência empregam-se as abreviações **B.D.** e **bédé**.

le/la poète [pɔɛt] *n m/f*
- Baudelaire est un grand **poète** français.

o **poeta**, a **poetisa**
- Baudelaire é um grande **poeta** francês.

l'imagination [imaʒinasjɔ̃] *n f*
- Il suffit d'un peu d'**imagination** pour se promener dans le futur.

a **imaginação**
- Basta um pouco de **imaginação** para fazer uma viagem ao futuro.

le volume [vɔlym] *n*
- Il possède une encyclopédie en vingt **volumes**.

o **volume**
- Ele possui uma enciclopédia em vinte **volumes**.

le chapitre [ʃapitʀ] *n*
- Hier, j'ai lu le premier **chapitre** de mon livre.

o **capítulo**
- Ontem eu li o primeiro **capítulo** do meu livro.

le/la protagoniste [pʀɔtagɔnist] *n m/f*
- La **protagoniste** est une étudiante qui tombe amoureuse d'un prince.

o **protagonista**
- A **protagonista** é uma estudante que se apaixona por um príncipe.

le narrateur, la narratrice [naʀatœʀ, naʀatʀis] *n*
- Dans ce roman, le **narrateur** nous rend le héros très sympathique.

o **narrador**
- Neste **romance** o narrador faz o herói nos parecer bastante simpático.

le sujet [syʒɛ] *n*
- Le **sujet** de la pièce est très actuel.

o **tema**
- O **tema** da peça é muito atual.

la citation [sitasjɔ̃] *n*
- C'est une **citation** célèbre tirée de «l'Avare» de Molière.

a **citação**
- É uma **citação** célebre extraída de *O avarento*, de Molière.

la **maison d'édition**
[mɛzõdedisjõ] n
- Il a prévenu sa **maison d'édition** que son prochain livre ne serait pas prêt pour Noël.

a **editora**
- Ele avisou à **editora** que seu próximo livro não ficará pronto para o Natal.

le **best-seller** [bɛstsɛlɛr] n
- Un **best-seller** n'est pas forcément un bon livre.

o **best-seller**
- Um **best-seller** não necessariamente é um bom livro.

la **censure** [sâsyʀ] n
- La **censure** a décidé d'interdire ce film aux moins de douze ans.

a **censura**
- A **censura** decidiu proibir esse filme a menores de doze anos.

Música

écouter [ekute] v
- J'ai passé ma soirée à **écouter** un concert à la radio.

ouvir
- Passei a noite **ouvindo** um concerto no rádio.

doucement [dusmã] adv
- Parlez plus **doucement**, je voudrais travailler.

mais baixo
- Falem **mais baixo**, eu gostaria de trabalhar.

fort [fɔʀ] adv
- L'orchestre joue beaucoup trop **fort** ; on n'entend plus le soliste.

alto
- A orquestra toca **alto** demais; não se ouve o solista.

la **musique** [myzik] n
- Je m'endors en écoutant de la **musique**.

a **música**
- Durmo ouvindo **música**.

La **chanson** [ʃâsõ] n
- J'ai oublié les paroles de la **chanson**.

a **canção**
- Esqueci a letra da **canção**.

➜ O termo **chanson** é popular, mas não se refere a algo como uma parada de sucessos. Pode referir-se a diferentes estilos musicais, mas quando num texto sempre se refere a algo mais pretensioso. Na língua francesa, intérpretes de canções são chamados de **chanteur** ou **chanteuse**. Intérpretes conhecidos são, por exemplo, Jacques Brel, Juliette Gréco ou Serge Gainsbourg.
Quando se usam os termos **chansonier** ou **chansonnière**, tem-se em mente, na França, um cantor ou cantora de cabaré.

chanter [ʃɑ̃te] *v* ■ Arrête, tu **chantes** faux !	cantar ■ Pare, você está **cantando** desafinado!
la **voix** [vwa] *n* ■ Je l'ai reconnue à sa **voix**.	a **voz** ■ Eu a reconheci por sua **voz**.
le **concert** [kɔ̃sɛʀ] *n* ■ Pour la journée de la musique, il y a des **concerts** partout en ville.	o concerto ■ Pelo dia da música, há **concertos** por toda a cidade.
l'**opéra** [ɔpeʀa] *n m* ■ Ma mère a pleuré d'émotion en écoutant cet **opéra**.	a **ópera** ■ Minha mãe chorou de emoção ao ouvir esta **ópera**.
jouer [ʒwe] *v* ■ Tu **joues** d'un instrument ?	tocar ■ Você **toca** algum instrumento?
l'**instrument** [ɛ̃stʀymɑ̃] *n* ■ Je ne joue d'aucun **instrument**.	o instrumento ■ Não toco nenhum **instrumento**.
le **piano** [pjano] *n* ■ J'admire les gens qui savent bien jouer du **piano**.	o **piano** ■ Admiro as pessoas que sabem tocar bem o **piano**.
le **violon** [vjɔlɔ̃] *n* ■ Nous jouons souvent ensemble ; lui est au piano et moi au **violon**.	o **violino** ■ Tocamos juntos com frequência; ele, piano; eu, **violino**.
le **guitare** [gitaʀ] *n* ■ Quand je chante, je m'accompagne à la **guitare**.	o violão ■ Quando canto, faço o acompanhamento no **violão**.
l'**orgue électronique** [ɔʀgelɛktʀɔnik] *n f* ■ Je voulais un piano et pas un **orgue électronique**.	o órgão eletrônico ■ Eu queria um piano, não um **órgão eletrônico**.
le **tambour** [tɑ̃buʀ] *n* ■ Le fils de nos voisins nous réveille chaque matin en tapant sur son **tambour**.	o tambor ■ O filho de nossos vizinhos nos acorda toda manhã batucando naquele **tambor**.
la **batterie** [batʀi] *n* ■ Va jouer de la **batterie** dans la cave pour ne gêner personne.	a **bateria** ■ Vá tocar a **bateria** no porão para não incomodar ninguém.

Música

la **flûte** [flyt] n
- Le soir de Noël, il joue de la **flûte** et sa femme est au piano.

a **flauta**
- Na noite de Natal, ele toca **flauta** com sua mulher ao piano.

le CD [sede] n
- Quel CD veux-tu que je t'offre pour ton anniversaire ?

o CD
- Qual CD você quer que eu lhe dê de aniversário?

le **lecteur de** CD [lɛktœrdəsede] n
- Toutes les chaînes ont un **lecteur de** CD.

o **leitor de** CD
- Todos os aparelhos de som têm um **leitor de** CD.

la **mélodie** [melɔdi] n
- Cette **mélodie** ne me sort plus de la tête.

a **melodia**
- Essa **melodia** não me sai da cabeça.

la **note** [nɔt] n
- Notre voisin est chanteur d'opéra, mais il ne sait pas lire les **notes**.

a **nota**
- Nosso vizinho é cantor de ópera, mas não sabe ler as **notas**.

le **groupe** [gʀup] n
- Je joue de la guitare et je fais partie d'un **groupe**.

a **banda**
- Toco guitarra e faço parte de uma **banda**.

le **son** [sõ] n
- Baisse le **son** ; ça me casse les oreilles!

o **som**
- Abaixe o **som**; isso me dói nos ouvidos.

le **baladeur** MP3 [baladœrɛmpetrwa] n
- Quand je fais du jogging, je ne peux pas me passer de mon **baladeur** MP3.

o MP3 **player**
- Quando corro, estou sempre com o MP3 **player**.

→ Geralmente se diz apenas MP3.

la **chaîne (hi-fi)** [ʃɛn(ifi)] n
- Je viens d'acheter un CD ; on ne peut le passer sur ta **chaîne** ?

o **aparelho de som**
- Acabo de comprar um CD; podemos ouvi-lo em seu **aparelho de som**?

le **haut-parleur** [ˈopaʀlœʀ] n
- J'ai trouvé la musique trop forte, parce que le **haut-parleur** était contre mes oreilles.

o **alto-falante**
- Achei a música alta demais, porque o **alto-falante** estava contra meus ouvidos.

la **contrebasse** [kõtʀəbas] *n* ■ Il joue de la **contrebasse** dans notre orchestre.	o **contrabaixo** ■ Ele toca **contrabaixo** em nossa orquestra.
classique [klasik] *adj* ■ Mon père n'écoute que de la musique **classique**. ■ J'écoute la radio **classique** très souvent quand je rentre du travail.	**clássico** ■ Meu pai só ouve música **clássica**. ■ Ouço a rádio **clássica** com muita frequência na volta do trabalho.
la **comédie musicale** [kɔmedimyzikal] *n* ■ Je n'aime pas tellement les **comédies musicales**, mais «Cats» m'a emballée.	o **musical** ■ Não gosto muito de **musicais**, mas *Cats* eu achei incrível.
la **musique pop** [myzikpɔp] *n* ■ Je ne comprends pas pourquoi tu n'aimes pas la **musique pop**.	a **música pop** ■ Não entendo por que você não gosta de **música pop**.
le **rythme** [ʀitm] *n* ■ Le groupe joue bien, mas ça manque de **rythme**.	o **ritmo** ■ A banda toca bem, mas falta **ritmo**.
la **sonorité** [sɔnɔʀite] *n* ■ Ta chaîne a vraiment une **sonorité** formidable.	a **sonoridade** ■ Seu aparelho tem uma **sonoridade** realmente formidável.
l'**orchestre** [ɔʀkɛstʀ] *n m* ■ L'**orchestre** s'est levé pour applaudir le soliste.	a **orquestra** ■ A **orquestra** se levantou para aplaudir o solista.

Arte

l'**exposition** [ɛkspozisjõ] *n f* ■ Tiens, une **exposition** de poupées anciennes, ça t'intéresse ?	a **exposição** ■ Veja, uma **exposição** de bonecas antigas, isso lhe interessa?
exposer [ɛkspoze] *v* ■ Ce musée n'**expose** que des œuvres d'art moderne.	**expor** ■ Esse museu só **expõe** obras de arte moderna.
la **galerie** [galʀi] *n* ■ En ville, il y a une nouvelle **galerie** où de jeunes artistes exposent leurs peintures.	a **galeria** ■ Na cidade, há uma nova **galeria** onde jovens artistas expõem suas pinturas.

Arte

l'**art** [aʀ] n m
- Le cinéma est souvent appelé le septième **art**.

a **arte**
- O cinema é frequentemente chamado de sétima **arte**.

l'**œuvre** [œvʀ] n m
- Le Clézio a reçu le prix Nobel de littérature pour l'ensemble de son **œuvre**.

a **obra**
- Le Clézio recebeu o Prêmio Nobel de literatura pelo conjunto de sua **obra**.

le **tableau** [tablo] n pl **tableau**
- J'ai vu ce **tableau** au musée du Louvre.

o **quadro**
- Vi esse **quadro** no museu do Louvre.

la **peinture** [pɛ̃tyʀ] n
- Cette **peinture** est d'un peintre inconnu.
- C'est un très beau livre sur la **peinture** italienne.

a **pintura**
- Esta **pintura** é de um pintor desconhecido.
- É um livro muito bom sobre a **pintura** italiana.

peindre [pɛ̃dʀ] v
▶ v irr p. 411 peindre
- Les femmes que Renoir **a peintes** n'étaient pas maigres !

pintar
- As mulheres que Renoir **pintou** não eram magras!

antique [ɑ̃tik] adj
- La Sicile est pleine de monuments **antiques**.

antigo
- A Sicília é repleta de monumentos **antigos**.

moderne [mɔdɛʀn] adj
- La peinture **moderne** me plaît.

moderno
- A pintura **moderna** me agrada.

l'**atelier** [atəlje] n m
- Autrefois, de nombreux peintres parisiens avaient leur **atelier** à Montmartre.

o **ateliê**
- Antigamente, numerosos pintores parisienses tinham **ateliê** em Montmartre.

créer [kʀee] v
- Ce peintre a **créé** une œuvre importante.

criar
- Esse pintor **criou** uma obra importante.

la **fresque** [fʀɛsk] n
- Les **fresques** de Michel-Ange au Vatican ont bien résisté au temps.

o **afresco**
- Os **afrescos** de Michelangelo no Vaticano resistiram ao tempo.

la **sculpture** [skyltyʀ] n
- Le «Penseur de Rodin» est une **sculpture** célèbre.

a **escultura**
- *O Pensador* de Rodin é uma **escultura** famosa.

le **style** [stil] *n*
- Au début, Van Gogh imitait le **style** de Millet.

o **estilo**
- No início, Van Gogh imitava o **estilo** de Millet.

le **détail** [detaj] *n*
- Ne te perds pas dans les **détails** !

o **detalhe**
- Não se perca nos **detalhes**!

artistique [aʀtistik] *adj*
- Ce film n'a aucune valeur **artistique**.

artístico
- Esse filme não tem nenhum valor **artístico**.

les **beaux-arts** [bozaʀ] *n m pl*
- Elle a étudié les **beaux-arts** à Vienne.

as **belas-artes**
- Ela estudou **belas-artes** em Viena.

le **dessin** *n*
- J'ai gardé tous mes **dessins** de la maternelle.

o **desenho**
- Guardei todos os meus **desenhos** do jardim de infância.

dessiner [desine] *v*
- Je ne sais pas **dessiner** sans modèle.

desenhar
- Não sei **desenhar** sem modelo.

le **cadre** [kadʀ] *n*
- Le **cadre** en argent ne va pas du tout avec ce tableau.

a **moldura**
- A **moldura** prateada não combina em nada com esse quadro.

Teatro e cinema

le **théâtre** [teotʀ] *n*
- Au **théâtre**, j'aime surtout les comédies.

o **teatro**
- No **teatro**, eu gosto principalmente das comédias.

la **pièce de théâtre** [pjɛsdəteɑtʀ] *n*
- En juillet, on peut voir des dizaines de **pièces de théâtre** au festival d'Avignon.

a **peça de teatro**
- Em julho, é possível ver dezenas de **peças de teatro** no festival de Avignon.

le **film** [film] *n*
- Tu préfères voir le **film** en vo ou en français ?

o **filme**
- Você prefere assistir ao **filme** com o som original ou em francês?

➡ **vo** é a abreviação de **version originale**.

la représentation [ʀ(ə)pʀezɑ̃tasjɔ̃] n
- Au théâtre, il n'y a en général pas de **représentation** le lundi.

a apresentação, o espetáculo
- No teatro, geralmente não há **espetáculo** às segundas-feiras.

la séance [seɑ̃s] n
- La **séance** est à 14 heures et le film un quart d'heure plus tard.

a sessão
- A **sessão** é às 14 horas, e o filme, quinze minutos mais tarde.

le cinéma [sinema] n
- Au **cinéma**, on passe de plus en plus de films américains.

o cinema
- No **cinema**, passam-se cada vez mais filmes americanos.

➡ Na linguagem corrente, diz-se, abreviadamente, **ciné**.

le billet [bijɛ] n
- Tu crois qu'on aura encore des **billets** ?

o ingresso
- Você acha que ainda há **ingressos**?

l'action [aksjɔ̃] n f
- Dans «En attendant Godot» on ne sait pas où se passe l'**action**.

a ação
- Em *Esperando Godot* não se sabe onde se passa a ação.

regarder [ʀ(ə)gaʀde] v
- Je **regarde** tous les filmes de Woody Allen.

assistir
- **Assisto** a todos os filmes de Woody Allen.

le dialogue [dka;ɔg] n
- Je trouve les **dialogues** de cette pièce très drôles.

o diálogo
- Acho os **diálogos** desta peça muito engraçados.

le monologue [mɔnɔlɔg] n
- Voici un extrait du célèbre **monologue** de «l'Avare» de Molière.

o monólogo
- Eis aqui um excerto do célebre **monólogo** de *O avarento* de Molière.

mettre en scène [mɛtʀɑ̃sɛn] loc
▶ v irr p. 411 mettre
- C'est Luc Bondy qui va **mettre en scène** la nouvelle pièce d'Eric--Emmanuel Schimtt.
- C'est Claude Lelouch qui a **mis en scène** le film «Un homme et une femme».

dirigir, encenar

- Luc Bondy vai **dirigir** a nova peça de Eric-Emmanuel Schmitt.
- Claude Lelouch **dirigiu** o filme *Um homem, uma mulher*.

Teatro e cinema

la **comédie** [kɔmedi] n
- «Le Jeu de l'amour et du hasard» est la **comédie** la plus célèbre de Marivaux.

a **comédia**
- *O jogo do amor e do acaso* é a **comédia** mais famosa de Marivaux.

→ O autor de comédias francês mais conhecido é Molière (1622-1673). Suas comédias mais conhecidas são *O avarento*, *Tartufo* e *O doente imaginário*.

la **tragédie** [tʀaʒedi] n
- Moi, je préfère les **tragédies** qui sont plus près de la vie réelle.

a **tragédia**
- Prefiro as **tragédias** que tenham mais a ver com a vida real.

le **drame** [dʀam] n
- C'est un **drame** dont l'action est à la fois tragique et comique.

o **drama**
- Este é um **drama** em que a ação é ao mesmo tempo trágica e cômica.

l'**acte** [akt] n m
- «Ubu Roi» est un drame en cinq **actes**.

o **ato**
- *Ubu rei* é um drama em cinco **atos**.

la **scène** [sɛn] n
- Je n'ai pas bien compris certaines **scènes** de la pièce.
- Sur **scène**, Jacques Brel était extraordinaire.

a **cena**
- Não entendi muito bem algumas **cenas** da peça.
- Em **cena**, Jacques Brel era extraordinário.

le **ballet** [balɛ] n
- Tu as envie de venir avec moi au **ballet**, samedi soir?

o **balé**
- Você tem vontade de ir comigo ao **balé** sábado à noite?

la **danse** [dɑ̃s] n
- Les anciennes **danses** reviennent à la mode.

a **dança**
- As **danças** antigas estão voltando à moda.

le **cinéaste** [sineast] n
- C'est un jeune **cinéaste** qui a beaucoup travaillé avec des acteurs suédois.

o **cineasta**
- É um jovem **cineasta** que trabalhou bastante com atores suecos.

tourner un film [tuʀneɛ̃film] loc
- Le prochain **film** de Brad Pitt **va être tourné** à Berlin.

rodar um filme
- O próximo **filme** de Brad Pitt vai **ser rodado** em Berlim.

le **rôle** [ʀol] n
- D'habitude, cette actrice joue plutôt des **rôles** comiques.

o **papel**
- Normalmente, essa atriz faz **papéis** cômicos.

le **costume** [kɔstym] *n*
- J'ai trouvé le décor formidable, mais les **costumes** vraiment moches.

o **figurino**
- Achei o cenário incrível, mas o **figurino** estava realmente horrível.

l'**écran** [ekʀɑ̃] *n m*
- Ce type devant me cache la moitié de l'**écran**.

a **tela**
- Esse cara na minha frente cobre metade da **tela**.

le **public** [pyblik] *n*
- À chaque spectacle, il jette sa chemise dans le **public**.

o **público**
- A cada espetáculo ele joga a camisa para o **público**.

le **spectateur**, la **spectatrice** [spɛktatœʀ, spɛktatʀis] *n*
- Les **spectateurs** ont commencé à siffler les acteurs.

o **espectador**
- Os **espectadores** começaram a assobiar para os atores.

les **applaudissements** [aplodismɑ̃] *n m pl*
- À la fin du concert, les **applaudissements** du public ont duré dix minutes.

os **aplausos**
- Ao final do concerto, os **aplausos** do público duraram dez minutos.

applaudir [aplodiʀ] *v*
- Je n'aime pas que les gens **applaudissent** pendant les chansons.

aplaudir
- Não gosto quando as pessoas **aplaudem** durante as canções.

la **vedette** [vədɛt] *n*
- Je ne m'intéresse pas du tout à la vie des **vedettes**.

a **estrela**
- Não me interesso nem um pouco pela vida das **estrelas**.

➡ Une **vedette** pode se referir a mulher ou a homem.

le **long métrage** [lɔ̃metʀaʒ] *n*
- Hier soir à la télévision, on a vu un **long métrage** avec Catherine Deneuve.

o **longa-metragem**
- Ontem à noite na televisão, assistimos a um **longa-metragem** com Catherine Deneuve.

le **court métrage** [kuʀmetʀaʒ] *n*
- Le festival le plus connu du **court métrage** a lieu à Clermont-Ferrand.

o **curta-metragem**
- O festival mais conhecido de **curtas-metragens** acontece em Clermont-Ferrand.

Lazer e tempo livre

Festas

la **fête** [fɛt] *n*
- Pour mon succès au bac, j'organise une petite **fête**.

a **festa**
- Pelo meu sucesso no exame nacional, estou organizando uma pequena **festa**.

➡ O termo **fête** também pode significar aniversário: **Aujourd'hui c'est ma fête. – Hoje é meu aniversário.**

fêter [fete] *v*
- Qu'est-ce que vous diriez de **fêter** le nouvel en ensemble ?

festejar
- O que você acha de **festejarmos** a novidade juntos?

l'**anniversaire** [anivɛʀseʀ] *n m*
- C'est quand ton **anniversaire** ?

o **aniversário**
- Quando é o seu **aniversário**?

➡ **Anniversaire** pode também significar a data em que se celebra ou se lembra de alguma coisa: **l'anniversaire de notre mariage** – o aniversário de nosso casamento – ou **l'anniversaire de la mort de ma grand-mère** – o aniversário de morte de minha avó.

Bon courage ! [bõkuʀaʒ] *loc*

Tudo de bom!

Bonne chance ! [bɔnʃɑ̃s] *loc*

Boa sorte!

Toutes mes félicitations ! [tutmefelisitasjõ] *loc*

Minhas felicitações! Meus parabéns!

➡ Quando se fala em nome de mais pessoas, diz-se: **Toutes nos félicitations !**

le **cadeau** [kado] *n pl* **cadeaux**
- Comme **cadeau**, j'ai eu un téléphone portable.

o **presente**
- De **presente**, ganhei um celular.

offrir [ɔfʀiʀ] *v*
▶ **v irr** p. 411 ouvrir
- En France, quand on **offre** des fleurs, on les laisse emballées.

oferecer, dar
- Na França, quando se **oferecem** flores, é costume embalá-las.

féliciter [felisite] v ■ Je l'**ai félicitée** pour son brillant succès.	felicitar, parabenizar ■ Eu a **parabenizei** pelo brilhante sucesso.

➡ **Féliciter** é transitivo.

superbe [sypɛʀb] adj ■ Merci bien pour le dîner ! C'était **superbe** !	soberbo ■ Muito obrigado pelo jantar! Estava **soberbo**!
formidable [fɔʀmidabl] adj ■ Je viens d'avoir une idée **formidable**.	formidável ■ Acabo de ter uma ideia **formidável**.
chouette [ʃwɛt] adj ■ La décoration de la salle est vraiment trop **chouette**.	bom, ótimo ■ A decoração da sala estava realmente muito **boa**.
magnifique [maɲifik] adj ■ Regarde l'arbre de Noël de cette boutique ! Il est **magnifique** !	magnífico ■ Olhe só a árvore de Natal desta butique! É **magnífica**!
Joyeux Noël ! [ʒwajønɔɛl] loc	**Feliz Natal!**
Joyeuses Pâques ! [ʒwajøzpɑk] loc	**Feliz Páscoa!**
Bonne année ! [bɔnane] loc	**Feliz Ano-Novo!**
l'hôte, l'hôtesse [ot, otɛs] n m, f ■ N'oublie pas de remercier tes **hôtes** de t'avoir reçu si amicalement.	o anfitrião ■ Não se esqueça de agradecer aos **anfitriões** por tê-lo recebido tão simpaticamente.
acueillir [akœejiʀ] v ▶ v irr p. 409 cueillir ■ J'**ai été accueillie** à bras ouverts chez eux.	acolher, receber ■ **Fui recebido de braços** abertos na casa deles.
chaleureux, chaleureuse [ʃalørø, ʃalørøz] adj ■ J'ai rarement reçu un accueil aussi **chaleureux**.	caloroso, calorosa ■ Raramente recebi acolhida tão **calorosa**.
l'occasion [ɔkazjõ] n f ■ À l'**occasion** de mon anniversaire, le maire a prononcé un discours.	a ocasião ■ Por **ocasião** de meu aniversário, o prefeito fez um discurso.

Festas

l'anniversaire de marriage [anivɛʀsɛʀd(ə)maʀjaʒ] *n m*
- Pour notre **anniversaire de mariage**, il m'a offert un week-end à Paris.

o aniversário de casamento
- Pelo **aniversário de casamento**, ele me presenteou com um fim de semana em Paris.

le baptême [batɛm] *n*
- Qui veux-tu inviter pour le **baptême** de Léa ?

o batismo
- Quem você quer convidar para o **batismo** de Léa?

le centenaire [sɑ̃tnɛʀ] *n*
- Samedi, nous allons fêter le **centenaire** de notre ville.

o centenário
- No sábado, vamos comemorar o **centenário** de nossa cidade.

➡ Existe também **le cinquantenaire**, o jubileu de 50 anos.

envelopper [ɑ̃vlɔpe] *v*
- C'est pour offrir. Pouvez vous l'**envelopper** dans du papier-cadeau ?

embrulhar
- É para presente. Você poderia **embrulhar** com papel para presente?

la décoration [dekɔʀasjɔ̃] *n*
- Il ne faut pas le manger, c'est seulement une **décoration**.

a decoração
- Não é para comer, é apenas **decoração**.

décorer [dekɔʀe] *v*
- Ce sont les enfants qui ont **décoré** le sapin de Noël.
- Chaque année pour Noël, je **décore** la maison différemment.

decorar, enfeitar
- Foram as crianças que **enfeitaram** a árvore de Natal.
- Para o Natal, todos os anos eu **decoro** a casa de um jeito diferente.

l'événement [evɛnmɑ̃] *n m*
- Le mariage de Paul et Caroline sera certainement un des plus grands **événements** de l'année.

o acontecimento, o evento
- O casamento de Paul e Caroline certamente vai ser um dos maiores **acontecimentos** do ano.

avoir lieu [avwaʀljø] *loc*
▶ v irr p. 407 avoir
- Le Tour de France **a lieu** tous les ans en juillet.

acontecer
- O Tour de France **acontece** todos os anos em julho.

la kermesse [kɛʀmɛs] *n*
- À la **kermesse**, il y a un manège de chevaux de bois que les enfants adorent.

a quermesse
- Na **quermesse** tem um carrossel de cavalos de madeira que as crianças adoram.

le cirque [siʀk] n
- Les enfants ne sont pas les seuls à aimer le **cirque**.

o circo
- As crianças não são as únicas a gostar de **circo**.

le **marché aux puces** [maʀʃeopys] n
- J'ai trouvé cette chaise au **marché aux puces**.

o **mercado de pulgas**
- Encontrei esta cadeira no **mercado de pulgas**.

le **feu d'artifice** [fødaʀtifis] n
- La fête du village s'est terminée par un superbe **feu d'artifice**.

os **fogos de artifício**
- A festa do vilarejo terminou com **fogos de artifício** incríveis.

la foule [ful] n
- Tu as vu la **foule** devant le cinéma ?

a multidão
- Você viu a **multidão** diante do cinema?

la tradition [tʀadisjõ] n
- C'est une **tradition** pour Pâques de manger de l'agneau.

a tradição
- É uma **tradição** comer carne de cordeiro na Páscoa.

traditionnel, traditionnelle [tʀadisjɔnɛl] adj
- Pour le réveillon, il y avait la **traditionnelle** dinde aux marrons.

tradicional
- Para o réveillon, foi servido o **tradicional** peru recheado.

la coutume [kutym] n
- Chez les Basques, c'est la **coutume** de chanter pendant les repas de fête.

costume
- Entre os bascos, é **costume** cantar durante os jantares comemorativos

Feriados

la **fête nationale** [fɛtnasjɔnal] n	o **feriado nacional**
➔ O feriado nacional francês é comemorado em 14 de julho.	
la **Saint-Sylvestre** [sɛ̃silvɛstʀ] n	a **noite de São Silvestre**
le **réveillon (de la Saint-Sylvestre)** [ʀevɛjõ(dlasɛ̃silvɛstʀ)] n	o **réveillon**

> ➡ **Réveillon** refere-se à noite de Ano-Novo, mas também, diferentemente do português, à noite de Natal. Assim, dá ênfase especial ao jantar de celebração realizado em ambas as datas. O verbo adequado para tal é **réveillonner – celebrar/passar a noite de Ano-Novo, passar a noite de Natal**. No **réveillon de Noël**, não deve faltar a **bûche de Noël** como sobremesa, um bolo enrolado recheado de chocolate, semelhante a um tronco ou a um pedaço de lenha.

le **jour de l'an** [ʒuʀdəlɑ̃] n	o **dia de Ano-Novo**
le **carnaval** [kaʀnaval] n	o **Carnaval**
le **Vendredi saint** [vɑ̃dʀədisɛ̃] n	a **Sexta-Feira Santa**
Pâques [pɑk] n	a **Páscoa**

> ➡ **Pâques** é usado no plural feminino quando em presença de adjetivo: **Joyeuses Pâques ! – Feliz Páscoa!**

la **Pentecôte** [pɑ̃tkot] n	**Pentecostes**
la **Toussaint** [susɛ̃] n	o **Dia de Todos os Santos**
Noël [nɔɛl] n	o **Natal**
le **réveillon (de Noël)** [ʀevɛjõ(dnɔɛl)] n ➡ réveillon (de la Saint-Sylvestre) p. 179	a **véspera de Natal**
le **Mardi gras** [maʀdigʀo] n	a **terça-feira de Carnaval**
la **Fête du Travail** [fɛtdytʀavaj] n	o **Dia do Trabalho**
la **Fête de la Victoire** [fɛtdəlaviktwaʀ] n	a **Festa da Vitória**
l'**Assomption** [asõpsjõ] n f	a **Assunção de Maria**

> ➡ A **Assunção de Maria** é celebrada em 15 de agosto. É costume referir-se a ela com **15 août**: **Que fais-tu pour le 15 août? – O que você vai fazer em 15 de agosto?**

l'**Armistice** [aʀmistis] n m	(em 11 de novembro, dia do armistício e final da Primeira Guerra Mundial)

Saídas e diversão

sortir [sɔʀtiʀ] v ■ Cette semaine je **suis sorti** tous les soirs. Je suis épuisé !	**sair** ■ Nesta semana, **saí** todas as noites. Estou esgotado!
la **distraction** [distʀaksjõ] n ■ À la campagne, ça manque de **distraction** !	a **distração**, o **divertimento** ■ No campo falta **distração**!
danser [dɑ̃se] v ■ Je peux t'inviter à **danser** ?	**dançar** ■ Posso convidá-la para **dançar**?
la **discothèque** [diskɔtɛk] n ■ Il parait qu'il y a en ville une nouvelle **discothèque** où la musique est super.	a **discoteca** ■ Parece que há na cidade uma nova **discoteca** onde a música é ótima.
amusant, amusante [amyzɑ̃, amyzɑ̃t] adj ■ Viens jouer à la pétanque avec nous ! Tu verras, c'est très **amusant**.	**divertido** ■ Venha jogar peteca conosco! Você vai ver, é muito **divertido**.
amuser [amyze] v ■ Ça t'**amuserait** d'aller en boîte ?	**divertir-se** ■ Você se **divertiria** se fossêmos à boate?
s'amuser [samyze] v ■ Est-ce que tu **t'es** bien **amusé** hier soir ?	**divertir-se** ■ Você **se divertiu** bastante ontem à noite?
Amuse-toi bien ! [amyztwabjɛ̃] loc	**Divirta-se!**

➡ Quando se faz votos a alguém com quem se trata de modo formal, diz-se: **Amusez-vous bien !**

se moquer [s(ə)mɔke] v ■ Quand j'ai souri, elle a cru que je **me moquais** d'elle.	**caçoar, zombar, debochar** ■ Quando sorri, ela pensou que eu estivesse **debochando** dela.
boire un verre [bwaʀɛ̃vɛʀ] loc ■ Après le travail, on va **boire un verre** au bistro du coin.	**beber** ■ Depois do trabalho, a gente sai para **beber** no bar da esquina.
profiter de [pʀɔfitedə] v ■ Cette année, j'ai vraiment **profité de** mes vacances au bord de la mer.	**aproveitar** ■ Neste ano, eu realmente **aproveitei** minhas férias junto ao mar.

la **plaisanterie** [plɛâtʀi] n
- Tu la trouves drôle, cette **plaisanterie** ?
- Ceci n'est pas une **plaisanterie**, mais une histoire vécue par ma grand-mère.

piada, gracejo
- Você acha engraçada essa **piada**?
- Não é **piada**, e sim uma história vivida por minha avó.

plaisanter [plɛzâte] v
- Quand on est ensemble, on discute, on **plaisante**, on s'amuse, quoi.

fazer brincadeira, brincar
- Quando estamos juntos, discutimos, **brincamos** e até nos divertimos.

pour plaisanter [puʀplɛzâte] adv
- Je n'ai pas voulu te vexer, c'était seulement **pour plaisanter**.

de brincadeira
- Eu não queria chatear você, foi apenas **de brincadeira**.

le **rire** [ʀiʀ] n
- Nous éclatons de **rire** à chaque blague qu'il raconte.

a risada
- Damos muita **risada** a cada piada que conta.

la **boîte (de nuit)** n
- Pendant les vacances, nous sortions tous les soirs dans une **boîte**.

a boate
- Durante as férias, íamos toda noite a uma **boate**.

le **bar** [baʀ] n
- Le **bar** de l'hôtel est ouvert jusqu'à minuit.

o bar
- O **bar** do hotel fica aberto até a meia-noite.

➡ Com **bar-tabac** caracteriza-se um local em que se vendem cigarros e fumo, jornais, selos e, geralmente, também passes de transporte público e cartões telefônicos, como num **bureau de tabac**.

la **soirée** [swaʀe] n
- Désolé, vous ne pouvez pas entrer, c'est une **soirée** privée.

a festa, o sarau
- Sinto muito, você não pode entrar, é uma **festa** particular.

la **soirée dansante** [swaʀedâsât] n
- J'ai envie de prendre des billets pour la **soirée dansante** du 31 décembre.

a festa dançante
- Eu gostaria de comprar ingressos para a **festa dançante** de 31 de dezembro.

Esportes

le sport [spɔʀ] *n* ■ Tu fais du **sport** ?	o **esporte** ■ Você pratica **esporte**?

→ Na escola, a disciplina educação física chama-se oficialmente **éducation physique et sportive**. Com frequência, na linguagem oral e escrita, usa-se EPS.

s'entraîner [sɑ̃tʀene] *v* ■ Je **me suis entraînée** sur la plage ; c'est très bon de courir dans le sable.	**treinar** ■ Eu **treinei** na praia. É muito bom correr na areia.
la course [kuʀs] *n* ■ Ce coureur automobile a une **course** chaque week-end.	a **corrida** ■ Esse piloto tem **corrida** todo fim de semana.
courir [kuʀiʀ] *v* ▶ *v irr* p. 408 couir ■ J'ai **couru** le 100 mètres en 12 secondes.	**correr** ■ **Corri** os 100 metros em 12 segundos.
lent, lente [lɑ̃, lɑ̃t] *adj* ■ Cet athlète a été si **lent** qu'il a franchi la ligne d'arrivée en dernier.	**lento** ■ Esse atleta foi tão **lento** que cruzou a linha de chegada em último.
vite [vit] *adv* ■ J'aimerais bien courir aussi **vite** qu'un sprinter !	**veloz, rápido** ■ Eu gostaria muito de correr tão **rápido** quanto um velocista!
rapide [ʀapid] *adj* ■ Le voyage de retour a été très **rapide**, il n'y avait personne sur la route.	**rápido** ■ A viagem de volta foi muito **rápida**, não havia ninguém na pista.
le gymnase [ʒimnaz] *n* ■ Les épreuves de sport auront lieu dans le **gymnase** de l'école.	o **ginásio** ■ As provas esportivas vão ocorrer no **ginásio** da escola.
le joueur, la joueuse [ʒwœʀ, ʒwøz] *n* ■ On peut remplacer des **joueurs** pendant le match.	o **jogador**, a **jogadora** ■ Podem-se substituir **jogadores** durante a partida.

Esportes

le **ballon** [balõ] *n*
- Les enfants, allez jouer au **ballon** dehors !

a **bola**
- Crianças, vão jogar **bola** lá fora!

➡ **Balle**, normalmente, refere-se a uma bola pequena, como uma bola de tênis; **ballon** é uma bola maior, como a de futebol ou handebol.

la **balle** [bal] *n*
- Ta **balle** était hors-jeu. J'ai gagné la première manche.
➡ ballon p. 184

a **bola**
- Sua **bola** estava impedida. Ganhei a primeira rodada.

lancer [lɑ̃se] *v*
- À moi, à moi, **lance**-moi le ballon !

jogar, mandar, lançar
- Para mim, para mim, **lance** a bola para mim!

attraper [atʀape] *v*
- Alors, tu ne sais plus **attraper** un ballon ?

pegar, apanhar
- Ah, você não consegue **pegar** uma bola?

le **football** [futbol] *n*
- J'ai joué au **football** jusqu'au lycée.

o **futebol**
- Joguei **futebol** até o colégio.

➡ Na linguagem corrente se diz também **foot**.

les **sports d'hiver** [spɔʀdivɛʀ] *n m pl*
- Nous allons tous les ans dans les Alpes aux **sports d'hiver**.

os **esportes de inverno**
- Todos os anos vamos aos Alpes praticar **esportes de inverno**.

le **ski** [ski] *n*
- Hier, j'ai acheté de nouveaux **skis**.

o **esqui**
- Ontem eu comprei **esquis** novos.

skier [skje] *v*
- Dans les Alpes, on peut **skier** toute l'année.

esquiar
- Nos Alpes, pode-se **esquiar** o ano todo.

faire de la luge [fɛʀdəlalyʒ] *loc*
▶ *v irr* p. 410 faire
- Venez **faire de la luge** pendant qu'il fait encore beau !

andar de trenó
- Vamos **andar de trenó** enquanto o tempo ainda está bom!

nager [naʒe.] *v*
- Je pourrais **nager** des heures, tellement j'aime ça.

nadar
- Eu poderia **nadar** durante horas, de tanto que eu gosto.

la **piscine** [pisin] *n*
- J'ai préféré aller à la **piscine** de l'hôtel : la mer était trop froide.

a **piscina**
- Eu preferi ir à **piscina** do hotel: o mar estava muito frio.

faire du cheval [fɛʀdyʃval] *loc*
▶ **v irr** p. 410 faire
- Je **fais du cheval** depuis que je suis petite.

cavalgar
- **Cavalgo** desde pequena.

faire du jogging [fɛʀdydʒɔgin] *loc*
▶ **v irr** p. 410 faire
- Je **fais du jogging** tous les jours pour rester en forme.

correr, fazer corrida
- **Faço corrida** todos os dias para ficar em forma.

la **randonnée** [ʀɑ̃dɔne] *n*
- Pour participer à la prochaine **randonnée**, il faut s'inscrire au syndicat d'initiative.

a **caminhada**
- Para participar da próxima **caminhada**, é preciso se inscrever na central de informações turísticas.

faire de la randonnée [fɛʀd(ə)laʀɑ̃dɔne] *loc*
▶ **v irr** p. 410 faire
- Cet été, je vais **faire de la randonnée** dans le Jura avec des amis.

fazer caminhada
- Neste verão, vou **fazer caminhada** no Jura com amigos.

faire de l'escalade [fɛʀd(ə)lɛskalad] *loc*
▶ **v irr** p. 410 faire
- Je suis inquiète chaque fois que mon mari part **faire de l'escalade**.

fazer escalada
- Fico preocupada cada vez que meu marido sai para **fazer escalada**.

la **montée** [mɔ̃te] *n*
- Il faut compter quatre heures pour la **montée**.

a **subida**
- É preciso contar quatro horas para a **subida**.

faire de l'alpinisme [fɛʀd(ə)lalpinism] *loc*
▶ **v irr** p. 410 faire
- L'été, mon mari et moi allons **faire de l'alpinisme** dans le Pyrénnées.

fazer alpinismo
- No verão, meu marido e eu vamos **fazer alpinismo** nos Pireneus.

le **jeu de boules** [ʒød(ə)bul] *n*; *pl* **jeux de boules**
- Le **jeu de boules** est aussi appelé «pétanque» dans le Midi.

o **jogo de peteca**
- No sul da França o **jogo de peteca** é também chamado "pétanque".

Esportes

---

le match [matʃ] *n*
- Nous avons gagné nos trois **matchs** cette semaine.

a **partida**
- Nesta semana, ganhamos nossas três **partidas**.

---

la compétition [kõpetisjõ] *n*
- Quelles sont les **compétitions** que tu aimes regarder à la télé ?

a **competição**
- Quais são as **competições** que você gosta de assistir na televisão?

---

le concurrent, la concurrente [kõkyʀɑ̃, kõkyʀɑ̃t] *n*
- Nous serons dix **concurrents** à participer à la prochaine compétition de natation.

o **concorrente**

- Seremos dez **concorrentes** a participar da próxima competição de natação.

---

gagner [gaɲe] *v*
- Hier au foot, les Russes **ont gagné** contre les Espagnols.

ganhar
- Ontem, no futebol, os russos **ganharam** dos espanhóis.

---

la victoire [viktwaʀ] *n*
- Cinq à zéro, c'est une **victoire** magnifique !

a **vitória**
- Cinco a zero, é uma **vitória** magnífica!

---

le/la vainqueur [vɛ̃kœʀ] *n*
- Cette année, Nadal est le **vainqueur** à Wimbledon.

o **vencedor**
- Neste ano, Nadal é o **vencedor** em Wimbledon.

---

la défaite [defɛt] *n*
- C'est une amère **défaite** pour l'équipe nationale.

a **derrota**
- É uma amarga **derrota** para a seleção nacional.

---

battre [batʀ] *v*
- ▶ *v irr* p. 407 battre
- La France terminera première à moins d'**être battue** par le Luxembourg.

vencer

- A França terminará em primeiro, a menos que **seja vencida** por Luxemburgo.

---

le perdant, la perdante [pɛʀdɑ̃, pɛʀdɑ̃t] *n*
- Laurence est mauvaise **perdante**.

o **perdedor**

- Laurence é má **perdedora**.

---

perdre [pɛʀdʀ] *v*
- ▶ *v irr* p. 412 rendre
- La France **a perdu** par deux buts à un.

perder

- A França **perdeu** por dois gols a um.

le départ [depa] *n* ■ Attention au **départ** ! 5, 4, 3, 2, 1, partez !	a **partida**, a **saída**, a **largada** ■ Atenção à **largada**! 5, 4, 3, 2, 1, já!
la ligne d'arrivée [liɲdaʀive] *n* ■ C'est le numéro sept qui a franchi la **ligne d'arrivée** en premier.	a **linha de chegada** ■ Foi o número sete quem alcançou a **linha de chegada** em primeiro.
célèbre [selɛbʀ] *adj* ■ Alain Prost est sans doute le plus **célèbre** pilote français de formule 1.	**célebre** ■ Alain Prost é sem dúvida o mais **célebre** piloto francês de fórmula 1.
l'**athlète** [atlɛt] *n m/f* ■ Il y a des **athlètes** qui se dopent.	o **atleta** ■ Há **atletas** que se dopam.
l'**athlétisme** [atletism] *n m/f* ■ L'**athlétisme** est le principal sport des jeux d'été.	o **atletismo** ■ O **atletismo** é o principal esporte dos jogos de verão.
sportif, sportive [spɔʀtif, spɔʀtiv] *adj* ■ Mon frère est très **sportif**. ■ À la télé, je ne regarde que les émissions **sportives**. ■ Le match a été très **sportif**.	**esportista, esportivo, desportivo** ■ Meu irmão é bastante **esportivo**. ■ Na televisão, só assisto aos programas **esportivos**. ■ O jogo foi bastante **desportivo**.
l'**entraînement** [ɑ̃tʀɛnmɑ̃] *n m* ■ Les athlètes professionnels ont un **entraînement** presque chaque jour.	o **treinamento** ■ Os atletas profissionais passam por **treinamento** quase todos os dias.
le stade [stad] *n* ■ Pour la finale, le **stade** était plein.	o **estádio** ■ Para a final, o **estádio** estava cheio.
l'**équipe** [ekip] *n f* ■ Ce sont deux **équipes** de même niveau qui vont s'affronter à Lyon.	a **equipe**, o **time** ■ São duas **equipes** de mesmo nível que se enfrentarão em Lyon.
le mouvement [muvmɑ̃] *n* ■ Il a fait un faux **mouvement** en ski et s'est cassé la jambé.	o **movimento** ■ Ele fez um **movimento** em falso ao esquiar e fraturou a perna.
en forme [ɑ̃fɔʀm] *adj* ■ Je ne suis pas **en forme** ce matin!	**bem, satisfatório** ■ Não estou **bem** nesta manhã.
l'**endurance** [ɑ̃dyʀɑ̃s] *n f* ■ Il a une **endurance** peu commune pour son âge.	a **resistência** ■ Ele tem uma **resistência** pouco comum para a sua idade.

sauter [sote] *v*
- Tu **as sauté** d'aussi haut ? Mais tu es fou !

saltar
- Você **saltou** assim tão alto? Mas você é louco!

le **but** [by(t)] *n*
- Le **but** a été refuse par l'arbitre.

o gol
- O **gol** foi recusado pelo árbitro.

marquer un but [maʀkeɛ̃by(t)] *loc*
- Quand notre équipe a enfin **marqué un but**, nous avons hurlé de joie.

marcar um gol
- Quando nossa equipe enfim **marcou um gol**, urramos de alegria.

le **terrain** [tɛʀɛ̃] *n*
- À la fin du match, les spectateurs ont envahi le **terrain**.

o terreno, o campo
- Ao final do jogo, os espectadores invadiram o **terreno**.

le **cyclisme** [siklism] *n*
- Le **cyclisme** est un des sports les plus pratiqués en France.

o ciclismo
- O **ciclismo** é um dos esportes mais praticados na França.

le **jogging** [dʒɔgiŋ] *n*
- C'est en faisant du **jogging** que tu as perdu tous ces kilos ?

a corrida
- Foi com a **corrida** que você perdeu todos esses quilos?

le **volley-ball** [vɔlɛbol] *n*
- Les Brésiliens sont les champions du monde de **volley-ball** cette année.

o vôlei
- Os brasileiros são os campeões do mundo de **vôlei** neste ano.

le **basket-ball** [baskɛtbol] *n*
- En **basket-ball**, les joueurs sont généralement très grands.

o basquete
- No **basquete**, os jogadores são em geral muito altos.

le **handball** [ɑ̃dbal] *n*
- Au **handball**, il faut lancer le ballon dans le but pour faire un point.

o handebol
- No **handebol**, é preciso lançar a bola no gol para fazer um ponto.

le **golf** [gɔlf] *n*
- Le **golf** est un sport très populaire en Floride.

o golfe
- Na Flórida, o **golfe** é um esporte bastante popular.

le **tennis** [tenis] *n*
- Je joue au **tennis** depuis longtemps.

o tênis
- Jogo **tênis** há muito tempo.

Esportes

la **raquette** [ʀakɛt] *n*
- J'ai cassé une corde ; tu peux me prêter ta **raquette** ?

a **raquete**
- Arrebentei uma corda; você pode emprestar-me sua **raquete**?

le **hockey sur gazon** [ɔkɛsyʀgazõ] *n*
- Un match de **hockey sur gazon** dure 70 minutes.

o **hóquei sobre a grama**
- Uma partida de **hóquei sobre a grama** dura 70 minutos.

le **hockey sur glace** [ɔkɛsyʀglas] *n*
- Le **hockey sur glace** est le sport national du Canada.

o **hóquei sobre o gelo**
- O **hóquei sobre o gelo** é o esporte nacional do Canadá.

la **voile** [vwal] *n*
- Pour faire de la **voile**, la Bretagne est la région idéale.

a **vela**
- Para praticar **vela**, a Bretanha é a região ideal.

la **plongée** [plõʒe] *n*
- Cette année, nous allons faire de la **plongée** dans les Caraïbes.

o **mergulho**
- Neste ano, vamos fazer **mergulho** no Caribe.

la **planche à voile** [plɑ̃ʃavwal] *n*
- Il ne veut pas essayer la **planche à voile** parce qu'il a trop peur de l'eau.

o **windsurfe**
- Ele não quer experimentar **windsurfe** porque tem muito medo de água.

le ***kitesurf*** [ver orig.] *n*
- Max a passé une semaine en Égypte pour faire du ***kitesurf***.

o ***kitesurf***
- Max passou uma semana no Egito para praticar ***kitesurf***.

la **finale** [final] *n*
- À ton avis, qui va gagner la **finale** ?

a **final**
- Em sua opinião, quem vai ganhar a **final**?

le **championnat du monde** [ʃɑ̃pjɔnadymõd] *n*
- Deux membres de notre équipe participeront au **championnat du monde** de Sydney.

o **campeonato mundial**
- Dois membros de nossa equipe vão participar do **campeonato mundial** de Sydney.

les **Jeux olympiques** [ʒøzɔlɛ̃pik] *n m pl*
- Elle rêve de participer un jour aux **Jeux olympiques**.

os **jogos olímpicos**
- Ela sonha em participar um dia dos **jogos olímpicos**.

la **médaille** [dedaj] *n*
- Elle a été couverte de **médailles** aux derniers Jeux olympiques.

a **medalha**
- Ela foi coberta de **medalhas** nos últimos jogos olímpicos.

l'**arbitre** [aʀbitʀ] *n m/f*
- L'**arbitre** a sorti le carton rouge.

o **árbitro**
- O **árbitro** tirou o cartão vermelho.

siffler [sifle] *v*
- À la troisième minute, l'arbitre **a sifflé** une faute.

apitar
- No terceiro minuto, o árbitro **apitou** uma falta.

le **score** [skɔʀ] *n*
- Quel est le **score** ?

o **placar**
- Qual é o **placar**?

le **supporter** [sypɔʀtɛʀ] *n*
- Le stade était divisé entre les **supporters** des deux équipes.

o **torcedor**
- O estádio estava dividido entre os **torcedores** das duas equipes.

le **record** [ʀ(ɛ)kɔʀ] *n*
- Je ne cherche pas à battre des **records** ; je nage pour le plaisir.

o **recorde**
- Não procuro quebrar **recordes**; nado por prazer.

le **succès** [syksɛ] *n*
- Le nouvel entraîneur a mené l'équipe au **succès**.

o **sucesso**
- O novo treinador conduziu a equipe ao **sucesso**.

connu, connue [kɔny] *adj*
- Les meilleurs joueurs de handball du pays ne sont **connus** qu'ici.

conhecido
- Os melhores jogadores de handebol do país só são **conhecidos** aqui.

passionnant, passionnante [pasjɔnɑ̃, pasjɔnɑ̃t] *adj*
- Ce match de foot a été tout simplement **passionnant** !

incrível, apaixonante
- Este jogo de futebol foi simplesmente **incrível**!

Hobbies

la **photo** [fɔto] *n*
- Je vais te prendre en **photo**.

a **foto**
- Vou tirar uma **foto** sua.

photographier [fɔtɔgʀafje] *v*
- Je ne **photographie** jamais de monuments ; les cartes postales sont plus jolies.

fotografar, tirar foto
- Jamais **tiro foto** de monumentos; os cartões-postais são mais bonitos.

l'appareil photo numérique [apaʀefotonymeʀik] *n m*
- Je cherche un **appareil photo numérique** pas trop compliqué.

a câmera digital
- Procuro uma **câmera digital**, mas não muito complicada.

le flash [flaʃ] *n*
- Le **flash** permet de prendre des photos quand il fait sombre.

o flash
- O **flash** permite tirar fotos quando está escuro.

le motif [mɔtif] *n*
- Sa fille est le **motif** de ses premières photos.

o tema
- Sua filha é o **tema** de suas primeiras fotos.

le jeu [ʒø] *n*; *pl* **jeux**
- Le **jeu** est devenu pour lui une vraie drogue.

o jogo
- O **jogo** se tornou para ele uma verdadeira droga.

jouer à [ʒwea] *v*
- Tu veux bien **jouer au** scrabble avec moi ?

jogar
- Você gostaria de **jogar** palavras cruzadas comigo?

➡ Em esportes e jogos usa-se sempre **jouer à**.

la chance [ʃɑ̃s] *n*
- J'ai toujours eu de la **chance** au jeu.

a sorte
- Sempre tenho **sorte** no jogo.

la malchance [malʃɑ̃s] *n*
- La **malchance** me poursuit depuis que j'ai gagné à la loterie.

o azar
- O **azar** me persegue desde que eu ganhei na loteria.

le dé [de] *n*
- On a joué au **dés** et j'ai perdu la partie.

o dado
- Jogamos **dados**, e eu perdi a partida.

les cartes à jouer [kaʀtaʒwe] *n f pl*
- Où as-tu mis les **cartes à jouer** ?

o jogo de cartas, **o baralho**
- Onde você colocou o **baralho**?

le passe-temps [pastɑ̃] *n*
- Quel est ton **passe-temps** favori : la lecture ou faire la cuisine ?

o passatempo
- Qual é o seu **passatempo** favorito: ler ou cozinhar?

le **loisir** [lwazir] *n*
- Qu'est-ce que tu fais pendant tes **loisirs** ?

o **lazer**
- O que você faz como **lazer**?

la **promenade** [pʀɔmnad] *n*
- Tu n'as pas envie de faire une **promenade** avec moi ?

o **passeio**
- Você não tem vontade de fazer um **passeio** comigo?

le **tour en ville** [tuʀɑ̃vil] *n*
- On va faire un petit **tour en ville** ?

o **passeio pela cidade**
- Vamos fazer um pequeno **passeio pela cidade**?

bricoler [bʀikɔle] *v*
- Elle est très habile de ses mains et aime **bricoler** avec les enfants.

fazer bricolagem
- Ela é bastante habilidosa e gosta de **fazer bricolagem** com as crianças.

les **outils** [uti] *n m pl*
- J'ai toujours mes **outils** dans la voiture, au cas où.

as **ferramentas**
- Tenho sempre minhas **ferramentas** no carro, nunca se sabe.

le **canif** [kanif] *n*
- Il y a beaucoup d'hommes qui ont toujours un **canif** sur eux.

o **canivete**
- Muitos homens trazem sempre um **canivete** consigo.

le **parasol** [paʀasɔl] *n*
- J'ai fait une petite sieste sous le **parasol**.

o **guarda-sol**
- Fiz uma pequena sesta sob o **guarda-sol**.

prendre un bain de soleil
[pʀɑ̃dʀɛ̃bɛ̃dsɔlɛj] *loc*
- Je pourrai bientôt **prendre un bain de soleil** à la plage. Enfin !

tomar um banho de sol

- Logo vou poder **tomar um banho de sol** na praia. Até que enfim!

pêcher [peʃe] *v*
- Viens donc avec moi ! Je pars en bateau **pêcher** l'anguille.

pescar
- Venha comigo! Estou indo de barco **pescar** anchovas.

avoir envie de [avwaʀɑ̃vidə] *loc*
▶ *v irr* p. 407 avoir
- Tu **as envie** d'une bière bien fraîche ?

estar com vontade de

- Está **com vontade de** beber uma cerveja gelada?

le **portrait** [pɔʀtʀɛ] *n*
- Il expose ses **portraits** dans notre galerie.

o **retrato**
- Ele expõe seus **retratos** em nossa galeria.

la **photo panoramique** [fɔtopanɔʀamik] *n*
- Il travaille toujours ses **photos panoramiques** sur l'ordinateur.

a **foto panorâmica**
- Ele sempre trabalha suas **fotos panorâmicas** no computador.

le **zoom** [zum] *n*
- Grâce au **zoom**, j'ai fait plein de photos des enfants en gros plan.

o **zoom**
- Graças ao **zoom**, fiz fotos dos filhos em primeiro plano.

l'**objectif** [ɔbʒɛktif] *n m*
- Elle a posé toute nue devant l'**objectiv** de ma caméra.

a **objetiva**, a **lente**
- Ela posou completamente nua diante da **objetiva** de minha câmera.

les **échecs** [eʃɛk] *n m pl*
- Quand je joue aux **échecs**, je suis si concentré que je n'entends plus rien.

o **xadrez**
- Quando jogo **xadrez**, fico tão concentrado que não ouço nada.

la **règle du jeu** [ʀɛɡlədiʒø] *n*
- Tu trouveras dans la boîte les **règles** du jeu.

a **regra do jogo**
- Você encontrará na caixa as **regras do jogo**.

parier [paʀje] *v*
- Combien tu **paries** sur l'Allemagne ?
- Moi, je **parie** que la France va gagner.

apostar
- Quanto você **aposta** na Alemanha?
- Já eu **aposto** que a França vai ganhar.

risqué, risquée [ʀiske] *adj*
- C'est trop **risqué**, je laisse tomber.

arriscado
- É **arriscado** demais, vou deixar para lá.

risquer [ʀiske] *v*
- Avec son imprudence habituelle il **a** tout **risqué** au jeu et a tout perdu.

arriscar
- Com sua imprudência habitual, **arriscou** tudo no jogo e perdeu.

la **devinette** [d(ə)vinɛt] *n*
- Je vais vous donner quelques **devinettes** pas simples.

o **enigma**, a **adivinhação**
- Vou lhe propor algumas **adivinhações** que não são fáceis.

deviner [d(ə)vine] *v*
- Ne **devine** pas, réfléchis !
- Vous ne **devinerez** jamais qui je viens de rencontrer.

adivinhar
- Não **adivinhe**, reflita!
- Você jamais vai **adivinhar** quem eu acabei de encontrar.

les **mots croisés** [mokrwaze] n m pl
- Il y a un nouveau dictionnaire spécialement pour les **mots croisés**.

as **palavras cruzadas**
- Existe um novo dicionário feito especialmente para **palavras cruzadas**.

le **puzzle** [pœzl] n
- Je n'ai pas assez de patience pour faire un **puzzle**.

o **quebra-cabeça**
- Não tenho muita paciência para montar um **quebra-cabeça**.

consacrer [kɔ̃sakʀe] v
- Depuis que je ne travaille plus, je **consacre** tout mon temps libre au piano.

dedicar, consagrar
- Depois que deixei de trabalhar, **dedico** todo o meu tempo livre ao piano.

actif, active [aktif, aktiv] adj
- Même à 87 ans, mon grand-pére est encore très **actif**.

ativo
- Mesmo com 87 anos, meu avô é ainda bastante **ativo**.

la **collection** [kɔlɛksjɔ̃] n
- Cette **collection** peut valoir une fortune.

a **coleção**
- Essa **coleção** pode valer uma fortuna.

collectionner [kɔlɛksjɔne] v
- Mon frère **collectionne** les cartes de téléphone.

colecionar
- Meu irmão **coleciona** cartões telefônicos.

le **bricolage** [bʀikɔlaʒ] n
- Il y a un magasin où je peux trouver tout le matériel pour le **bricolage** ?
- Dans un bricomarché, vous trouverez tout pour le **bricolage**.

a **bricolagem**
- Há alguma loja em que eu possa encontrar todo o material para **bricolagem**?
- Numa loja de materiais para construção você encontra tudo para **bricolagem**.

le **papier peint** [papjepɛ̃] n
- J'ai choisi un **papier peint** clair pour le couloir.

o **papel de parede**
- Escolhi um **papel de parede** claro para o corredor.

tapisser [tapise] v
- Quel travail de **tapisser** toute la maison soi-même !

forrar com papel de parede
- Que trabalho **forrar com papel de parede** a casa inteira sozinho!

la **peinture** [pɛ̃tyʀ] n
- Fais attention, la **peinture** n'est pas encore sèche.

a **pintura**
- Atenção, a **pintura** ainda não está seca.

rénover [ʀenɔve] v
- Tu peux venir me voir, nous avons fini de **rénover** la maison.

reformar
- Você pode vir me ver, nós terminamos de **reformar** a casa.

l'**échelle** [eʃɛl] *n f*
- Pour cueillir les pommes, il va falloir monter sur l'**échelle**.

a **escada**
- Para colher maçãs, é preciso subir na **escada**.

la **vis** [vis] *n*
- Est-ce que tu as gardé toutes les **vis** pour remonter l'armoire ?

o **parafuso**
- Você guardou todos os **parafusos** para remontar o armário?

le **tournevis** [tuʁnəvis] *n*
- Passe-moi le **tournevis**, je vais réparer l'armoire.

a **chave de fenda**
- Passe-me a **chave de fenda**, vou consertar o armário.

le **crochet** [kʁɔʃɛ] *n*
- J'ai lassé le **crochet** au mur, il n'y a plus qu'à suspendre le tableau.

o **gancho**
- Deixei o **gancho** na parede, ainda é preciso pendurar o quadro.

la **scie** [si] *n*
- Ta **scie** est complètement usée ! Tu devrais t'en acheter une nouvelle.

a **serra**
- Sua **serra** está completamente cega! Você deveria comprar uma nova.

la **planche** [plɑ̃ʃ] *n*
- Pour couper cette **planche**, il me faudrait une scie à bois.

a **tábua**
- Para cortar essa **tábua**, preciso de uma serra de madeira.

le **marteau** [maʁto] *n*; *pl* **marteaux**
- Je me suis donné un coup de **marteau** sur le pouce.

o **martelo**
- Dei um golpe de **martelo** no polegar.

le **clou** [klu] *n*
- Ce n'est pas si facile de planter un **clou** droit.

o **prego**
- Não é tão fácil pregar um **prego** corretamente.

le **fil** [fil] *n*
- Prenez un bout de **fil** d'environ 20 centimètres de long.

a **linha**, o **fio**
- Pegue um pedaço de **fio** de mais ou menos 20 cm de comprimento.

la **corde** [kɔʁd] *n*
- Ils ont dû monter le piano à l'aide d'une grosse **corde**.

a **corda**
- Tiveram de subir o piano de cauda com uma **corda** grossa.

attacher [ataʃe] *v*
- J'ai **attaché** le chien à cet arbre.

amarrar
- **Amarrei** o cão nesta árvore.

l'**aiguille** [egɥij] *n f*
- J'ai fait tomber mon **aiguille**. Tu m'aides à la chercher ?

a **agulha**
- Deixei cair minha **agulha**. Você me ajuda a encontrá-la?

la **chasse** [ʃas] *n*
- En automne, mon oncle va tous les dimanches à la **chasse**.

a **caça**
- No outono, meu tio vai todos os domingos à **caça**.

la **pêche** [pɛʃ] *n*
- En France, la **pêche** est une sorte de sport national.

a **pesca**
- Na França, a **pesca** é uma espécie de esporte nacional.

Fazer compras

Escolher e pagar

l'**offre** [ɔfʀ] *n f*
- L'**offre** en fromage dans les supermarchés français réjouit beaucoup de touristes.

a **oferta**
- A **oferta** de queijo nos supermercados franceses agrada a muitos turistas.

l'**achat** [aʃa] *n m*
- Je trouve que c'est un bon **achat**, même si c'était assez cher.
- J'ai quelques **achats** à faire en ville.

a **compra**
- Acho que é uma boa **compra**, ainda que seja caro demais.
- Tenho de fazer algumas **compras** na cidade.

acheter [aʃ(ə)te] *v*
- Mes parents vont m'**acheter** un ordinateur.

comprar
- Meus pais vão **comprar** um computador para mim.

la **vente** [vɑ̃t] *n*
- La **vente** d'alcool autour des stades est maintenant interdite.

a **venda**
- Agora a **venda** de álcool em volta dos estádios está proibida.

vendre [vɑ̃dʀ] *v*
▶ v irr p. 412 rendre
- J'**ai vendu** mon vieux vélomoteur à un copain.

vender
- **Vendi** minha velha lambreta a um amigo.

ouvert, ouverte [uvɛʀ, uvɛʀt] *adj*
- De plus en plus de magasins restent **ouverts** entre midi et deux.

aberto
- Cada vez mais as lojas ficam **abertas** entre meio-dia e duas horas.

fermé, fermée [fɛʀme] *adj*
- Beaucoup de coiffeurs sont **fermés** le lundi.

fechado
- Muitos salões de beleza ficam **fechados** às segundas-feiras.

servir [sɛʀvir] *v* ▶ *v irr* p. 413 servir ■ Voulez-vous que je vous **serve** ?	**servir** ■ O senhor deseja que eu o **sirva**?
plaire [plɛʀ] *v* ▶ *v irr* p. 411 plaire ■ La robe dans la vitrine me **plaît** beaucoup.	**agradar** ■ O vestido na vitrine me **agrada** muito.
choisir [ʃwazir] *v* ■ Pour son anniversaire, j'**ai choisi** un cadeau utile. ■ Quand je vais au marché, je **choisis** toujours des produits de la région.	**escolher** ■ Para seu aniversário, **escolhi** um presente útil. ■ Quando vou ao mercado, **escolho** sempre produtos da região.
Vous désirez ? [vudeziʀe] *loc*	**O senhor deseja?**
complet, compléte [kõplɛ, kõplɛt] *adj* ■ Il me manque encore deux tasses pour que le service soit **complet**.	**completo** ■ Agora só faltam duas xícaras para que o serviço esteja **completo**.
neuf, neuve [nœf, nœv] *adj* ■ Mes chaussures **neuves** me font mal.	**novo** ■ Meus sapatos **novos** me machucam.

➡ **Nouveau** é usado no sentido de novo, renovado, como o contrário de **antigo**. **Neuf** é empregado no sentido de **"novo em folha", ainda não usado**.

nouveau, nouvel, nouvelle [nuvo, nuvɛl] *adj*; *pl* **nouveaux** ■ Le **nouvel** hôtel de ville a coûté très cher.	**novo** ■ A **nova** prefeitura custou muito caro.

➡ A forma **nouvel** é empregada quando o adjetivo é inserido antes de um substantivo masculino iniciado com vogal ou com h mudo.

d'occasion [dɔkazjõ] *loc* ■ C'est un jean **d'occasion** et c'était une bonne occasion. ■ C'est une voiture **d'occasion**. Je ne l'ai pas payée cher.	**usado** ■ Era um jeans **usado** e estava em conta. ■ É um carro **usado**. Não paguei muito por ele.
épuisé, épuisée [epɥize] *adj* ■ Au bout de dix minutes, les articles réduits étaient déjà **épuisés**.	**esgotado** ■ Ao cabo de dez minutos, os artigos em promoção já estavam **esgotados**.

le prix [pʀi] n
- J'ai eu ce pantalon à moitié **prix**.

o preço
- Comprei essas calças pela metade do **preço**.

cher, chère [ʃɛʀ] adj; inv
- L'essence est plus **chère** en France qu'en Allemagne.

caro
- A gasolina é mais **cara** na França do que na Alemanha.

bon marché [bɔ̃maʀʃe] adj; inv
- Ces fraises sont **bon marché**.

barato, em conta
- Estes morangos estão **baratos**.

➡ O aumentativo é **meilleur marché**.

la caisse [kɛs] n
- Le vendredi soir, il y a un monde fou aux **caisses**.

o caixa
- Na sexta-feira à noite, há uma imensa multidão junto aos **caixas**.

coûter [kute] v
- Ces chaussures, elles **coûtent** combien ?

custar
- Quanto **custam** esses sapatos?

Combien coûte... ? [kɔ̃bjɛ̃kut] loc

Quanto custa...?

dépenser [depɑ̃se] v
- L'argent c'est fait pour **être dépensé**.

gastar
- Dinheiro foi feito para **ser gasto**.

la réclamation [ʀeklamasjɔ̃] n
- Soyez tranquille, nous n'avons jamais eu de **réclamation** sur cet appareil.

a reclamação
- Fique tranquilo, jamais tivemos **reclamação** desse aparelho.

faire une réclamation [fɛʀynʀeklamasjɔ̃] loc
▶ v irr p. 410 faire
- Gardez votre ticket de caisse pour **faire une réclamation** si vous avez un problème.

fazer uma reclamação
- Guarde seu recibo de compra para **fazer uma reclamação** caso tenha algum problema.

échanger [eʃɑ̃ʒe] v
- Si le pantalon est trop étroit, vous pouvez l'**échanger**.

trocar
- Se as calças ficarem muito apertadas, você pode **trocá**-las.

encaisser [ɑ̃kese] v
- Il **a encaissé** les deux cents euros et m'a donné mon ticket de caisse.

receber
- Ele **recebeu** duzentos euros e me deu o recibo.

la **monnaie** [mɔnɛ] n ■ Vous pouvez me faire de la **monnaie** ?	o **troco** ■ Você poderia me dar o **troco**?
le **ticket de caisse** [tikɛdkɛs] n ■ Vous pouvez changer votre pantalon si vous présentez votre **ticket de caisse**.	o **recibo de compra** ■ Você pode trocar as calças se apresentar o **recibo de compra**.
la **reçu** [ʀ(ə)sy] n ■ Demande un **reçu** au guichet de la poste lorsque tu achètes des timbres !	o **recibo** ■ Peça um **recibo** no balcão dos correios ao comprar selos!
la **file d'attente** [fildatɑ̃t] n ■ Au moment des soldes, il y a de longues **files d'attente** à chaque caisse.	a **fila de espera** ■ No momento dos pagamentos, formam-se longas **filas de espera** em todo caixa.
faire la queue [fɛʀlakø] loc ▶ v irr p. 410 faire ■ Hé ! Vous, là-bas ! Il faut **faire la queue** comme tout le monde !	**fazer fila, formar fila** ■ Ei, espere aí! É preciso **fazer fila** como todo mundo!
À qui le tour ? [akiltuʀ] loc	**Quem é o próximo na fila?**
C'est mon tour [semɔ̃tuʀ] loc	**É minha vez**.
le **sac à provisions** [sakapʀɔvizjɔ̃] n ■ J'oublie toujours mon **sac à provisions** quand je vais faire mes courses.	a **sacola de compras** ■ Sempre esqueço minha **sacola de compras** quando vou às compras.
la **liste de courses** [list(ə)dəkuʀs] n ■ Une fois de plus, j'ai oublié ma **liste de courses** à la maison.	a **lista de compras** ■ Mais uma vez eu esqueci minha **lista de compras** em casa.
le **client**, la **cliente** [klijɑ̃, klijɑ̃t] n ■ Le **client** a toujours raison.	o **cliente** ■ O **cliente** sempre tem razão.
faire des courses [fɛʀdekurs] loc ▶ v irr p. 410 faire ■ Je **fais des courses** le samedi après-midi.	**fazer compras** ■ **Faço as compras** aos sábados à tarde.

Escolher e pagar

faire du shopping [fɛʀdyʃɔpin] *loc*
▶ **v irr** p. 410 faire
- Je n'ai pas envie d'aller **faire du shopping** dans des magasins pleins à craquer.
- Je n'ai pas d'amies avec qui je peux **faire du shopping**.

fazer compras

- Não tenho vontade de **fazer compras** com as lojas tão cheias.
- Não tenho amigas com quem eu possa **fazer compras**.

faire du lèche-vitrine [fɛʀdyʃvitʀin] *loc*
▶ **v irr** p. 410 faire
- Envie d'aller en ville **faire du lèche-vitrine** ?

olhar as vitrines

- Quer ir à cidade **olhar as vitrines**?

le **choix** [ʃwa] *n*
- Ce petit magasin offre un grand **choix** de vestes et de manteaux.

a **variedade**
- Essa pequena loja oferece uma grande **variedade** de jaquetas e casacos.

le **rayon** [ʀɛjõ] *n*
- Je cherche le **rayon** musiques du monde.

a **seção**
- Estou procurando a **seção** de *world music*.

le **modèle** [mɔdɛl] *n*
- Est-ce que vous avez le même **modèle** en plus grand ?

o **modelo**
- Você tem o mesmo **modelo** em tamanho maior?

en stock [ɑ̃stɔk] *loc*
- Attendez, je vais voir si nous avons encore ce chemisier **en stock**.

em estoque
- Espere, vou ver se ainda temos essa camisa **em estoque**.

en vente [ɑ̃vɑ̃t] *loc*
- Ce livre est **en vente** à partir d'aujourd'hui.

à venda
- Este livro encontra-se **à venda** a partir de hoje.

de luxe [dalyks] *loc*
- Je me suis offert cette montre **de luxe** dont j'ai toujours rêvé.

de luxo
- Resolvi me dar de presente este relógio **de luxo** com o qual sempre sonhei.

les **frais** [fʀɛ] *n m pl*
- Les déménagements entraînent toujours des **frais**.

os **custos**
- Mudança de casa sempre implica **custos**.

Escolher e pagar

pouvoir se payer [puvwaʀs(ə)peje] *loc*
▶ v irr p. 412 pouvoir
- Si seulement je **pouvais me payer** une moto !

poder pagar (algo para si)

- Se eu apenas **pudesse pagar** uma moto.

l'occasion [ɔkasjõ] *n f*
- Quand j'ai su que c'était gratuit, j'ai sauté sur l'**occasion**.

a oportunidade
- Quando soube que era gratuito, eu aproveitei a **oportunidade**.

la promotion [pʀomosjõ] *n*
- Chez Carrefour, tous les vélos sont en **promotion** pendant deux jours.

a promoção
- No Carrefour, todas as bicicletas estão em **promoção** por dois dias.

les soldes [sɔld] *n m pl*
- Après Noël, je fais les **soldes** ; on peut faire de très bonnes affaires.

as **liquidações**
- Depois do Natal, vou às **liquidações**; podem-se fazer negócios muito bons.

➡ Existem **soldes d'hiver**, em janeiro, e **soldes d'été**, no final de junho.

la réduction [ʀedyksjõ] *n*
- Samedi, il y a 20 pour cent de **réduction** sur tous les livres.

o **desconto**
- Sábado há um **desconto** de 20 por cento em todos os livros.

baisser le prix de [besel(ɛ)pʀida] *loc*
- Est-ce que vous allez **baisser les prix de** tous le vêtements d'hiver ?

baixar os preços
- Você quer **baixar os preços** de todas as roupas de inverno?

la vitrine [vitʀin] *n*
- Je voudrais essayer la jupe rouge qui est en **vitrine**.

a **vitrine**
- Eu gostaria de provar a saia vermelha que está na **vitrine**.

le chariot [ʃaʀjo] *n*
- Sois gentil, va remettre mon **chariot** à sa place.

o **carrinho**, o **carrinho de compras**
- Seja gentil, vá colocar meu **carrinho** no lugar.

l'escalier roulant [ɛskaʃjeʀulɑ̃] *n*
- Tu prends l'**escalier roulant** et c'est haut à droite.

a **escada rolante**
- Você pega a **escada rolante**, fica em cima à direita.

Lojas

le **magasin** [magazɛ̃] n	a **loja**
le **grand magasin** [gʀɑ̃magazɛ̃] n	a **loja de departamentos**
la **grande surface** [gʀɑ̃dsyʀfas] n	o **supermercado**

➡ O conceito geral de supermercado é **grande surface**. Diferencia-se entre **supermarché** e o ainda maior **hypermarché**.

le **supermarché** [sypɛʀmaʀʃe] n ➡ grande surface p. 202	o **supermercado**
l'**hypermarché** [ipɛʀmaʀʃe] n ➡ grande surface p. 202	o **hipermercado**
l'**épicerie** [episʀi] n f	a **mercearia**
le **marché** [maʀʃe] n	o **mercado**
la **boulangerie** [bulɑ̃ʒʀi] n	a **padaria**
la **pâtisserie** [pɑtisʀi] n	a **confeitaria**
la **boucherie** [buʃʀi] n	o **açougue**, a **casa de carnes**

➡ Numa **boucherie** vende-se carne de boi, de vitela e cordeiro; numa **charcuterie**, carne de porco e charcutaria.

la **charcuterie** [ʃaʀytʀi] n ➡ boucherie p. 202	a **charcutaria**
le **bureau de tabac** [byʀod(ə)taba] n; pl **bureaux de tabac**	a **tabacaria**

➡ No **bureau de tabac** não são vendidos apenas produtos derivados de tabaco ou a ele relacionados, mas também jornais, selos, artigos de papelaria e na maioria das vezes também cartões de transporte urbano e telefônicos.

le **magasin de chaussures** [magazɛ̃dʃosyʀ] n	a **loja de sapatos**
la **librairie** [libʀɛʀi] n	a **livraria**
la **maison de confection** [mɛzõdkõfɛksjõ] n	a **loja de confecções**
la **boutique** [butik] n	a **loja**, a **butique**

➡ Com **boutique**, num primeiro momento pode-se falar de uma loja qualquer. Uma loja de moda é **boutique de mode**.

la **droguerie** [dʀɔgʀi] *n*	a **drogaria**
le **centre comercial** [sâtʀ(ɛ)kɔmɛʀsjal] *n pl* **centre comerciaux**	o **centro comercial**
la **poissonnerie** [pwasɔnʀi] *n*	a **peixaria**
le **fleuriste** [flœʀist] *n*	a **florista**

➡ Em francês, diz-se frequentemente, em vez dos termos "loja" ou "restaurante", **chez le ...** com o nome da profissão em questão.

la **bijouterie** [biʒutʀi] *n*	a **loja de bijuteria**
le **magasin de sport** [magazɛ̃d(ə) spɔʀ] *n*	a **loja de equipamentos esportivos**
la **teinturerie** [ver orig.] *n*	a **tinturaria**
le **magasin d'électroménager** [magazɛ̃delɛktʀomenaʒe] *n*	a **loja de (equipamentos) eletrônicos**
le **kiosque** [kjɔsk] *n*	o **quiosque**
le **magasin de photographie** [magazɛ̃d(ə)fɔtɔgʀafi] *n*	a **loja de equipamentos fotográficos**
l'**opticien** [ɔptisjɛ̃] *n m*	a **ótica**
la **papeterie** [papɛtʀi] *n*	a **papelaria**
le **traiteur** [tʀɛtœʀ] *n*	a **delicatéssen**
la **maroquinerie** [maʀɔkinʀi] *n*	a **loja de artigos de couro**
la **confiserie** [kɔ̃fizʀi] *n*	a **confeitaria**
la **brocante** [bʀɔkât.] *n*	a **loja de antiguidades**
l'**atelier de retouches** [atəljed(ə)ʀətuʃ] *n*	o **ateliê de costura**
la **cordonnerie** [kɔʀdɔnʀi] *n*	a **sapataria**

Alimentação

Conceitos gerais

les **aliments** [alimã] *n m pl* ■ Voilà une liste d'**aliments** très bons pour la santé.	os **alimentos** ■ Eis uma lista de **alimentos** muito bons para a saúde.
la **nourriture** [nuʀityʀ] *n* ■ Il faut avoir une **nourriture** équilibrée et variée.	a **nutrição**, a **alimentação** ■ É preciso ter uma **alimentação** balanceada e variada.
le **repas** [ʀ(ə)pɑ] *n* ■ Les Français ne peuvent pas s'imaginer un **repas** sans pain.	a **refeição** ■ Os franceses não conseguem imaginar uma **refeição** sem pão.
manger [mɑ̃ʒe] *v* ■ Qu'est qu'on **mange** ce soir ?	**comer** ■ O que vamos **comer** esta noite?
la **faim** [fɛ̃] *n* ■ J'ai une **faim** de loup.	a **fome** ■ Estou com uma **fome** de lobo.
la **soif** [swaf] *n* ■ Si tu as **soif**, on peut s'arrêter dans un bistro.	a **sede** ■ Se você estiver com **sede**, podemos parar num bistrô.
boire [bwaʀ] *v* ▶ **v irr** p. 407 boire ■ Je **bois** à ta santé.	**beber** ■ **Bebo** à sua saúde.
l'**appétit** [apeti] *n m* ■ L'**appétit** vient en mangeant.	o **apetite** ■ O **apetite** vem quando se come.
Bon appétit ! [bɔnapeti] *loc*	**Bom apetite!**
Santé ! [sɑ̃te] *loc*	**Saúde!**

➡ Diz-se também à **ta/votre santé** ! Ou, em linguagem corrente, **tchintchin** !

avoir un bon goût [avwaʀɛ̃bõgu] *loc* ▶ **v irr** p. 407 avoir ■ C'est un fromage très cremeux, qui **a un** très **bon goût**.	**ter um gosto bom** ■ É um queijo muito cremoso que **tem um gosto** muito **bom**.

avoir un goût de [avwaʀɛ̃gudə] *loc*
▶ **v irr** p. 407 avoir
- Cette viande **a un goût de** poisson.

ter gosto de

- Esta carne **tem gosto de** peixe.

délicieux, délicieuse [delisjø] *n*
- Elle est vraiment **délicieuse**, cette bouillabaisse !

delicioso
- É realmente **deliciosa** esta *bouillabaisse*!

frais, fraîche [fʀɛ] *adj*
- L'eau de la source est agréablement **fraîche**

fresco
- A água da fonte é agradavelmente **fresca**.

sucré, sucrée [sydʀe] *adj*
- Nos cerises sont très **sucrées** cette année.

doce
- Nossas cerejas estão muito **doces** este ano.

acide [asid] *adj*
- J'aime bien les pommes vertes **acides**.

ácido
- Gosto muito das maçãs verdes **ácidas**.

salé, salée [sale] *adj*
- L'eau de mer a un goût **salé**.

salgado
- A água do mar tem um gosto **salgado**.

épicé, épicée [epise] *adj*
- La cuisine thaïlandaise est trop **épicée** pour moi.

condimentada
- A cozinha tailandesa é **condimentada** demais para mim.

la bouteille [butɛj] *n*
- Mon père a quelques bonnes **bouteilles** dans sa cave.

a garrafa
- Meu pai tem algumas boas **garrafas** em sua adega.

faire la cuisine [fɛʀlakɥizin] *loc*
▶ **v irr** p 410 faire
- Tous les week-ends, c'est mon mari qui **fait la cuisine**.

cozinhar

- Todos os fins de semana, é meu marido quem **cozinha**.

préparer [pʀepaʀe] *v*
- Aujourd'hui, c'est moi qui **prépare** le repas.

preparar
- Hoje, sou eu quem vai **preparar** a refeição.

bouillir [bujiʀ] *v*
▶ **v irr** p. 408 bouillir
- Tu mets le riz dans l'eau dès qu'elle **bout**.

ferver

- Você põe o arroz na água tão logo ela **ferva**.

cuire [kɥiʀ] v
▶ v irr p. 408 conduire
▪ Pendant que les pâtes **cuisent**, faire fondre le beurre dans une poêle.
➡ bouillir p. 205

cozinhar
▪ Enquanto a massa **cozinha**, aqueça a manteiga numa frigideira.

---

cuit, cuite [kɥi, kɥit] adj
▪ Dès que les legumes sont **cuits**, tu les sors du feu.

cozido
▪ Assim que os legumes estiverem **cozidos**, tire-os do fogo.

---

cru, crue [kʀy] adj
▪ Le jambon de Bayonne est un jambon **cru**.

cru
▪ O presunto de Baiona é um presunto **cru**.

---

faire un gâteau [fɛʀɛ̃gɑto] loc
▶ v irr p. 410 faire
▪ Quand je vais chez ma grand-mère, elle me **fait** toujours **un gâteau**.

fazer um bolo
▪ Quando vou ver minha vó, ela sempre me **faz um bolo**.

---

faire réchauffer [fɛʀʀeʃofe] loc
▶ v irr p. 410 faire
▪ Je vais vite te **faire réchauffer** les restes de dîner d'hier soir.

requentar, esquentar
▪ Vou rápido **esquentar** as sobras do jantar de ontem à noite.

---

couper [kupe] v
▪ Qui veut **couper** le gâteau ?

cortar (em pedaços)
▪ Quem quer **cortar** o bolo?

---

surgelé, surgelée [syʀʒale] adj
▪ C'est tellement plus simple avec des épinards **surgelés** !

congelado
▪ É muito mais simples com o espinafre **congelado**!

---

la tranche [tʀɑ̃ʃ] n
▪ J'aime le jambon coupé en **tranches** très minces.

as fatias
▪ Gosto do presunto cortado em **fatias** bem finas.

---

la goutte [gut] n
▪ Je veux bien un peu de vin, mais juste une **goutte**.

a gota
▪ Eu gostaria muito de um pouco de vinho, mas apenas uma **gota**.

---

avaler [avale] v
▪ N'**avale** pas trop vite, tu vas t'étouffer !

engolir
▪ Não **engula** tão rápido, você vai engasgar.

faire rôtir [fɛʀʀotiʀ] *loc*
- ▶ **v irr** p. 410 faire
- La recette recommande de **faire rôtir** le poulet dans le four à 180 degrés.

assar
- A receita recomenda **assar** o frango no forno a 180 graus.

faire sauter [fɛʀsote] *loc*
- ▶ **v irr** p. 410 faire
- Tu dois **faire sauter** les pommes de terre pendant une demi-heure.

dourar
- Você deve **dourar** as batatas durante meia hora.

faire frire [fɛʀfʀiʀ] *loc*
- ▶ **v irr**. p. 410 faire
- Il ne faut pas **faire frire** le poisson plus de trois minutes.

fritar
- Não se deve **fritar** o peixe por mais de três minutos.

griller [gʀije] *v*
- Le bifteck doit être bien **grillé** de chaque côté.

grelhar
- O bife deve ser bem **grelhado** de cada um dos lados.

le **goût** [gu] *n*
- Je trouve que les haricots d'ici ont un **goût** bizarre.

o **gosto**
- Acho que os feijões daqui têm um **gosto** estranho.

exquis, exquise [ekski, ekskiz] *adj*
- Ne trouves-tu pas que ce nouveau restaurant sert une nourriture vraiment **exquise** ?

refinado
- Você não acha que este novo restaurante serve pratos realmente **refinados**?

le **paquet** [pakɛ] *n*
- Ils font en ce moment une promotion de trois **paquets** pour le prix de deux.

o **pacote**
- Neste momento eles estão com uma promoção de três **pacotes** pelo preço de dois.

la **boîte** [bwat] *n*
- Une **boîte** de chocolats, ça fait toujours plaisir.
- Versez une **boîte** de petits pois dans une casserole.

a caixa
- Uma **caixa** de chocolate é sempre algo bom de se receber.
- Despeje uma **caixa** de ervilhas numa panela.

la **boîte de conserve** [bwatdəkõsɛʀv] *n*
- Il n'y a qu'à ouvrir une **boîte de conserve** quelconque.

o **vidro de conserva**
- Vamos então abrir um **vidro de conserva** qualquer.

le **sac** [sak] *n*
- Ne porte pas ce **sac**, il est trop lourd pour toi.

a **bolsa**
- Não carregue essa **bolsa**, é pesada demais para você.

pourri, pourrie [puʀi] adj
- Tous les fruits que tu as achetés étaient **pourris** au bout de trois jours.

podre
- Todas as frutas que você comprou ficaram **podres** em três dias.

mûr, mûre [myʀ] adj
- Ces poires ne sont pas **mûres** ; elles sont dures comme du bois.

maduro
- Essas peras não estão **maduras**; estão duras como pedra.

amer, amère [amɛʀ] adj
- Cette confiture d'oranges est vraiment **amère** !

amargo
- Este doce de laranja é realmente **amargo**!

sec, sèche [sɛk] adj
- Un bon vin **sec** avec du poisson, c'est super !

seco
- Um bom vinho **seco** com peixe, excelente!

brut, brute [bʀyt] adj
- Personellement, je préfère le champagne **brut**.

seco
- Pessoalmente, prefiro champanhe **seco**.

pétillant, pétillante [petijɑ̃, petijɑ̃t] adj
- On nous a servi un champagne **pétillant** et bien frais.

borbulhante
- Foi-nos servido um champanhe **borbulhante** e bem gelado.

râpé, râpée [ʀɑpe] adj
- Les pâtes avec du parmesan **râpé**, c'est encore meilleur.

ralado
- As massas com parmesão **ralado** são ainda melhores.

les **aliments diététiques**
[alimɑ̃djetetik] n m pl
- Dans notre supermarché, ils ont un rayon spécialement pour les **aliments diététiques**.

os **alimentos dietéticos**
- Em nosso supermercado, existe uma seção especialmente para **produtos dietéticos**.

l'**intolérance au lactose**
[ɛ̃tɔleʀɑ̃solaktoz] n f
- Elle ne peut pas manger de chocolat à cause de son **intolérance au lactose**.

a **intolerância à lactose**
- Ela não pode comer chocolate em razão de sua **intolerância à lactose**.

sans lactose [sɑ̃laktoz] adj
- Savais-tu qu'il existe du fromage **sans lactose** ?

sem lactose
- Você sabia que existe queijo **sem lactose**?

Conceitos gerais

les **aliments complets**
[alimãkõplɛ] *n m pl*
- Le docteur me recommande de manger d'avantage d'**aliments complets**.

os **alimentos integrais**
- O médico me recomendou comer mais **alimentos integrais**.

le **régime** [ʀʒim] *n*
- C'est très difficile de suivre un **régime** quand on est gourmand !

o **regime**
- É muito difícil seguir um **regime** quando se é guloso!

le **végétarien**, la **végétarienne**
[veʒetaʀjɛ̃, veʒetaʀjɛn] *n*
- Ma fille est **végétarienne** depuis qu'elle est allée en Inde.

o **vegetariano**
- Minha filha é **vegetariana** desde que foi à Índia.

le **végétalien**, la **végétalienne**
[veʒetaljɛ̃, veʒetaljɛn] *n*
- C'est vrai que les **végétaliens** vivent plus longtemps ?

o **vegano**
- É verdade que os **veganos** vivem mais tempo?

végétalien, **végétalienne**
[veʒetaljɛ̃] *adj*
- Depuis qu'il a vu ce reportage à la télé, il suit une alimentation **végétalienne**.

vegano
- Depois que assistiu a essa reportagem na televisão, ele adotou uma alimentação **vegana**.

la **restauration rapide**
[ʀɛstɔʀasjɔ̃ʀapid] *n*
- Beaucoup de chaînes de **restauration rapide** utilisent de plus en plus des œufs de poules élevées en plein air.

a **comida fast-food**
- Muitas redes de **fast-food** usam cada vez mais ovos de galinhas criadas ao ar livre.

la **malbouffe** [malbuf] *n (col.)*
- De plus en plus de gens mangent de la **malbouffe**.

a **junk food**
- Cada vez mais pessoas comem **junk food**.

la **bouffe** [buf] *n (col.)*
- Mon petit frère ne pense qu'à la **bouffe**.

a **comida**
- Meu irmãozinho só pensa em **comida**.

végétarien, **végétarienne** [veʒetaʀjɛ̃, veʒetaʀjɛn] *adj*
- Le docteur m'a prescrit un régime **végétarien** assez strict.

vegetariano
- O médico me prescreveu uma dieta **vegetariana** bastante rigorosa.

la **graisse** [gʀɛs] n
- Garde la **graisse** du canard pour faire sauter le pommes de terre.

a **gordura**
- Guarde a **gordura** do pato para dourar as batatas.

maigre [mɛgʀ] adj
- Je préfère de loin la viande **maigre**.

magro
- Prefiro de longe a carne **magra**.

la **vitamine** [vitamin] n
- Tu es sûr qu'elles servent à quelque chose, toutes ces **vitamines** que tu prends tous les jours ?

a **vitamina**
- Você tem certeza de que adiantam para alguma coisa todas essas **vitaminas** que você toma todos os dias?

la **recette** [ʀ(ə)sɛt] n
- Peux-tu m'envoyer la **recette** pour ma mère ?

a **receita**
- Você poderia enviar a **receita** para a minha mãe?

assaisoner [asɛzɔne] v
- Tu **as** très bien **assaisonné** le riz !

temperar
- Você **temperou** o arroz muito bem!

ajouter [aʒute] v
- **Ajoutez** un peu de crème fraîche juste avant de servir.

acrescentar
- **Acrescente** um pouco de creme de leite fresco antes de servir.

renverser [ʀɑ̂vɛʀse] v
- J'**ai renversé** un peu de café sur la nappe.

derramar
- **Derramei** um pouco de café na toalha de mesa.

éplucher [eplyʃe] v
- J'ai passé une heure à **éplucher** les légumes pour la soupe.

descascar
- Passei uma hora **descascando** os legumes para a sopa.

pique-niquer [piknike] v
- J'ai découvert au bord du lac un endroit idéal pour **pique-niquer**.

fazer piquenique
- Descobri junto do lago um lugar ideal para **fazer piquenique**.

Pães, doces e cereais

le **pain** [pɛ̃] *n*	o **pão**
la **baguette** [bagɛt] *n*	a **baguete**

➡ O típico pão francês **baguette** existe em três tamanhos. As caracterizações variam conforme a região, mas normalmente se tem a **baguette** de tamanho médio; o pão que tem o dobro do comprimento, mas largura igual, chamado **flûte** ("flauta"); e o mais longo e fino, chamado **ficelle**.

le **petit pain** [p(ə)tipɛ̃] *n*	o **pãozinho**
le **pain de mie** [pɛ̃dmi] *n*	o **pão de milho**
les **pâtes** [pɑt] *n f pl*	as **massas**
le **riz** [ʀi] *n*	o **arroz**
les **pâtisseries** [pɑtisʀi] *n f pl*	a **confeitaria**
le **gâteau** [gɑto] *n*; *pl* **gâteaux**	o **bolo**
la **tarte** [taʀt] *n*	a **torta**
le **biscuit** [biskɥi] *n*	o **biscoito**
le **croissant** [kʀwasɑ̃] *n*	o *croissant*
le **pain au chocolat** [pɛ̃oʃɔkɔla] *n*	o **pão com chocolate**
la **farine** [faʀin] *n*	a **farinha**
le **beignet** [bɛɲɛ.] *n*	o **sonho (doce)**
la **brioche** [bʀijɔʃ] *n*	o **brioche**
l'**éclair** [eklɛʀ] *n m*	a **bomba**, o **ecler**
le **millefeuille** [milfœʃ] *n*	o **mil-folhas**
le **chausson aux pommes** [ʃosõopɔm] *n*	o **folhado de maçã**

Frutas e verduras

le **salade** [salad] *n*	a **salada**
la **pomme de terre** [pɔmdətɛʀ] *n*	a **batata**
les **légumes** [legym] *n m pl*	os **legumes**
la **tomate** [tɔmat] *n*	o **tomate**
la **carotte** [kaʀɔt] *n*	a **cenoura**
l'**olive** [ɔliv] *n f*	a **oliva**
les **petits pois** [p(ə)tipwa] *n m pl*	as **ervilhas**
le **concombre** [kõkõbʀ] *n*	o **pepino**
le **poivron** [pwavʀõ] *n*	a **páprica**
la **choucroute** [ʃukʀut] *n*	o **chucrute**
la **pêche** [pɛʃ] *n*	o **pêssego**
la **noix** [nwa] *n*	a **noz**
la **noisette** [nwazɛt] *n*	a **avelã**
le **fruit** [fʀɥi] *n*	a **fruta**
la **pomme** [pɔm] *n*	a **maçã**
la **poire** [pwar] *n*	a **pera**
l'**orange** [ɔʀɑ̃ʒ] *n f*	a **laranja**
la **cerise** [s(ə)ʀiz] *n*	a **cereja**
la **fraise** [fʀɛz] *n*	o **morango**
la **banane** [banan] *n*	a **banana**
le **citron** [sitʀõ] *n*	o **limão**
l'**oignon** [ɔɲõ] *n m*	a **cebola**
l'**ail** [aj] *n m*	o **alho**

le **haricot** [ˈaʀiko] *n*	o **feijão**
le **maïs** [mais] *n*	o **milho**
le **flageolet** [flaʒɔlɛ] *n*	a **semente de feijão**

➡ Trata-se de feijões pequenos, tenros, como sementes, que na França são vendidos também em conserva.

les **épinards** [epinaʀ] *n m pl*	o **espinafre**
l'**aubergine** [obɛʀʒin] *n f*	a **berinjela**
l'**artichaut** [aʀtiʃo] *n m*	a **alcachofra**
les **courgettes** [kuʀʒɛt] *n f pl*	a **abobrinha**
le **chou** [ʃu] *n*; *pl* **choux**	o **repolho**
la **truffe** [tʀyf] *n*	a **trufa**
l'**abricot** [abʀiko] *n m*	o **damasco**
la **prune** [pʀyn] *n*	a **ameixa**
la **reine-claude** [ʀɛnklod] *n*	a **ameixa rainha-cláudia**

➡ É uma ameixa doce, amarelo-esverdeada, comum na França.

les **raisins** [ʀɛzɛ̃] *n m pl*	as **uvas**
la **cacah(o)uète** [kakawɛt] *n*	o **amendoim**
le **melon** [m(ə)lõ] *n*	o **melão**
la **pastèque** [pastɛk] *n*	a **melancia**
le **pamplemousse** [pɑ̃pləmus] *n*	a **toranja**

Carnes, peixes e derivados do leite

la **viande** [vjɑ̃d] *n*	a **carne**
le **porc** [pɔʀ] *n*	a **carne de porco**
le **bœuf** [bøf] *n*	a **carne de boi**

Carnes, peixes e derivados do leite

le veau [vo] n	a carne de vitela
le poulet [pulɛ] n	o frango
le bifteck [biftɛk] n	o filé

➡ Um filé pode ser servido **bleu** – quase cru –, **saignant** – malpassado –, **à point** – ao ponto – ou **bien cuit** – bem passado. O garçom pergunta: **Vous désirez quelle cuisson?** – Como você deseja o seu filé?

le steak [stɛk] n ➡ bifteck p. 214	o filé
le gigot [ʒigo] n	o pernil
la cuisse [kɥis] n	a coxa
la saucisse [sosis] n	a salsicha
le saucisson [sosisɔ̃] n	o salsichão
le jambon [ʒɑ̃bɔ̃] n	o presunto
le pâté [pate] n	o patê
le poisson [pwasɔ̃] n	o peixe
le lard [laʀ] n	o toucinho
la truite [tʀɥit] n	a truta
le thon [tɔ̃] n	o atum
le saumon [somɔ̃] n	o salmão
la crevette [kʀɛvɛt] n	o camarão
le lait [lɛ] n	o leite
le beurre [bœʀ] n	a manteiga
la crème [kʀɛm] n	o creme, a nata

➡ **Chantilly** significa **crème fouettée** ou **crème Chantilly**.
➡ Especialmente conhecido é o **crème fraîche** (coalho com alto teor de gordura) e **crème double** (nata com teor de gordura extremamente alto).

le fromage [fʀɔmaʒ] n	o queijo

Carnes, peixes e derivados do leite

> ➡ A França é célebre por seus diversos tipos de queijo, cujos nomes derivam dos lugares ou regiões de proveniência. Entre os mais conhecidos estão: **camembert, brie, roquefort, cantal** e **reblochon**.

l'**agneau** [aɲo] n m	o **cordeiro**
le **mouton** [mutõ] n	o **carneiro**
la **volaille** [vɔlaj] n	a **galinha**
la **dinde** [dɛ̃d] n	a **perua**
l'**escalope** [ɛskalɔp] n	o **escalope**
la **côtelette** [kotlɛt] n	a **costeleta**
les **fruits de mer** [fʀɥid(ə)mɛʀ] n m pl	os **frutos do mar**
les **crustacés** [kʀystase] n m pl	os **crustáceos**
les **coquillages** [kɔkijaʒ] n m pl	o **marisco**, o **molusco**
le **homard** [ɔmaʀ] n	a **lagosta**
les **langoustines** [lãgustin] n f pl	o **lagostim**
l'**huître** [ɥitʀ] n f	a **ostra**
les **escargots** [ɛskaʀgo] n m pl	o **escargot**
l'**arête** [aʀɛt] n m	a **espinha**
le **yaourt** [jauʀt] n	o **iogurte**
le **petit-suisse** [p(ə)tisɥis] n; pl **petits-suisses**	o *petit suisse* (queijo cremoso servido como sobremesa com açúcar ou com marmelada)
le **fromage blanc** [fʀɔmaʒblɑ̃] n	o **queijo fresco** (com textura cremosa, similar ao requeijão, porém mais leve)
le **bleu** [blø] n	o **queijo de pasta azul**
le **chèvre** [ʃɛvʀ] n	o **queijo de cabra**

Temperos, ervas e outros ingredientes

le **sel** [sɛl] n	o **sal**
le **poivre** [pwavʀ] n	a **pimenta**
le **vinaigre** [vinɛgʀ] n	o **vinagre**
l'**huile** [ɥil] n f	o **óleo**
l'**œuf** [œf.] n m	o **ovo**
➡ O *f* no plural não é pronunciado: **les œufs** [lezø].	
la **jaune d'œuf** [ʒondœf] n	a **gema do ovo**
le **blanc d'œuf** [blɑ̃dœf] n	a **clara do ovo**
les **épices** [epis] n f pl	o **condimento**
le **basilic** [bazilik] n	o **manjericão**
le **thym** [tɛ̃] n	o **tomilho**
le **romarin** [ʀɔmaʀɛ̃] n	o **alecrim**
le **laurier** [lɔʀje] n	o **louro**
la **moutarde** [mutaʀd] n	a **mostarda**
les **fines herbes** [finzɛʀb] n f pl	as **ervas finas**
la **margarine** [maʀgaʀin] n	a **margarina**
le **tofu** [tɔfu] n	o **tofu**

Doces, salgados e guloseimas

la **sucrerie** [sykʀəʀi] n	a **confeitaria**
le **sucre** [sykʀ] n	o **açúcar**
la **confiture** [kõfityʀ] n	a **geleia**
le **petit-beurre** [p(ə)tibœʀ] n; pl **petits-beurre**	o **biscoito de maisena**
le **chocolat** [ʃɔkɔla] n	o **chocolate**

➡ Bombons também são chamados de **chocolat; une boîte de chocolats** – uma caixa de bombons.

la **glace** [glas] n	o **sorvete**
le **bonbon** [bõbõ] n	a **bala**
la **cigarette** [sigaʀɛt] n	o **cigarro**
le **miel** [mjɛl] n	o **mel**
les **chips** [ʃips] n f pl	a **batata chips**
les **petits fours** [p(ə)tifuʀ] n m pl	(tortinhas pequenas e sofisticadas)
le **tabac [taba]** n	o **tabaco**
la **pipe** [pip] n	o **cachimbo**
le **cigare** [sigaʀ] n	o **charuto**

Bebidas

la **boisson** [bwasõ] *n*	a **bebida**
le **café** [kafe] *n*	o **café**

➡ Na França, quando se pede um café, recebe-se uma pequena xícara de café preto sem leite. Um café com leite é **un café crème** ou simplesmente **un crème**; se se quiser numa xícara maior, **un grand crème**. O **café au lait** é um café com leite numa xícara grande ou num copo maior.

le **café au lait** [kafeolɛ] *n* ➡ café p. 218	o **café com leite**
le **café crème** [cafekʀɛm] *n* ➡ café p. 218	o **espresso com leite**
le **thé** [te] *n*	o **chá**

➡ **Thé** é o chá preto; chá de ervas ou de frutas chama-se **infusion**.

le **chocolat** [ʃɔkɔla] *n* ➡ chocolat p. 217	o **chocolate**
l'**eau minérale** [omineʀal] *n f*; *pl* **eaux minérales**	a **água mineral**
le **jus de fruit** [ʒyd(ə)fʀɥi] *n*	o **suco de frutas**
la **limonade** [limɔnad] *n*	a **limonada**

➡ Com uma mistura de cerveja e limonada ou soda limonada pode-se fazer um **panaché**. Além da França, é comum em países da Europa Ocidental, como Alemanha e Bélgica, onde é consumido nos meses mais quentes do ano.

l'**orangeade** [ɔʀɑ̃ʒad] *n f*	a **laranjada**
le **coca** [kɔka] *n*	a **coca-cola**
l'**alcool** [alkɔl] *n m*	o **álcool**
le **vin** [vɛ̃] *n*	o **vinho**
la **bière** [bjɛʀ] *n*	a **cerveja**
le **vin rouge** [vɛ̃ʀuʒ] *n*	o **vinho tinto**
le **vin blanc** [vɛ̃blɑ̃] *n*	o **vinho branco**

le **rosé** [ʀoze] *n*	o **vinho rosé**
le **glaçon** [glasõ] *n*	o **cubo de gelo**
le **champagne** [ʃâpaɲ] *n*	o **champanhe**
l'**apéritif** [apeʀitif] *n m*	o **aperitivo**

➡ Na linguagem coloquial usa-se com frequência a forma abreviada, **apéro**. Quando se convida para um aperitivo, são servidos diversos tipos de **canapés**. Num convite para um aperitivo, normalmente não se espera que os convidados fiquem para comer.

le **digestif** [diʒɛstif] *n*	a **bebida digestiva**
la **liqueur** [likœʀ] *n*	o **licor**
le **cidre** [sidʀ] *n*	a **cidra**
le **kir** [kiʀ] *n*	o **kir** (vinho branco com licor de cassis)

➡ Um **kir royal** é preparado com champanhe em vez de vinho.

chambré, chambrée [ʃâbʀe] *adj*	**temperado** (à temperatura ambiente)

Restaurantes e cafés

Restaurantes

le restaurant [ʀɛsɔʀɑ̃] n
- Je t'invite au **restaurant** !

o **restaurante**
- Convido você ao **restaurante**!

la brasserie [bʀasʀi] n
- Hier soir, j'ai mangé dans une **brasserie** parisienne un plat simple mais très bon.

a **cervejaria**
- Ontem à noite eu comi numa **cervejaria** parisiense um prato simples, mas muito bom.

➡ Uma **brasserie**, que já foi uma cervejaria, é hoje um restaurante de classe média, simples e frequentemente rústico, com pratos do dia a preços convidativos. Ao contrário de um restaurante, ele fica aberto quase o tempo todo.

le café [kafe] n
- Avant de partir, on se retrouve au **café** du coin pour déjeuner ?

o **café**
- Antes de partir, vamos nos encontrar no **café** da esquina para um almoço?

➡ Um **café** é um estabelecimento em que são servidos bebidas e pequenos aperitivos, podendo também servir café da manhã. Já pães doces, ao contrário, são servidos num **salon de thé** ou numa **pâtisserie**.
Já um **café-restaurant** é um café maior, onde se pode almoçar e jantar como num restaurante, ficando aberto boa parte do dia.

le salon de thé [salõd(ə)te] n
- Le **salon de thé** du boulevard de la plage sert les meilleurs éclairs au chocolat.

o **salão de chá**
- O **salão de chá** no bulevar da praia serve as melhores bombas de chocolate.

la crêperie [kʀɛpʀi] n
- Je suis allé au moins une dizaine de fois dans cette **crêperie**.

a **creperia**
- Fui ao menos uma dezena de vezes nessa **creperia**.

le glacier [glasje] n
- Il faudra passer chez le **glacier** chercher le dessert.

a **sorveteria**
- Ainda temos de ir à **sorveteria** para pegar a sobremesa.

le snack [snak] n
- Dans un **snack**, on peu manger quelque chose rapidement.

a **lanchonete**
- Numa **lanchonete**, pode-se comer algo rápido.

le **bistro(t)** [bistʀo] n
- Les petits **bistros** parisiens sont très typiques.

o **bistrô**
- Os pequenos **bistrôs** parisienses são bem característicos.

➡ Um **bistrô** normalmente é um restaurante pequeno e confortável, no qual também são servidas bebidas alcoólicas.

le **self** [sɛlf] n
- Ce qui me plaît dans um **self**, c'est qu'on peut tout voir.

o **restaurante *self-service***
- O que eu gosto num ***self-service*** é que se pode ver tudo.

Pratos e aperitivos

le **plat du jour** [pladʒuʀ] n	o **prato do dia**
la **spécialité** [spesjalite] n	a **especialidade**
la **soupe** [sup] n	a **sopa**
l'**omelette** [ɔmlɛt] n	a **omelete**
le **sandwich** [sâdwitʃ] n	o **sanduíche**
la **tartine** [taʀtin] n	o **pão**, o **pão com manteiga**
le **croque-monsieur** [kʀɔkməsjø] n	o ***croque-monsieur*** (sanduíche quente feito com queijo e presunto)
la **ratatouille** [ʀatatuj] n	a ***ratatouille***
la **quiche lorraine** [kiʃlɔʀɛn] n	a **quiche lorraine**
la **mousse au chocolat** [musoʃɔkɔla] n	o **mousse de chocolate**
la **crepe** [kʀɛp] n	o **crepe**

➡ Crepes deliciosos são feitos de **trigo sarraceno** (la farine de sarrasin) e chamam-se galettes.

le **rôti** [ʀoti] n	o **assado**
le **foie gras** [fwagʀo] n	o **foie gras**
la **bouillabaisse** [bujabɛs] n	(refogado de peixe de Marselha)
le **pot-au-feu** [potofø] n	(refogado de carne bovina e legumes)

le **coq au vin** [kɔkovɛ̃] *n*	(frango no vinho)
le **cassoulet** [kasulɛ] *n*	(refogado de carne, linguiça e feijão branco)
le **couscous** [kuskus] *n*	o **cuscuz**
la **sauce** [sos] *n*	o **molho**
la **vinaigrette** [vinɛgʀɛt] *n*	o **vinagrete**
le **flan** [flɑ̃] *n*	o **flã**
la **salade de fruits** [saladdəfʀɥi] *n*	a **salada de frutas**
l'**assiette de crudités** [ilflɔtɑ̃t] *n*	o **prato de legumes crus**
l'**assiette de charcuterie** [asjɛtdəʃaʀkytʀi] *n*	o **prato de embutidos**

Servir-se, fazer um pedido e pagar

le **menu** [many] *n* ■ Qu'est-ce que vous avez comme **menu** ?	o **menu** ■ O que você vai querer como **menu**?
la **carte** [kaʀt] *n* ■ Si on ne veut pas de menu, on peut juste prendre un plat à la **carte**.	o **cardápio** ■ Quando não se quer o *buffet*, pode-se pedir um prato pelo **cardápio**.
le **plat** [pla] *n* ■ Crêpes fourrées au basilic ! Quel **plat** délicieux ! ■ Il y a un menu à trois **plats** qui a l'air bien.	o **prato** ■ Crepes recheados com manjericão! Que **prato** delicioso! ■ Há um menu de três **pratos** que parece bom.
➔ Com **plat** caracteriza-se também a entrada individual de um cardápio.	
le **petit-déjeuner** [p(ə)tideʒœne] *n*; *pl* **petits-déjeuners** ■ Au **petit-déjeuner**, beaucoup de Français boivent du café noir.	o **café da manhã** ■ No **café da manhã**, muitos franceses bebem café preto.

le **déjeuner** [deʒœne] n ■ Le **déjeuner** se compose d'un hors d'œuvre, d'un plat et d'un dessert.	o **almoço** ■ O **almoço** é composto de uma entrada, um prato e uma sobremesa.
déjeuner [deʒœne] v ■ Le dimanche, toute la famille **déjeune** à la maison.	**almoçar** ■ No domingo, toda a família **almoça** em casa.
le **dîner** [dine] n ■ C'est vrai qu'en France on mange chaud au **dîner**.	o **jantar** ■ É verdade que na França se come comida quente no **jantar**.
dîner [dine] v ■ Nous **avons dîné** chez ma sœur hier soir.	**jantar** ■ **Jantamos** na casa da minha irmã ontem à noite.
le **goûter** [gute] n ■ Qu'est-ce qu'on a pour le **goûter** ? Du pain et du chocolat ?	o **lanche** ■ O que há para o **lanche**? Pão e chocolate?

➡ Essa pequena refeição costuma ser pensada para crianças.

le **dessert** [deseʀ] n ■ Vous prenzz du fromage ou un **dessert** ?	a **sobremesa** ■ Você quer queijo ou **sobremesa**?

➡ Na França, para concluir uma boa refeição, em vez da sobremesa ou antes dela, come-se queijo, que é sempre servido com pão branco e geralmente com uma taça de vinho tinto.

se servir [səsɛʀviʀ] v ■ **Sers-toi** des pâtes !	**servir-se** ■ **Sirva-se** de massa!
plein, pleine [plɛ̃, plɛn] adj ■ La bouteille est encore presque **pleine**, tu n'aimes pas de vin ?	**cheio** ■ A garrafa ainda está quase **cheia**, você não gosta de vinho?
vide [vid] adj ■ La bouteille est déjà **vide**? Eh bien, c'est que le vin était bon !	**vazio** ■ A garrafa já está **vazia**? Ah, mas o vinho estava bom!
suffire [syfiʀ] v ▶ v irr p. 413 suffire ■ Tu en veux encore ? Merci, ça **suffit**.	**ser suficiente, estar satisfeito** ■ Você quer mais? Obrigado, **estou satisfeito**.

Servir-se, fazer um pedido e pagar

la réservation [ʀezɛʀvasjɔ̃] *n* ■ Nous avons une **réservation** pour ce soir dans le meilleur restaurant de la ville.	a **reserva** ■ Temos uma **reserva** para esta noite no melhor restaurante da cidade.
réserver [ʀezɛʀve] *v* ■ J'aimerais bien **réserver** une table pour six personnes.	**reservar** ■ Eu gostaria de **reservar** uma mesa para seis pessoas.
l'addition [adisjɔ̃] *n f* ■ Garçon, s'il vou plaît, l'**addition** !	a **conta** ■ Garçom, por favor, a **conta**!
payer [peje] *v* ■ Je t'invite, c'est moi que **paie**.	**pagar** ■ Eu o convido, eu **pago**.
le pourboire [puʀbwaʀ] *n* ■ On peu laisser un **pourboire**, mais ce n'est pas obligatoire.	a **gorjeta** ■ Pode-se deixar uma **gorjeta**, mas não é obrigatório.
à emporter [aɑ̂pɔʀte] *loc* ■ C'est sur place ou **à emporter** ?	**para levar** ■ Para comer agora ou **para levar**?
l'entrée [ɑ̃tʀe] *n f* ■ Qu'est-ce que tu prends comme **entrée** ?	a **entrada** ■ O que você quer como **entrada**?
le hors-d'œuvre [ˈɔʀdœvʀ] *n*; *pl inv* ■ Je te conseille les **hors-d'œuvre** variés.	o **aperitivo**, a **entrada** ■ Eu lhe aconselho os **aperitivos** variados.

➡ Ao contrário de **entrée**, um **hors d'œuvre** é sempre uma entrada fria, por exemplo, **charcuterie** (embutidos) ou **crudités** (verduras e legumes não cozidos).

le plat principal [plapʀɛ̃sipal] *n*; *pl* **plats principaux** ■ Pour ma part, je vais prendre le poisson comme **plat principal**.	o **prato principal** ■ De minha parte, vou querer peixe como **prato principal**.

➡ Outro termo é **plat de résistance**.

commander [kɔmɑ̃de] *v* ■ Est-ce qu'on attend Luc, ou bien on **commande** tout de suite ?	**pedir** ■ Vamos esperar Luc ou **pedimos** já?
la carte des vins [kaʀt(ə)devɛ̃] *n* ■ Regarde la **carte des vins**, elle est très variée.	a **carta de vinhos** ■ Veja a **carta de vinhos**, é bem variada.

Servir-se, fazer um pedido e pagar 225

la **portion** [pɔRsjõ] n
- Je n'ai plus faim, les **portions** étaient enormes !

a **porção**
- Não tenho mais fome, as **porções** eram enormes!

le **couvert** [kuvɛR] n
- À l'inverse de l'Italie, en France, on ne vous fait pas payer le **couvert**.

o **couvert**
- Ao contrário da Itália, na França não se paga pelo **couvert**.

le **service** [sɛRvis] n
- Nous n'allons plus dans ce restaurant, le **service** y est beaucoup moins bon qu'avant.

o **serviço**
- Não vamos mais a esse restaurante, o **serviço** não está bom como antes.

servir [sɛRviR] v
▶ v irr p. 413 servir
- Garçon, s'il vous plaît! Attendez un peu pour **servir** le dessert.

servir
- Garçom, por favor! Espere um pouco para **servir** a sobremesa.

verser [vɛRse] v
- Tu peux me **verser** un peu de vin ?

servir
- Você poderia **servir**-me um pouco de vinho?

mettre la table [mɛtR(ə)latabl] loc
▶ v irr p. 411 mettre
- Je **mets la table** sur la terrasse ?

pôr a mesa
- **Ponho a mesa** no terraço?

desservir la table [desɛRviRlatabl] loc
▶ v irr p. 413 servir
- Sois gentil, **dessers** vite **la table**.

tirar a mesa
- Seja gentil, **tire a mesa** logo.

Moradia

Casas e habitações

la **maison** [mɛzõ] *n* ■ Je rêve d'avoir un jour une **maison** à moi.	a **casa** ■ Sonho em um dia ter minha **casa**.
la **maison individuelle** [mɛzõɛ̃dividɥɛl] *n* ■ En France, beaucoup de familles habitent une **maison individuelle**.	a **casa** ■ Na França, muitas famílias moram em **casa**.
l'**appartement** [apaʀtamɑ̃] *n m* ■ Je partage mon **appartement** avec deux autres étudiants.	o **apartamento** ■ Divido meu **apartamento** com dois outros estudantes.
le **logement** [lɔʒmɑ̃] *n* ■ Il est difficile de trouver un **logement** bon marché à Paris.	o **lugar para morar** ■ É difícil encontrar um **lugar para morar** em conta em Paris.
habiter [abite] *v* ■ La plupart des gens **habitent** en ville.	**morar** ■ A maior parte das pessoas **mora** em cidades.
à la maison [alamɛzõ] *adv* ■ S'il fait mauvais, on restera **à la maison**.	**em casa** ■ Se o tempo estiver ruim, vamos ficar **em casa**.

→ Mas significa também "para casa": **Venez, il fait froid, on rentre à la maison. – Venha, está frio, vamos para casa.**

chez soi [ʃeswa] *adv* ■ Avec ce temps, c'est **chez soi** qu'on est le mieux !	**em casa** ■ Com esse tempo, o melhor é ficar **em casa**.

→ Essa forma se altera de acordo com a pessoa: **Chez moi, je m'ennuie. – Em minha casa, fico entediado.**

entrer [ɑ̃tʀe] *v* ■ Il **est entré** sans dire bonjour.	**entrar** ■ Ele **entrou** sem dizer bom-dia.

Casas e habitações

l'**immeuble** [imœbl] *n m*
- Dans les années cinquante et soixante, on a construit des **immeubles** énormes.

o **imóvel**
- Nos anos cinquenta e sessenta, construíam-se **imóveis** enormes.

le **pâté de maisons** [pɑtedmɛzõ] *n*
- Tous les matins, je promène le chien autour du **pâté de maisons**.

a **quadra**, o **quarteirão**
- Toda manhã passeio com o cachorro em volta da **quadra**.

l'**étage** [etaʒ] *n m*
- C'est au dernier **étage** que le loyer est le plus cher.

o **andar**, o **piso**
- É no último **andar** que o aluguel é mais caro.

le **rez-de-chaussée** [ʀedʃose] *n*; *pl inv*
- Les concierges habitent souvent au **rez-de-chaussée**.

o **térreo**
- Os zeladores muitas vezes moram no **térreo**.

le **toit** [twa] *n*
- Beaucoup de chambres d'étudiants sont sous les **toits**.

o **teto**, o **telhado**
- Muitos quartos de estudantes ficam no último **andar**.

la **construction** [kõstʀyksjõ] *n*
- La **construction** de la tour Eiffel a duré deux ans.

a **construção**
- A **construção** da torre Eiffel durou dois anos.

construire [kõstʀɥiʀ] *v*
▶ *v irr* p. 408 conduire
- En 1802, la France voulait déjà **construire** un tunnel sous la Manche.

construir
- Em 1802, a França já queria **construir** um túnel sob o canal da Mancha.

le **chantier** [ʃɑ̃tje] *n*
- **Chantier** interdit au public.

o **canteiro de obras**
- **Canteiro de obras** interditado ao público.

la **propriété** [pʀɔpʀijete] *n*
- Cet immeuble est la **propriété** de la ville.

a **propriedade**
- Este imóvel é de **propriedade** do município.

la **propriété privée** [pʀɔpʀijeteprive] *n*
- **Propriété privée**. Défense d'entrer.

a **propriedade particular**
- **Propriedade particular**. Proibida a entrada.

le **loyer** [lwaje] *n*
- Le **loyer** doit être payé pour le dix du mois.

o **aluguel**
- O **aluguel** deve ser pago até o dia 10 do mês.

louer [lwe] *v* ■ Il y a beaucoup de chambres à **louer** sous les toits de Paris. ■ Elle ne veut pas **louer** à des étudiants.	**alugar** ■ Existem muitos quartos para **alugar** nos sótãos de Paris. ■ Ela não quer **alugar** para estudantes.
le **studio** [stydjo] *n* ■ Ma fille a trouvé un **studio** très bien situé, à côté de l'université.	o **estúdio** ■ Minha filha encontrou um **estúdio** muito bem situado, ao lado da universidade.
le **gratte-ciel** [gratsjɛl] *n; pl inv* ■ C'est à New York que j'ai vu les plus hauts **gratte-ciel** du monde.	o **arranha-céu** ■ Foi em Nova York que eu vi os mais altos **arranha-céus** do mundo.
déménager [demenaʒe] *v* ■ Comme son père est militaire, elle a déjà **déménagé** six fois.	**mudar-se** ■ Como seu pai é militar, ela já **se mudou** seis vezes.
s'installer [sɛ̃stale] *v* ■ L'entreprise **s'est installée** en province.	**instalar-se** ■ A empresa **se instalou** na província.
le **sous-sol** [susɔl] *n* ■ Elle a installé son atelier au **sous-sol**.	o **subsolo** ■ Ela instalou seu ateliê no **subsolo**.
la **façade** [fasad] *n* ■ La **façade** de notre maison n'a pas été détruite pendant le guerre.	a **fachada** ■ A **fachada** de nossa casa não foi destruída durante a guerra.
le **confort** [kõfɔʀ] *n* ■ À louer : appartement tout **confort**.	o **conforto** ■ Para alugar: apartamento com todo o **conforto**.
le **terrain** [tɛʀɛ̃] *n* ■ Nous allons construire une maison sur le **terrain** que nous avons hérité de mes parents.	o **terreno** ■ Vamos construir uma casa no **terreno** que herdamos de meus pais.
le/la **propriétaire** [pʀɔpʀijetɛʀ] *n m/f* ■ La **propriétaire** de mon appartement refuse de réparer la salle de bains.	o **proprietário** ■ A **proprietária** do meu apartamento se recusou a consertar o banheiro.

le/la **locataire** [lɔkatɛʀ] *n m/f*
- Il y a un nouveau **locataire** au premier.

o **locatário**
- No primeiro andar há um novo **locatário**.

les **charges** [ʃaʀʒ] *n f pl*
- Je vais déménager, car je trouve les **charges** trop élevées.

as **despesas**
- Vou me mudar, pois acho as **despesas** muito altas.

Quartos e cômodos

la **pièce** [pjɛs] *n*
- Cette **pièce** n'a pas de fenêtre.

o **quarto**
- Este **quarto** não tem janela.

le **mur** [myʀ] *n*
- Les **murs** sont si épais qu'il fait frais même en été.
- Dans ma chambre, il y a des photos de chanteurs partout sur les **murs**.

o **muro**, a **parede**
- As **paredes** são tão espessas que faz frio mesmo no verão.
- No meu quarto, há fotos de cantores em todas as **paredes**.

la **plafond** [plafɔ̃] *n*
- Pourquoi les **plafonds** sont-ils toujours blancs ?

o **teto**
- Por que os **tetos** são sempre brancos?

l'**entrée** [ɑ̃tʀe] *n f*
- Je laisse mon parapluie dans l'**entrée**.

a **entrada**
- Deixo meu guarda-chuva na **entrada**.

la **sortie** [sɔʀti] *n*
- Les toilettes sont près de la **sortie**, à côté des caisses.
- Attention ! Au portail, la **sortie** est très étroite.

a **saída**
- Os banheiros são próximos da **saída**, ao lado dos caixas.
- Atenção! No portão, a **saída** é bastante estreita.

la **porte** [pɔʀt] *n*
- Entrez donc, ne restez pas à la **porte** !

a **porta**
- Entre, não fique na **porta**!

le **portail** [pɔʀtaj] *n*
- N'oublie pas de fermer le **portail** derrière toi.

o **portão**
- Não se esqueça de fechar o **portão** atrás de você.

ouvrir [uvʀiʀ] *v*
▶ **v irr** p. 411 ouvrir
- N'**ouvrez** pas la porte !

abrir
- Não **abra** a porta!

fermer [fɛʀme] *v*
- Arnaud, **ferme** la porte, s'il te plaît !

fechar
- Arnaud, **feche** a porta, por favor!

la fenêtre [f(ə)nɛtʀ] *n*
- La **fenêtre** de ma chambre donne sur la rue.

a janela
- A **janela** do meu quarto dá para a rua.

le sol [sɔl] *n*
- Avec des tapis sur le **sol**, c'est plus silencieux.

o chão
- Com o tapete no **chão**, fica mais silencioso.

l'escalier [ɛskalje] *n m*
- L'ascenseur était en panne ; j'ai dû monter tous les **escaliers**.

a escada
- O elevador entrou em pane; tive de ir pela **escada**.

l'ascenseur [asɑ̃sœʀ] *n m*
- On ne va pas prendre l'**ascenseur** pour un étage !

o elevador
- Não se pega o **elevador** para subir um andar!

la cuisine [kɥizin] *n*
- Dans notre **cuisine**, il n'y a même pas de place pour un lave-vaisselle.

a cozinha
- Em nossa **cozinha**, nem tem lugar para um lava-louça.

la salle de séjour [saldəseʒuʀ] *n*
- Dans la **salle de séjour**, il y a un coin salon et un coin repas.

a sala de estar
- Na **sala de estar**, há uma área de estar e uma mesa de jantar.

➡ Também se pode usar **(le) séjour** isoladamente.

le salon [salɔ̃] *n*
- On passe au **salon** pour boire le café ?

a sala de estar
- Vamos para a **sala de estar** tomar café?

➡ **Salon** é empregado exclusivamente como sala de estar, ao contrário de **séjour**, que pode conter também uma área de almoço ou jantar.

la salle à manger [salamɑ̃ʒe] *n*
- Dans les appartements modernes, le salon et la **salle à manger** ne sont pas de pièces séparées.

a sala de jantar
- Nos apartamentos modernos, a sala de visitas e a **sala de jantar** não são cômodos separados.

la salle de bains [saldəbɛ̃] *n*
- Tu peux utiliser la **salle de bains**, j'ai fini de prendre ma douche.

o banheiro
- Você já pode usar o **banheiro**, terminei de tomar banho.

la chambre [ʃɑ̃bʀ] *n*
- J'ai une télé dans ma **chambre**.

o quarto
- Tenho uma TV no meu **quarto**.

➡️ Também se pode dizer **chambre à coucher**, mas, em todo caso, com **chambre** tem-se em mente sempre o quarto de dormir.

la **douche** [duʃ] *n*
- Je suis sous la **douche** ; tu peux répondre au téléphone ?

o **chuveiro**, o **banho**
- Estou no **banho**; você pode atender o telefone?

les **w.-c.** [vese] *n m pl*
- Attends deux secondes, je vais aux **w.-c.** avant de partir.

o **banheiro**
- Espere dois segundos, vou ao **banheiro** antes de sair.

les **toilettes** [twalɛt] *n f pl*
- Vous pouvez me dire où sont les **toilettes** ?

o **banheiro**
- Você poderia me dizer onde fica o **banheiro**?

la **cave** [kav] *n*
- À la **cave**, nous avons quelques bonnes bouteilles.

a **adega**
- Na **adega**, temos algumas boas garrafas.

ranger [ʀɑ̃ʒe] *v*
- J'aimerais bien que tu **ranges** ta chambre.

arrumar
- Eu gostaria muito que você **arrumasse** o seu quarto.

le **jardin** [ʒaʀdɛ̃] *n*
- En été, nous mangeons souvent dans le **jardin**.

o **jardim**
- No verão, é frequente comermos no **jardim**.

la **terrasse** [tɛʀas] *n*
- On va prendre le petit-déjeuner sur la **terrasse**.

o **terraço**
- Vamos tomar o café da manhã no **terraço**.

le **balcon** [balkɔ̃] *n*
- Votre chambre a un **balcon** qui donne sur le parc.

a **varanda**
- Seu quarto tem uma **varanda** que dá para o parque.

le **garage** [gaʀaʒ] *n*
- Nous avons loué un appartement avec **garage**.

a **garagem**
- Alugamos um apartamento com **garagem**.

➡️ **Le garage** também pode ser uma oficina automotiva.

le **couloir** [kulwaʀ] *n*
- Ma chambre est au bout du **couloir**.

o **corredor**
- Meu quarto fica no final do **corredor**.

le **vestiaire** [vɛstjɛʀ] *n*
- Je ne retrouve pas mon manteau dans le **vestiaire**.

o **vestiário**
- Não encontro meu casaco no **vestiário**.

le **grenier** [gʀənje] n
- J'ai mis mes vieux livres au **grenier**.

o **sótão**
- Pus meus livros velhos no **sótão**.

la **cheminée** [ʃ(ə)mine] n
- Si on faisait un petit feu dans la **cheminée**, ça serait sympa, non ?

a **lareira**
- E se a gente fizesse um foguinho na **lareira**, não seria agradável?

➡ **La cheminée** também se refere à chaminé.

à l'interieur [alɛ̃teʀjœʀ] loc
- Il fait trop beau pour rester **à l'intérieur**. Allons au parc !

no interior de, dentro de
- O tempo está muito bom para ficar aqui **dentro**. Vamos ao parque!

dehors [dəɔʀ] adv
- On pourrait manger **dehors**.

fora
- A gente poderia comer lá **fora**.

en plein air [ɑ̃plɛnɛʀ] loc
- Le concert a lieu **en plein air**.

ao ar livre
- O concerto foi **ao ar livre**.

Instalações

Mobiliário

le **meuble** [mœbl] n
- J'aime les vieux **meubles** en bois qui ont une histoire.

A **mobília**, os **móveis**
- Adoro **móveis** antigos de madeira que têm uma história.

meublé, meublée [mœble] adj
- Il vit à Lille et travaille à Paris où, pendant la semaine, il loge dans un appartement **meublé**.

mobiliado
- Ele mora em Lille e trabalha em Paris, onde, durante a semana, aluga um apartamento **mobiliado**.

la **chaise** [ʃɛz] n
- Prends une **chaise** et assieds-toi près de moi.

a **cadeira**
- Puxe uma **cadeira** e se sente perto de mim.

s'asseoir [saswaʀ] v
▶ v irr p. 407 s'asseoir
- Je vous en prie, **asseyez-vous** !

sentar-se
- Eu lhe peço, **sente-se**!

être assis, être assise [ɛtʀasi, ɛtʀasiz] loc
▶ v irr p. 410 être
- **J'ai été assise** toute la journée devant mon ordinateur.

ficar sentado
- **Fiquei sentada** a viagem inteira na frente de meu computador.

Mobiliário 233

à la table [table] *n*
- À la table ! On mange !

à mesa, estar na mesa
- Está na mesa! Hora de comer!

le buffet [byfɛ] *n*
- C'est un vieux buffet que m'a donné ma grand-mère quand je me suis mariée.

o buffet
- É um velho buffet que minha avó me deu quando me casei.

l'armoire [aRmwaR] *n f*
- Tu peux ranger tes affaires dans l'armoire.

o armário
- Você pode arrumar suas coisas no armário.

➡ Armoire refere-se, geralmente, a guarda-roupa.

le lit [li] *n*
- Le dimanche, je reste au lit jusqu'à midi.

a cama, o leito
- Aos domingos, fico na cama até meio-dia.

➡ O grand lit é uma cama de casal com colchões sobrepostos.

confortable [kɔ̃fɔRtabl] *adj*
- Ce vieux fauteuil est très confortable.

confortável
- Esta velha poltrona é muito confortável.

la lampe [lɑ̃p] *n*
- La lampe ne s'allume pas : ça doit être l'ampoule.

a luminária
- A luminária não está iluminando; deve ser a lâmpada.

la lumière [lymjɛR] *n*
- Peux-tu mettre la lumière ? Je ne vois plus rien!

a luz
- Você pode acender a luz? Já não vejo mais nada.

allumer [alyme] *v*
- Je peux éteindre la lumière et allumer une bougie ?

acender
- Posso apagar a luz e acender uma vela?

éteindre [etɛ̃dR] *v*
▶ *v irr* p. 411 peindre
- N'oublie pas d'éteindre toutes les lampes avant d'aller te coucher.

apagar
- Não se esqueça de apagar todas as luzes antes de ir deitar-se.

la baignoire [bɛɲwaR] *n*
- On se passera d'une baignoire ; l'important, c'est qu'il y ait une douche.

a banheira
- Fica-se sem a banheira; o importante é que tenha chuveiro.

le robinet [Rɔbinɛ] *n*
- Le robinet fuit.

a torneira
- A torneira está pingando.

Mobiliário

le chauffage [ʃofaʒ] *n* ■ Baisse le **chauffage** si tu as trop chaud !	o **aquecedor** ■ Diminua o **aquecedor** se estiver com muito calor!
chauffer [ʃofe] *v* ■ Comme nous travaillons tous les deux, nous ne **chauffons** pas la maison dans la journée.	**aquecer** ■ Como ambos trabalhamos, não **aquecemos** a casa durante o dia.
l'installation [ɛ̃stalasjɔ̃] *n f* ■ Leur **installation** est plutôt minimaliste.	a **instalação** ■ Sua **instalação** é bem minimalista.
arranger [aRɑ̃ʒe] *v* ■ Tu peux **arranger** ta chambre comme tu veux.	**arrumar, organizar** ■ Você pode **arrumar** seu quarto como quiser.
le fauteuil [fotœj] *n* ■ Le salon est tellement petit qu'on ne peut y mettre que deux **fauteuils**.	a **poltrona** ■ A sala de estar é tão pequena que nela só cabem duas **poltronas**.
le canapé [kanape] *n* ■ Tu n'as qu'à prendre mon lit ; je dormirai sur le **canapé**.	o **sofá** ■ Você pode ajeitar-se na minha cama; vou dormir no **sofá**.
le coussin [kusɛ̃] *n* ■ Mets un **coussin** sur ta chaise, tu seras mieux assis !	a **almofada** ■ Ponha uma **almofada** na cadeira, poderá sentar-se mais confortavelmente.

➡ **Coussin** é almofada; para travesseiro diz-se **oreiller**.

l'étagère [etaʒɛR] *n f* ■ Les murs du bureau sont couverts d'**étagères**.	a **estante** ■ As paredes do escritório são cobertas por **estantes**.
le tiroir [tiRwaR] *n* ■ Tu peux mettre tes affaires dans ce **tiroir**.	a **gaveta** ■ Você pode colocar suas coisas nesta **gaveta**.
le tapis [tapi] *n* ■ Les **tapis**, c'est beau, mais ça prend la poussière.	o **tapete** ■ O **tapete** é bonito, mas pega poeira.

la moquette [mɔkɛt] *n*
- C'est dommage de mettre une **moquette** sur un si beau plancher.

o **carpete**
- É uma pena colocar um **carpete** em cima de um piso tão lindo.

le rideau [ʀido] *n*; *pl* **rideaux**
- Ouvre les **rideaux** ; on y verra mieux !

a **cortina**
- Abra as **cortinas** e você verá melhor!

le cintre [sɛ̃tʀ] *n*
- Mais où sont passés tous les **cintres** que j'ai achetès ?

o **cabide**
- Mas onde estão todos os **cabides** que eu comprei?

le placard [plakaʀ] *n*
- Comme je n'ai pas d'armoire, je cherche un appartement avec de grands **placards**.

o **armário embutido**
- Como não tenho armários, procuro um apartamento com grandes **armários embutidos**.

accrocher [akʀɔʃe] *v*
- Il ne reste plus qu'à **accrocher** les tableaux aux murs.

pendurar
- Agora só falta **pendurar** os quadros na parede.

le matelas [matla] *n*
- Un **matelas** trop mou, c'est mauvais pour le dos.

o **colchão**
- Um **colchão** mole demais faz mal para as costas.

l'oreiller [ɔʀeje] *n m*
- Je trouve qu'on dort mieux sans **oreiller**.

o **travesseiro**
- Acho que se dorme melhor sem **travesseiro**.

le traversin [tʀavɛʀsɛ̃] *n*
- Je ne peux pas dormir sans **traversin**.

o **travesseiro**
- Não consigo dormir sem **travesseiro**.

le drap [dʀa] *n*
- Autrefois, les **draps** étaient blancs ; maintenant, on met de la couleur.

o **lençol**
- Antes os **lençóis** eram brancos; hoje em dia fazem com cores.

la couverture [kuvɛʀtyʀ] *n*
- Il y a une **couverture** dans l'armoire si tu as froid.

a **coberta**, o **edredom**
- No armário tem uma **coberta**, caso você sinta frio.

se couvrir [s(ə)kuvʀiʀ] *v*
▶ **v irr** p. 411 ouvrir
- Allez, va au lit et **couvre-toi** bien pour être vite guéri.

cobrir-se

- Vamos, vá para a cama, **cubra-se** bem, para sarar rapidamente.

Assuntos do lar

le **ménage** [menaʒ] *n*
- Je ne vois pas pourquoi les femmes devraient toujours s'occuper du **ménage**.

a **limpeza**
- Não vejo por que as mulheres deveriam sempre se ocupar da **limpeza**.

faire le ménage [fɛʁləmenaʒ] *loc*
▶ v irr p. 410 faire
- Je **fais le ménage** le week-end, quand je suis là.

fazer a limpeza

- **Faço a limpeza** durante o fim de semana quando estou lá.

la **serrure** [seʁyʁ] *n*
- Après notre cambriolage, il a fallu changer toutes les **serrures**.

a **fechadura**
- Após o roubo, foi necessário trocar todas as **fechaduras**.

la **clé** [kle] *n*
- Je te donne une **clé** ; comme ça, tu rentres quand tu veux.

a **chave**
- Vou dar-lhe uma **chave** para que você possa entrar a hora que quiser.

fermer à clé [fɛʁmeakle] *loc*
- Je **ferme** toujours les portes **à clé** avant de quitter la maison.

fechar à chave
- Sempre **fecho** as portas **à chave** antes de sair de casa.

la **sonnette** [sɔnɛt] *n*
- J'ai entendu la **sonnette** ; tu peux aller ouvrir ?

a **campainha**
- Ouvi a **campainha**; você poderia ir abrir?

sonner [sɔne] *v*
- On **a sonné** à ma porte, mais quand j'ai ouvert, il n'y avait personne.

bater
- **Bateram** à minha porta, mas quando abri não havia ninguém.

la **cafetière électrique**
[kaftjɛʁelɛktʁik] *n*
- Pour mon anniversaire, j'aimerais bien avoir une **cafetière électrique**.

a **cafeteira elétrica**

- No meu aniversário eu gostaria muito de ganhar uma **cafeteira elétrica**.

le **réfrigérateur** [ʁefʁiʒeʁatœʁ] *n*
- Je me suis acheté un grand **réfrigérateur** américain.

o **refrigerador**
- Comprei um grande **refrigerador** americano.

Assuntos do lar

le **frigidaire** [fʀiʒidɛʀ] n
- J'ai toujours une bouteille de champagne au **frigidaire**.

a **geladeira**
- Tenho sempre uma garrafa de champanhe na **geladeira**.

➡ Na linguagem coloquial, diz-se também **frigo**.

le **four** [fuʀ] n
- Je n'aime pas trop les frites cuites au **four**.

o **forno**
- Não gosto de batatas fritas cozidas no **forno**.

la **cuisinière** [kɥizinjɛʀ] n
- Je ne sais plus si j'ai éteint la **cuisinière** avant de partir faire des courses.

o **fogão**
- Não sei mais se desliguei o **fogão** antes de sair para as compras.

la **casserole** [kasʀɔl] n
- L'eau de la **casserole** bout ; tu peux mettre les œufs.

a **panela**, a **caçarola**
- A água da **panela** está fervendo; você pode colocar os ovos.

la **poêle** [pwal] n
- Pas besoin de mettre d'huile ; c'est une **poêle** qui ne colle pas.

a **frigideira**
- Não é necessário óleo; é uma **frigideira** que não gruda.

la **vaisselle** [vɛsɛl] n
- On offre souvent de la **vaisselle** aux jeunes mariés.

a **louça**
- Costuma-se dar **louça** aos jovens casados.

l'**assiette** [asjɛt] n f
- On pose les **assiettes** creuses sur les assiettes plates.

o **prato**
- Colocam-se os **pratos** fundos sobre os pratos rasos.

le **verre** [vɛʀ] n
- Les **verres** à vin blanc sont plus petits que ceux à vin rouge.

o **copo**
- Os **copos** de vinho branco são menores que os de vinho tinto.

la **cafetière** [kaftjer] n
- C'est une vieille **cafetière**, mais je l'aime beaucoup.

a **cafeteira**
- É uma velha **cafeteira**, mas gosto muito dela.

le **bol** [bɔl] n
- Au petit-déjeuner, je bois mon café au lait dans un **bol** rouge.

a **tigela**
- No café da manhã, bebo meu café com leite numa **tigela** vermelha.

la **tasse** [tɑs] n
- Pour ton chocolat, tu préfères un bol ou une **tasse** ?

a **xícara**
- Para o seu chocolate, você prefere uma tigela ou uma **xícara**?

la **soucoupe** [sukup] *n*
- Est-ce que tu crois aux **soucoupes** volantes, toi ?

o **disco voador**
- Você acredita em **discos voadores** ou algo assim?

la **fourchette** [fuʀʃɛt] *n*
- On place la **fourchette** à gauche de l'assiette.

o **garfo**
- Posiciona-se o **garfo** à esquerda do prato.

le **couteau** [kuto] *n*; *pl* **couteaux**
- Je dois faire aiguiser les lames de ces **couteaux**. Ils ne coupent plus.

a **faca**
- Tenho de mandar amolar as lâminas dessas **facas**. Elas não cortam mais.

la **cuillère** [kɥijɛʀ] *n*
- Je peux avoir une **cuillère** pour ma soupe ?

a **colher**
- Eu queria uma **colher** para tomar a minha sopa.

➡ Escreve-se também **cuiller**.

la **petite cuillère** [p(ə)titkɥijɛʀ] *n*
- As-tu recompté les **petites cuillères** ? Il me semble qu'il en manque deux.

a **colherzinha**
- Você recontou as **colherzinhas**? Parece que faltam duas.

➡ Diz-se também **cuillère à café**: Mets-moi une cuillère à café de sucre, ça me suffit. – Ponha uma colherzinha de açúcar, é o suficiente.

la **serviette** [sɛʀvjɛt] *n*
- J'aime bien la façon dont tu plies les **serviettes**.

as **toalhas**
- Gosto muito do modo como você dobra as **toalhas**.

➡ **Serviette** pode designar **serviette** (toalha de rosto), **serviette de bain** (toalha de banho) e **serviette de table** (toalha de mesa).

l'**ouvre-boîte** [uvʀəbwat] *n m*; *pl* **ouvre-boîtes**
- J'ai une **ouvre-boîte** sur mon couteau suisse.

o **abridor de garrafa**
- Tenho um **abridor de garrafa** em meu canivete suíço.

le **lave-vaisselle** [lavvɛsɛl] *n*; *pl inv*
- Il faut que je vide le **lave-vaisselle**.

o **lava-louça**
- É preciso que eu esvazie o **lava-louça**.

faire la vaisselle [fɛʀlavɛsɛ] *loc*
▶ **v irr** p. 410 faire
- Je n'ai pas envie de **faire la vaisselle** maintenant !

lavar a louça

- Não tenho vontade de **lavar a louça** agora.

Assuntos do lar

le **lave-linge** [lavlɛ̃ʒ] n; pl inv
- Le **lave-linge** est en panne, il ne chauffe plus l'eau.

a **lavadora de roupa**
- A **lavadora de roupa** está com problema, não esquenta mais a água.

laver [lave] v
- Tu crois que je peux **laver** mon pull à la machine ?

lavar
- Você acha que eu posso **lavar** meu pulôver na máquina?

nettoyer [nɛtwaje] v
- Hier, j'**ai nettoyé** la terrasse.

lavar, limpar
- Ontem eu **lavei** o terraço.

propre [pʀɔpʀ] adj
- Ma voiture est toute **propre** ; je viens de la laver.

limpo
- Meu carro está completamente **limpo**; acabo de lavá-lo.

sale [sal] adj
- Le sol de la cuisine est **sale** ; il faut absolument que je le lave.

sujo
- O chão da cozinha está **sujo**; tenho de lavá-lo.

le **fer à repasser** [fɛʀaʀ(ə)pase] n
- Avec un **fer à repasser** neuf, ça va tout seul.

o **ferro de passar**
- Com um **ferro de passar** novo, tudo isso é feito no automático.

repasser [ʀ(ə)pase] v
- J'**ai repassé** une grosse pile de linge.

passar
- **Passei** uma grande pilha de roupas.

la **glace** [glas] n
- Chez nous, il y a une grande **glace** au-dessus des lavabos.

o **espelho**
- Em casa, há um grande **espelho** acima das pias.

la **serviette** [sɛʀvjɛt] n
- Il a encore pris ma **serviette** pour s'essuyer les cheveux.
➡ serviette p. 238

a **toalha**
- De novo ele pegou minha **toalha** para enxugar os cabelos.

le **sèche-cheveux** [sɛʃʃəvø] n; pl inv
- Il y aura sûrement un **sèche-cheveux** à l'hôtel, je n'emporte pas le mien.

o **secador de cabelos**
- Certamente vai ter um **secador de cabelos** no hotel, não vou levar o meu.

sécher [seʃe] v
- Si tu **sèches** pas tes cheveux, tu vas attraper froid.

secar
- Se você não **secar** os cabelos, vai pegar um resfriado.

Assuntos do lar

le **réveil** [ʀevɛ] n
- Désolée, mon **réveil** n'a pas sonné.

o **despertador**
- Sinto muito, meu **despertador** não tocou.

la **poubelle** [pubɛl] n
- Il ne faut pas mettre de verre à la **poubelle**.

a **lixeira**
- Não se deve pôr vidro na **lixeira**.

l'**appareil électroménager** [apaʀɛjelɛktʀomenaʒe] n m
- Il y a une garantie de trois ans sur tous les **appareils électroménagers**.

o **aparelho eletrônico**
- Há uma garantia de três anos para todos os **aparelhos eletrônicos**.

le **micro-ondes** [mikʀoõd] n; pl inv
- Maintenant, je fais tout au **micro-ondes** ; ça va tellement plus vite !

o **micro-ondas**
- Agora, faço tudo no **micro-ondas**; é bem mais rápido!

la **cuisinière à induction** [kɥizinjɛʀaɛ̃dyksjõ] n
- Ce qui est vraiment super dans ma nouvelle cuisine, c'est la **cuisinière à induction**.

o **fogão elétrico**
- O que é realmente incrível em minha nova cozinha é o **fogão elétrico**.

le **congélateur** [kõʒelatœʀ] n
- Elles sortent du **congélateur**, mais ce sont des framboises du jardin.

o **congelador**
- Elas vieram do **congelador**, mas são as framboesas do jardim.

le **grille-pain** [gʀijpɛ̃] n
- Entre mon **grille-pain** et moi c'est une relation amour-haine.

a **torradeira**
- Entre mim e minha **torradeira** há uma relação de amor e ódio.

le **plat** [pla] n
- Ce **plat** ne vas pas au four.

o **prato**
- Este **prato** não vai ao forno.

la **couvercle** [kuvɛʀkl] n
- Si tu mets le **couvercle** sur la casserole, l'eau bouillira plus vite.

a **tampa**
- Se você colocar a **tampa** na panela, a água ferverá mais rápido.

le **couvert** [kuvɛʀ] n
- Dans les restaurants chics, les **couverts** sont en argent.

os **talheres**
- Nos restaurantes chiques, os **talheres** são de prata.

le **tire-bouchon** [tiʀbuʃõ] pl **tire-bouchons**
- C'est malin ! On a oublié le **tire-bouchon** !

o **tira-manchas**
- Que mancada! Esquecemos o **tira-manchas**!

le **décapsuleur** [dekapsylœʀ] *n*
- Ce **décapsuleur** n'est pas pratique. En as-tu un autre ?

o **abridor de garrafas**
- Este **abridor de garrafas** não é prático. Você tem um outro?

le **plateau** [plato] *n*; *pl* **plateaux**
- Mets les tasses sur le **plateau** et porte-le au salon.

a **bandeja**
- Ponha as xícaras na **bandeja** e leve-a à sala de estar.

la **nappe** [nap] *n*
- Dans un bon restaurant, les **nappes** sont en tissu.

a **toalha de mesa**
- Num bom restaurante, as **toalhas de mesa** são de tecido.

le **vase** [vɑz] *n*
- Je vais mettre les roses dans un **vase**.

o **vaso**
- Vou pôr as rosas num **vaso**.

le **cendrier** [sɑ̃dʀije] *n*
- C'est normal qu'il n'y ait pas de **cendrier** ; nous sommes dans le coin non-fumeurs.

o **cinzeiro**
- É normal que não haja **cinzeiro**; estamos do lado dos não fumantes.

la **bougie** [buʒi] *n*
- Je n'ai pas réussi à souffler toutes les **bougies** de mon gâteau d'anniversaire.

a **vela**
- Não consegui soprar todas as **velas** de meu bolo de aniversário.

le **briquet** [bʀikɛ] *n*
- Tu peux me prêter ton **briquet** ? Le mien ne marche plus.

o **isqueiro**
- Você pode emprestar-me seu **isqueiro**? O meu não funciona mais.

l'**allumette** [alymɛt] *n f*
- Vous auriez une **allumette** ? Non, mais j'ai un briquet.

o **palito de fósforos**
- Você teria um **palito de fósforo**? Não, mas eu tenho um isqueiro.

la **prise (de courant)** [pʀiz(dəkuʀɑ̃)] *n*
- Il n'y a pas une seule **prise de courant** dans cette pièce.

a **tomada (de energia elétrica)**
- Não há uma única **tomada** neste cômodo.

l'**ampoule** [ɑ̃pul] *n f*
- C'est une **ampoule** à vis.

a **lâmpada**
- É uma **lâmpada** em parafuso.

la **balance** [balɑ̃s] *n*
- Tu as une **balance** ? J'ai certainement grossi.

a **balança**
- Você tem uma **balança**? Certamente eu engordei.

la **caisse** [kɛs] n
- As-tu mis les deux **caisses** dans la voiture ?

a **caixa**
- Você colocou as duas **caixas** no carro?

l'**aspirateur** [aspiʀatœʀ] n m
- Zut, l'**aspirateur** ne marche pas. Heureusement, il est sous garantie.

o **aspirador**
- Droga, o **aspirador** não funciona. Felizmente está na garantia.

passer l'aspirateur [paselaspiʀatœʀ] loc
- Elle **passe l'aspirateur** tous les vendredis.

passar o aspirador
- Ela **passa o aspirador** todas as sextas.

la **propreté** [pʀɔpʀəte] n
- Sophie, c'est la **propreté** en personne !

a **limpeza**
- Sophie é a **limpeza** em pessoa!

la **saleté** [salte] n
- Cette lessive enlève bien la **saleté**.

a **sujeira**
- Este detergente tira bem a **sujeira**.

la **tache** [taʃ] n
- Sur ce tissu clair, on voit toutes les **taches**.

a **mancha**
- Sobre este tecido claro, podem-se ver bem as **manchas**.

la **poussière** [pusjɛʀ] n
- Un peu de **poussière** sur les meubles ne me gêne pas.

o **pó**, a **poeira**
- Um pouco de **pó** sobre os móveis não me incomoda.

le **balai** [balɛ] n
- Peux-tu ranger le **balai** dans le placard ?

a **vassoura**
- Você pode devolver a **vassoura** ao armário?

balayer [baleje] v
- C'est le concierge qui **balaie** les escaliers.

varrer
- É o zelador quem varre as **escadas**.

le **chiffon** [ʃifõ] n
- Il faudrait un **chiffon** pour nettoyer la fenêtre.

o **pano**
- É preciso um **pano** para limpar a janela.

la **lessive** [lɛsiv] n
- Je suis très contente de cette nouvelle **lessive**. L'as-tu essayée ?

o **sabão em pó**
- Estou muito contente com este novo **sabão em pó**. Você já experimentou?

le **liquide vaisselle** [likidvɛsɛl] *n*
- Je prends ce **liquide vaisselle** surtout parce qu'il n'abîme pas les mains.

o **detergente**
- Uso esse **detergente** sobretudo porque ele não danifica as mãos.

l'**ordre** [ɔʀdʀ] *n m*
- Je vais mettre la pièce en **ordre**.

a **ordem**
- Vou pôr o quarto em **ordem**.

le **désordre** [dezɔʀdʀ] *n*
- Quel **désordre** dans le salon ! Il faut que je range avant que les invités arrivent.

a **desordem**
- Que **desordem** na sala! Tenho de arrumar antes que cheguem os convidados.

le **mode d'emploi** [mɔddâplwa] *n*
- Lis bien le **mode d'emploi** avant d'utiliser le couteau électrique.

o **manual de instruções**
- Leia bem o **manual de instruções** antes de usar a faca elétrica.

Turismo e transporte

Viagens

le **voyage** [vwajaʒ] *n* • Je rêve d'un **voyage** autour du monde.	a **viagem** • Sonho com uma **viagem** ao redor do mundo.
voyager [vwajaʒe] *v* • Je ne **voyage** jamais en première classe ; ça coûte trop cher.	**viajar** • Jamais **viajo** de primeira classe; custa muito caro.
partir [paʀtiʀ] *v* • Le train **est parti** il y a cinq minutes.	**partir** • O trem **partiu** há cinco minutos.
partir en voyage [paʀtiʀɑ̃vwajaʒ] *loc* ▶ *v irr* p. 411 partir • Je **suis parti en voyage** sans dire au revoir à tes parents. • Quand je **pars en voyage**, j'emporte toujours quelques livres.	**sair de viagem** • **Saí de viagem** sem me despedir de seus pais. • Quando **saio de viagem**, sempre levo alguns livros.
le **congé** [kɔ̃ʒe] *n* • Désolé, il est en **congé** au mois d'août.	as **férias** • Sinto muito, ele está de **férias** em agosto.
les **vacances** [vakɑ̃s] *n f pl* • Ah bon ? Tu as dix semaines de **vacances** en été ?	as **férias** • Sério? Você vai ter dez semanas de **férias** no verão?

➡ As **grandes vacances** são as férias de verão, que em toda a França vão do início de julho ao início de setembro.

la **colonie (de vacances)** [kɔlɔni(dəvakɑ̃s)] *n* • Nous allions tous les ans en **colonie**, une fois à la montagne, une fois à la mer.	a **colônia de férias** • Todos os anos vamos para uma **colônia de férias**, às vezes na montanha, às vezes no litoral.

→ As **colonies de vacances**, abreviadamente chamadas **colos**, são uma instituição bastante apreciada na França. As crianças são confiadas a **moniteurs**, que se ocupam delas o dia inteiro.

le **tourisme** [tuʀism] *n* ▪ Le **tourisme** vert s'est beaucoup développé ces derniers temps.	o turismo ▪ O **turismo** sustentável se desenvolveu muito nos últimos anos.
le/la **touriste** [tuʀist] *n m/f* ▪ Les **touristes** envahissent la capitale en été.	o turista ▪ Os **turistas** invadem a capital no verão.
touristique [tuʀistik] *adj* ▪ On prend tous le menu **touristique**, d'accord ? ▪ J'ai acheté un guide **touristique** de la Provence.	turístico ▪ Vamos todos no menu **turístico**, concordam? ▪ Comprei um guia **turístico** de Provença.
Bon voyage ! [bõvwajaʒ] *loc*	**Boa viagem!**
le **retour** [ʀ(ə)tuʀ] *n* ▪ À mon **retour** de vacances, j'ai vu tout de suite que la maison avait été cambriolée. ▪ Dépêchons-nous, sinon il va faire nuit au **retour**.	o retorno ▪ Em meu **retorno** de férias, logo de cara vi que a casa havia sido roubada. ▪ Depressa, ou já será noite ao **retornarmos**.
retourner [ʀ(ə)tuʀne] *v* ▪ C'est sûr, nous **retournerons** un jour en Provence.	voltar ▪ Com certeza um dia **voltaremos** à Provença.
rentrer [ʀɑ̃tʀe] *v* ▪ Dès que nous **serons rentrés**, je prendrai une douche. ▪ C'est dommage, mais il fait tellement mauvais que nous allons devoir **rentrer**.	chegar, voltar ▪ Quando **chegarmos**, vou tomar um banho. ▪ É uma pena, mas o tempo está tão ruim que deveríamos **voltar**.
revenir [ʀəv(ə)niʀ] *v* ▶ v irr p. 413 venir ▪ Je n'étais pas **revenue** ici depuis des années.	voltar ▪ Eu não **voltava** aqui há anos.
l'**agence de voyage** [aʒɑ̃sdəvwajaʒ] *n f* ▪ On peut réserver ses billets d'avion dans une **agence de voyage**.	a agência de viagens ▪ É possível reservar passagens de avião numa **agência de viagens**.

réserver [ʀezɛʀve] *v*
- J'aimerais bien **réserver** un vol pour Nice.

reservar
- Eu gostaria muito de **reservar** um voo para Nice.

annuler [anyle] *v*
- Mon amie a dû **annuler** son voyage, car son mari est tombé malade.

cancelar, anular
- Minha amiga teve de **cancelar** sua viagem, já que seu marido ficou doente.

les **bagages** [bagaʒ] *n m pl*
- Tu peux mettre mes **bagages** dans le coffre ?

as **bagagens**
- Você pode pôr minhas **bagagens** no bagageiro?

la **valise** [valiz] *n*
- Je fais toujours mes **valises** au dernier moment.

a **mala**
- Sempre faço as **malas** na última hora.

faire ses valises [fɛʀsevaliz] *loc*
▶ *v irr* p. 415 faire
- Je n'ai pas le temps de sortir ce soir. Je pars demain et dois **faire mes valises**.

fazer as malas

- Não tenho tempo de sair esta noite. Parto amanhã e preciso **fazer as malas**.

les **papiers** [papje] *n m pl*
- Veuillez montrer vos **papiers**, s'il vous plaît !

os **documentos**
- Seus **documentos**, por favor!

la **pièce d'identité** [pjɛsdidâtite] *n*
- Avez-vous une **pièce d'identité** valide ?

o **documento de identidade**
- Você tem um **documento de identidade** válido?

la **carte d'identité** [kaʀt(ə)didâtite] *n*
- La photo de la **carte d'identité** doit être récente.

a **carteira de identidade**

- A foto da **carteira de identidade** deve ser recente.

le **passeport** [paspɔʀ] *n*
- Mets ton **passeport** dans mon sac pour ne pas l'oublier à la maison.

o **passaporte**
- Ponha o seu **passaporte** na minha mochila para não esquecê-lo em casa.

valide [valid] *adj*
- Mon passeport n'est **valide** que jusqu'à la fin de l'année.

válido
- Meu passaporte é **válido** só até o final do ano.

Viagens

périmé, périmée [peʀime] *adj* ▪ Je ne peux pas vous donner de visa, car votre passeport est **périmé**.	**vencido** ▪ Não posso lhe conceder o visto, pois seu passaporte está **vencido**.

le **séjour** [seʒuʀ] *n*
▪ Je te remercie pour ce **séjour** très agréable.

a **estada**
▪ Eu lhe agradeço pela **estada** tão agradável.

le **repos** [ʀ(ə)po] *n*
▪ Tu as besoin de **repos** ; tu as l'air fatiguée.

o **repouso**
▪ Você está precisando de **repouso**; está com ar cansado.

reposant, reposante [ʀ(ə)pozã, ʀ(ə)pozãt] *adj*
▪ Je trouve qu'une semaine de ski, c'est plus **reposant** que deux semaines au bord de la mer.

repousante, relaxante
▪ Acho que uma semana esquiando é mais **relaxante** do que duas semanas na praia.

organiser [ɔʀganize] *v*
▪ Tous les ans, notre commune **organise** un voyage en Allemagne.

organizar
▪ Todos os anos, nossa comunidade **organiza** uma viagem para a Alemanha.

la **confirmation** [kõfiʀmasjõ] *n*
▪ J'ai réservé une chambre pour une nuit, voilà la **confirmation**.

a **confirmação**
▪ Reservei um quarto para uma noite, eis a **confirmação**.

confirmer [kõfiʀme] *v*
▪ Pouvez-vous me **confirmer** la validité de nos billets d'avion ?

confirmar
▪ Você poderia **confirmar** a validade de nossas passagens de avião?

les **vacances à la ferme** [vakãsalafɛʀm] *n f pl*
▪ Les **vacances à la ferme**, c'est super quand les enfants sont petits.

as **férias na fazenda**

▪ **Férias na fazenda** são excelentes quando os filhos são pequenos.

le **spa** [spa] *n*
▪ Pour notre anniversaire de mariage, mon mari m'a offert un week-end dans un **spa**.

o **spa**
▪ Pelo nosso aniversário de casamento, meu marido me deu um fim de semana num **spa**.

l'**aventure** [avãtyʀ] *n f*
▪ Pendant nos vacances dans les Alpes, il nous est arrivé des tas d'**aventures**.

a **aventura**
▪ Em nossas férias nos Alpes, vivemos uma série de **aventuras**.

le **sac à dos** [sakado] n ■ Comment faire rentrer toutes mes affaires dans ce petit **sac à dos** ?	a **mochila** ■ Como colocar todas as minhas coisas nesta pequena **mochila**?
le **sac de voyage** [sakdavwajaʒ] n ■ Tu dois signaler tout de suite que ton **sac de voyage** n'est pas arrivé.	a **mala** ■ Você deve registrar assim que possível que sua **mala** não chegou.
être de passage [εtʀ(ə)dəpasaʒ] loc ▶ v irr p. 410 être ■ Nous **sommes de passage** et ne resterons ici qu'une nuit.	**estar de passagem** ■ **Estamos de passagem** e não vamos ficar mais do que uma noite.
à l'étranger [aletʀɑ̃ʒe] adv ■ Mon fils vit **à l'étranger** depuis des années et n'a jamais eu le mal du pays.	**no exterior**, **no estrangeiro** ■ Meu filho vive **no exterior** há anos e nunca teve saudade de casa.
le **visa** [viza] n ■ Pour se rendre aux États-Unis, il faut un **visa**.	o **visto** ■ Para entrar nos Estados Unidos, é preciso um **visto**.
la **douane** [dwan] n ■ On de passe plus de **douane** entre la France et l'Allegmagne.	a **alfândega** ■ Não se passa mais por **alfândega** entre a França e a Alemanha.
déclarer [deklaʀe] v ■ Vous avez quelque chose à **déclarer** ?	**declarar** ■ Você tem alguma coisa a **declarar**?

Pernoites

l'**hôtel** [otεl] n m ■ Les **hôtels** deux étoiles sont déjà très confortables.	o **hotel** ■ Os **hotéis** duas estrelas já são muito confortáveis.

➡ Além de hotéis, há na França outras possibilidades de pernoite: **chambre d'hôtes** – hospedagem com leito e café da manhã, que oferecem pernoite e café da manhã e às vezes jantar **(table d'hôtes)** –, as **gîtes ruraux** – alojamentos no campo – e as **gîtes d'étape** – alojamentos para viajantes de passagem, frequentemente em dormitórios ou grandes abrigos com outras pessoas.

l'**auberge de jeunesse**
[obɛʀʒdəʒœnɛs] *n f*
- J'aime ambiance des **auberges de jeunesse** ; on y rencontre des jeunes de partout.

o **albergue da juventude**
- Adoro o ambiente dos **albergues da juventude**; por toda parte se veem jovens.

le **camping** [kâpiŋ] *n*
- Quand j'étais jeune, j'adorais le **camping**.
- Il y a un **camping** près d'ici ?

o **camping**
- Quando eu era jovem, adorava **camping**.
- Tem algum **camping** aqui perto?

faire du camping [fɛʀdykâpiŋ] *loc*
▶ **v irr** p. 410 faire
- Au début, mes parents **faisaient du camping** ; maintenant, ils vont à l'hôtel.

acampar
- No início, meus pais **acampavam**; hoje eles ficam em hotel.

la **tente** [tât] *n*
- On pourrait monter la **tente** par ici.

a **barraca**, a **tenda**
- Poderíamos montar a **barraca** por aqui.

le **sac de couchage** [sakdəkuʃaʒ] *n*
- Les nuits seront fraîches, achète un **sac de couchage** de bonne qualité.

o **saco de dormir**
- As noites serão um pouco frias, compre um **saco de dormir** de boa qualidade.

la **réception** [ʀesɛpsjõ] *n*
- Veuillez laisser la clé à la **réception**.

a **recepção**
- Queira deixar a chave na **recepção**.

la **chambre double** [ʃâbʀədubl] *n*
- Il nous reste une **chambre double**, mais elle donne sur la rue.

o **quarto duplo**
- Temos ainda um **quarto duplo**, mas ele dá para a rua.

la **chambre simple** [ʃâbʀəsɛ̃pl] *n*
- J'ai réservé une **chambre simple** au nom de Klausmann.

o **quarto simples**
- Reservei um **quarto simples** em nome de Klausmann.

complet, complète [kõplɛ, kõplɛt] *adj*
- Je regrette, l'hôtel est **complet**.

lotado
- Lamento, o hotel está **lotado**.

la **pension complète** [pâsjãkõplɛt] *n*
- Nous prenons toujours la même chambre avec **pension complète**.

a **pensão completa**
- Pegamos sempre o mesmo quarto com **pensão completa**.

la **demi-pension** [d(ə)mipɑ̃sjɔ̃] *n*
- À l'hôtel, nous avons pris la **demi-pension**.

a **meia-pensão**
- No hotel, pegamos **meia-pensão**.

l'**appartement pour les vacances** [apaʀtəmɑ̃puʀlevakɑ̃s] *n m*
- Ils ont acheté un **appartement pour les vacances** dans une station de sports d'hiver en Suisse.

o **apartamento para passar as férias**
- Compraram um **apartamento para passar as férias** numa estação de esportes de inverno na Suíça.

la **saison** [sɛzɔ̃] *n*
- Dans le Pays basque, la **saison** commence à Pâques et se termine fin septembre.

a **estação**
- No País Basco, a **estação** começa na Páscoa e termina no final de setembro.

l'**équipement** [ekipmɑ̃] *n m*
- Doit-on transporter tout notre **équipement** sur notre dos ?

o **equipamento**
- Devemos transportar todo o **equipamento** nas costas?

Atrações turísticas

l'**attraction touristique** [atʀaksjɔ̃tuʀistik] *n f*
- J'ai la liste des **attractions touristiques** les plus intéressantes.

a **atração turística**
- Tenho uma lista das **atrações turísticas** mais interessantes.

la **visite** [vizit] *n*
- La **visite** commence à 10 heures.

a **visita**
- A **visita** começa às 10 horas.

visiter [vizite] *v*
- Tu **as visité** tous les châteaux de la Loire ? Mais il y en a plus de 300 !

visitar
- Você **visitou** todos os castelos do Loire? Mas são mais de 300!

l'**excursion** [ɛkskyʀsjɔ̃] *n f*
- Beaucoup d'Allemands viennent en **excursion** à Paris pour le week-end.

a **excursão**
- Muitos alemães vêm em **excursão** a Paris para o fim de semana.

le **guide** [gid] *n*
- Les horaires des musées sont dans le **guide**.

o **guia**
- Os horários dos museus estão no **guia**.

Atrações turísticas

la **visite guidée** [vizitgide] *n* ■ Il faut bien compter deux bonnes heures pour la **visite guidée**.	a **visita guiada** ■ É preciso contar umas duas boas horas para a **visita guiada**.
le **circuit touristique** [siʀkɥituʀistik] *n* ■ L'agence de voyages organise un **circuit touristique** des châteaux de la Loire qui dure une semaine.	o **circuito turístico** ■ A agência de viagens organiza um **circuito turístico** pelos castelos do Loire com duração de uma semana.
l'**église** [egliz] *n f* ■ Tu vas encore à l'**église** ?	a **igreja** ■ Você ainda vai à **igreja**?
la **cathédrale** [katedʀal] *n* ■ La **cathédrale** Notre Dame de Paris est une des églises les plus connues du monde. ■ La **cathédrale** de Cologne a été construite au treizième siècle.	a **catedral** ■ A **catedral** de Notre Dame de Paris é uma das igrejas mais conhecidas do mundo. ■ A **catedral** de Colônia foi construída no século XIII.
la **basilique** [bazilik] *n* ■ La **basilique** de Lourdes est la plus grande église souterraine du monde.	a **basílica** ■ A **basílica** de Lourdes é a maior igreja subterrânea do mundo.
la **synagogue** [sinagɔg] *n* ■ La communauté juive se réunit le vendredi soir dans la **synagogue**.	a **sinagoga** ■ A comunidade judaica se reúne às sextas à noite na **sinagoga**.
la **mosquée** [mɔske] *n* ■ Le guide nous a demandé d'enlever nos souliers avant d'entrer dans la **mosquée**.	a **mesquita** ■ O guia nos pediu para tirar os sapatos antes de entrar na **mesquita**.
le **musée** [myze] *n* ■ Le **musée** d'Orsay, à Paris, est une ancienne gare.	o **museu** ■ O **museu** d'Orsay, em Paris, é uma antiga estação.
la **salle** [sal] *n* ■ La **salle** de Paris-Bercy peut contenir 17.000 spectateurs.	a **sala** ■ A **sala** de Paris-Bercy pode receber 17.000 espectadores.
la **tour** [tuʀ] *n* ■ Tu peux monter à pied en haut de la **tour**, mais tu peux aussi prendre l'ascenceur.	a **torre** ■ Você pode subir a **torre** a pé, mas também pode pegar o elevador.

le château [ʃɑto] *n*; *pl* **châteaux** ■ Le **château** de Chenonceaux a été construit au-dessus d'une rivière.	o **castelo** ■ O **castelo** de Chenonceaux foi construído sobre um rio.
le palais [palɛ] *n* ■ Le **palais** de Buckhingham est le bâtiment de Londres qui m'a le plus impressioné.	o **palácio** ■ O **palácio** de Buckhingham é o edifício de Londres que mais me impressionou.
l'entrée [ɑ̃tʀɛ] *n f* ■ En France, l'**entrée** des musées est gratuite le premier dimanche du mois.	a **entrada** ■ Na França, a **entrada** dos museus é gratuita no primeiro domingo do mês.
la **culture** [kyltyʀ] *n* ■ La France est un pays où de nombreuses **cultures** se sont rencontrées.	a **cultura** ■ A França é um país onde numerosas **culturas** se reúnem.
culturel, culturelle [kyltyʀɛl] *adj* ■ Comment trouves-tu le programme **culturel** pendant l'été ?	**cultural** ■ O que você acha do programa **cultural** durante o verão?
la **chapelle** [ʃapɛl] *n* ■ La **chapelle** est du Moyen Âge et parfaitement conservée.	a **capela** ■ A **capela** é da Idade Média e perfeitamente conservada.
le **clocher** [klɔʃe] *n* ■ C'est une église moderne ; le **clocher** est séparé.	o **campanário** ■ É uma igreja moderna; o **campanário** fica separado.
la **cloche** [klɔʃ] *n* ■ Les **cloches** sonnent ; ça doit être un mariage.	o **sino** ■ Os **sinos** estão tocando; deve ser um casamento.
la **coupole** [kupɔl] *n* ■ La **coupole** de cette mosquée a été récemment recouverte de mosaïques.	a **cúpula** ■ A **cúpula** desta mesquita foi recentemente coberta por mosaicos.
le **château fort** [ʃatofɔʀ] *n*; *pl* **châteaux forts** ■ Ce soir nous allons à un concert au **château fort**.	o **castelo**, a **fortaleza** ■ Esta noite vamos a um concerto no **castelo**.

la **ruine** [ʀɥin] *n* ■ Il ne reste plus que des **ruines** du vieux château.	a **ruína** ■ Não restam mais do que **ruínas** do velho castelo.
le **temple** [tɑ̃pl] *n* ■ La Sicile a les plus beaux **temples** grecs que j'ai jamais vus.	o **templo** ■ A Sicília tem os mais belos **templos** gregos que eu jamais vi.
la **colonne** [kɔlɔn] *n* ■ Est-ce que c'est une **colonne** ionique ou dorique ?	a **coluna** ■ Essa é uma **coluna** jônica ou dórica?
la **fontaine** [fõtɛn] *n* ■ Nous avons rendez-vous près de la **fontaine**.	a **fonte** ■ Temos um encontro marcado perto da **fonte**.
le **monument** [mɔnymɑ̃] *n* ■ Presque chaque village a un **monument** aux morts.	o **monumento** ■ Quase todo vilarejo tem um **monumento** aos mortos.
le **symbole** [sɛ̃bɔl] *n* ■ La tour Eiffel est le **symbole** de Paris.	o **símbolo** ■ A torre Eiffel é o símbolo de Paris.
la **vue** [vy] *n* ■ Depuis le sommet, on a une **vue** magnifique.	a **vista** ■ Do cume se tem uma **vista** magnífica.
l'**itinéraire** [itineʀɛʀ] *n m* ■ C'est sur Internet que j'ai trouvé l'**itinéraire** le plus court pour aller chez toi.	o **itinerário** ■ Foi na internet que eu encontrei o **itinerário** mais curto para chegar à sua casa.

Locais

le **lieu** [ljø] *n*; *pl* **lieux** ■ Voilà le **lieu** où on s'est vu pour la première fois.	o **lugar** ■ É aqui o **lugar** onde nos vimos pela primeira vez.
l'**endroit** [ɑ̃dʀwa] *n m* ■ C'est l'**endroit** où l'accident a eu lieu.	o **local** ■ É o **local** onde ocorreu o acidente.

la **campagne** [kɑ̃paɲ] *n*
- Nous passons souvent le week-end à la **campagne** chez mes grands-parents.

o **campo**
- Com frequência passamos o fim de semana no **campo** com meus avós.

la **ville** [vil] *n*
- En **ville**, les gens sont toujours pressés.

a **cidade**
- Na **cidade** as pessoas estão sempre com pressa.

le **centre-ville** [sɑ̃tʀəvil.] *n*; *pl* **centres-villes**
- Le **centre-ville** est interdit aux voitures.

o **centro da cidade**
- O **centro da cidade** é interditado a veículos.

le **village** [vilaʒ] *n*
- Je suis née dans un **village** de 150 habitants.

o **vilarejo**, a **aldeia**
- Nasci num **vilarejo** de 150 habitantes.

la **banlieue** [bɑ̃ljø] *n*
- Quand on habite la **banlieue**, on ne profite pas de Paris.

o **subúrbio**
- Quando se mora no **subúrbio**, não se aproveita Paris.

le **quartier** [kaʀtje] *n*
- J'habite dans un **quartier** calme.

o **bairro**
- Moro num **bairro** calmo.

le **bâtiment** [bɑtimɑ̃] *n*
- Ce gros **bâtiment**, c'est la mairie.

o **prédio**, o **edifício**, a **construção**
- Este grande **edifício** é a prefeitura.

le **carrefour** [kaʀfuʀ] *n*
- À un **carrefour**, on doit respecter les priorités.

a **esquina**
- Numa **esquina** devem-se respeitar as prioridades.

la **place** [plas] *n*
- Continuez sur cette rue jusqu'à une grande **place**, et vous verrez les bureaux juste devant vous.

a **praça**
- Continue nesta rua até chegar a uma grande **praça**, e você verá os escritórios bem à sua frente.

la **rue** [ʀy] *n*
- Vous pouvez me dire où est la **rue** Gambetta ?
➜ rue p. 19

a **rua**
- Você poderia me dizer onde fica a **rua** Gambetta?

la **route** [ʀut] *n*
- Ce n'est pas une autoroute ; c'est une **route** à quatre voies.

a **estrada**
- Isto não é uma rodovia, é uma **estrada** de quatro pistas.

➜ As RN – **routes nationales** – correspondem às rodovias federais brasileiras.

l'**avenue** [avny] n f
- Cette **avenue** va jusqu'à l'Arc de Triomphe.

a **avenida**
- Esta **avenida** vai até o Arco do Triunfo.

le **boulevard** [bulvaʀ] n
- Les **boulevards** sont souvent bordés d'arbres.

o **bulevar**
- Os **bulevares** geralmente são ornados de árvores.

l'**autoroute** [otoʀut] n f
- Sur cette **autoroute**, il y a très peu de circulation.

a **autoestrada**
- Nesta **autoestrada** há pouca circulação.

➡ Na França, é obrigatório pagar pelo uso das rodovias. A taxa de uso se chama **péage**.

la **sortie** [sɔʀti] n
- Mais que'est-ce que tu fais, tu as raté la **sortie** !

a **saída**
- Mas o que você está fazendo, errou a **saída**!

le **parking** [paʀkiŋ] n
- En ville, le samedi, la plupart des **parkings** sont pleins.

o **estacionamento**
- Aos sábados, na cidade, a maior parte dos **estacionamentos** fica cheia.

le **trottoir** [tʀɔtwaʀ] n
- C'est la mode de rouler à vélo sur les **trottoirs** ?

a **calçada**
- Agora é moda andar de bicicleta na **calçada**?

le **pont** [põ] n
- Maintenant, il y a un **pont** pour aller sur l'île de Ré.

a **ponte**
- Agora há uma **ponte** para chegar à Ilha de Ré.

le **parc** [paʀk] n
- Le **parc** du château est immense.

o **parque**
- O **parque** do castelo é imenso.

le **cimetière** [simtjɛʀ] n
- C'est le **cimetière** où est enterrée toute ma famille.

o **cemitério**
- É o **cemitério** onde está enterrada toda a minha família.

le **plan de la ville** [plɑ̃dlavil] n
- Avec un **plan de la ville**, ça serait plus facile.

o **mapa da cidade**
- Com um **mapa da cidade** ficaria muito mais fácil.

la **carte** [kaʀt] n
- Je ne trouve pas ce village sur la **carte**.

o **mapa**
- Não encontro essa cidade no **mapa**.

la **mairie** [mɛʀi] n
- Pardon madame, où se trouve la **mairie** ?

a **prefeitura**
- Perdão, senhora, onde fica a **prefeitura**?

➡ A **mairie** é, de modo geral, uma prefeitura em cidades pequenas; já um **hôtel de ville** é uma edificação maior e mais pomposa em cidade de maior porte.

l'**hôtel de ville** [ɔtɛldəvil] n m
- Comme la mairie est trop petite, on va construire un nouvel **hôtel de ville**.
➡ mairie p. 256

a **prefeitura**
- Como a **prefeitura** é muito pequena, vamos construir uma nova.

le **syndicat d'initiative** [sɛ̃dikadinisjativ] n
- On nous a donné un plan de la ville au **syndicat d'initiative**.

o **posto de informações turísticas**
- Deram-nos um mapa da cidade no **posto de informações turísticas**.

l'**office du tourisme** [ɔfisdytuʀism] n m
- La première chose à faire en arrivant à Strasbourg, c'est d'aller à l'**office du tourisme**.

a **secretaria de turismo**
- A primeira coisa a fazer chegando a Estrasburgo é ir à **secretaria de turismo**.

municipal [mynisipal] adj; pl **municipaux**
- Où est la piscine **municipale** ?

municipal
- Onde fica a piscina **municipal**?

local [lɔkal] adj; pl **locaux**
- Demain, la météo prévoit des averses **locales**.
- Après l'accident, ils ont appelé la police **locale**.
- Oui, je l'ai lu dans le journal **local**.

local
- Para amanhã, a meteorologia prevê pancadas de chuva **locais**.
- Depois do acidente, eles chamaram a polícia **local**.
- Sim, eu li no jornal **local**.

la **périphérie** [peʀifeʀi] n
- Les quartiers les plus agréables de la ville se trouvent dans la **périphérie**.

a **periferia**
- Os bairros mais agradáveis da cidade se encontram na **periferia**.

les **environs** [ɑ̃viʀɔ̃] n m pl
- Dans les **environs** de Bordeaux, il y a plein de châteaux de vin très connus.

os **arredores**
- Nos **arredores** de Bordeaux, há uma série de vinhedos bastante conhecidos.

trouver [tʀuve] v ■ Dans cette région, on **trouve** plusieurs espèces de plantes rares.	encontrar-se ■ Nessa região **encontram-se** muitas espécies de plantas raras.
l'**allée** [ale] n f ■ Notre maison se trouve au bout d'une très belle **allée**.	a **alameda** ■ Nossa casa se encontra ao final de uma **alameda** muito bela.
le **terrain de jeux** [tɛʀɛ̃dʒø] n ■ Les enfants, allez vous amuser sur le **terrain de jeux** !	o **parque**, o **parque infantil** ■ Crianças, vão brincar no **parque**!
la **zone piétonne** [zɔnpjetɔn] n ■ Rouen a eu la première grande **zone piétonne**.	o **calçadão** ■ Rouen teve o primeiro grande **calçadão**.
la **galerie** [galʀi] n ■ Tu trouveras ma boutique dans la **galerie** qui relie les deux rues principales.	a **galeria** ■ Você vai encontrar minha butique na **galeria** que liga ambas as ruas principais.

Meios de transporte público

Transporte público de curta distância

le **voyager**, la **voyageuse** [vwajaʒœʀ, vwajaʒøz] n ■ Les **voyageur** pour Épinal ont une correspondance à 15 h 33, quai 3, voie 5.	o **passageiro** ■ **Passageiros** para Épinal têm uma baldeação às 15h33 na plataforma 3, faixa 5.
aller [ale] v ▶ v irr p. 407 aller ■ Tu y **vas** en bus ou à pied ? ■ J'y **vais** en avion. ■ Je **vais** toujours au travail à pied.	ir ■ Você **vai** de ônibus ou a pé? ■ **Vou** de avião. ■ Sempre **vou** para o trabalho a pé.
le **métro** [metʀo] n ■ Bordeaux, Lille, Lyon, Marseille et Toulouse ont aussi un **métro**.	o **metrô** ■ Bordeaux, Lille, Lyon, Marselha e Toulouse também têm **metrô**.
le ʀeʀ [ɛʀøɛʀ] n ■ Depuis l'aéroport de Roissy-Charles de Gaulle, le ʀeʀ va directement au centre de Paris.	a **rede expressa regional** ■ Do aeroporto de Roissy-Charles de Gaulle, a **rede expressa regional** vai diretamente ao centro de Paris.

➡ RER é a abreviação de **Réseau Express Régional**.

le bus [bys] *n*
- On prend le **bus**?

o **ônibus**
- Vamos de **ônibus**?

le tram [tʀam] *n*
- Dans beaucoup de villes, le **tram** a été abandonné après la guerre.

o **bonde**
- Em muitas cidades, o **bonde** foi abandonado após a guerra.

l'arrêt [aʀɛ] *n*
- Descends deux **arrêts** avant le terminus !

a **parada**, o **ponto**
- Desça dois **pontos** antes do ponto final.

le ticket [tikɛ] *n*
- En général, on ne peut pas acheter de **ticket** dans le bus.

o **tíquete**, a **passagem**, o **passe**
- Em geral, pode-se comprar o **passe** no ônibus.

➡ Pode-se comprar um bilhete nos ônibus, em estações de metrô, paradas de bondes e nos **bureaux de tabac**. No metrô de Paris há um bloco com dez bilhetes (**le carnet**) que sai mais barato do que comprar bilhetes individuais.

changer [ʃɑ̃ʒe] *v*
- Vous devez **changer** à Pau.

baldear
- Você deve **baldear** em Pau.

le retard [ʀ(ə)taʀ] *n*
- Le train est arrivé avec dix minutes de **retard** à la gare du Nord.

o **atraso**
- O trem vai chegar com dez minutos de **atraso** à estação de Nord.

être en retard [ɛtʀɑ̃ʀ(ə)taʀ] *loc*
▶ v irr p. 410 être
- Tu **es** encore **en retard**.

estar atrasado, **atrasar-se**

- Você **está** novamente **atrasado**.

attendre [atɑ̃dʀ] *v*
▶ v irr p. 412 rendre
- Virginie, je t'**ai attendue** au moins une heure devant le cinéma !

esperar

- Virginie, **esperei** você pelo menos uma hora na frente do cinema!

➡ **Attendre** é transitivo.

les transports en commun [tʀɑ̃spɔʀɑ̃kɔmɛ̃] *n*
- En dehors des heures de pointe, trop peu de gens utilisent les **transports en commun**.

o **transporte público**

- Fora dos horários de pico, muito pouca gente usa o **transporte público**.

les **heures de pointe** [œʀdapwɛ̃t] *n f pl*
- Je te conseille d'éviter les **heures de pointe**, si tu ne veux pas perdre de temps en voiture.

o **horário de pico**
- Eu o aconselho a evitar os **horários de pico** se você não quiser perder tempo dentro do carro.

la **gare routière** [gaʀʀutjɛʀ] *n*
- Au départ de la **gare routière**, il y a trois bus par jour pour Ascain.

a **rodoviária**
- Há três ônibus por dia que saem da **rodoviária** para Ascain.

la **ligne** [liɲ] *n*
- La **ligne** 57, c'est bien celle qui va d'Andernos au Cap Ferret ?

a **linha**
- A **linha** 57 não é aquela que vai de Andernos a Cap Ferret?

la **carte d'abonnement** [kaʀt(ə) dabɔmɑ̃] *n*
- Ça coûte combien cette année, la **carte d'abonnement** pour le métro ?

o **bilhete único**
- Quanto está saindo o **bilhete único** para o metrô este ano?

le **distributeur de tickets** [distʀibytœʀdatikɛ] *n*
- Zut ! Je n'ai pas assez de monnaie pour le **distributeur de tickets** !

o **vendedor de passagens**
- Droga! Estou sem moeda para o **vendedor de passagens**!

composter [kɔ̃pɔste] *v*
- Si tu n'as pas **composté** ton billet, tu as une amende.

validar
- Se você não **validar** seu cartão, terá de pagar uma multa.

le **terminus** [tɛʀminys] *n*
- Il y a encore neuf stations jusqu'au **terminus** du RER.

o **ponto final**, a **estação final**
- Até a **estação final** da rede expressa regional são nove estações.

Transporte ferroviário

la **gare** [gaʀ] *n*
- Le train venant de Marseille entre en **gare**.

a **estação**
- O trem vindo de Marselha entra na **estação**.

le **train** [tʀɛ̃] *n*
- Je ne voyage qu'en **train**.

o **trem**
- Só viajo de **trem**.

Transporte ferroviário

le chemin de fer [ʃ(ə)mɛ̃d(ə)fɛʀ] *n*
- Presque toutes le petites lignes et **chemin de fer** ont été supprimées

a **estrada de ferro**
- Quase todas as pequenas linhas e **estradas de ferro** foram suprimidas.

le TGV [teʒeve] *n*; *pl inv*
- Em **TGV**, on met moins d'une heure pour aller de Paris à Lille.

o **TGV**
- Num **TGV** leva-se menos de uma hora para ir de Paris a Lille.

➡ TGV é a abreviação para **train à grande vitesse**.

le train regional [tʀɛ̃ʀeʒjɔnal] *n*; *pl* **trains régionaux**
- Ne prends pas le **train regional**, il s'arrête dans toutes les petites villes.

o **trem regional**
- Não pegue o **trem regional**, ele para em todas as pequenas cidades.

le TER [teøɛʀ] *n*; *pl inv*
- Le **TER** peut aussi être en retard.

o **TER**
- Pode ser que também o **TER** esteja atrasado.

➡ TER é a abreviação de **train express regional**.

l'horaire [ɔʀɛʀ] *n m*
- Les **horaires** de la SNFC changent le 24 mai.
- D'après l'**horaire** officiel, l'avion devrait atterrir à 11 heures.

o **horário**
- Os **horários** da SNFC vão mudar em 24 de maio.
- Pelo **horário** oficial, o avião deveria aterrissar às 11 horas.

le départ [depaʀ] *n*
- Ils ont programmé leur **départ** pour début janvier.
- Arrivez au moins une heure avant le **départ** du train.

a **partida**, o **embarque**
- Eles programaram a **partida** para o início de janeiro.
- Procure chegar ao menos uma hora antes do **embarque**.

l'arrivée [aʀive] *n*
- Pouvez-vous m'indiquer l'heure de votre **arrivée** ?

a **chegada**
- Você poderia dizer-me a hora de sua **chegada**?

manquer [mɑ̃ke] *v*
- Dépêchez-vous, sinon nous allons **manquer** notre train !

perder
- Apresse-se, ou vamos **perder** nosso trem!

rater [ʀate] *v*
- Si on **rate** le bus, on prendra le suivant.

perder
- Quando se **perde** o ônibus, toma-se o próximo.

le **billet** [bijɛ] n
- Il faut composter le **billet** avant de monter dans le train.

o **tíquete**, a **passagem**
- É preciso validar o **tíquete** antes de subir no trem.

le **guichet de renseignements** [giʃedeʀâsɛɲmâ] n
- Le **guichet de reseignements** est juste en face du buffet de la gare.

o **guichê de informações**
- O **guichê de informações** fica bem em frente do restaurante da estação.

la **correspondance** [kɔʀɛspõdâs] n
- Notre train a du retard ; on va rater la **correspondance**.
- Malheureusement la **correspondance** est très mauvaise. Il faut attendre deus heures à Tarbes.

a **conexão**
- Nosso trem está atrasado; assim vamos perder a **conexão**.
- Infelizmente, a **conexão** é muito precária. É preciso esperar duas horas em Tarbes.

l'**aller** [ale] n m
- Il me tardait tellement d'arriver que j'ai trouvé l'**aller** très long.

a **viagem de ida**
- Demorei tanto para chegar que achei a **viagem de ida** muito longa.

le **retour** [ʀ(ə)tuʀ] n
- Au **retour**, j'ai eu un compartiment pour moi tout seul.

a **volta**, o **retorno**
- Na **volta**, tive um compartimento para mim sozinho.

l'**aller simples** [alesɛ̃pl] n m
- Un **aller simples** Bayonne-Pau, s'il vous plaît !

a **passagem só de ida**
- Uma **passagem só de ida** de Bayonne a Pau, por favor!

l'**aller et retour** [aleeʀ(ə)tuʀ] n m
- Est-ce que je peux avoir un **aller et retour** pour Marseille, 2ᵉ classe ?

a **passagem de ida e volta**
- Você poderia me ver uma **passagem de ida e volta** para Marselha, 2ª classe?

direct, directe [diʀɛkt] adj
- Est-ce que c'est un train **direct** Bordeaux-Toulouse ?

direto
- Este é um trem **direto** Bordeaux-Toulouse?

la **place assise** [plasasiz] n
- Pour ce train-là, la réservation d'une **place assise** est incluse automatiquement dans le prix de votre billet.

o **lugar sentado**
- Para este trem, a reserva de um **lugar sentado** está incluída automaticamente no preço de sua passagem.

le **quai** [ke] n
- Le train pour Lyon partira à 12 h du **quai** 2, voie 4.

a **plataforma**
- O trem para Lyon partirá às 12h da **plataforma** 2, faixa 4.

Transporte ferroviário

le rail [raj] *n* ■ Deux **rails** forment la voie ferrée.	o **trilho** ■ Dois **trilhos** formam a via férrea.
le contrôleur, la contrôleuse [tʀɛ̃ʀeʒjɔnal] *n* ■ Si on achète le supplément auprès du **contrôleur**, il coûte plus cher.	o **cobrador** ■ Se comprarmos o trecho adicional do **cobrador**, custa mais caro.
le wagon [vagɔ̃] *n* ■ Tu as compté les **wagons** du train qui vient de passer ?	o **vagão** ■ Você contou os **vagões** de trem que acabam de passar?
le wagon-restaurant [vagɔ̃ʀɛstɔʀɑ̃] *n*; *pl* **wagons--restaurants** ■ Le **wagon-restaurant** se trouve en tête de train.	o **vagão-restaurante** ■ O **vagão restaurante** fica na frente do trem.
le wagon-lit [vagɔ̃li] *n*; *pl* **wagons-lits** ■ Quand je voyage en **wagon-lit**, je dors très mal.	o **vagão-leito** ■ Quando eu viajo de **vagão-leito**, durmo muito mal.
le compartiment [kɔ̃paʀtimɑ̃] *n* ■ Les wagons récents n'ont plus de **compartiments**.	o **compartimento** ■ Os vagões mais novos não têm mais **compartimentos**.
la voie [vwa] *n* ■ Le train Stuttgart-Paris part de la **voie** 12.	a **faixa** ■ O trem Stuttgart-Paris parte da **faixa** 12.
le buffet de la gare [byfɛd(ə)lagaʀ] *n* ■ Au **buffet de la gare**, ils font de très bons sandwichs au jambon.	o **restaurante da estação** ■ No **restaurante da estação**, fazem sanduíches de presunto muito bons.
la consigne [kɔ̃siɲ] *n* ■ Même quand je donne mes bagages à la **consigne**, j'ai toujours peur qu'ils soien volés.	o **guarda-volumes** ■ Mesmo quando deixo minha bagagem no **guarda-volumes**, sempre tenho medo de que sejam roubadas.
la consigne automatique [kɔ̃siɲɔtɔmatik] *n* ■ Pardon madame, pourriez-vous me dire où est la **consigne automatique** ?	o **guarda-volumes** ■ Por favor, senhora, você poderia me dizer onde fica o **guarda-volumes**?

→ O armário único que funciona como porta-bagagens chama-se **casier**.

Transporte aéreo e navegação

l'**avion** [avjõ] *n m*
- Il y a des personnes qui sont malades en **avion**.

o **avião**
- Há pessoas que se sentem mal em **avião**.

→ Nomes de aviões são masculinos: **un Boeing, un Airbus, le Concorde**.

l'**appareil** [apaʀɛj] *n m*
- L'**appareil** aura du retard.

a **aeronave**
- A **aeronave** vai chegar atrasada.

le **vol** [vɔl] *n*
- Tous les **vols** ont été supprimés à cause de la grève.

o **voo**
- Todos os **voos** foram cancelados por causa da greve.

le **vol direct** [vɔldiʀɛkt] *n*
- Depuis six mois il y a un **vol direct** entre Bordeaux et Munich.

o **voo direto**
- Há seis meses que há um **voo direto** entre Bordeaux e Munique.

voler [vɔle] *v*
- Pourquoi un avion **vole**-t-il ?

voar
- Por que um avião **voa**?

le **passager**, la **passagère** [pɑsaʒe, pɑsaʒɛʀ] *n*
- Les **passagers** du vol LH 817 sont invités à se rendre à la porte 13.

o **passageiro**
- Os **passageiros** do voo LH 817 devem dirigir-se ao portão 13.

la **compagnie aérienne** [kõpaɲiaeʀjɛn] *n*
- Air France est la principale **compagnie aérienne** française.

a **companhia aérea**
- A Air France é a principal **companhia aérea** francesa.

l'**aéroport** [aeʀɔpɔʀ] *n m*
- Pour raison de sécurité, les terrasses de l'**aéroport** sont fermées.

o **aeroporto**
- Por razões de segurança, os terraços do **aeroporto** são fechados.

la **porte d'embarquement** [pɔʀtədâbaʀkamâ] *n*
- Environ 30 minutes avant le départ de votre vol, le numéro et la **porte d'embarquement** seront affichés.

o **portão de embarque**
- Cerca de 30 minutos antes da partida do seu voo, o número e o **portão de embarque** vão aparecer no painel.

Transporte aéreo e navegação

le **billet (d'avion)** [bijɛ (davjõ)] *n*
- Super, mon cadeau d'anniversaire ! Un **billet d'avion** pour visiter l'Australie !

a **passagem (de avião)**
- Que maravilha, meu presente de aniversário! Uma **passagem de avião** para visitar a Austrália!

le **billet électronique** [bijɛelɛktʀonik] *n*
- C'est très pratique de voyager avec un **billet électronique**.

o **bilhete eletrônico**
- É bastante prático viajar com um **bilhete eletrônico**.

décoller [dekɔle] *v*
- L'avion **a décollé** à l'heure.

decolar
- O avião vai **decolar** em uma hora.

atterrir [ateʀiʀ] *v*
- L'avion **a atterri** malgré le brouillard.

aterrissar
- O avião **aterrissou** apesar da neblina.

la **barque** [baʀk] *n*
- L'après-midi nous avons fait une promenade en **barque** sur le lac.

o **barco**
- À tarde fizemos um passeio de **barco** no lago.

le **bateau** [bato] *n*; *pl* **bateaux**
- On ne traverse plus les océans en **bateau**.

o **barco**
- Já não se atravessa mais os oceanos de **barco**.

➡ Nomes de navios são de gênero masculino: **le France, le Titanic**.

le **port** [pɔʀ] *n*
- Le vieux **port** de Marseille est très typique.

o **porto**
- O velho **porto** de Marselha é bastante típico.

le **ferry** [feʀi] *n*
- La concurrence entre les **ferrys** et le tunnel sous la Manche est sévère.

a **balsa**
- A concorrência entre as **balsas** e o túnel sob o canal da Mancha é acirrada.

couler [kule] *v*
- Le Titanic **a coulé** en quelques heures.

afundar
- O Titanic **afundou** em algumas horas.

l'**hélicoptère** [elikɔptɛʀ] *n m*
- Les **hélicoptères** sont très utiles pour les opérations de secours.

o **helicóptero**
- Os **helicópteros** são bastante úteis para as operações de segurança.

l'**escale** [ɛskal] *n f*
- Après une **escale** à Londres, j'ai pris mon avion pour Paris.

a **escala**
- Após uma **escala** em Londres, peguei meu avião para Paris.

Transporte aéreo e navegação **265**

aller chercher [aleʃɛRʃe] v
▶ v irr p. 407 aller
- J'irai te **chercher** à l'aéroport.

ir buscar
- Vou **buscar** você no aeroporto.

l'annonce [anõs] n f
- Il y a tellement de bruit dans cet aéroport qu'on n'entend pas les **annonces**.

o **anúncio**
- Há tanto ruído neste aeroporto que mal se ouvem os **anúncios**.

embarquer [ɑ̃baRke] v
- Soyez à l'heure, on **embarque** à 6 h 30.

embarcar
- Seja pontual, o **embarque** é às 6h30.

la croisière [kRwazjɛR] n
- Les **croisières** en Méditerranée attirent beaucoup de touristes.

o **cruzeiro**
- Os **cruzeiros** no Mediterrâneo atraem muitos turistas.

la cabine [kabin] n
- Il y a une grande différence de confort entre les **cabines** de première et celles de seconde.

a **cabine**
- Há uma grande diferença de conforto entre as **cabines** de primeira e as de segunda.

la cargaison [kaRɡɛzõ] n
- La **cargaison** a subi de dommages pendant le transport.

a **bagagem**
- A **bagagem** foi danificada durante o transporte.

charger [ʃaRʒe] v
- Ils **ont chargé** le bateau en partance pour Marseille de sacs de charbon.

carregar, ser carregado
- O navio que partiu de Marselha **estava carregado** com sacos de carvão.

le transport [tRɑ̃spɔR] n
- Les frais de **transport** sons assez importants.

o **transporte**
- Os custos com **transporte** são realmente elevados.

transporter [tRɑ̃spɔRte] v
- Qu'est que tu **transportes** dans ta valise ? Elle pèse des tonnes !

transportar
- O que você **está transportando** nessa mala? Ela pesa toneladas!

le conteneur [kõtnœR] n
- Dans le port, tu peux voir des **conteneurs** vraiment très gros.

o **contêiner**
- No porto, você verá **contêineres** realmente muito grandes.

Transporte individual

la **circulation** [siʀkylasjɔ̃] *n* ■ Il y a beaucoup de **circulation**.	o **trânsito** ■ Tem muito **trânsito**.
la **voiture** [vwatyʀ] *n* ■ Je vais à mon travail en **voiture**.	o **carro** ■ Vou ao trabalho de **carro**.

➡ Os nomes de automóveis são do gênero feminino: **une 306, une Mégane, une Opel**.

la **moto** [moto] *n* ■ À **moto**, on se sent tellement livre !	a **moto** ■ De **moto** a gente se sente tão livre!
le **scooter** [skutœʀ] *n* ■ On m'a volé mon **scooter** que j'avais garé sous ma fenêtre.	a **lambreta** ■ Roubaram minha **lambreta**, e eu a tinha estacionado debaixo da minha janela.
le **taxi** [taksi] n ■ Avec ta valise, tu ferais mieux de prendre un **taxi**.	o **táxi** ■ Com essa mala, seria melhor você pegar um **táxi**.
le **conducteur**, la **conductrice** [kɔ̃dyktœʀ, kɔ̃dyktʀis] *n* ■ Les jeunes **conducteurs** doivent coller un A sur leur voiture.	o **condutor**, o **motorista** ■ Os jovens **motoristas** devem colar um A no carro.
conduire [kɔ̃dɥiʀ] *v* ▶ v irr p. 408 conduire ■ D'après les statistiques, les femmes **conduisent** plus prudemment.	**dirigir, conduzir** ■ Segundo as estatísticas, as mulheres **dirigem** de modo mais prudente.
le **permis de conduire** [pɛʀmid(ə)kɔ̃dɥiʀ] *n* ■ Tu a ton **permis de conduire** ?	a **carteira de motorista** ■ Você tem **carteira de motorista**?
la **bicyclette** [bisiklɛt] *n* ■ Dans plusieurs villes, on peut louer de **bicyclettes** pour faire ses courses.	a **bicicleta** ■ Em muitas cidades, é possível alugar **bicicletas** para fazer compras.
le **vélo** [velo] *n* ■ On voit peu de **vélos** dans les villes françaises.	a **bicicleta** ■ A gente vê poucas **bicicletas** nas cidades francesas.

Transporte individual

aller à vélo [aleavelo] *loc* ■ Je **vais** au boulot **à vélo**, tous les jours et par tous le temps.	**ir de bicicleta** ■ **Vou** para o trabalho de **bicicleta** todos os dias e com qualquer tempo.
la route [ʀut] *n* ■ Pour le retour, tu prends la même **route** que nous avons prise à l'aller, dans le sens inverse. ■ Je connais la **route** ; je la fais tous les jours.	**o percurso** ■ Para a volta, você pega o mesmo **percurso** que fizemos na ida, mas no sentido inverso. ■ Conheço o **percurso**; eu o faço todos os dias.
se trouver [s(ə)tʀuve] *v* ■ Notre-Dame de Paris **se trouve** sur une île.	**encontrar-se** ■ A Notre Dame de Paris **se encontra** numa ilha.
avancer [avɑ̃se] *v* ■ **Avance** jusqu'au feu.	**seguir adiante** ■ **Siga adiante** até o semáforo.
reculer [ʀ(ə)kyle] *v* ■ La rue est bloquée ; il va falloir **reculer**.	**dar ré, dar marcha à ré** ■ A rua está interditada, temos de **dar marcha à ré**.
faire demi-tour [fɛʀd(ə)mituʀ] *loc* ▶ *v irr* p. 410 faire ■ Vous n'êtes pas sur la bonne route. Vous devez **faire demi-tour** !	**dar meia-volta** ■ Você não está no caminho certo. Tem de **dar meia-volta**.
le feu [fø] *n*; *pl* **feux** ■ Le **feu** est passé au vert.	**o semáforo** ■ O **semáforo** está verde.
le panneau (de signalisation) [pano(dəsiɲalizasjɔ̃]] *n*; *pl* **panneaux (de signalisation)** ■ Vou n'avez pas vu le **panneau de signalisation** ?	**a placa (de sinalização)** ■ Você não viu a **placa de sinalização**?
s'arrêter [saʀete] *v* ■ Nous **nous arrêterons** bientôt pour faire une pause.	**parar** ■ Logo **paramos** para fazer uma pausa.
traverser [tʀavɛʀse] *v* ■ En Allemagne, on **ne traverse** pas au rouge.	**atravessar** ■ Na Alemanha, não se **atravessa** no vermelho.

garer [gaʀe] *v*
- Tu peux **garer** ta voiture devant notre portail.

estacionar
- Você pode **estacionar** o carro na frente do nosso portão.

se garer [s(ə)gaʀe] *v*
- Je **me gare** sur le trottoir ; j'en ai pour deux secondes.

parar
- **Parei** em cima da calçada; mas foi por dois segundos.

l'**essence** [esɑ̃s] *n f*
- Voulez-vous de l'**essence** ou du gazole ?

a **gasolina**
- Você quer **gasolina** ou óleo diesel?

le **gazole** [fazɔl] *n*
- En France, presque un véhicule sur deux marche au **gazole**.

o **óleo diesel**
- Na França, quase um a cada dois veículos roda com **óleo diesel**.

le **station-service** [stasjɔ̃sɛʀvis] *n*; *pl* **stations-service**
- Le long des autoroutes, les **stations-service** sont rares et l'essence est chère.

o **posto de gasolina**
- Nas autoestradas, os **postos de gasolina** são raros, e a gasolina é cara.

consommer [kɔ̃sɔme] *v*
- Il y a de plus en plus de voitures écologiques qui **consomment** très peu d'essence.

consumir
- Há cada vez mais carros ecológicos, que **consomem** bem pouca gasolina.

le **pneu** [pnø] *n*
- J'ai un **pneu** crevé et je ne sais pas comment le réparer.

o **pneu**
- Estou com um **pneu** furado e não sei como consertar.

le **véhicule** [veikyl] *n*
- En zone piétonne, la circulation est interdite à tous les **véhicules**.

o **veículo**
- No calçadão, é proibida a circulação a todos os **veículos**.

l'**automobiliste** [otɔmɔbilist] *n m/f*
- Les **automobilistes** ne doivent pas oublier qu'ils sont aussi des piétons.

o **automobilista**
- Os **automobilistas** não devem esquecer que também são pedestres.

le **camion** [kamjɔ̃] *n*
- Les **camions** n'ont pas le droit de circuler le week-end.

o **caminhão**
- Os **caminhões** não têm permissão para circular aos finais de semana.

Transporte individual

la **caravane** [kaʀavan] *n*
- Ça doit être désagréable de tirer une **caravane**, non ?

o **trailer**
- Deve ser ruim ter de manobrar um **trailer**, não?

le **piéton**, la **piétonne** [pjtõ] *n*
- Les **piétons** français ne font pas très attention aux feux.

o **pedestre**
- Os **pedestres** franceses não prestam muita atenção ao semáforo.

le **raccourci** [ʀakuʀsi] *n*
- Je te conseille de prendre ce **raccourci**. Ça te fera éviter tous les feux rouges.

o **atalho**
- Eu o aconselho a pegar este **atalho**. Com isso, você evitará todos os sinais vermelhos.

le **détour** [detuʀ] *n*
- Ça fait un **détour**, mais la route est plus jolie.

o **desvio**
- É um **desvio**, mas o caminho é mais bonito.

la **déviation** [devjasjõ] *n*
- On refait le pont ; il faut suivre la **déviation**.

o **desvio**
- A ponte está em reformas; é preciso pegar um **desvio**.

l'**embouteillage** [ãbutɛjaʒ] *n*
- Aux heures de pointe, il y a toujours des **embouteillages**.

o **engarrafamento**
- Nos horários de pico sempre tem **engarrafamento**.

➜ Outra palavra para engarrafamento é **bouchon**, que literalmente significa "rolha".

bloquer [blɔke] *v*
- À Paris, les manifestations **bloquent** souvent la circulation.

bloquear
- Em Paris, as manifestações frequentemente **bloqueiam** a circulação.

le **virage** [viʀaʒ] *n*
- La moto a raté son **virage**.

a **curva**
- A moto não conseguiu fazer a **curva**.

tourner [tuʀne] *v*
- Au feu, tu **tourneras** à gauche.

virar, quebrar
- No farol, você **virará** à esquerda.

le **frein** [fʀɛ̃] *n*
- Mon vélo n'a plus de **frein** arrière.

o **freio**
- Minha bicicleta está sem o **freio** traseiro.

freiner [fʀene] *v*
- Sur le verglas, il faut éviter de **freiner**.

frear
- Sobre uma camada de gelo, deve-se evitar **frear**.

mettre son clignotant
[mɛtʀasõkliɲɔtɑ̃] *loc*
▶ v irr p. 411 mettre
- J'ai dû payer une amende parce que je n'avais pas **mis mon clignotant**.

acionar o pisca-pisca
- Tive de pagar uma multa por não **ter acionado o pisca-pisca**.

la **roue** [ʀu] *n*
- Heureusement que quelqu'un m'a aidée à changer ma **roue** !

a **roda**, o **pneu**
- Felizmente alguém me ajudou a trocar o **pneu**.

le GPS [ʒepeɛs] *n*
- Excuse mon retard, mon GPS m'a conduit sur les petits chemins.

o GPS
- Desculpe o atraso, meu GPS me levou por umas vielas.

➡ GPS é a abreviação do inglês Global Positioning System.

tomber en panne [tõbeɑ̃pan] *loc*
- En plein sur l'autoroute, je suis **tombé en panne**.

ter uma pane
- Em plena autoestrada eu **tive uma pane**.

le **sens unique** [sɑ̃synik] *n*
- La rue suivante est à **sens unique** : on tournera plus loin.

a **mão única**
- A rua a seguir é de **mão única**; vamos virar mais adiante.

le **numéro d'immatriculation**
[nymeʀodimatʀikylasjõ] *n*
- Mon **numéro d'immatriculation** est 400 VH 64.

o **número da placa**

- O **número da placa** é 400 VH 64.

la **plaque d'immatriculation**
[plakdimatʀikylasjõ] n
- Est-ce que tu as pu lire ce qu'il y avait sur la **plaque d'immatriculation** ?

a **placa (do veículo)**

- Você conseguiu ler a **placa**?

l'**excès de vitesse** [ɛksɛd(ə)vitɛs] *n m*
- J'ai eu une amende pour **excès de vitesse**.

o **excesso de velocidade**

- Recebi uma multa por **excesso de velocidade**.

l'**amende** [amɑ̃d] *n f*
- Si tu passes au feu rouge tu vas avoir une **amende**.

a **multa**
- Se você passar o sinal vermelho, receberá uma **multa**.

la **ceinture de sécurité**
[sɛ̃tyʀdəsekyʀite] *n*
- Tous les passagers d'une voiture doivent porter la **ceinture de sécurité**.

o cinto de segurança
- Todos os passageiros de um carro devem usar **cinto de segurança**.

attacher sa ceinture
[ataʃesasɛ̃tyʀ] *loc*
- Allez, **attachez vos ceintures** ! Je veux partir.

apertar os cintos
- Agora, **apertem os cintos**! Vou dar a partida.

le **casque** [kask] *n*
- C'est vraiment son **casque** qui lui a sauvé la vie.

o **capacete**
- Realmente foi o **capacete** que lhe salvou a vida.

le **biocarburant** [bjokaʀbyʀɑ̃] *n*
- Depuis des années, mon mari et moi roulons seulement au **biocarburant**.

o **biocombustível**
- Há anos meu marido e eu abastecemos somente com **biocombustível**.

obligatoire [ɔbligatwaʀ] *adj*
- À moto, le port du casque est **obligatoire**.

obrigatório
- O uso do capacete é **obrigatório** para andar de moto.

faire un créneau [fɛʀɛ̃kʀeno] *loc*
▶ v irr p. 410 faire
- Je vais te montrer comment on **fait un créneau**, c'est ma spécialité !

fazer baliza

- Vou lhe mostrar como se **faz baliza**, é minha especialidade!

l'**aire (de repos)** [ɛʀ(dəʀəpo)] *n f*
- La semaine dernière, un enfant a été oublié par ses parents sur l'**aire de repos** d'une autoroute.

o acostamento
- Na semana passada, uma criança foi esquecida pelos pais no **acostamento** de uma rodovia.

le **péage** [peaʒ] *n*
- En France, on paie un **péage** sur les autoroutes.

o **pedágio**
- Na França, paga-se **pedágio** nas rodovias.

➡ Com **péage** designa-se a taxa que se tem de pagar nas rodovias francesas. O pagamento é realizado na própria rodovia, durante o transcurso.

à péage [apeaʒ] *adj*
- Tu peux prendre l'autoroute **à péage** ou la route nationale qui ne te coûtera rien.

com pedágio
- Você pode pegar a rodovia **com pedágio** ou a estrada nacional, que não lhe vai custar nada.

l'**auto-stop** [otostɔp] *n m*
- Je trouve que l'**auto-stop** est dangereux pour une jeune fille seule.

a **carona**
- Acho **carona** algo perigoso para uma jovem sozinha.

le VAE [ver orig.] *n*
- Hier, nous avons fait un long tour en VAE.

a **bicicleta elétrica**
- Ontem demos uma longa volta com nossas **bicicletas elétricas**.

➡ vae é a abreviação de **vélo à assistance électrique**.

faire de l'**auto-stop** [fɛʀd(ə)] *loc*
▶ v irr p. 410 faire
- Autrefois l'été, on voyait beaucoup plus de jeunes sens **faire de l'auto-stop**.

pegar carona
- Em outras épocas, no verão, viam-se muito mais jovens **pegando carona**.

Natureza e meio ambiente

Animais e plantas

l'animal [animal] n m; pl animaux	o animal
la bête [bɛt] n	o animal, a fera
la vache [vaʃ] n	a vaca
le taureau [tɔʀo] n; pl taureaux	o touro
le veau [vo] n; pl veaux	o veado
le cochon [kɔʃõ] n	o porco
le mouton [mutõ] n	o carneiro
la chèvre [ʃɛvʀ] n	a cabra
le cheval [ʃ(ə)val] n; pl chevaux	o cavalo
la poule [pul] n	a galinha
l'oiseau [wazo] n m; pl oiseaux	o pássaro
le chien [ʃjɛ̃] n	o cão
le chat [ʃa] n	o gato
la souris [suʀi] n	o rato
le poisson [pwasõ] n	o peixe
la plante [plɑ̃t] n	a planta
l'arbre [aʀbʀ] n m	a árvore
la fleur [flœʀ] n	a flor
l'herbe [ɛʀb] n f	a erva, a grama
la feuille [fœj] n	a folha
la branche [bʀɑ̃ʃ] n	o galho, o ramo

Animais e plantas

la **céréale** [seʀeal] n	o cereal
la **rose** [ʀoz] n	a rosa
l'**être** [ɛtʀ] n m	o ser
l'**animal domestique** [animaldɔmɛstik] n m; pl **animaux domestiques**	o animal doméstico
l'**âne** [ɑm] n m	o asno
le **bœuf** [bœf] n	o boi
➡ No plural, o f não é pronunciado: **les bœufs** [lebø].	
le **lapin** [lapɛ̃] n	o coelho
➡ Diz-se **lièvre** para lebre.	
le **coq** [kɔk] n	o galo
le **canard** [kanaʀ] n	o pato
l'**ours** [uʀs] n m	o urso
le **renard** [ʀ(ə)naʀ] n	a raposa
le **loup** [lu] n	o lobo
le **lion** [ljɔ̃] n	o leão
le **tigre** [tigʀ] n	o tigre
l'**éléphant** [elefɑ̃] n m	o elefante
le **singe** [sɛ̃ʒ] n	o macaco
le **flamant (rose)** [flamɑ̃(ʀoz)] n	o flamingo
le **dauphin** [dofɛ̃] n	o golfinho
➡ Outrora **dauphin** servia também para designar o sucessor do trono francês.	
la **baleine** [balɛn] n	a baleia
le **requin** [ʀəkɛ̃] n	o tubarão
le **serpent** [sɛʀpɑ̃] n	a serpente
l'**insecte** [ɛ̃sɛkt] n m	o inseto

le **papillon** [papijõ] n	a **borboleta**
le **chêne** [ʃɛn] n	o **carvalho**
le **sapin** [sapɛ̃] n	o **pinheiro**
le **pin** [pɛ̃] n	o **pinho**
le **pin parasol** [pɛ̃paʀasɔl] n	o **pinheiro-manso**
l'**olivier** [ɔlivje] n m	a **oliveira**
le **cyprès** [sipʀɛ] n	o **cipreste**
la **vigne** [viɲ] n	a **vinha**, a **videira**
la **garrigue** [gaʀig] n	o **garrigue**
la **tulipe** [tylip] n	a **tulipa**
le **tournesol** [tuʀnəsɔl] n	o **girassol**
la **lavande** [lavɑ̃d] n	a **lavanda**, a **alfazema**
le **champignon** [ʃɑ̃piɲõ] n	o **cogumelo**

➡ O que se chama de **champignon** no Brasil em francês se chama **champignon de Paris**.

Paisagens

le **paysage** [peizaʒ] n ■ J'adore les **paysages** enneigés.	a **paisagem** ■ Adoro **paisagens** com neve.
la **région** [ʀeʒjõ] n ■ J'adore cette **région**, d'ailleurs nous y venons souvent en vacances.	a **região** ■ Adoro esta **região**, aliás vimos para cá com frequência nas férias.
régional, régionale [ʀeʒɔnal] adj; pl **régionaux** ■ Dans notre village, tous les samedis matin, il y a un marché de produits **régionaux**.	**regional** ■ Em nossa cidade, todos os sábados de manhã é realizada uma feira com produtos **regionais**.

le **continent** [kɔ̃tinɑ̃] *n*
- L'Océanie est le seul **continent** que je ne connais pas.

o **continente**
- A Oceania é o único **continente** que eu não conheço.

la **campagne** [kɑ̃paɲ] *n*
- Nous passons souvent le week-end à la **campagne** chez mes grands-parents.

o **campo**
- Com frequência passamos o fim de semana no **campo**, na casa de meus avós.

le **sol** [sɔl] *n*
- Il faut planter en automne, plus tard le **sol** sera trop dur.

o **solo**
- Deve-se plantar no outono, já que mais tarde o **solo** vai ficar muito duro.

la **terre** [tɛʀ] *n*
- Quand il pleut, la **terre** colle aux chaussures.

a **terra**
- Quando chove, a **terra** gruda nos sapatos.

la **montagne** [mɔ̃taɲ] *n*
- Cette année, on va à la **montagne**, pas à la mer.

a **montanha**
- Neste ano vamos à **montanha**, não ao litoral.

le **sommet** [sɔmɛ] *n*
- D'ici, nous voyons le **sommet** du mont Cervin.

o **cume**
- Daqui nós vemos o **cume** do monte Cervin.

l'**eau** [o] *n f; pl* **eaux**
- Pas besoin d'emporter d'**eau** ; il y a des sources partout.

a **água**
- Não é preciso levar **água**; lá tem fontes por toda a parte.

la **mer** [mɛʀ] *n*
- Quand la **mer** est calme, le drapeau est vert.

o **mar**
- Quando o **mar** está calmo, a bandeira está verde.

l'**océan** [ɔseɑ̃] *n m*
- L'île de La Réunion est située dans l'**océan** Indien.

o **oceano**
- A Ilha Reunião está situada no **Oceano** Índico.

la **Méditerranée** [mediteʀane] *n*
- Je préfère me baigner dans la **Méditerranée** que dans l'Atlantique.

o **Mediterrâneo**
- Prefiro me banhar no **Mediterrâneo** a no Atlântico.

l'**Atlantique** [atlɑ̃tik] *n m*
- Je préfère l'**Atlantique** à la Méditerranée.

o **Atlântico**
- Prefiro o **Atlântico** ao Mediterrâneo.

le **Pacifique** [pasifik] *n*
- Nous partons en vacances sur une plage du **Pacifique**.

o **Pacífico**
- Estamos saindo de férias para uma praia do **Pacífico**.

la **vague** [vag] *n*
- Je préfère l'océan, à cause des **vagues**.

a **onda**
- Prefiro o mar por causa das **ondas**.

la **côte** [kot] *n*
- La majorité des Français passe ses vacances sur la **côte**.

a **costa**, o **litoral**
- A maioria dos franceses passa as férias no **litoral**.

la **plage** [plaʒ] *n*
- Sur la **plage**, je m'ennuie.

a **praia**
- Na **praia** eu fico entediado.

la **rivière** [ʀivjɛʀ] *n*
- Regarde ! Il y a des poissons dans la **rivière**.

o **rio**
- Veja! Há peixes no **rio**.

➡ Somente rios que deságuam no mar são chamados **fleuve**; os demais rios são chamados **rivière**.

la **fleuve** [flœv] *n*
- La Loire est le plus long **fleuve** français.
➡ rivière p. 277

o **rio**
- O Loire é o mais longo **rio** francês.

➡ Rios são geralmente do gênero feminino. Exceções são le **Rhin** – o **Reno** –, le **Rhône** – o **Ródano** – e le **Danube** – o **Danúbio**.

le **lac** [lak] *n*
- Notre chambre d'hôtel donne directement sur le **lac**.

o **lago**
- Nosso quarto de hotel dá diretamente para o **lago**.

la **rive** [ʀiv] *n*
- À Paris, le quartier des étudiants se trouve sur la **rive** gauche de la Seine.

a **margem**
- Em Paris, o bairro dos estudantes se encontra na **margem** esquerda do Sena.

l'**île** [il] *n f*
- On appelle la Corse l' «**île** de beauté».

a **ilha**
- Chama-se a Córsega de "**ilha** da beleza".

la **forêt** [fɔʀɛ] *n*
- Les **forêts** de l'Amazonie sont extrêmement denses.

a **floresta**
- As **florestas** da Amazônia são extremamente densas.

Paisagens

le **bois** [bwɑ] n
- En automne, j'adore me promener dans les **bois** et admirer les couleurs.

o **bosque**
- No outono, adoro passear pelos **bosques** e admirar as cores.

➡ **Le bois é menor do que la forêt.**

le **désert** [sezɛʀ] n
- La France possédait une partie du **désert** du Sahara.

o **deserto**
- A França possuía uma parte do **deserto** do Saara.

le **chemin** [ʃ(ə)mɛ̃] n
- Ce **chemin** ne mène nulle part.

o **caminho**
- Este **caminho** não leva a parte alguma.

la **nature** [natyʀ] n
- Sous la tente, on peut dormir en pleine **nature**.

a **natureza**
- Sob a tenda, pode-se dormir em meio à **natureza**.

la **vallée** [vale] n
- Pour aller dans le Midi, on suit la **vallée** du Rhône.

o **vale**
- Para ir ao sul da França, percorre-se o **vale** do Ródano.

la **pente** [pât] n
- Cette **pente** est plus douce, elle est idéale pour faire de la luge.

a **encosta**
- Esta **encosta** é mais suave, é ideal para descer de trenó.

le **rocher** [ʀɔʃe] n
- Je nage jusqu'au **rocher** et je reviens.

o **rochedo**
- Nado até o **rochedo** e volto.

la **plaine** [plɛn] n
- Le riz est produit dans les **plaines** du pays.

a **planície**
- O arroz é produzido nas **planícies** do país.

raide [ʀɛd] adj
- Tu es fou de faire du ski ici, c'est trop **raide** pour toi !

escarpado, íngreme
- Você está louco em querer esquiar aqui, é **escarpado** demais para você.

le **glacier** [glasje] n
- Nous avons pris un guide expérimenté pour escalader le **glacier** du Mont Blanc.

a **geleira**
- Pegamos um guia experiente para escalar a **geleira** do Monte Branco.

le **canal** [kanal] n; pl **canaux**
- En France, les **canaux** sont de moins en moins utilisés.

o **canal**
- Na França, os **canais** são cada vez menos utilizados.

le **courant** [kuʀɑ̃] n
- Nous avons appelé à l'aide, car un fort **courant** entraînait notre bateau vers le large.

a **corrente**
- Pedimos ajuda, pois uma forte **corrente** estava levando nosso barco para o mar aberto.

le **ruisseau** [ʀɥiso] n; pl **ruisseaux**
- En été, le **ruisseau** est à sec.

o **riacho**
- No outono, o **riacho** fica seco.

la **source** [suʀs] n
- Je ne sais pas si on peut boire l'eau de cette **source**.

a **fonte**
- Não sei se se pode beber a água dessa **fonte**.

couler [kule] v
- La Seine **coule** à quelques mètres de notre restaurant.

correr
- O Sena **corre** a alguns metros de nosso restaurante.

la **presqu'île** [pʀɛskil] n
- C'est sur la **presqu'île** du Cap Ferret que j'ai passé toutes les vacances de mon enfance.

a **península**
- Foi na **península** de Cap Ferret que passei todas as férias de minha infância.

le **sable** [sabl] n
- Sur la côte de l'Atlantique, il n'y a que des plages de **sable** fin.

a **areia**
- Na costa do Atlântico, só há praias de **areia** fina.

la **grotte** [gʀɔt] n
- Si on va visiter la **grotte**, il faudra penser à emporter nos pulls.

a **gruta**
- Se vamos visitar a **gruta**, não devemos esquecer de levar nossos pulôveres.

le **volcan** [vɔlkɑ̃] n
- Nous avons survolé le **volcan** alors qu'il était encore en éruption.

o **vulcão**
- Sobrevoamos o **vulcão** enquanto ele ainda estava em erupção.

Pontos cardeais

le nord [nɔʀ] *n* ▪ Nous montons dans le **Nord** passer le réveillon chez mes parents.	**o norte** ▪ Viajamos para o **norte** para passar o ano-novo com meus pais.

➡ Em francês, os pontos cardeais são escritos com inicial maiúscula quando se referem a regiões de um país, de uma cidade etc.

du nord [dynɔʀ] *loc* ▪ Le vent **du nord** est froid.	**do norte** ▪ O vento **do norte** é frio.
au nord de [onɔʀdə] *n* ▪ Il est né dans une petite ville **au Nord de** Paris. ➡ nord p. 280	**ao norte de** ▪ Ele nasceu num pequeno vilarejo **ao norte de** Paris.
le sud [syd] *n* ▪ Et comme toujours, c'est dans le **Sud** qu'il fait le plus chaud ! ➡ nord p. 280	**o sul** ▪ E como sempre, é no **sul** que faz mais calor.
du sud [dysyd] *loc* ▪ Ce vent **du sud** me rend folle !	**do sul** ▪ Esse vento **do sul** me deixa louca!
au sud de [osyddə] *loc* ▪ **Au sud de** la Loire, on a un accent bien particulier.	**ao sul de** ▪ **Ao sul do** Loire há um sotaque bem particular.
l'ouest [wɛst] *n m* ▪ La pluie vient presque toujours de **l'ouest**.	**o oeste** ▪ A chuva vem quase sempre do **oeste**.
de l'ouest [dəlwɛst] *loc* ▪ L'Allemagne **de l'Ouest** était le nom informel donné à la République fédérale d'Allemagne entre 1949 et 1990. ➡ nord p. 288	**do oeste, ocidental** ▪ Alemanha **Ocidental** era o nome informal dado à República Federal da Alemanha entre 1949 e 1990.
à l'ouest de [alwɛstdə] *loc* ▪ Le bassin d'Arcachon se situe **à l'ouest de** Bordeaux.	**a oeste de** ▪ A bacia do Arcachon se situa **a oeste de** Bordeaux.
l'est [ɛst] *n m* ▪ Le soleil se lève à **l'est**.	**o leste** ▪ O sol nasce a **leste**.

de l'est [dəlɛst] *loc*
- Il a vécu longtemps en Europe **de l'Est** et sait parler le russe parfaitement.
➡ nord p. 280

do leste, oriental
- Ele viveu muito tempo na Europa **Oriental** e sabe falar russo perfeitamente.

à l'est de [alɛtdə] *loc*
- L'aéroport se trouve **à l'est de** la ville.

a leste de
- O aeroporto se encontra **a leste da** cidade.

septentrional, septentrionale [sɛptɑ̃tʀijɔnal] *adj*; *pl* **septentrionaux**
- Quelle est la capitale la plus **septentrionale** du monde ?

setentrional

- Qual é a capital mais **setentrional** do mundo?

méridional, méridionale [meʀidjɔnal.] *adj*; *pl* **méridionaux**
- Avec son accent **méridional**, on sait tout de suite d'où il vient.

meridional

- Com seu sotaque **meridional**, logo se sabe de onde ele vem.

occidental, occidentale [ɔksidɑ̃tal] *adj*; *pl* **occidentaux**
- La France est un pays du monde **occidental**.

ocidental

- A França é um país do mundo **ocidental**.

oriental, orientale [ɔʀjɑ̃tal] *adj*; *pl* **orientaux**
- Cet été, nous allons camper dans les Pyrénées **orientales**.

oriental

- Neste verão, vamos acampar nos Pirineus **orientais**.

Universo

le **monde** [mõd] *n* ■ La pauvreté existe partout dans le **monde**.	o **mundo** ■ A pobreza existe em todo lugar do **mundo**.
la **terre** [tɛʀ] *n* ■ Pourquoi sommes-nous sur **terre** ?	a **terra** ■ Por que estamos sobre a **terra**?
l'**univers** [ynivɛʀ] *n* ■ Sommes-nous vraiment seuls dans l'**univers** ?	o **universo** ■ Estamos realmente sozinhos no **universo**?
l'**espace** [ɛspas] *n m* ■ Est-ce que ça te dirait, un voyage dans l'**espace** ?	o **espaço** ■ Você gostaria de fazer uma viagem pelo **espaço**?
le **ciel** [sjɛl] *n*; *pl* **cieux** ■ Le **ciel** est tout gris ; il va certainement pleuvoir.	o **céu** ■ O **céu** está completamente cinzento; certamente vai chover.
l'**air** [ɛʀ] *n* ■ L'**air** des montagnes est très pur.	o **ar** ■ O **ar** das montanhas é bastante puro.
la **lune** [lyn] *n* ■ La **lune** est cachée derrière un nuage.	a **lua** ■ A **lua** está escondida por trás de uma nuvem.
l'**étoile** [etwal] *n f* ■ On voit les **étoiles** ; il fera beau demain.	a **estrela** ■ Veem-se **estrelas**; amanhã vai fazer tempo bom.
le **soleil** [sɔlɛj] *n* ■ Le **soleil** se couche à l'ouest.	o **sol** ■ O **sol** se põe a oeste.
le **satellite** [satelit] *n* ■ Le premier **satellite** était russe.	o **satélite** ■ O primeiro **satélite** foi russo.
l'**astronaute** [astʀonot] *n m/f* ■ Le premier **astronaute** français s'appelait Chrétien.	o **astronauta** ■ O primeiro **astronauta** francês se chamava Chrétien.
l'**atmosphère** [atmɔsfɛʀ] *n f* ■ Comment expliquer les modifications de l'**atmosphère** au cours du temps ?	a **atmosfera** ■ Como explicar as modificações da **atmosfera** no decorrer do tempo?

la **planète** [planɛt] *n*
- La Terre n'est sûrement pas la seule **planète** habitée.

o **planeta**
- A Terra certamente não é o único **planeta** habitado.

➡ Na astronomia, planetas são escritos com inicial maiúscula.

briller [bʀije] *v*
- Dès que le soleil **brille**, je suis de bonne humeur.
- Regarde toutes ces étoiles qui **brillent** dans le ciel !

brilhar, reluzir
- Assim que o sol **brilha**, fico de bom humor.
- Veja todas essas estrelas que **brilham** no céu!

le **lever du soleil** [l(ə)vedysɔlɛj] *n*
- Il faut être au sommet avant le **lever du soleil**.

o **nascer do sol**
- Precisamos chegar ao cume antes do **nascer do sol**.

le **coucher de soleil** [kuʃedsɔlɛj] *n*
- Il n'y a rien de plus beau qu'un **coucher de soleil** sur la mer.

o **pôr do sol**
- Não há nada mais belo que um **pôr do sol** sobre o mar.

se lever [səl(ə)ve] *v*
- Ce matin, le soleil **s'est levé** à 7 heures 6 minutes.

nascer (do sol)
- Esta manhã o sol **nasceu** às 7 horas e 6 minutos.

se coucher [s(ə)kuʃe] *v*
- Dès que le soleil **se couche**, il fait frais.

pôr-se
- Assim que o sol **se põe** faz frio.

la **marée** [maʀe] *n*
- Dans l'Atlantique, il y des **marées**, dans la Méditerannée il n'y en a pas.

a **maré**
- No Atlântico há **marés**; no Mediterrâneo não.

la **marée basse** [maʀebɑs] *n*
- C'est **marée basse** : tu viens à la pêche à la crevette ?

a **maré baixa**
- É **maré baixa**; você vem pescar camarões?

la **marée haute** [maʀeot] *n*
- À **marée haute**, c'est difficile de monter sur les rochers.

a **maré alta**
- Na **maré alta**, fica difícil subir os rochedos.

la **navette spatiale** [navɛtspasjal] *n*
- La **navette spatiale** atterrit comme un avion.

o **ônibus espacial**
- O **ônibus espacial** aterrissa como um avião.

Meio ambiente, tempo e clima

le **temps** [tã] n ▪ Si le **temps** est beau, je sors.	o **tempo** ▪ Se o **tempo** estiver bom, eu saio.
la **température** [tãpeʀatyʀ] n ▪ À Nice, la **température** descend rarement au-dessous de zero.	a **temperatura** ▪ Em Nice, a **temperatura** raramente cai abaixo de zero.
le **climat** [klima] n ▪ En France, le **climat** change d'une région à l'autre.	o **clima** ▪ Na França, o **clima** muda de uma região para outra.
la **chaleur** [ʃalœʀ] n ▪ Quelle **chaleur** !	o **calor** ▪ Que **calor**!
chaud, chaude [ʃo, ʃod] adj ▪ J'emporte un short, au cas où il ferait **chaud**.	**calor, quente** ▪ Estou levando um short, caso faça **calor**.
le **froid** [fʀwa] n ▪ Avec ce **froid**, on est mieux chez soi!	o **frio** ▪ Com esse **frio** o melhor é ficar em casa!
froid, froide [fʀwa, fʀwad] adj ▪ En hiver, il fait très **froid** ici.	**frio** ▪ No inverno, faz muito **frio** por aqui.
frais, fraîche [fʀɛ] adj ▪ À cette altitude, les nuits sont très **fraîches**.	**fresco** ▪ Nessa altura, as noites são muito **frescas**.
le **nuage** [nɥaʒ] n ▪ Il n'y a pas un seul **nuage** dans le ciel !	a **nuvem** ▪ Não há uma única **nuvem** no céu!
couvert, couverte [kuvɛʀ, kuvɛʀt] adj ▪ Le ciel est **couvert**. J'espère qu'il ne va pas pleuvoir.	**encoberto** ▪ O céu está **encoberto**. Espero que não chova.
la **pluie** [plɥi] n ▪ La **pluie** a cessé.	a **chuva** ▪ A **chuva** parou.
pleuvoir [plœvwaʀ] n ▶ v irr p. 412 pleuvoir ▪ Il **a plu** toute la journée.	**chover** ▪ **Choveu** o dia inteiro.

sec, sèche [sɛk] *adj*
- Le climat de l'Alsace est assez **sec**.

seco
- O clima da Alsácia é bastante **seco**.

mouillé, mouillée [muje] *adj*
- Sur l'autoroute **mouillée**, on ne doit pas rouler à plus de 110 km/h.

molhado
- Com a autoestrada **molhada**, não se deve guiar a mais de 110 km/h.

le vent [vã] *n*
- Dans le Midi, le **vent** le plus connu s'apelle le «mistral».

o vento
- No sul da França, o **vento** mais conhecido se chama "mistral".

souffler [sufle] *v*
- Le drapeau indique dans quel sens le vent **souffle**.

soprar
- A bandeira indica em qual sentido o vento **sopra**.

la brise [bʀiz] *n*
- La **brise** venue de la mer est très rafraîchissante.

a brisa
- A **brisa** vinda do mar é muito refrescante.

la tempête [tãpɛt] *n*
- Les bateaux sont restés au port à cause de la **tempête**.

a tempestade
- Os barcos estão aportados em razão da **tempestade**.

l'orage [ɔʀaʒ] *n m*
- L'**orage** va bientôt éclater.

a tempestade
- A **tempestade** está para cair.

orageux, orageuse [ɔʀaʒø, ɔʀaʒøz] *adj*
- Par ce temps **orageux**, nous nous sommes dépêchés de rentrer à la maison.

tempestuoso
- Com este tempo **tempestuoso**, nós nos apressamos em voltar para casa.

l'éclair [eklɛʀ] *n m*
- Tu as vu l'**éclair** ?

o relâmpago
- Você viu o **relâmpago**?

le brouillard [bʀujaʀ] *n*
- Par temps de **brouillard**, l'autoroute est dangereuse.

a neblina
- Sob **neblina**, a rodovia é perigosa.

brumeux, brumeuse [bʀymø] *adj*
- Méfie-toi, on n'y voit rien avec ce temps **brumeux**.

nebuloso
- Cuidado, não se vê nada com este tempo **nebuloso**.

la glace [glas] *n*
- Est-ce qu'on peut patiner sur la **glace** ?

o gelo
- Pode-se patinar no **gelo**?

la **neige** [nɛʒ] n ■ Il est tombé au moins 30 centimètres de **neige** la nuit passée.	a **neve** ■ Caíram pelo menos 30 centímetros de **neve** na noite passada.
neiger [neʒe] v ■ Il **a neigé** la nuit de Noël.	**nevar** ■ **Nevou** na noite de Natal.
le **feu** [fø] n; pl **feux** ■ En Provence, les **feux** sont interdits en été.	o **fogo** ■ Em Provença, os **fogos** são proibidos no verão.
brûler [bʀyle] v ■ Le bois sec **brûle** bien.	**queimar** ■ A madeira seca **queima** bem.
la **cendre** [sɑ̃dʀ] n ■ Le feu a tout brûlé ; il ne reste que de la **cendre**.	a **cinza** ■ O fogo queimou tudo; restam apenas **cinzas**.
l'**inondation** [inɔ̃dasjɔ̃] n f ■ Autrefois, les **inondations** du Rhône étaient très fréquentes.	a **inundação** ■ Antigamente, as **inundações** do Ródano eram muito frequentes.
le **tremblement de terre** [tʀɑ̃ləmɑ̃d(ə)tɛʀ] n ■ En France, les **tremblements de terre** ne sont jamais très graves.	o **tremor de terra** ■ Na França, os **tremores de terra** nunca são muito graves.
l'**environnement** [ɑ̃viʀɔnmɑ̃] n m ■ Que faire pour améliorer notre **environnement** et notre qualité de vie ?	o **meio ambiente** ■ Que fazer para melhorar nosso **meio ambiente** e nossa qualidade de vida?
l'**ombre** [ɔ̃bʀ] n f ■ Moi, je reste à l'**ombre** ; il fait trop chaud au soleil.	a **sombra** ■ Eu fico na **sombra**; está quente demais sob o sol.
le **gel** [ʒɛl] n ■ Après quinze jours de **gel**, la glace doit être épaisse.	o **congelamento** ■ Após quinze dias de **congelamento**, o gelo deve estar espesso.
geler [ʒ(ə)le] v ■ Quand il **gèle** en mai, c'est très mauvais por la vigne.	**gear** ■ Quando há **geada** em maio, é muito ruim para a videira.
la **grêle** [gʀɛl] n ■ Le toit de notre caravane a eté abîmé par la **grêle**.	o **granizo** ■ O teto de nosso trailer foi danificado pelo **granizo**.

Meio ambiente, tempo e clima

la **sécheresse** [seʃʀɛs] n
- Depuis des mois, la **sécheresse** inquiete les agriculteurs.

a **seca**
- Há meses a **seca** preocupa os agricultores.

le **verglas** [vɛʀglɑ] n
- Attention, il y a du **verglas** sur le trottoir.

a **camada de gelo**
- Atenção, há uma **camada de gelo** na calçada!

la **météo** [meteo] n
- Tu as vu la **météo** ? Alors, quel temps va-t-il faire ?

a **meteorologia**
- Você viu a **meteorologia**? Então, como vai estar o tempo?

prévoir [pʀevwaʀ] v
▶ v irr p. 414 voir
- Tu sais quel temps **est prévu** pour demain ?

prever

- Você sabe da **previsão** do tempo para amanhã?

l'**avertissement** [avɛʀtismɑ̃] n m
- Les météorologues ont émis un **avertissement** de vents violents pour toute la région.

a **advertência**
- Os meteorologistas emitiram uma **advertência** sobre ventos fortes em toda a região.

la **catastrophe** [katastʀɔf] n
- Cette année, il y a eu beaucoup de **catastrophes** dues aux changements climatiques.

a **catástrofe**
- Neste ano houve muitas **catástrofes** em razão das mudanças climáticas.

la **destruction** [dɛstʀyksjɔ̃] n
- Depuis les années 80, la **destruction** des forêts tropicales s'est accélérée.

a **destruição**
- Desde os anos 1980, a **destruição** das florestas tropicais acelerou.

détruire [detʀɥiʀ] v
▶ v irr p. 408 conduire
- La ville **a été détruite** par un tremblement de terre.

destruir

- A cidade **foi destruída** por um tremor de terra.

la **pollution de l'environnement** [pɔlysjɔ̃dlɑ̃viʀɔmɑ̃] n
- La **pollution de l'environnement** est la cause de nombreuses maladies.

a **poluição do meio ambiente**

- A **poluição do meio ambiente** é a causa de numerosas doenças.

le **protection de l'environnement** [pʀɔtɛksjɔ̃dlɑ̃viʀɔnmɑ̃] n
- Nous nous engageons pour la **protection de l'environnement**.

a **proteção do meio ambiente**

- Estamos engajados na **proteção do meio ambiente**.

écologique [ekɔlɔʒik] *adj*
- Le vélo est **écologique**. Il ne pollue pas.

ecológico
- A bicicleta é **ecológica**. Ela não polui.

durable [dyʀabl] *adj*
- Il est important de s'engager pour une agriculture **durable**.

sustentável
- É importante se engajar por uma agricultura **sustentável**.

la **durabilité** [dyʀabilite] *n*
- Avec leurs produits, ils contribuent à la **durabilité** environnementale.

a **sustentabilidade**
- Com seus produtos, eles contribuem para a **sustentabilidade** ambiental.

les **énergies renouvelables** [enɛʀʒiʀənuvlabl] *n f pl*
- Les **énergies renouvelables** jouent un rôle de plus en plus important dans la politique d'énergie.

as **energias renováveis**
- As **energias renováveis** desempenham um papel cada vez mais importante na política energética.

les **déchets** [deʃɛ] *n m pl*
- Il y a encore beaucoup de gens qui jettent leurs **déchets** dans la nature.

os **dejetos**
- Há ainda muitas pessoas que lançam seus **dejetos** na natureza.

jeter [ʒ(ɛ)te] *v*
- Aujourd'hui, on **jette** les choses, au lieu de les faire réparer.

jogar fora, desfazer-se de
- Hoje em dia as pessoas **jogam** as coisas **fora** em vez de consertá-las.

recycler [ʀ(ə)sikle] *v*
- 55 pour cent du verre **est recyclé** en France.

reciclar
- Na França, 55 por cento do vidro é **reciclado**.

empoisonner [ɑ̃pwazɔne] *v*
- On ne sait pas encore ce qui **a empoisonné** tous ces poissons.

envenenar
- Ainda não se sabe o que **envenenou** todos os peixes.

le **changement climatique** [ʃɑ̃ʒmɑ̃klimatik] *n*
- Les pays en développement sont les plus touchés par le **changement climatique**.

as **mudanças climáticas**
- Os países em desenvolvimento são os mais afetados pelas **mudanças climáticas**.

l'**effet de serre** [efɛdsɛʀ] *n m*
- L'**effet de serre** est d'abord un phénomène naturel qui permet la vie sur Terre.

o **efeito estufa**
- O **efeito estufa** é de início um fenômeno natural que permite a vida na Terra.

Meios de comunicação e mídia

Correio

la **poste** [pɔst] *n* ■ La **poste** est ouverte le samedi matin.	o **correio** ■ O **correio** está aberto aos sábados pela manhã.
le **bureau de poste** [byʀodpɔst] *n*; *pl* **bureaux de poste** ■ Il y a plusieurs cabines téléphoniques devant le **bureau de poste**.	a **agência dos correios** ■ Há várias cabines telefônicas na frente da **agência dos correios**.
le **courrier** [kuʀje] *n* ■ J'ai quelque chose au **courrier** ? – Non, tu n'as pas de **courrier**.	o **correio** ■ Chegou algo para mim pelo **correio**? – Não, não chegou nada pelo **correio**.
envoyer [ɑ̃vwaje] *v* ▶ **v irr** p. 409 envoyer ■ Ma mère m'a **envoyé** un paquet de friandises.	**enviar** ■ Minha mãe me **enviou** uma caixa de guloseimas.
la **lettre** [lɛtʀ] *n* ■ J'ai bien reçu ta lettre et je te réponds tout de suite.	a **carta** ■ Acabo de receber sua **carta** e já vou respondê-la.
la **carte postale** [kaʀtpɔstal] *n* ■ Envoie-moi une **carte postale** dès ton arrivée.	o **cartão-postal** ■ Envie-me um **cartão-postal** assim que chegar.
cher, chère [ʃɛʀ] *adj* ■ **Chère** Pauline, je t'écris cette lettre pour te dire que je pense souvent à toi.	**caro** ■ **Cara** Pauline, eu lhe escrevo esta carta para lhe dizer que penso muito em você.
Mesdames, Messieurs ! [medam, mesjø] *loc*	**Senhoras e senhores!**
le **timbre** [tɛ̃bʀ] *n* ■ Si tu passes à la poste, tu peux acheter des **timbres** ?	o **selo** ■ Se você passar no correio, poderia comprar **selos**?

le **paquet** [pakɛ] n
- Ton **paquet** est mal emballé ; la poste n'en voudra pas.

o **pacote**
- Seu **pacote** está mal embalado; o correio não vai aceitar.

poster [pɔste] v
- Si tu **postes** la lettre avant 18 heures, elle partira encore ce soir.

postar
- Se você **postar** a carta antes das 18 horas, ela vai sair ainda esta tarde.

le **code postal** [kɔdpɔstal] n; pl **codes postaux**
- Le **code postal** de Marseille est 13000.

o **código postal**
- O **código postal** de Marselha é 13000.

la **boîte (aux lettres)** [bwat(olɛtʀ)] n
- Tu penseras à mettre les lettres à la **boîte** ?

a **caixa de correio**
- Você está pensando em deixar as cartas na **caixa de correio**?

le **port** [pɔʀ] n
- C'était combien le **port** de ton paquet pour l'Allemagne ?

a **postagem**
- Quanto custou a **postagem** de seu pacote para a Alemanha?

affranchir [afʀɑ̃ʃiʀ] n
- Votre lettre n'**est** pas suffisament **affranchie**.

selar, pôr selo
- Sua carta não está suficientemente **selada**.

l'**enveloppe** [ɑ̃v(ə)lɔp] n f
- Je mets toujours mon adresse au dos de l'**enveloppe**.

o **envelope**
- Sempre ponho o meu endereço no verso do **envelope**.

l'**expéditeur, l'expéditrice** [ɛkspeditœʀ, ɛkspeditʀis] n
- Sur un paquet, il faut mettre l'adresse de l'**expéditeur**.

o **remetente**
- Em um pacote, é preciso inserir o endereço do **remetente**.

➡ O receptor de uma carta se chama **le destinataire**.

remettre [ʀ(ə)mɛtʀ] v
▶ v irr p. 411 mettre
- Est-ce qu'on **a remis** quelque chose pour moi ?

enviar
- **Enviaram** alguma coisa para mim?

la **remise** [ʀ(ə)miz] n
- La **remise** du colis a bien eu lieu le lundi 28 mars.

a **entrega**
- A **entrega** da encomenda se deu na segunda-feira, 28 de março.

Mídia impressa e radiodifusão

le **message** [mɛsaʒ] *n* ■ Elle n'est pas là pour le moment ; voulez-vous laisser un **message** ?	a **mensagem** ■ Ela não está no momento; você quer deixar uma **mensagem**?
le **renseignement** [ʀɑ̃sɛɲmɑ̃] *n* ■ À la radio, on nous donne des **renseignements** sur le trafic.	a **informação** ■ Pelo rádio, recebemos **informações** sobre o trânsito.
informer [ɛ̃fɔʀme] *v* ■ La tâche du journaliste est avant tout d'**informer**.	**informar** ■ A tarefa do jornalista é, antes de tudo, **informar**.
le **journal** [ʒuʀnal] *n pl* **journaux** ■ Les gens achètent leur **journal** le matin, avec le pain.	o **jornal** ■ As pessoas compram o **jornal** pela manhã, com o pão.
le **quotidien** [kɔtidjɛ̃] *n* ■ On reçoit le **quotidien** régional tous les matins à 6 heures.	o **jornal diário** ■ Recebe-se o **jornal diário** regional todas as manhãs às 6 horas.
le **magazine** [magazin] *n* ■ Je dépense une fortune en **magazines**.	a **revista** ■ Gasto uma fortuna em **revistas**.
la **revue** [ʀ(ə)vy] *n* ■ Pourquoi dans les **revues** féminines il n'est question que de mode et de cuisine ?	a **revista** ■ Por que as **revistas** femininas só trazem assuntos de moda e de cozinha?
l'**article** [aʀtikl] *n m* ■ J'ai lu un **article** intéressant sur ce sujet.	o **artigo** ■ Li um **artigo** interessante sobre esse assunto.
l'**édition** [edisjɔ̃] *n f* ■ J'ai trouvé au marché au puces une vieille **édition** du «Père Goriot» datée de 1870.	a **edição** ■ Encontrei no mercado de pulgas uma velha **edição** de *O pai Goriot* datada de 1870.
l'**abonnement** [abɔnmɑ̃] *n m* ■ J'ai pris un **abonnement** au «Figaro» pour six mois.	a **assinatura** ■ Fiz uma **assinatura** de seis meses do *Figaro*.
s'abonner à [sabɔne] *v* ■ Depuis des années, je **suis abonnée au** même magazine féminin.	**ser assinante de** ■ Há anos **sou assinante da** mesma revista feminina.

la radio [ʀadjo] n
- Je l'ai entendu à la radio ; ça doit être vrai !

o rádio
- Ouvi no rádio; deve ser verdade!

la télévision [televizjõ] n
- J'ai vu le concert à la télé.
- Chez eux, la télévision est toujours allumée.

a televisão, a tv
- Assisti ao concerto na tv.
- Na casa deles, a televisão está sempre ligada.

➡ Em francês diz-se, coloquialmente, télé.

regarder la télévision [ʀ(ə)gaʀdelatelevizjõ] loc
- En semaine, nos enfants ne regardent jamais la télévision.
➡ télévision p. 292

assistir à televisão
- Durante a semana, nossos filhos jamais assistem à televisão.

(re)transmettre [(ʀə)tʀɑ̃smɛtʀ] v
▶ v irr p. 411 mettre
- Le spectacle a été retransmis dans plusieurs pays.

(re)transmitir
- O espetáculo foi transmitido para diversos países.

l'émission [emisjõ] n f
- Tu veux voir le film sur la une ou l'émission médicale sur la deux ?

o programa
- Você quer assistir ao filme no canal 1 ou ao programa sobre medicina no 2?

le programme [pʀɔgʀam] n
- Qu'est-ce qu'il y a au programme ce soir ?

o programa
- O que vamos ter no programa esta noite?

la chaîne [ʃɛn] n
- Je préfère les chaînes publiques aux chaînes privées.

o canal
- Prefiro os canais públicos aos privados.

les actualités [aktɥalite] n f pl
- Tu veux regarder les actualités ? C'est à 20 heures.

o noticiário
- Você quer assistir ao noticiário? É às 20 horas.

les informations [ɛ̃fɔʀmasjõ] n f pl
- J'ai regardé les informations de 20 heures.

os telejornais, os noticiários
- Assisti aos noticiários das 20 horas.

le spot publicitaire [spɔtpyblisitɛʀ] n
- C'est le spot publicitaire le plus drôle que je n'ai jamais vu !

o comercial
- É o comercial mais engraçado que eu já vi!

Mídia impressa e radiodifusão 293

vrai, vraie [vʀɛ] *adj* ▪ Est-ce **vrai**, ce que ce quotidien a écrit sur le Président ?	**verdade** ▪ É **verdade** o que esse jornal escreveu sobre o presidente?
la **vérité** [veʀite] *n* ▪ Il semble que cet article ne raconte pas toute la **vérité**.	a **verdade** ▪ Parece que este artigo não está contando toda a **verdade**.
la **presse** [pʀɛs] *n* ▪ Ce qu'on lit dans la **presse** n'est pas toujours vrai.	a **imprensa** ▪ O que se lê na **imprensa** nem sempre é verdade.
le **reportage** [ʀ(ə)pɔʀtaʒ] *n* ▪ Vous allez voir maintenant un **reportage** sur les incendies de forêt.	a **reportagem** ▪ Vocês vão assistir a uma **reportagem** sobre os incêndios florestais.
l'**interview** [ɛ̃tɛʀvju] *n* ▪ Le maire a donné une **interview** au journal.	a **entrevista** ▪ O prefeito deu uma **entrevista** ao jornal.
la **une** [layn] *loc* ▪ La photo de leur mariage a fait **la une** de tous les journaux.	a **primeira página** ▪ A foto de seu casamento foi **primeira página** em todos os jornais.
le **gros titre** [gʀotitʀ] *n* ▪ Cette affaire a fait le **gros titres** de tous les journaux.	a **manchete** ▪ Esse caso foi **manchete** de todos os jornais.
la **station** [stasjɔ̃] *n* ▪ Quelle **station** écoutez-vous le plus ?	a **estação** ▪ Qual **estação** você ouve mais?
l'**image** [imaʒ] *n* ▪ Hier soir, j'ai vu à la télé les premières **images** du nouvel aéroport.	a **imagem** ▪ Ontem à noite, vi na televisão as primeiras **imagens** do novo aeroporto.
en direct [ɑ̃diʀɛkt] *n* ▪ Le match est retransmis **en direct**, mais à 4 heures du matin !	**ao vivo** ▪ O jogo foi transmitido **ao vivo**, mas às 4 horas da manhã!
la **réalité** [ʀealite] *n* ▪ Ce qu'on raconte dans cet article ne correspond pas du tout à la **réalité** !	a **realidade** ▪ O que se diz neste artigo de modo algum corresponde à **realidade**!

le **fait** [fɛ] n
- Ce journaliste a entièrement raison, c'est un **fait** !

o **fato**
- Este jornalista está coberto de razão, é **fato**!

objectif, objective [ɔbʒɛktif, ɔbʒɛktiv] adj
- En général, ce journaliste est très **objectif**.

objetivo
- Em geral, esse jornalista é bastante **objetivo**.

incroyable [ɛ̃kʀwajabl] adj
- Tu as vu la une des journaux ce matin ? **Incroyable** !

inacreditável
- Você viu a primeira página dos jornais esta manhã? **Inacreditável**!

Telefone, celular e internet

le **téléphone** [telefɔn] n
- Le **téléphone** a sonné.

o **telefone**
- O **telefone** tocou.

téléphoner [telefɔne] v
- Tu n'as rien d'autre à faire que de **téléphoner** pendant des heures avec tes copines ?

falar ao telefone
- Você não tem mais nada a fazer além de **falar ao telefone** por horas com suas amigas?

téléphoner à [telefɔnea] v
- **Téléphone**-lui après 20 heures ; il rentre tard !

telefonar para, ligar para
- **Ligue para** ele após as 20 horas; ele chega tarde!

le **numéro de téléphone** [nymeʀod(ə) telefɔn] n
- Je note ton **numéro de téléphone**, ou cas où.

o **número de telefone**
- Eu anoto o seu **número de telefone**, em todo caso.

le **portable** [pɔʀtabl] n
- L'utilisation du **portable** est interdite dans les hôpitaux.

o **telefone celular**
- O uso do **telefone celular** é proibido nos hospitais.

le **téléphone mobile** [telefɔnmɔbil] n
- Hier au cinéma, j'ai oublié d'éteindre mon **téléphone mobile**. C'était vraiment gênant !

o **celular**
- Ontem no cinema eu me esqueci de desligar meu **celular**. Foi realmente constrangedor!

Telefone, celular e internet

le **numéro de portable** [nymeʀodəpɔʀtabl] *n* ■ Zut ! Il manque mon **numéro de portable** sur mes nouvelles cartes de visite!	o **número de celular** ■ Droga! Está faltando meu **número de celular** em meus novos cartões de visita!
le **sms** [ɛsɛmɛs] *n* ■ Envoi-moi un **sms** quand tu es arrivé.	o **sms** ■ Envie-me um **sms** quando chegar.
le **texto** [tɛksto] *n* ■ C'est le troisième **texto** qu'il m'envoie aujourd'hui.	o **sms** ■ É o terceiro **sms** que ele me envia hoje.
écrire des texts [ekʀiʀdetɛksto] *loc* ■ Arrête donc **d'écrire des texts** tout le temps !	escrever sms ■ Pare de **escrever sms** o tempo inteiro!
composer [kɔ̃poze] *v* ■ Pour appeler la police, on **compose** le 17 !	discar ■ Para chamar a polícia, **disca-se** 17!
se tromper de numéro [s(ə)tʀɔ̃pednymeʀo] *loc* ■ Excusez-moi, je **me suis trompé de numéro** !	discar errado ■ Desculpe, **disquei errado**!
le **coup de fil** [kudfil] *n* ■ Anne a passé plusieurs **coups de fil** pour connaître le résultat de ses examens.	a ligação ■ Anne teve de fazer diversas **ligações** para saber o resultado de seus exames.
l'**appel** [apɛl] *n m* ■ J'attends un **appel** d'Allemagne.	a ligação ■ Estou aguardando uma **ligação** da Alemanha.
le **message** [mɛsaʒ] *n* ■ Elle n'est pas là pour le moment ; voulez-vous laisser un **message** ?	o recado ■ Ela não está no momento; você gostaria de deixar **recado**?
le **répondeur** [ʀepɔ̃dœʀ] *n* ■ Ça fait trois fois que j'essaye de l'avoir au téléphone, mais je tombe toujours sur le **répondeur**.	a **secretária eletrônica** ■ Já é a terceira vez que tento falar-lhe ao telefone, mas sempre cai na **secretária eletrônica**.
répondre [ʀepɔ̃dʀ] *v* ▶ **v irr** p. 412 rendre ■ Le téléphone sonne, mais personne ne **répond**.	atender ■ O telefone toca, mas ninguém **atende**.

Telefone, celular e internet

allô [alo] *interj*
- **Allô** ! Robert à l'appareil. Je peux parler à Luc ?

alô
- **Alô**! Aqui é Robert. Posso falar com Luc?

➡ Na França, assim como no Brasil, costuma-se atender o telefone dizendo-se não o nome, mas **allô**. Então a pessoa que faz a ligação também diz **allô** e seu nome.

Qui est à l'appareil ?
[kiɛtalapaʀɛj] *loc*

Quem está falando?

Au revoir ! [ɔʀvwaʀ] *loc*

Até logo! Até mais!

rappeler [ʀap(ə)le] *v*
- Laissez um message. Je vous **rappelle** dès que possible.

retornar (ligação)
- Deixe uma mensagem. **Retorno** assim que possível.

passer [pase] *v*
- Un moment, s'il vous plaît, je vous **passe** monsier Martin.

passar
- Um momento, por favor, vou **passar** para o sr. Martin.

occupé, occupée [ɔkype] *adj*
- Il a dû oublier de raccrocher : ça sonne toujours **occupé**.

ocupado
- Ele deve ter se esquecido de desligar; está sempre dando **ocupado**.

l'**indicatif** [ɛ̃dikatif] *n m*
- Quel est l'**indicatif** pour Saint Jean de Luz ?

o código de área
- Qual é o **código de área** de Saint Jean de Luz?

le **wifi** [wifi] *n*
- Il y a le **wifi** dans l'hôtel ?

o wi-fi, a rede
- Tem **wi-fi** no hotel?

l'**e-mail** [imɛl] *n m*
- Est-ce que tu as reçu mon dernier **e-mail** ?

o e-mail
- Você recebeu meu último **e-mail**?

l'**adresse e-mail** [adʀɛsimɛl] *n f*
- Tu peux me redonner ton **adresse e-mail** ? Je ne la trouve plus.

o endereço de e-mail
- Você pode repassar-me seu **endereço de e-mail**? Não o encontro mais.

le **lettre d'information** [lɛtʀədɛ̃fɔʀmasjɔ̃] *n*
- Si vou souhaitez vous désabonner de notre **lettre d'information**, cliquez ici.

o informativo, a atualização

- Se você não deseja mais receber nosso **informativo**, clique aqui.

Telefone, celular e internet

la **pièce jointe** [pʃɛsʒwɛ̃t] *n*
- Ton e-mail est bien arrivé, mais pas la **pièce jointe** dont tu m'as parlé.

o **anexo**
- Seu e-mail chegou, mas veio sem o **anexo** de que você me falou.

l'**Internet** [ɛ̃tɛʀnɛt] n m
- J'ai trouvé sur **Internet** un site très intéressant sur le tennis.

a **internet**
- Encontrei na **internet** um site muito interessante sobre tênis.

➡ Em francês, **Internet** se escreve sempre com inicial maiúscula.

surfer sur Internet [sœʀfesyʀɛ̃tɛʀnɛt] *loc*
- Mon frère passe ses journées à **surfer sur Internet** en mangeant des chips.

navegar na internet
- Meu irmão passa o dia inteiro **navegando na internet** e comendo batatas chips.

chercher sur Google [ʃɛʀʃesyʀgugl] *loc*
- Il est tellement vaniteux qu'il **cherche** toujours son propre nom **sur Google**.

procurar no Google
- Ele é tão vaidoso que sempre **busca** por seu próprio nome **no Google**.

en ligne [liɲ] *loc*
- Mets-toi **en ligne** pour que je t'envoi un message.

on-line
- Fique **on-line** para que eu possa lhe enviar uma mensagem.

la **banque en ligne** [bɑ̃kɑ̃liɲ] *n*
- La **banque en ligne**, c'est vraiment sécurisé ?

banco on-line
- **Banco on-line** é realmente seguro?

la **boutique en ligne** [butikɑ̃liɲ] *n*
- C'est dans quelle **boutique en ligne** que tu as comandé tes chaussures ?

a **loja virtual**
- De que **loja virtual** você encomendou seus sapatos?

hors connexion [ɔʀkɔnɛksjɔ̃] *n*
- Je préfère écrire mes mails **hors connexion** et les envoyer ensuite.

sem conexão, off-line
- Prefiro escrever meus e-mails **off-line** e enviá-los em seguida.

le **lien** [ljɛ̃] *n*
- Pour regarder les photos de notre mariage, tu n'auras qu'à cliquer sur le **lien** que je vais t'envoyer.

o **link**
- Para ver as fotos de nosso casamento, basta você clicar no **link** que vou lhe enviar.

télécharger [teleʃaʀʒe] *v*
- Sais-tu comment **télécharger** ce logiciel ?

baixar
- Você sabe como **baixar** esse programa?

la **navigateur** [navigatœʀ] n ■ Qu'est-ce que tu as installé comme **navigateur** ?	o **navegador** ■ Qual **navegador** você instalou?
le **serveur** [sɛʀvœʀ] n ■ Notre entreprise a un nouveau **serveur** de réseau.	o **servidor** ■ Nossa empresa tem um novo **servidor** de rede.
la **ligne** [liɲ] n ■ J'ai essayé de l'appeler, mais sa **ligne** est tout le temps occupée.	a linha, o telefone ■ Tentei ligar para ele, mas seu **telefone** está o tempo todo ocupado.
sonner [sɔne] v ■ Chut ! C'est pas ton téléphone qui **sonne** ?	tocar ■ Escute! Não é seu telefone que **está tocando**?
la **sonnerie** [sɔnʀi] n ■ J'ai téléchargé une **sonnerie** vraiment cool sur Internet.	o **toque** ■ Baixei um **toque** realmente legal na internet.
décrocher [dekʀɔʃe] v ■ Personne ne **décroche** ; elle doit être sortie.	atender ■ Ninguém **atende**; ela deve ter saído.
raccrocher [ʀakʀɔʃe] v ■ Bon, allez, je **raccroche**, je t'embrasse et à bientôt !	desligar ■ Bom, então vou **desligar**, um beijo e até logo!
la **communication interurbaine** [kɔmynikasjɔ̃ɛ̃tɛʀyʀbɛn] n ■ C'est une **communication interurbaine**, mais ça ne le gêne pas. On voit que ce n'est pas lui que paie !	a **ligação interurbana** ■ É uma **ligação interurbana**, mas isso não o preocupa. Vê-se que não é ele quem paga!
la **communication locale** [kɔmynikasjɔ̃lɔkal] n ■ Pour le **communications locales** en France, est-ce qu'il faut faire un indicatif ?	a **ligação local** ■ Para as **ligações locais** na França, é preciso discar um código de área?
la **messagerie vocale** [mesaʒʀivɔkal] n ■ Après les vacances, il y avait trente messages sur ma **messagerie vocale**.	o **correio de voz** ■ Após as férias, ele tinha trinta mensagens no **correio de voz**.

le **numéro direct** [nymerodiʀɛkt] *n*
- Je ne veux pas passer par ta secrétaire, donne-moi ton **numéro direct** !

o **número direto**, o **ramal**
- Não quero passar pela sua secretária, passe-me seu **ramal**!

le **mms** [ɛmɛmɛs] *n*
- WhatsApp permet d'envoyer des **mms** gratuitement via Internet.

o **mms**
- O WhatsApp permite enviar **mms** gratuitamente via internet.

le **smartphone** [smaʀtfɔn] *n*
- Quelle est la différence entre un portable et un **smartphone** ?

o **smartphone**
- Qual a diferença entre um celular e um **smartphone**?

l'**appli** [apli] *n f*
- J'ai une nouvelle **appli** qui me permet d'envoyer de véritables cartes postales photos directement depuis mon portable.

o **aplicativo**
- Tenho um novo **aplicativo** que me permite enviar verdadeiros cartões-postais diretamente de meu celular.

le **livre numérique** [livʀənymerik] *n*
- Ce qui me manque dans un **livre numérique**, c'est la sensation de feuilleter.

o **e-book**
- O que sinto falta num **e-book** é a sensação de folhear.

la **carte SIM** [kaʀtsim] *n*
- Je ne trouve pas où insérer cette **carte SIM** dans mon portable.

o **cartão SIM**
- Não encontro onde inserir este **cartão SIM** no meu celular.

le **kit mains libres** [kitmɛ̃libʀ] *n*; *pl* **kit mains libres**
- Au volant, il faudrait toujours utiliser le **kit mains libres**.

o **kit mãos livres**
- Ao volante, só se deveria poder telefonar usando o **kit mãos livres**.

le **réseau fixe** [ʀezofiks] *n*; *pl* **réseaux fixes**
- Le soir, tu peux me joindre sur mon numéro de **réseau fixe**.

o **número fixo**
- À noite, você pode me encontrar em meu **número fixo**.

le **réseau de téléphonie mobile** [ʀezodətelefɔnimɔbil] *n*; *pl* **réseaux de téléphonie mobile**
- Ce numéro n'est joignable que depuis le **réseau de téléphonie mobile**.

a **rede de telefonia móvel**
- Este número só é acessível por **rede de telefonia móvel**.

le forfait illimité [fɔʀfɛilimite] *n* ■ Mon **forfait illimité** me permet de surfer quand je veux.	o **plano ilimitado** ■ Meu **plano ilimitado** me permite navegar quando eu quiser.
le réseau social [ʀezosɔsjal] *n*; *pl* **réseaux sociaux** ■ Le **réseau social** le plus connu, c'est Facebook.	a **rede social** ■ A **rede social** mais conhecida é o Facebook.
skyper [skaɪpe] *v* ■ Hier, nous **avons skypé** avec Félix qui est actuellement aux Etats-Unis.	**falar pelo Skype** ■ Ontem **falamos pelo Skype** com Félix, que atualmente está nos Estados Unidos.
tweeter [twite] *v* ■ Beaucoup de gens préfèrent **tweeter** plutôt qu'écrire des textos.	**tuitar** ■ Muitas pessoas preferem **tuitar** a escrever sms.
l'arobase [aʀɔbɑz] *n m* ■ L'**arobase** porte la forme d'un «a» entouré d'un rond.	a **arroba** ■ A **arroba** tem a forma de um "a" circulado.

➡ Na indicação de um endereço de e-mail como info@langenscheidt.com diz-se "info – arobase – langenscheidt – point – com".

le compte de courrier (électronique) [kõtdəkuʀje (elɛktʀonik)] *n* ■ Est-ce difficile de configurer un **compte de courrier** sur l'ordinateur ?	a **conta de e-mail** ■ É difícil configurar uma **conta de e-mail** no computador?
le courrier indésirable [kuʀjeɛ̃deziʀabl] *n* ■ Depuis que j'ai changé de fournisseur, je n'ai presque plus de **courriers indésirables**.	o **lixo eletrônico** ■ Desde que mudei o provedor, quase não recebo **lixo eletrônico**.
le filtre anti-spam [filtʀɑ̃tispam] *n* ■ Un bon **filtre anti-spam** est important pour la sécurité du réseau.	o **filtro anti-spam** ■ Um bom **filtro anti-spam** é importante para a segurança da rede.
le fournisseur (d'accès Internet) [fuʀnisœʀ(daksɛɑ̃tɛʀnɛt)] *n* ■ Ton contrat est trop cher. Tu devrais changer de **fournisseur**.	o **provedor** ■ A sua conta é muito cara. Você deveria mudar de **provedor**.

Telefone, celular e internet

---

le moteur de recherche [motœʀdəʀəʃɛʀ] n
- Tu utilises quel **moteur de recherche** ?

a **ferramenta de busca**
- Qual **ferramenta de busca** você usa?

---

la page d'accueil [paʒdakœj] n
- Votre **page d'accueil** est très réussie et montre bien les activités de votre entreprise.

a **homepage**
- Sua **homepage** está muito bem feita e mostra bem as atividades de sua empresa.

---

le site web [sitwɛb] n
- C'est un **site web** très intéressant.

o **site**
- É um **site** bastante interessante.

---

le blog [blɔg] n
- Zoé a deux **blogs** : un blog mode et un blog restaurants.

o **blog**
- Zoé tem dois **blogs**: um **blog** de moda e um **blog** sobre restaurantes.

---

bloguer [blɔge] v
- Il **blogue** chaque soir sur les expériences qu'il vit pendant son voyage.

escrever em um blog
- Toda noite ele **escreve em** seu **blog** sobre as experiências que teve durante a viagem.

---

le blogueur, la blogueuse [blogœʀ, blogøz] n
- Il y a des **blogueurs** qui gagnent beaucoup d'argent avec leurs blogs.

o **blogueiro**
- Tem **blogueiros** que ganham muito dinheiro com seus blogs.

---

la conversation en ligne [kõvɛʀsasjõɑ̃ljn] n
- Joignez-vous à la **conversation en ligne** de notre émission pour partager vos idées !

o **chat**
- Entre no **chat** de nosso programa para dar a sua opinião!

---

bavarder en ligne [bavaʀdeɑ̃ljn] loc
- Avec la nouvelle tablette, c'est un vrai plaisir de **bavarder en ligne**.

conversar on-line
- Com o novo tablet, **conversar on-line** é um verdadeiro prazer.

---

la connexion [kɔnɛksjõ] n
- Pour la **connexion** tu dois saisir les donnés d'accés.

a **conexão**
- Para a **conexão**, você deve entrar com os dados de acesso.

---

se connecter [s(ə)kɔnɛkte] v
- Depuis ce matin, je n'arrive plus à **me connecter** à Skype.

conectar-se
- Desde hoje pela manhã não consigo mais **me conectar** no Skype.

se déconnecter [s(ə)dekɔnɛkte] *v*
- On devrait toujours **se déconnecter** après une session de banque en ligne.

desconectar-se
- Deve-se sempre **se desconectar** após usar o banco on-line.

le nom d'utilisateur [nõdytilizatœʀ] *n*
- Je connais le mot de passe mais j'ai oublié mon **nom d'utilisateur**.

o **nome de usuário**
- Eu lembro a senha, mas esqueci o **nome de usuário**.

le cookie [kuki] *n*
- Je ne sais pas comment on peut supprimer les **cookies** de ce site.

o **cookie**
- Não sei como eliminar os **cookies** desse site.

➡ O conceito oficialmente recomendado **témoin de connexion**, para referir-se aos cookies, na prática quase não é empregado.

le mot-dièse [modjɛz] *n*
- Le **mot-dièse** est particulièrement utilisé sur les réseaux sociaux.

a **hashtag**
- A **hashtag** é muito usada nas redes sociais.

Computador e multimídia

l'ordinateur [ɔʀdinatœʀ] *n*
- Les prix des **ordinateurs** baissent alors que leur puissance aumente.

o **computador**
- Os preços dos **computadores** baixam enquanto sua potência aumenta.

le PC [pese] *n*
- Un **PC** est dépassé au bout de deux ou trois ans.

o **PC**
- Um **PC** se torna ultrapassado em dois ou três anos.

le matériel [mateʀjɛl] *n*; *pl* **matériaux**
- Avec du vieux **matériel**, on ne peut pas faire tourner le logiciels récents.

o **hardware**
- Não é possível fazer funcionar programas recentes em **hardwares** antigos.

le logiciel [lɔʒisjɛl] *n*
- Il y a des **logiciels** pour enfants de deux ans.

o **software**
- Existem **softwares** para crianças de dois anos.

le programme [pʀɔɡʀam] *n*
- Tu as un **programme** pour regarder la télé sur ton ordinateur ?

o **programa**
- Você tem um **programa** para assistir tv no computador?

Computador e multimídia

programmer [pʀɔgʀame] v
- En fait, dans son métier, il ne fait que **programmer**.

programar
- O que ele faz profissionalmente de fato é somente **programar**.

le clavier [klavje] n
- Les Français utilisent un **clavier** différent du clavier allemand.

o teclado
- Os franceses usam um **teclado** diferente do teclado alemão.

l'écran [ekʀɑ̃] n m
- Ne t'approche pas autant de l'**écran**, c'est mauvais pour les yeux.

a tela
- Não se aproxime tanto da **tela**, faz mal para os olhos.

l'imprimante [ɛ̃pʀimɑ̃t] n f
- Comment faire pour que mon **imprimante** imprime le texte avec des caractères plus gros ?

a impressora
- Como fazer para que minha **impressora** imprima o texto com caracteres maiores?

imprimer [ɛ̃pʀime] v
- C'est une bonne recette. Est-ce que tu peux me l'**imprimer** ?

imprimir
- É uma boa receita. Você pode **imprimir** para mim?

la touche [tuʃ] n
- Quand on appuie sur la **touche** «Suppr», on efface.

a tecla
- Quando se toca na **tecla** "Delete", apaga-se.

➡ Suppr é a abreviação de **supprimer** (suprimir); **inser** é usado para **insérer** (inserir). A tecla da saída chama-se **la touche échappe**, e na tecla está escrito Échap. A tecla *enter* é chamada **la touche entrée**.

la souris [suʀi] n
- La **souris** n'est pas connectée à l'ordinateur.

o mouse
- O **mouse** não está conectado ao computador.

le bouton de la souris [butõdlasuʀi] n
- Pour ouvrir le programme, il faut appuyer deux fois sur le **bouton** gauche **de la souris**.

o botão do mouse
- Para abrir o programa, é preciso apertar duas vezes o **botão** esquerdo **do mouse**.

le curseur [kyʀsœʀ] n
- Mets le **curseur** sur le mot, double-clique et suprime-le.

o cursor
- Coloque o **cursor** sobre uma palavra, clique duas vezes para deletá-la.

cliquer [klike] v
- Je ne sais jamais quand il faut **cliquer** une ou deux fois !

clicar
- Nunca sei quando é preciso **clicar** uma ou duas vezes!

Computador e multimídia

le **clic de (la) souris** [klikd(la)suʀi] n ■ Dois-je faire un **clic** droit ou gauche **de la souris** ?	o **clique do mouse** ■ Devo dar um **clique** à direita ou à esquerda **do mouse**?
le **double-clic** [dubləklik] n ■ Par un **double-clic** sur l'icône vous ouvrez le programme.	**clicar duas vezes** ■ **Clicando duas vezes** no ícone, você abre o programa.
le **menu** [məny] n ■ Je ne sais pas quelle comande du **menu** je dois choisir pour le copier-coller.	o **menu** ■ Não sei qual comando do **menu** devo escolher para copiar e colar.
les **données** [dɔne] n f pl ■ Pour ne pas perdre de **données**, il faut penser à les enregistrer.	os **dados** ■ Para não perder **dados**, é preciso lembrar-se de salvá-los.
le **fichier** [fiʃe] n ■ Tu sais créer un **fichier** ?	a **pasta** ■ Você sabe como criar uma **pasta**?
le **dossier** [dosje] n ■ Ce logiciel permet de créer, de déplacer, de renommer ou de supprimer des **dossiers**.	o **arquivo** ■ O programa permite criar, substituir e renomear ou suprimir os **arquivos**.
entrer [ɑ̃tʀe] v ■ **Entrez** votre nom d'utilisateur et votre adresse e-mail, puis cliquez sur le bouton «Envoyer».	**inserir** ■ **Insira** seu nome de usuário e endereço de e-mail, depois clique no botão "enviar".
installer [ɛ̃stale] v ■ Montre-moi comment **installer** ce programme sur mon ordinateur.	**instalar** ■ Mostre-me como **instalar** esse programa em meu computador.
désinstaller [dezɛ̃stale] v ■ Pour **désinstaller** le logiciel, clique sur Démarrer – Panneau de configuration – **Désinstaller**.	**desinstalar** ■ Para **desinstalar** o programa, clique em iniciar – painel de controle – **desinstalar**.
éteindre [etɛ̃dʀ] v ■ Avant d'**éteindre** l'ordinateur, tu dois terminer la session.	**desligar** ■ Antes de **desligar** o computador, você deve encerrar a sessão.
démarrer [demaʀe] v ■ C'est bizarre : Mon ordinateur portable **démarre** mais l'écran reste noir.	**iniciar** ■ É estranho: meu computador **inicia**, mas a tela continua escura.

mémoriser [memɔʀize] v
- Avant de fermer ton ordinateur, n'oublie pas de **mémoriser** ton travail.

salvar
- Antes de desligar o computador, não se esqueça de **salvar** seu trabalho.

copier [kɔpje] v
- Le «**copier** et coller» est une technique très pratique.

copiar
- O "**copiar** e colar" é uma técnica bastante prática.

insérer [ɛ̃seʀe] v
- Il m'a expliqué comment **insérer** une image dans mes messages.

inserir
- Ele me explicou como **inserir** uma imagem em minhas mensagens.

supprimer [sypʀime] v
- Pour **supprimer** un mot, sélectionnez-le, puis cliquez sur le bouton «Supprimer».

apagar, deletar
- Para **apagar** uma palavra, selecione-a e depois clique na tecla "Delete".

enregistrer [ɑ̃ʀ(ə)ʒistʀe] v
- J'ai **enregistré** le film d'hier soir.

gravar
- Eu **gravei** o filme de ontem à noite.

l'ordinateur portable [ɔʀdinatœʀpɔʀtabl] n m
- Mon nouvel **ordinateur portable** ne pèse presque rien.

o notebook
- Meu novo **notebook** não pesa quase nada.

la tablette [tablɛt] n
- Ma **tablette** se range parfaitement dans mon sac à main.

o tablet
- Meu **tablet** cabe perfeitamente em minha bolsa.

l'écran tactile [ekʀɑ̃taktil] n m
- Jules a un nouvel ordinateur portable à **écran tactile**.

a tela sensível ao toque
- Jules está com um novo notebook, com **tela sensível ao toque**.

le pavé tactile [pavetaktil] n
- Je préfère désactiver le **pavé tactile** lorsque j'utilise le souris.

o touchpad
- Prefiro desativar o **touchpad**, enquanto uso o mouse.

le bureau [byʀo] n
- Sur ce site, tu peux télécharger des papiers peints de **bureau** supercool.

a área de trabalho
- Neste site, você pode baixar papéis de parede superlegais para a sua **área de trabalho**.

l'icône [ikon] n f
- L'**icône** du programme se trouve sur le bureau.

o ícone
- O **ícone** do programa se encontra na área de trabalho.

Computador e multimídia

le tapis de souris [tapidsuʀi] *n*
- J'ai un **tapis de souris** ergonomique permettant de reposer mon poignet.

o **mousepad**
- Tenho um **mousepad** ergonômico, que permite deixar meu punho em repouso.

le système d'exploitation [sistɛmdɛksplwatasjɔ̃] *n*
- Depuis que j'ai changé de **système d'exploitation**, mon ordinateur ne marche plus comme avant.

o **sistema operacional**
- Desde que mudei o **sistema operacional**, meu computador não funciona mais como antes.

le ludiciel [lydisjɛl] *n*
- C'est un **ludiciel** destiné aux enfants de sept à douze ans.

o **jogo (de computador)**
- É um **jogo** destinado às crianças de sete a doze anos.

la base de données [bɑzdedɔne] *n*
- Ton site web se connecte-t-il à une **base de données** ?

a **base de dados**
- O seu site está conectado a uma **base de dados**?

numérique [nymeʀik] *adj*
- Un enregistrement **numérique** est beaucoup plus silencieux.

digital
- Um registro **digital** é muito mais silencioso.

virtuel, virtuelle [viʀtɥɛl] *adj*
- Jusqu'à son ouverture, on peut visiter le musée **virtuel**.

virtual
- Até sua abertura, pode-se visitar o museu **virtual**.

interactif, interactive [ɛ̃tɛʀaktif, ɛ̃tɛʀativ] *adj*
- Sur internet, il y a un plan **interactif** de la ville de Toulouse.

interativo
- Na internet há um mapa **interativo** da cidade de Toulouse.

multimédia [myltimedja] *adj; f inv*
- Les possibilités du monde **multimédia** sont énormes.

multimídia
- As possibilidades do mundo **multimídia** são enormes.

la sauvegarde [sovgaʀd] *n*
- Mon ordinateur a été infecté par un virus, mais heureusement j'avais fait une **sauvegarde** de mes fichiers.

o **backup**
- Meu computador foi infectado por um vírus, mas felizmente eu tinha feito um **backup** de meus arquivos.

redémarrer [ʀ(ə)demaʀe] *v*
- **Redémarrez** votre ordinateur pour terminer l'installation.

reiniciar
- **Reinicie** o computador para terminar a instalação.

faire défiler [fɛʀdefile] v
- **Faites défiler** le menu vers le bas et choisissez la police.

rolar
- **Role** o menu para baixo e escolha a fonte.

le mot de passe [modpɑs] n
- Veuillez entrer votre **mot de passe**.

a senha
- Escolha uma **senha**.

le message d'erreur [mesaʒdeʀœʀ] n
- Chaque fois que j'ouvre le programme, je reencontre un **message d'erreur**.

a mensagem de erro
- Cada vez que abro o programa, recebo uma **mensagem de erro**.

la capture de l'écran [kaptyʀdekʀɑ̃] n
- Est-ce que tu peux me faire une **capture d'écran** du message d'erreur ?

a captura de tela
- Você poderia fazer uma **captura de tela** da mensagem de erro?

l'antivirus [ɑ̃tivirys] n m
- J'ai téléchargé un **antivirus** gratuit sur Internet.

o antivírus
- Baixei um **antivírus** gratuito na internet.

le scanner [skane] n
- Depuis ce matin, mon **scanner** ne fonctionne plus.

o escâner
- Desde hoje de manhã meu **escâner** não está mais funcionando.

scanner [skane] v
- Peux-tu me **scanner** ces photos ?

escanear
- Você pode **escanear** para mim essas fotos?

le vírus informatique [viʀysɛ̃fɔʀmatik] n
- Je voudrais savoir comment me protéger contre les **virus informatiques**.

o vírus de computador
- Eu gostaria de saber como me proteger contra os **vírus de computador**.

la clé USB [klɛyɛsbe] n
- Ma **clé USB** n'est plus reconnue de mon logiciel. Jusqu'à hier, elle fonctionnait parfaitement.

o cabo USB
- Meu **cabo USB** não está mais sendo reconhecido pelo meu software. Até ontem funcionava perfeitamente.

le disque dur [disk(ə)dyʀ] n
- Ne copie pas ce jeu sur mon **disque dur**, car je n'ai plus beaucoup de place.

o disco rígido
- Não copie esse jogo no meu **disco rígido**, não há mais tanto espaço.

le **pirate (informatique)** [piʀate] *n*
- Les **pirates informatiques** ont pénétré les réseaux gouvernementaux.

o **hacker**
- **Hackers** invadiram os sites governamentais.

pirater [piʀate] *v*
- Mon riche oncle a très peur qu'on puisse **pirater** son ordinateur.

hackear
- Meu tio rico tem muito medo de que possam **hackear** seu computador.

Economia, técnica e pesquisa

Indústria, comércio e prestação de serviços

l'**économie** [ekɔnɔmi] *n f* • Aujourd'hui, la politique dépend de l'**économie**.	a **economia** • Hoje em dia, a política depende da **economia**.
l'**entreprise** [ɑ̃tʀəpʀiz] *n f* • Une petite **entreprise** sur deux disparaît avant d'avoir trois ans.	a **empresa** • Uma em cada duas pequenas **empresas** desaparece antes de completar três anos.
la **société anonyme** [sɔsjeteanɔnim] *n* • Ils ont créé leur entreprise sous la forme d'une **société anonyme**.	a **sociedade anônima** • Eles criaram sua empresa sob a forma de uma **sociedade anônima**.

➡ A abreviação para société anonyme é SA.

le **comité directeur** [kɔmitediʀɛktœʀ] *n* • Le **comité directeur** se réunira à 10 heures.	a **diretoria** • A **diretoria** se reunirá às 10 horas.
l'**industrie** [ɛ̃dystʀi] *n f* • Il n'y a plus d'**industries** dans le centre des villes.	a **indústria**, a **fábrica** • Já não há mais **indústrias** no centro das cidades.
industriel, industrielle [ɛ̃dystʀijɛl] *adj* • Toute la Chine est une grande région **industrielle**.	**industrial** • A China inteira é uma grande região **industrial**.
le **secteur** [sɛktœʀ] *n* • Voilà une liste d'entreprises par **secteur**.	o **setor** • Eis uma lista de empresas por **setor**.
la **marchandise** [maʀʃɑ̃diz] *n* • La **marchandise** a été abimée lors du transport.	a **mercadoria** • A **mercadoria** foi danificada durante o transporte.

le **chiffre d'affaires** [ʃifʀədafɛʀ] n
- Cette année, notre **chiffre d'affaires** est deux fois plus élevé que celui de l'année dernière.

o **volume de transações**
- Neste ano, nosso **volume de transações** é duas vezes maior do que no ano passado.

la **demande** [d(ə)mâd] n
- La loi de l'offre et de la **demande** régit notre économie.

a **demanda**, a **procura**
- A lei da oferta e da **procura** rege nossa economia.

exporter [ɛkspɔʀte] v
- La France **exporte** une partie de sa production agricole.

exportar
- A França **exporta** uma parte de sua produção agrícola.

importer [ɛ̃pɔʀte] v
- La France **importe** presque tout son pétrole.

importar
- A França **importa** quase todo o seu petróleo.

l'**atelier** [atalje] n
- Le patron est au fonde de l'**atelier**.

a **oficina**, o **ateliê**
- O chefe está lá no fundo da **oficina**.

réparer [ʀepaʀe] v
- Vous pourriez me **réparer** ma roue tout de suite ?

consertar
- Você poderia **consertar** minha roda imediatamente?

l'**ordre** [ɔʀdʀ] n m
- J'ai passé hier un **ordre** d'achat de cent caisses de vin.

o **pedido**
- Ontem fiz um **pedido** de compra de cem caixas de vinho.

la **commande** [kɔmâd] n
- Votre **commande** est arrivée.

a **encomenda**
- Sua **encomenda** chegou.

l'**agence** [aʒɑ̃s] n f
- «Nouvelles Frontières» a ouvert une nouvelle **agence** dans notre ville.

a **agência**
- "Nouvelles Frontières" abriu uma nova **agência** em nossa cidade.

conseiller [kɑ̃seje] v
- Fais-toi **conseiller** pour l'achat de ton nouveau ordinateur portable.

pedir conselho, pedir orientação
- **Peça orientação** sobre a compra de seu novo notebook.

le **fabricant** [fabʀikɑ̃] n
- Il est à la fois le designer et le **fabricant** de ses tissus.

o **fabricante**
- Ele é ao mesmo tempo o designer e o **fabricante** de seus tecidos.

la **fabrication** [fabʀikasjɔ̃] n
- C'est une télévision de **fabrication** française.

a **fabricação**
- É um televisor de **fabricação** francesa.

fabriquer [fabʀike] v
- Beaucoup de voitures françaises **sont fabriquées** à l'étranger.

fabricar
- Muitos carros franceses **são fabricados** no exterior.

le produit [pʀɔdɥi] n
- La France exporte de nombreux **produits** agricoles.

o produto
- A França exporta numerosos **produtos** agrícolas.

la production [pʀɔdyksjɔ̃] n
- La **production** de soie naturelle a fait la richesse de Lyon.

a produção
- A **produção** de seda natural fez a riqueza de Lyon.

produire [pʀɔdɥiʀ] v
▶ v irr p. 408 conduire
- La région de Bordeaux **produit** les meilleurs vins du monde.

produzir
- A região de Bordeaux **produz** os melhores vinhos do mundo.

le commerce [kɔmɛʀs] n
- Grâce à l'leuro, le **commerce** entre les pays de l'UE est plus facile.

o comércio
- Graças ao euro, o **comércio** entre os países da UE ficou mais fácil.

livrer [livʀe] v
- Est-ce que vous pouvez **livrer** à domicile ?

entregar
- Você poderia **entregar** em domicílio?

la publicité [pyblisite] n
- Cette entreprise investit beaucoup dans la **publicité**.

a publicidade
- Essa empresa investe muito em **publicidade**.

➡ Na linguagem corrente, ouve-se com frequência a abreviação **la pub**.

l'**annonce** [anɔ̃s] n f
- Si tu veux vendre ton ordinateur, mets une **annonce** dans le journal.

o anúncio
- Se você quer vender seu computador, coloque um **anúncio** no jornal.

le consommateur, la consommatrice [kɔ̃sɔmatœʀ, kɔ̃sɔmatʀis] n
- Les associations de **consommateurs** sont devenues très puissantes.

o consumidor

- As associações de **consumidores** se tornaram muito poderosas.

la concurrence [kɔ̃kyʀɑ̃s] n
- Pour la haute couture, l'Italie fait **concurrence** à la France.

a concorrência
- Na alta costura, a Itália faz **concorrência** com a França.

la **société de consommation** [sɔsjetdkõsɔmasjõ] *n* ■ Tout le monde ne profite pas de la **société de consommation**.	a **sociedade de consumo** ■ Nem todo mundo tira proveito da **sociedade de consumo**.
la **croissance (économique)** [kʀwasâs(ekɔnɔmik)] *n* ■ Au cours des dernières années, ce pays a enregistré une **croissance économique** remarquable.	o **crescimento (econômico)** ■ Com o passar dos últimos anos, este país registrou notável **crescimento econômico**.
la **mondialisation** [mõdjalizasjõ] *n* ■ Le développement des moyens de communication favorise la **mondialisation**.	a **globalização** ■ O desenvolvimento dos meios de comunicação favorece a **globalização**.

Dinheiro, bancos e mercado financeiro

la **banque** [bâk] *n* ■ Il faut que je passe à la **banque** ; je n'ai plus d'argent.	o **banco** ■ Tenho de ir ao **banco**, não tenho mais dinheiro.
➡ O banco em que se senta chama-se **le banc**.	
la **caisse d'épargne** [kɛsdepaʀɲe] *n* ■ Excusez-moi, madame, est-ce qu'il y a une **caisse d'épargne** près d'ici ?	o **banco de poupança** ■ Desculpe, senhora, tem um **banco de poupança** aqui perto?
l'**argent** [aʀʒâ] *n m* ■ Tu as de l'**argent** sur toi ?	o **dinheiro** ■ Você tem **dinheiro** com você?
en liquide [ân likid] *adv* ■ Vos payez **en liquide** ou par carte ?	**em espécie, em dinheiro** ■ Você pagará **em dinheiro** ou no cartão?
payer (au) comptant [peje(o) kõtâ] *loc* ■ J'ai une réduction si je **paie comptant** ?	**pagar à vista** ■ Ganho desconto se **pagar à vista**, com dinheiro?
financier, financière [finâsje, finâsjɛʀ] *adj* ■ Depuis son divorce, elle a des problèmes **financiers**.	**financeiro** ■ Desde seu divórcio, ela está com problemas **financeiros**.

Dinheiro, bancos e mercado financeiro

la **carte de crédit** [kaʀt(ə)dəkʀedi] *n*
- Mes parents n'aiment pas payer par **carte de crédit**. Ils préfèrent payer en liquide.
- J'achète tout par **carte de crédit**.

o **cartão de crédito**
- Meus pais não gostam de pagar com **cartão de crédito**. Preferem pagar em dinheiro.
- Eu compro tudo com **cartão de crédito**.

le **chèque de voyage** [ʃɛkdəvwajaʒ] *n*
- Est-ce que vous acceptez les **chèques de voyage** ?

o **cheque de viagem**
- Vocês aceitam **cheques de viagem**?

les **économies** [ekɔnɔmi] *n f pl*
- J'ai dépensé toutes mes **économies** pendant les vacances.

as **economias**
- Gastei todas as minhas **economias** durante as férias.

économiser [ekɔnɔmize] *v*
- En ce moment, j'**économise** pour passer mon permis.

economizar
- Neste momento, estou **economizando** para conseguir minha habilitação.

les **dettes** [dɛt] *n f pl*
- Je te rembourserai mes **dettes** à la fin du mois.

as **dívidas**
- Vou-lhe pagar minha **dívida** no final do mês.

devoir [d(ə)vwaʀ] *v*
▶ v irr p. 409 devoir
- J'ai payé mes dettes. Je ne **dois** plus rien à personne.

dever
- Paguei minhas dívidas. Não **devo** mais nada a ninguém.

le **billet (de banque)** [bijɛ(dbɑ̃k)] *n*
- Je n'aime pas voyager avec trop de **billets de banque** dans mon sac.

papel moeda, dinheiro
- Não gosto de viajar com muito **dinheiro** na bolsa.

la **pièce** [pjɛs] *n*
- Tu as des **pièces** pour payer le parking ?

a **moeda**
- Você tem **moedas** para pagar o estacionamento?

l'**euro** [øʀo] *n m*
- Est-ce que l'**euro** pourra faire concurrence au dollar ?

o **euro**
- O **euro** poderá fazer concorrência com o dólar?

➡ Em francês, o plural de todas as moedas é formado acrescentando-se *s* ao final, portanto trois euros.

Dinheiro, bancos e mercado financeiro

le **centime** [sɑ̃tim] *n*
- Ça fait exactement 65 euros et 30 **centimes**.

o **centavo**
- Dá exatamente 65 euros e 30 **centavos**.

➡ Na França, a designação oficial é **cent**, mas geralmente se diz **centime**.

changer [ʃɑ̃ʒe] *v*
- Pouvez-vous me **changer** cent euros ?

trocar
- Você poderia **trocar**-me cem euros?

le **bureau de change** [byʀodʃɑ̃ʒ] *n*; *pl* **bureaux de change**
- C'est au **bureau de change** de l'aéroport qu'il prennent la plus petite commission.

a **casa de câmbio**

- É na **casa de câmbio** do aeroporto que se cobra a menor comissão.

l'**assurance** [asyʀɑ̃s] *n f*
- Mon **assurance** m'a remboursé tous les dégâts.

o **seguro**
- Meu **seguro** me reembolsou de todos os prejuízos.

assurer [asyʀe] *v*
- Heureusement que j'étais **assuré** !

ter seguro
- Felizmente eu **tinha seguro**!

pour cent [puʀsɑ̃] *loc*
- Pour la maison, nous avons emprunté à six **pour cent**.

por cento
- Para a casa, tomamos um empréstimo a seis **por cento**.

augmenter [ɔgmɑ̃te] *v*
- Chez nous, le niveau de vie **augmente** alors qu'il baisse dans d'autres pays.
- L'entreprise a licencié des ouvriers, ainsi elle espère **augmenter** ses bénéfices.

aumentar
- Aqui o nível de vida **aumenta**, enquanto abaixa nos outros países.

- A empresa despediu funcionários, e assim ela espera **aumentar** os lucros.

baisser [bese] *v*
- Le taux de chômage **baisse** continuellement dans cette région.
- Le gouvernement parle toujours de **baisser** les impôts.

baixar
- A taxa de desemprego **baixa** continuamente nesta região.
- O governo sempre fala em **baixar** os impostos.

être profitable [ɛtʀ(ə)pʀɔfitabl] *loc*
▶ *v irr* p. 410 être
- Actuellement, il n'**est** pas **profitable** d'investir en bourse.

ser lucrativo

- Atualmente, não **é lucrativo** investir na bolsa.

Dinheiro, bancos e mercado financeiro

l'impôt [ɛ̃po] *n m* ■ Le TVA est un **impôt** que tout le monde paie.	o **imposto** ■ O TVA é um **imposto** que todo mundo paga.
le **compte** [kõt] *n* ■ Je n'ai presque plus rien sur mon **compte**.	a **conta** ■ Não tenho quase nada na minha **conta**.
verser [vɛʀse] *v* ■ Tu as encore oublié de **verser** l'argent sur mon compte !	**depositar** ■ Você se esqueceu de novo de **depositar** o dinheiro na minha conta!
le **distributeur automatique** [distʀibytœʀɔtɔmatik] *n* ■ Vous verrez le **distributeur automatique**, en sortant, au coin de la rue.	o **caixa automático** ■ Você vai ver o **caixa automático** ao sair, na esquina.
la **valeur** [valœʀ] *n* ■ La **valeur** de l'or a beaucoup diminué.	o **valor** ■ O **valor** do ouro diminuiu muito.
le **bénéfice** [benefis] *n* ■ Nous avons fait de gros **bénéfices**.	o **lucro** ■ Tivemos **lucros** altos.
la **perte** [pɛʀt] *n* ■ C'est l'État qui rembourse les **pertes** de la SNCF.	a **perda** ■ É o Estado que cobre as **perdas** da companhia ferroviária francesa.
le **recettes** [ʀ(ə)sɛt] *n f pl* ■ L'idéal serait d'équilibrer les **recettes** et les dépenses.	as **receitas** ■ O ideal seria equilibrar as **receitas** e as despesas.
les **dépenses** [depɑ̃s] *n f pl* ■ J'ai fait de grosses **dépenses** ce mois-ci.	as **despesas** ■ Tive **despesas** altas este mês.
la **Bourse** [buʀs] *n* ■ Il a perdu toute sa fortune en spéculant à la **Bourse**.	a **bolsa de valores** ■ Ele perdeu toda a sua fortuna especulando na **bolsa de valores**.
l'**action** [aksjɔ̃] *n f* ■ C'est une catastrophe ! Mes **actions** baissent tous les jours un peu plus.	a **ação** ■ É uma catástrofe! Minhas **ações** baixam mais um pouco a cada dia.

investir [ɛ̃vɛstiʀ] v ■ J'**ai investi** de milliards dans ce projet !	**investir** ■ **Investi** milhões nesse projeto!
la **monnaie** [mɔnɛ] n ■ La **monnaie** canadienne a légèrement remonté.	a **moeda** ■ A **moeda** canadense valorizou ligeiramente.
le **crédit** [kʀedi] n ■ C'est bien d'acheter à **crédit**, mais après il faut rembourser.	o **crédito** ■ É bom comprar a **crédito**, mas depois é preciso reembolsar.
l'**intérêt** [ɛ̃teʀɛ] n m ■ Il n'a pas pu payer les **intérêts** de ses prêts, alors la banque a vendu sa maison pour couvrir ses frais.	o **juro** ■ Ele não pôde pagar os **juros** de seus empréstimos, por isso o banco vendeu sua casa para cobrir seus gastos.
brut, brute [bʀyt] adj ■ Pour commencer, un salaire **brut** de 3.000 euros, c'est pas mal.	**bruto** ■ Para começar, um salário **bruto** de 3.000 euros não é nada mal.
net, nette [nɛt] adj ■ Le bénéfice **net** que nous avons fait cette année est très satisfaisant.	**líquido** ■ O lucro **líquido** que tivemos este ano foi bastante satisfatório.

Agricultura

l'**agriculture** [agʀikyltyʀ] n f ■ L'**agriculture** biologique commence à se développer.	a **agricultura** ■ A **agricultura** orgânica começa a se desenvolver.
agricole [agʀikɔl] adj ■ La Champagne est une région **agricole** qui produit un vin célèbre.	**agrícola** ■ Champagne é uma região **agrícola** que produz um famoso vinho.
la **ferme** [fɛʀm] n ■ Dans ce villages, il y a beaucoup de vieilles **fermes** abandonnées.	a **fazenda** ■ Nestes vilarejos há muitas velhas **fazendas** abandonadas.
le **champ** [ʃɑ̃] n ■ Tous ces **champs**, c'est beau, mais ce n'est pas varié.	o **campo** ■ Todos esses **campos** são bonitos, mas não são variados.

planter [plɑ̃te] v
- À ma naissance, mes parents **ont planté** un arbre.

plantar
- Quando eu nasci, meus pais **plantaram** uma árvore.

cultiver [kyltive] v
- On **cultive** la pomme de terre en Europe depuis Parmentier.

cultivar
- **Cultiva-se** a batata na Europa desde Parmentier.

fertile [fɛʀtil] adj
- C'est une région riche, car les terres y sont très **fertiles**.

fértil
- É uma região rica, pois as terras aqui são bastante **férteis**.

la **récolte** [ʀekɔlt] n
- La **récolte** a lieu en octobre.

a colheita
- A **colheita** acontece em outubro.

récolter [ʀekɔlte] v
- Nous **avons récolté** les fraises dès le début du mois de juin.

colher (para o sentido de colheita)
- **Colhemos** morangos desde o início do mês de junho.

arroser [aʀoze] v
- Nos voisins **arrosent** leur gazon tous les jours.

regar
- Nossos vizinhos **regam** seu gramado todos os dias.

fleurir [flœʀiʀ] v
- Le parc est magnifique au printemps quand tout **fleurit**.

florescer
- O parque é magnífico na primavera, quando tudo **floresce**.

végétal, végétale [veʒetal, veʒetal] adj; pl **végétaux**
- Par principe, je n'utilise que des produits **végétaux**.
- Moi, j'utilise de l'huile **végétale** et le résultat est parfait.

vegetal
- Por princípios, só uso produtos **vegetais**.
- Eu uso óleo **vegetal**, e o resultado é perfeito.

le **pré** [pʀe] n
- Tant qu'il ne gèle pas, les vaches restent dans les **près**.

o pasto
- Enquanto não há geada, as vacas ficam no **pasto**.

cueillir [kœjiʀ] v
▶ v irr p. 409 cueillir
- Si tu **cueilles** certaines fleurs, en Suisse, tu peux avoir une amende.

colher
- Na Suíça, se você **colher** certas flores, poderá receber uma multa.

le **foin** [fwɛ̃] n
- On peut traverser le pré ; les **foins** ont été faits.

o feno
- Podemos atravessar o pasto, o **feno** já foi feito.

la **paille** [paj] n
- Il faut changer la **paille** des bêtes tous les jours.

a **palha**
- É preciso mudar a **palha** dos animais todos os dias.

le **bétail** [betaj] n
- Autrefois l'hiver, les paysans n'avaient pas toujours de quoi nourrir leur **bétail**.

o **gado**
- Antigamente, no inverno, os camponeses nem sempre tinham como alimentar seu **gado**.

l'**élevage** [elvaʒ] n m
- L'**élevage** de porc est une spécialité de la Bretagne.

a **criação**
- A **criação** de suínos é uma especialidade da Bretanha.

élever [elve] v
- Mes grands-parents **élèvent** des lapins.

criar
- Meus avós **criam** coelhos.

la **race** [ʀas] n
- Il s'agit de deux **races** tout à fait différentes.

a **raça**
- Trata-se de duas **raças** completamente diferentes.

apprivoisé, apprivoisée [apʀivwaze] adj
- C'est un lapin **apprivoisé** mais qui fait des saletés dans toute la maison.

criado em cativeiro
- É um coelho **criado em cativeiro**, mas que faz suas necessidades pela casa inteira.

sauvage [sovaʒ] adj
- Dans les parcs naturels, on voit encore beaucoup d'animaux **sauvages**.

selvagem
- Nos parques naturais, ainda se veem muitos animais **selvagens**.

nourrir [nuʀiʀ] v
- Ça coûte cher de **nourrir** un chien aussi énorme !

alimentar
- Custa caro **alimentar** um cão assim tão grande!

manger [mɑ̃ʒe] v
- Les éléphants **mangent** de l'herbe et des feuilles.

comer, alimentar-se de
- Os elefantes **alimentam-se** de grama e folhas.

la **pêche** [pɛʃ] n
- La **pêche** est la seule source de revenu de ces hommes.

a **pesca**
- A **pesca** é única fonte de recurso desses homens.

biologique [bjɔlɔʒik] adj
- Chez nous, nous ne mangeons plus que de légumes **biologiques**.

orgânico
- Em casa, só comemos legumes **orgânicos**.

alternatif, alternative [altɛʀnatif, altɛʀnativ] *adj*
- Pourquoi investir dans l'énergie **alternative** ?

alternativo
- Por que investir em energia **alternativa**?

Técnica, energia e pesquisa

la **machine** [maʃin] *n*
- Comment veux-tu travailler avec une **machine** rouillée ?

a **máquina**
- Como você quer trabalhar com uma **máquina** enferrujada?

le **moteur** [mɔtœʀ] *n*
- C'est normal qu'un vieux **moteur** perde de l'huile.

o **motor**
- É normal que um **motor** velho perca óleo.

la **fonction** [fõksjõ] *n*
- Est-ce que tu comprends la **fonction** de cette pièce dans le moteur ?

a **função**
- Você entende a **função** desta peça no motor?

fonctionner [fõksjɔne] *v*
- Ma radio ne **fonctionne** plus ; je ferais mieux d'en racheter une.

funcionar
- Meu rádio não **funciona** mais; melhor comprar um novo.

servir [sɛʀviʀ] *v*
- Les nouvelles techonologies **servent** dans tous les domaines.

ser empregado
- As novas tecnologias **são empregadas** em todos os domínios.

utile [ytil] *adj*
- Cette invention peut certainement être **utile**.

útil
- Essa invenção certamente pode ser **útil**.

inutile [inytil] *adj*
- Avec les DVD, les magnétoscopes sont devenus **inutiles**.

inútil
- Com os DVDs, os gravadores de videocassete se tornaram **inúteis**.

le **courant** [kuʀɑ̃] *n*
- Il n'y a plus de **courant**. C'est sûrement à cause de l'orage.

a **energia**, a **energia elétrica**
- Caiu a **energia**. Certamente por causa da tempestade.

l'**électricité** [elɛktʀisite] *n f*
- En France, les centrales nucléaires produisent 80 pour cent de l'**électricité**.

a **eletricidade**
- Na França, as centrais nucleares produzem 80 por cento da **eletricidade**.

électrique [elɛktʀik] adj
- On n'imagine plus une maison sans appareil **électrique**.

elétrico
- Não se imagina mais uma casa sem **aparelho elétrico**.

la force [fɔʀs] n
- C'est incroyable ! Un si petit moteur avec autant de **force** !

a força
- É incrível! Um motor tão pequeno com tanta **força**!

la découverte [dekuvɛʀt] n
- La **découverte** de la pénicilline a révolutionné la médecine moderne.

a descoberta
- A **descoberta** da penicilina revolucionou a medicina moderna.

découvrir [dekuvʀiʀ] v
▶ v irr p. 411 ouvrir
- Ce n'est pas Cristophe Colomb qui a **découvert** l'Amérique.

descobrir
- Não foi Cristóvão Colombo quem **descobriu** a América.

l'invention [ɛ̃vɑ̃sjɔ̃] n f
- L'**invention** de l'ordinateur a créé une révolution.

a invenção
- A **invenção** do computador gerou uma revolução.

inventer [ɛ̃vɑ̃te] v
- Denis Papin a **inventé** la machine à vapeur.

inventar
- Denis Papin **inventou** a máquina a vapor.

le système [sistɛm] n
- Explique-moi le **système**, ça n'a pas l'air bien compliqué.

o sistema
- Explique-me o **sistema**, não me parece complicado.

systématique [sistematik] adj
- J'aime bien sa façon **systématique** de travailler.

sistemático
- Gosto muito de seu modo **sistemático** de trabalhar.

précis, précise [pʀesi, pʀesiz] adj
- J'ai une idée **précise** de la machine que je veux inventer.

preciso, exato
- Tenho uma ideia **exata** da máquina que quero inventar.

la technique [tɛknik] n
- En un siécle, la **technique** a fait des progrès extraordinaires.

a técnica
- Em um século, a **técnica** fez progressos extraordinários.

la techonologie [tɛknɔlɔʒi] n
- Nous travaillons sur une nouvelle **technologie** pour la conservation des aliments.

a tecnologia
- Trabalhamos numa nova **tecnologia** para a conservação dos alimentos.

technique [tɛknik] *adj*
- Les garçons choisissent plus souvent une profession **technique** que les filles.

técnica
- Os rapazes escolhem uma profissão **técnica** mais frequentemente do que as moças.

la pompe [pɔ̃p] *n*
- Tu as une **pompe** électrique dans l'atelier ?

a bomba
- Você tem uma **bomba** elétrica na oficina?

la pression [pʀɛsjɔ̃] *n*
- Si on ne diminue pas la **pression**, ça va sauter.

a pressão
- Se você não diminuir a **pressão**, isso vai explodir.

le câble [kɑbl] *n*
- Tu as branché le **câble** de l'imprimante à l'envers !

o cabo
- Você encaixou o **cabo** da impressora ao contrário!

le tuyau [tɥijo] *n*; *pl* **tuyaux**
- Ce **tuyau** doit être remplacé tous les cinq ans.

o cano
- Este **cano** deve ser trocado a cada cinco anos.

la pile [pil] *n*
- Je dois changer la **pile** de ma lampe de poche.

a pilha
- Tenho de trocar a **pilha** de minha lanterna.

l'interrupteur [ɛ̃teʀyptœʀ] *n m*
- C'est une vielle maison. L'électricien est venu changer tous les **interrupteurs**.

o interruptor
- É uma casa velha. O eletricista veio trocar todos os **interruptores**.

régler [ʀegle] *v*
- Tu peux **régler** le chauffage de ta chambre comme tu veux.

regular
- Você pode **regular** o aquecedor do seu quarto como quiser.

automatique [ɔtɔmatik] *adj*
- Dans les usines, maintenant, tout est **automatique**.

automático
- Nas fábricas, hoje em dia, tudo é **automático**.

mécanique [mekanik] *adj*
- Je porte encore une vieille montre dont le mouvement est **mécanique**.

mecânico
- Tenho ainda um velho relógio, cujo movimento é **mecânico**.

électronique [elɛktʀɔnik] *adj*
- Avec ces calculatrices **électroniques**, les enfants ne savent plus compter.

eletrônico
- Com essas calculadoras **eletrônicas**, as crianças já não sabem mais fazer contas.

la **graduation** [gʀadɥasjõ] *n*
- La **graduation** de ce thermomètre ne semble pas être juste.

a **graduação**
- A **graduação** desse termômetro não me parece correta.

l'**énergie** [enɛʀʒi] *n f*
- Mon père veut investir dans l'**énergie** renouvelable dès que possible.

a **energia**
- Meu pai quer investir em **energia** renovável assim que possível.

la **centrale électrique** [sãtʀalelɛktʀik] *n*
- Cette maison nous plaisait beaucoup, mais elle était trop près d'une **centrale électrique**.

a **central elétrica**
- Esta casa nos agrada muito, mas fica próxima demais de uma **central elétrica**.

la **centrale nucléaire** [sãtʀalnykleɛʀ] *n*
- Nous manifestons contre la construction d'une **centrale nucléaire** près de chez nous.

a **central nuclear**
- Manifestamo-nos contra a construção de uma **central nuclear** perto de nós.

nucléaire [nykleɛʀ] *adj*
- L'énergie **nucléaire** est la seule énergie non renouvelable.
- La France a cessé ses essais **nucléaires** dans le Pacifique.

nuclear
- A energia **nuclear** é a única energia não renovável.
- A França cessou seus testes **nucleares** no Pacífico.

radioactif, radioactive [ʀadjoaktif, ʀadjoaktiv] *adj*
- J'ai lu d'un nouveau système pour traiter les déchets **radioactifs**.

radioativo
- Li sobre um novo sistema para tratar dejetos **radioativos**.

solaire [sɔlɛʀ] *adj*
- Les écologistes demandent qu'on utilise mieux l'énergie **solaire**.

solar
- Os ecologistas demandam que se utilize melhor a energia **solar**.

la **science** [sjãs] *n*
- Les mathématiques sont une **science** exacte.

a **ciência**
- A matemática é uma **ciência** exata.

scientifique [sjãtifik] *n*
- Pour faire un bac **scientifique**, il faut aimer les mathématiques et la physique.

científico
- Para fazer um exame nacional **científico**, é preciso gostar muito de matemática e de física.

Técnica, energia e pesquisa

la théorie [teɔʀi] *n*
- Il y a une nouvelle **théorie** sur l'évolution de la Terre.

a teoria
- Há uma nova **teoria** sobre a evolução da Terra.

en théorie [ɑ̃teɔʀi] *adv*
- **En théorie** ça semble parfait, mais la mise en pratique sera très difficile.

em teoria
- **Em teoria** isso parece perfeito, mas pôr em prática será muito difícil.

la recherche [ʀ(ə)ʃɛʀʃ] *n*
- Le gouvernement a promis d'augmenter le budget pour la **recherche** scientifique.

a pesquisa
- O governo prometeu aumentar o orçamento para a **pesquisa** científica.

l'expérience [ɛkspeʀjɑ̃s] *n f*
- Luttez avec nous pour l'abolition totale des **expériences** sur les singes !

o experimento, a experiência
- Lute conosco pela abolição total dos **experimentos** com macacos!

la méthode [metɔd] *n*
- Il existe plusieurs **méthodes** pour produire de l'énergie nucléaire.

o método
- Existem muitos métodos para produzir energia nuclear.

efficace [efikas] *adj*
- L'important c'est de trouver une méthode **efficace**.

eficaz
- O importante é encontrar um método **eficaz**.

le développement [devlɔpmɑ̃] *n*
- Le tiers-monde connaît un **développement** très lent.

o desenvolvimento
- O terceiro mundo tem um **desenvolvimento** muito lento.

se développer [sədevlɔpe] *v*
- Malgré l'aide qu'ils reçoivent, certains pays du tiers-monde **se développent** très lentement.

desenvolver-se
- Apesar do auxílio que recebem, alguns países do terceiro mundo **se desenvolvem** muito lentamente.

analyser [analize] *v*
- La situation est difficile à **analyser**.

analisar
- A situação é difícil de **analisar**.

le résultat [ʀezylta] *n*
- Le **résultat** de nos recherches n'a pas été convaincant.

o resultado
- O **resultado** de nossas pesquisas não foi convincente.

négatif, négative [negatif, negativ] *adj*
- Bien des substances chimiques ont des effets très **négatifs** sur la santé.

negativo
- Muitas substâncias químicas exercem efeitos **negativos** sobre a saúde.

positif, positive [pozitif, pozitiv] *adj*
- Après des années de recherche, nous avons enfin des résultats **positifs**.

positivo
- Após anos de pesquisa, chegamos enfim a resultados **positivos**.

Recursos naturais e matérias-primas

la matière [matjɛʀ] *n*
- La soie est une **matière** très agréable à porter.

a matéria
- A seda é um **material** muito agradável de usar.

le bois [bwa] *n*
- On a dix sièges en plastique pour le prix d'une chaise en **bois**.

a madeira
- Obtêm-se dez cadeiras de plástico pelo preço de uma cadeira de **madeira**.

le pétrole [petʀɔl] *n*
- Le prix du **pétrole** est élevé et le restera pour un long moment encore.

o petróleo
- O preço do **petróleo** está elevado e ficará ainda por um bom tempo.

le gaz [gɑz] *n*
- Certains **gaz** explosent.

o gás
- Alguns **gases** explodem.

le fer [fɛʀ] *n*
- Pour durer, le **fer** doit être traité.

o ferro
- Para durar, o **ferro** deve ser tratado.

la laine [lɛn] *n*
- C'est ma tante qui tricote ces pulls de **laine**.

a lã
- É minha tia quem tricota estes pulôveres de **lã**.

le coton [kɔtõ] *n*
- L'inconvénient du **coton**, c'est qu'il faut le repasser.

o algodão
- O inconveniente do **algodão** é que é preciso passar.

le métal [metal] *n*; *pl* **métaux**
- La boîte est en **métal** et donc lourde.

o metal
- A caixa é de **metal** e, portanto, é pesada.

l'**or** [ɔʀ] *n m*
- L'**or** est un métal précieux.

o **ouro**
- O **ouro** é um metal precioso.

l'**argent** [aʀʒɑ̃] *n m*
- Les couverts de mes parents sont en **argent**.

a **prata**
- Os talheres de meus pais são de **prata**.

le **plastique** [plastik] *n*
- Les trucs en **plastique**, ça s'achète, ça se casse et ça se jette.

o **plástico**
- Coisas de **plástico** compram-se, quebram-se e se jogam fora.

la **verre** [vɛʀ] *n*
- J'ai trouvé au marché aux puces un joli dragon en **verre** coloré.

o **vidro**
- No mercado de pulgas encontrei um belo dragão de **vidro** colorido.

le **cuir** [kɥiʀ] *n*
- Le pied respire mieux dans des chaussures de **cuir**.

o **couro**
- O pé respira melhor em sapatos de **couro**.

lourd, lourde [luʀ, luʀd] *adj*
- Cette chaise en métal est magnifique mais vraiment trop **lourde**.

pesado
- Essa cadeira de metal é magnífica, mas realmente muito **pesada**.

épais, épaisse [epɛ, epɛs] *adj*
- Ce jean est beaucoup trop **épais** ! Je vais plutôt prendre ce pantalon de coton.

grosso, espesso
- Esse jeans é muito **grosso**! Prefiro usar esta calça de algodão.

fin, fine [fɛ̃, fin,] *adj*
- Je me suis acheté une jupe en soie très **fine** pour le bal de vendredi.

fino
- Comprei uma saia de seda bem **fina** para o baile de sexta-feira.

léger, légère [leʒe, leʒɛʀ] *adj*
- L'aluminium est un métal très **léger**.

leve
- O alumínio é um metal muito **leve**.

mou, mol, molle [mu, mɔl] *adj*
- Dans cette entreprise, on vend entre autres du bois **mou** qui coûte une petite fortune.

mole
- Nesta empresa vende-se, entre outras coisas, uma madeira **mole** que custa uma pequena fortuna.

➔ A forma **mol** é utilizada quando o adjetivo é empregado antes de um substantivo masculino iniciado com vogal ou *h* mudo.

dur, dure [dyʀ] *adj*
- Le sol est gelé ; il es aussi **dur** que du béton.

duro
- O chão está congelado; está **duro** como pedra.

solide [sɔlid] adj ■ Le blanc de l'œuf devient **solide** en cuisant.	**sólido** ■ A gema do ovo se torna **sólida** ao cozinhar.
fragile [fʀaʒil] adj ■ Ces verres à pied sont très **fragiles**.	**frágil** ■ Esses copos de vidro são muito **frágeis**.
lisse [lis] adj ■ La surface **lisse** du marbre est agréable au toucher.	**lisa** ■ A superfície **lisa** do mármore é agradável ao toque.
rugueux, rugueuse [ʀygø, ʀygøz] adj ■ Mets des gants, car le bois est **rugueux** et abîme les mains.	**áspero, rugoso** ■ Ponha luvas, pois a madeira é **áspera** e machuca as mãos.
la **matière première** [matjɛʀpʀəmjɛʀ] n ■ Ils importent la **matière première** qui sera ensuite transformée.	a **matéria-prima** ■ Eles importam a **matéria-prima**, que depois será transformada.
le **mélange** [melɑ̃ʒ] n ■ Ce **mélange** contient de l'essence et de l'huile.	a **mistura** ■ Essa **mistura** contém gasolina e óleo.
mélanger [melɑ̃ʒe] v ■ En **mélangeant** le bleu et le jaune, tu obtiendras du vert.	**misturar** ■ **Misturando-se** o azul com o amarelo, você vai obter o verde.
la **poudre** [pudʀ] n ■ La farine est une **poudre** blanche.	o **pó** ■ A farinha é um **pó** branco.
se composer de [səkɔ̃pozedə] v ■ Cette peinture **se compose de** matières premières végétales et minérales exclusivement.	**compor-se de, ser composta de** ■ Esta tinta **é composta de** matérias-primas vegetais e minerais, exclusivamente.
la **pierre** [pjɛʀ] n ■ Le torrent a emporté des **pierres** énormes.	a **pedra** ■ A correnteza levou **pedras** enormes.
la **marbre** [maʀbʀ] n ■ Dans notre salle de bains, tout est en **marbre**.	o **mármore** ■ Em nosso banheiro tudo é de **mármore**.

le **charbon** [ʃaʀbõ] *n* ■ Plus personne ne se chauffe au **charbon**.	o **carvão** ■ Ninguém mais usa aquecimento a **carvão**.
l'**acier** [asje] *n m* ■ L'**acier** a fait autrefois la richesse de la Lorraine.	o **aço** ■ O **aço** outrora fez a riqueza da Lorena.
l'**aluminium** [alyminjɔm] *n m* ■ L'**aluminium** est un métal léger et facile à travailler.	o **alumínio** ■ O **alumínio** é um metal leve e fácil de trabalhar.
le **cuivre** [kɥivʀ] *n* ■ Le **cuivre** conduit très bien le courant.	o **cobre** ■ O **cobre** conduz muito bem a corrente.
le **plomb** [plõ] *n* ■ Les conduits d'eau en **plomb** sont dangereuses pour la santé.	o **chumbo** ■ Os canos de água de **chumbo** são perigosos para a saúde.
le **béton** [betõ] *n* ■ Lés bâtiments en **béton** ne plaisent pas à tout le monde.	o **concreto** ■ Edifícios de **concreto** não agradam a todo mundo.
le **ciment** [simɑ̃] *n* ■ Il faut attendre que le **ciment** soit sec pour continuer les travaux.	o **cimento** ■ É preciso esperar que o **cimento** seque para continuar os trabalhos.
le **caoutchouc** [kautʃu] *n* ■ Qu'as-tu fait avec tes bottes ? Le **caoutchouc** est tout abîmé.	a **borracha** ■ O que você fez com suas botas? A **borracha** está toda estragada.
le **tissu** [tisy] *n* ■ Le **tissu** me plaît, mais je trouve la jupe un peu longue.	o **tecido** ■ O **tecido** me agrada, mas acho a saia um pouco longa.
la **soie** [swa] *n* ■ Les chemises en **soie** sont chères.	a **seda** ■ Camisas de **seda** são caras.

Sociedade e Estado

História

le **roi**, la **reine** [ʀwa, ʀɛn] *n*
- Le dernier **roi** français s'appelait Louis-Phillipe Iᵉʳ.

o **rei**, a **rainha**
- O último **rei** francês se chamava Luís Felipe I.

➡ Diz-se Napoléon premier (Napoleão I), mas Henri deux, Charles trois (Henrique II, Carlos III).

l'**empereur**, l'**impératrice** [ɑ̃pʀœʀ, ɛ̃peʀatʀis] *n m, f*
- La France a eu deux **empereurs** : Napoléon Iᵉʳ et Napoléon III.

o **imperador**, a **imperatriz**
- A França teve dois **imperadores**: Napoleão I e Napoleão III.

la **monarchie** [mɔnaʀʃi] *n*
- Il y avait trois ordres sous la **monarchie** française.

a **monarquia**
- Havia três ordens sob a **monarquia** francesa.

le **royaume** [ʀwajom] *n*
- On appelle aussi la Grande Bretagne le «**Royaume** Uni».

o **reino**
- Chama-se a Grã-Bretanha também de "**Reino** Unido".

conquérir [kɔ̃keʀiʀ] *v*
▶ v irr p. 408 conquérir
- Napoléon rêvait de **conquérir** toute l'Europe.

conquistar
- Napoleão sonhava em **conquistar** toda a Europa.

la **couronne** [kuʀɔn] *n*
- C'est Napoléon qui a posé lui-même la **couronne** sur sa tête.

a **coroa**
- Foi o próprio Napoleão quem colocou a **coroa** em sua cabeça.

régner sur [ʀeɲesyʀ] *v*
- Louis XIV a **régné sur** la France pendant plus d'un demi-siécle.

reinar em
- Luís XIV **reinou na** França durante mais de meio século.

historique [histɔʀik] *adj*
- La Révolution française a été un évènement **historique** de très grande importance.

histórico
- A Revolução Francesa foi um acontecimento **histórico** de enorme importância.

História 329

le souverain, la souveraine [suvʀɛ̃, suvʀɛn] *n*
- Sera-t-il un jour **souverain** de son pays ?

o **soberano**, a **soberana**
- Será que ele um dia vai ser o **soberano** de seu país?

le prince, la princesse [pʀɛ̃s, pʀɛ̃sɛs] *n*
- Les **princes** d'aujourd'hui n'épousent pas toujours de jeunes aristocrates.

o **príncipe**, a **princesa**
- Os **príncipes** de hoje em dia nem sempre se casam com jovens aristocratas.

l'esclave [ɛsklav] *n m/f*
- La plupart des **esclaves** en Amérique du Nort étaient Africains.

o **escravo**
- A maior parte dos **escravos** da América do Norte era africana.

coloniser [kɔlɔnize] *v*
- Ce sont surtout les Français qui ont **colonisé** cette région de l'Amérique du Nord.

colonizar
- Foram sobretudo os franceses que **colonizaram** esta região da América do Norte.

les fouilles [fuj] *n f pl*
- Ils ont commencé a faire des **fouilles** dans un petit village grec.

as **escavações**
- Eles começaram a fazer **escavações** numa pequena cidade grega.

la momie [mɔmi] *n*
- C'est dans les temples égyptiens que nous avons vu les **momies** les mieux conservées.

a **múmia**
- Foi nos templos egípcios que vimos as **múmias** mais bem conservadas.

la révolution [ʀevɔlysjɔ̃] *n*
- La **Révolution** française a commencé en 1789.

a **revolução**
- A **Revolução** Francesa começou em 1789.

➡ **Révolution** é escrito com inicial maiúscula quando se trata da Revolução de 1789.

préhistorique [pʀeistɔʀik] *adj*
- Dans la grotte de Lascaux, on peut voir beaucoup de peintures **préhistoriques**.

pré-histórico
- Na caverna de Lascaux, podem-se ver muitas pinturas **pré-históricas**.

l'Antiquité [ɑ̃tikite] *n f*
- Voilà un livre très intéressant sur l'**Antiquité** grecque.

a **Antiguidade**
- Eis um livro muito interessante sobre a **Antiguidade** grega.

le Moyen Âge [mwajɛnɑʒ] *n*
- C'est une tradition qui remonte au **Moyen Âge**.

a **Idade Média**
- É uma tradição que remonta à **Idade Média**.

História

le Siècle des lumières [sjɛklədelymjɛʀ] *n* ■ Diderot était un des plus grandes auteurs du **Siècle des lumières**.	o **Século das Luzes** ■ Diderot foi um dos grandes autores do **Século das Luzes**.
la Première Guerre mondiale [pʀəmjɛʀgɛʀmõdjal] *n* ■ Mon grand-père était prisonnier en Allemagne pendant la **Première Guerre mondiale**.	a **Primeira Guerra Mundial** ■ Meu avô foi prisioneiro na Alemanha durante a **Primeira Guerra Mundial**.
la Deuxième Guerre mondiale [døzjɛmgɛʀmõdjal] *n* ■ Pendant la **Deuxième Guerre mondiale** nous n'avions ni beurre ni café.	a **Segunda Guerra Mundial** ■ Durante a **Segunda Guerra Mundial** não tínhamos nem manteiga, nem café.
la guerre civile [gɛʀsivil] *n* ■ La **guerre civile** espagnole a duré quatre ans.	a **guerra civil** ■ A **guerra civil** espanhola durou quatro anos.
la colonie [kɔlɔni] *n* ■ La langue officielle des anciennes **colonies** est souvent encore le français.	a **colônia** ■ A língua oficial das antigas **colônias** é não raro ainda o francês.
la noblesse [nɔblɛs] *n* ■ **Noblesse** oblige.	a **nobreza** ■ A **nobreza** obriga.
le tiers état [tjɛʀzeta] *n* ■ Le **tiers état** comprenait ceux qui ne faisaeint partie ni de la noblesse ni du clergé.	o **terceiro Estado** ■ O **terceiro Estado** compreendia os que não faziam parte nem da nobreza, nem do clero.

➡ **Noblesse oblige** é uma expressão francesa dita para falar de alguém que ocupa elevada posição (nobre) e, portanto, de quem são esperadas elevadas condutas/ obrigações.

la résistance [ʀezistɑ̃s] *n* ■ Ceux qui appartenaient à la **Résistance** risquaient leur vie.	a **resistência** ■ Os que pertenciam à **Resistência** arriscavam a vida.

➡ **Résistance** é escrito com inicial maiúscula quando se trata do movimento de resistência francês na Segunda Guerra Mundial.

le nationalisme [nasjɔnalism] *n* ■ Le **nationalisme** divise les peuples du monde.	o **nacionalismo** ■ O **nacionalismo** divide os povos do mundo.

le **fascisme** [faʃism] n
- Mussolini a établi le **fascisme** en Italie.

o **fascismo**
- Mussolini estabeleceu o **fascismo** na Itália.

l'**époque** [epɔk] n f
- Nous vivons une **époque** où tout change très vite.

a **época**
- Vivemos uma **época** em que tudo muda muito rápido.

Sociedade

la **société** [sɔsjete] n
- Peut-on imaginer une **société** sans gouvernement ?

a **sociedade**
- É possível imaginar uma **sociedade** sem governo?

social, sociale [sɔsjal] adj; pl **sociaux**
- Il faudrait plus de justice **sociale**.

social
- Seria necessária mais justiça **social**.

privé, privée [pʀive] adj
- Désolé, c'est **privé**.
- La presse française respecte la vie **privée** des hommes politiques.

particular, privado
- Sinto muito, é **particular**.
- A imprensa francesa respeita a vida **privada** dos políticos.

le **public** [pyblik] n
- Il est déjà apparu plusieurs fois en **public** avec elle.

o **público**
- Ele já apareceu diversas vezes em **público** com ela.

public, publique [pyblik] n
- En France, la famille est une affaire **publique**.

público
- Na França, família é um assunto **público**.

la **population** [pɔpylasjɔ̃] n
- La **population** des campagnes a beaucoup baissé.

a **população**
- A **população** do campo diminuiu muito.

la **pauvreté** [povʀəte] n
- Van Gogh, qui n'a vendu que quatre tableaux de son vivant, a connu la **pauvreté**.

a **pobreza**
- Van Gogh, que vendeu apenas quatro quadros quando vivo, conheceu a **pobreza**.

pauvre [povʀ] adj
- On reencontre beaucoup de violence dans les banlieues **pauvres**.

pobre
- Encontra-se muita violência nos subúrbios **pobres**.

la **misère** [mizɛʀ] *n*
- L'Abbé Pierre a lutté toute sa vie contre la **misère**.

a **miséria**
- O abade Pierre lutou toda a sua vida contra a **miséria**.

le **mendiant**, la **mendiante** [mɑ̃djɑ̃, mɑ̃djɑ̃t] *n*
- Les **mendiants** s'installent souvent dans les couloirs du métro.

o **mendicante**
- Frequentemente os **mendicantes** se instalam nos corredores do metrô.

le **manque** [mɑ̃k] *n*
- Une **manque** d'affection peut causer d'énormes dégâts.

a **falta**, a **deficiência**
- Uma **falta** de afeição pode causar danos enormes.

la **richesse** [ʀiʃɛs] *n*
- Est-ce que la **richesse** est un péché ?

a **riqueza**
- A **riqueza** é um pecado?

riche [ʀiʃ] *adj*
- Des milliers de gens rêvent de devenir **riches** en jouant aux courses.

rico
- Milhares de pessoas sonham em ficar **ricas** apostando em cavalos.

fortuné, fortunée [fɔʀtyne] *adj*
- Ce sont des gens à la fois **fortunés** et très généreux.

afortunados, sortudos
- São pessoas a um só tempo **afortunadas** e generosas.

l'**étranger** [etʀɑ̃ʒe] *n m*
- Quel pays tu choisirais si tu devais vivre à l'**étranger** ?

o **exterior**, o **estrangeiro**
- Que país você escolheria se tivesse de morar no **exterior**?

l'**étranger**, l'**étrangère** [etʀɑ̃ʒe, etʀɑ̃ʒɛʀ] *n*
- En été, des millions d'**étrangers** traversent la France sans s'arrêter.

o **estrangeiro**
- No verão, milhares de **estrangeiros** atravessam a França sem parar.

étranger, étrangère [etʀɑ̃ʒe, etʀɑ̃ʒɛʀ] *adj*
- En août, à Paris, on reencontre surtout des touristes **étrangers**.

estrangeiro
- Em agosto, em Paris, veem-se sobretudo turistas **estrangeiros**.

bourgeois, bourgeoise [buʀʒwa, uʀʒwaz] *adj*
- Elle mène une vie **bourgeoise** tranquille, mais s'ennuie ferme.

burguês
- Ela leva uma vida **burguesa** tranquila, mas se entedia muito.

la **couche sociale** [kuʃsɔsjal] *n*
- J'ai lu une étude intéressante sur les **couches sociales** en Asie.

a **classe social**, a **camada social**
- Li um estudo interessante sobre as **classes sociais** na Ásia.

l'**émigré**, l'**émigrée** [emigʀe] *n m, f*
- Ce sont des **émigrés** de la troisième génération.

o **emigrado**
- São os **emigrados** da terceira geração.

émigrer [emigʀe] *v*
- Mes grands-parents **ont émigré** aux Etats-Unis juste avant la guerre.

emigrar
- Meus avós **emigraram** para os Estados Unidos pouco antes da guerra.

l'**immigré**, l'**immigrée** [imigʀe] *n m, f*
- Les **immigrés** viennent en majorité d'Afrique.

o **imigrante**, a **imigrante**
- Os **imigrantes** vêm na maioria da África.

immigrer [emigʀe] *v*
- Les étrangers qui **immigrent** en France rêvent d'une vie meilleure.

imigrar
- Os estrangeiros que **imigram** para a França sonham com uma vida melhor.

l'**asile politique** [azilpolitik] *n m*
- Comment peut-on refuser l'**asile politique** à ces gens-là ?

o **asilo político**
- Como é possível recusar **asilo político** a essas pessoas?

le **permis de séjour** [pɛʀmidseʒuʀ] *n*
- Tous les ans, je dois faire renouveler mon **permis de séjour**.

a **autorização de residência**
- Todos os anos, tenho de renovar minha **autorização de residência**.

le **racisme** [ʀasism] *n*
- Le **racisme** est puni par la loi.

o **racismo**
- O **racismo** é punido por lei.

➡ Dos substantivos terminados em **-isme** frequentemente derivam adjetivos terminados em **-iste**, os quais, usados como substantivo, também podem designar pessoas. É o que se tem, por exemplo, com o adjetivo **terroriste** (**terrorista**) e com o substantivo **un terroriste** (**um terrorista**).

la **discrimination** [diskʀiminasjõ] *n*
- La **discrimination** des femmes existe encore dans de nombreux pays.

a **discriminação**
- A **discriminação** às mulheres existe ainda em muitos países.

discriminer [diskʀimine] *v*
- Il **a été discriminé** toute sa vie à cause de sa couleur de peau.

discriminar
- Ele **foi discriminado** durante toda a vida em razão de sua cor de pele.

Religião e moral

la **religion** [ʀ(ə)liʒjõ] *n*
- L'islam est la deuxième **religion** de France.

a **religião**
- O Islã é a segunda principal **religião** da França.

religieux, religieuse [ʀəliʒjø, ʀəliʒjøz] *adj*
- Le fanatisme **religieux** est très dangereux.
- Les guerres **religieuses** existent-elles encore ?

religioso
- O fanatismo **religioso** é muito perigoso.
- Ainda existem guerras **religiosas**?

la **foi** [fwa] *n*
- On dit que la **foi** transporte les montagnes.

a **fé**
- Diz-se que a **fé** move montanhas.

croire [kʀwaʀ] *v*
▶ *v irr* p. 408 croire
- Tu **crois** à l'enfer ?

acreditar, crer
- Você **acredita** no inferno?

le **dieu** [djø] *n*; *pl* **dieux**
- Je crois en **Dieu**.

o **deus**
- Eu creio em **Deus**.

➡ O Deus cristão é escrito com inicial maiúscula e os deuses não cristãos, com inicial minúscula. Sua forma feminina é **la déesse**.

le **Saint-Esprit** [sɛ̃tɛspʀi] *n*
- Le **Saint-Esprit** est souvent représenté par une colombe.

o **Espírito Santo**
- O **Espírito Santo** é muitas vezes representado por uma pomba.

prier [pʀije] *n*
- On n'est pas obligé d'entrer dans une église pour **prier**.

orar, rezar
- Não se é obrigado a entrar numa igreja para **orar**.

moral, morale [mɔʀal] *adj*; *pl* **moraux**
- Ce film n'est pas **moral** ! Que lui trouves-tu de si bien ?

moral
- Esse filme não é **moral**! O que você vê nele de tão bom?

Religião e moral

immoral, immorale [imɔʀal] adj; pl **immoraux** ■ Il a une conduite complètement **immorale**.	imoral ■ Ele tem uma conduta completamente **imoral**.
l'**athée** [ate] n m/f ■ Il est **athée** et ne comprend pas que je croie en Dieu.	o ateu ■ Ele é **ateu** e não entende que eu acredite em Deus.
l'**existence** [εgzistɑ̃s] n f ■ Quelles sont les preuves de l'**existence** de Dieu ?	a existência ■ Quais são as provas da **existência** de Deus?
exister [εgziste] v ■ Bien des gens se demandent si Dieu **existe**.	existir ■ Muitas pessoas se perguntam se Deus **existe**.
l'**idée** [ide] n f ■ L'**idée** qu'on se fait de Dieu diffère d'une personne à l'autre.	a ideia ■ A **ideia** que se faz de Deus difere de uma pessoa para outra.
croyant, croyante [kʀwajɑ̃, kʀwajɑ̃t] adj ■ Je suis **croyant**, mais pas très pratiquant.	ter fé, crente ■ **Tenho fé**, mas não sou praticante.
la **conscience** [kɔ̃sjɑ̃s] n ■ Quand je mens, j'ai mauvaise **conscience**.	a consciência ■ Quando minto, fico com peso na **consciência**.
la **confession** [kɔ̃fesjɔ̃] n ■ Je suis de **confession** catholique, mais mon fiancé ne l'est pas.	a crença religiosa ■ Sou católica, mas meu noivo não é.
chrétien, chrétienne [kʀetjɛ̃, kʀetjɛn] adj ■ J'ai été élevée dans la foi **chrétienne**.	cristão ■ Fui criado na fé **cristã**.

➡ Adjetivos que especifiquem uma religião também são usados como substantivos: **chrétien, chrétienne** – cristão, cristã; ou **bouddhiste** – budista; ou **musulman, musulmane** – muçulmano, muçulmana.

catholique [katɔlik] adj ■ Le pape est le chef de l'Église **catholique**.	católico ■ O papa é o chefe da Igreja **católica**.

protestant, protestante
[pʀɔtɛstɑ̃, pʀɔtɛstɑ̃t] adj
- Les églises **protestantes** s'appellent des «temples».

protestante
- As igrejas **protestantes** são chamadas "templos".

juif, juive [ʒɥif, ʒɥiv] adj
- La Pentecôte est aussi une fête **juive**.

judeu, judaico
- O Pentecostes é também uma celebração **judaica**.

➡ Como substantivo, **juif** é escrito com inicial maiúscula: **Beaucoup de Juifs de Paris vivent dans le quartier du Sentier.** – Muitos judeus de Paris vivem no bairro do Sentier.

islamique [islamik] adj
- D'après la tradition **islamique**, une femme musulmane doit porter un foulard ?

islâmico
- Segundo a tradição **islâmica**, uma mulher muçulmana deve usar um lenço?

musulman, musulmane
[myzylmɑ̃, myzylman] adj
- Le calendrier **musulman** est un calendrier lunaire.

muçulmano
- O calendário **muçulmano** é um calendário lunar.

bouddhiste [budist] adj
- Les moines **bouddhistes** portent des robes oranges.

budista
- Os monges **budistas** usam túnicas laranja.

hindou, hindoue [ɛ̃du] adj
- Le systèmes des castes est très développé dans la société **hindoue**.

hindu
- O sistema de castas é muito desenvolvido na sociedade **hindu**.

le **pape** [pap] n
- Le **pape** n'est pas forcément italien.

o papa
- O **papa** não necessariamente é italiano.

le **prêtre** [pʀɛtʀ] n
- Aujourd'hui, les **prêtres** sont habillés comme toi et moi.

o padre
- Hoje em dia, os **padres** se vestem como eu e você.

la **religieuse** [ʀ(ə)liʒjøz] n
- À un moment de sa vie elle a pensé devenir **religieuse**.

a religiosa
- A um certo momento da vida, ela pensou em se tornar **religiosa**.

le **moine** [mwan] n
- Les bénédictins sont des **moines** qui vivent en communauté.

o monge
- Os beneditinos são **monges** que vivem em comunidade.

Religião e moral

saint, sainte [sɛ̃, sɛnt] *adj*
- Lourdes honore tout spécialement la **Sainte** Vierge.

santo
- Lourdes venera especialmente a **Santa** Virgem.

sacré, sacrée [sakʀe] *adj*
- Pour moi, une promesse, c'est **sacré**.

sagrado, sacro
- Para mim, uma promessa é **sagrada**.

éternel, éternelle [etɛʀnɛl] *adj*
- J'ai du mal à croire à la vie **éternelle**.

eterno
- Tenho dificuldades em acreditar na vida **eterna**.

la **bible** [bibl] *n*
- Il y a une **bible** dans chaque table de nuit de l'hôtel.

a **Bíblia**
- Há uma **Bíblia** em cada criado-mudo do hotel.

➡ **Bible**, quando se trata das Sagradas Escrituras, é escrito com inicial maiúscula.

le **péché** [peʃe] *n*
- Pour moi, l'amour ne peut pas être un **péché**.

o **pecado**
- Para mim o amor não pode ser um **pecado**.

le **paradis** [paʀadi] *n*
- Tahiti, c'est vraiment le **paradis** sur terre.

o **paraíso**
- O Taiti é realmente o **paraíso** na terra.

l'**enfer** [ɑ̃fɛʀ] *n m*
- Si Dieu est bon, pourquoi a-t-il créé l'**enfer** ?

o **inferno**
- Se Deus é bom, por que ele criou o **inferno**?

l'**ange** [ɑ̃ʒ] *n*
- On représente toujours les **anges** avec des ailes.

o **anjo**
- Sempre se representam os **anjos** com asas.

le **diable** [djabl] *n*
- Le **diable** est bien en enfer : qu'il y reste !

o **diabo**
- O **diabo** está bem no inferno: que fique lá!

l'**âme** [ɑm] *n f*
- Qu'est-ce que l'âme devient, après la mort ?

a **alma**
- O que é feito da **alma** após a morte?

superstitieux, superstitieuse [sypɛʀstisjø, sypɛʀstisjøz] *adj*
- Ma mère est **superstitieuse** et ne veut pas qu'on soit treize à table.

supersticioso
- Minha mãe é **supersticiosa** e não quer que fiquemos treze à mesa.

Política

la nationalité [nasjɔnalite] n
- Veuillez indiquer votre nom et votre **nationalité**.

a nacionalidade
- Queira indicar seu nome e **nacionalidade**.

la politique [pɔlitik] n
- Je discute souvent de **politique** avec mes copains.

a política
- Discuto muito de **política** com meus colegas.

politique [pɔlitik] adj
- Je n'ai pas les mêmes opinions **politiques** que mes parents.

política
- Não tenho as mesmas opiniões **políticas** que meus pais.

le parti [paʀti] n
- Malgré une baisse, le **parti** communiste joue encore un rôle important.

o partido
- Apesar de um declínio, o **partido** comunista ainda desempenha um papel importante.

➡ Os partidos políticos franceses mais conhecidos são o socialista PS (Parti Socialiste), o comunista PCF (Parti Communiste Français), o burguês UDF (Union pour la démocratie française), **Les Verts**, e, à extrema direita, o FN (Front National).

le pouvoir [puvwaʀ] n
- Mitterrand est resté quatorze ans au **pouvoir**.

o poder
- Mitterrand ficou catorze anos no **poder**.

puissant, puissante [pɥisâ, pɥisât] adj
- On dit que c'est un personnage **puissant** qui a beaucoup d'influence sur le président.

poderoso
- Dizem que é uma personalidade **poderosa**, que exerce muita influência sobre o presidente.

influencer [ɛ̃flyâse] v
- Je ne veux pas vous **influencer**, mais réfléchissez, tout simplement.

influenciar
- Não quero **influenciar** vocês, mas reflitam, simplesmente.

le gouvernement [guvɛʀnəmâ] n
- Le **gouvernement** français a décidé d'investir un milliard d'euros dans ce projet.

o governo
- O **governo** francês decidiu investir um milhão de euros nesse projeto.

gouverner [guvɛʀne] v
- C'est le Premier ministre ou le Président qui **gouverne** la France ?

governar
- É o primeiro-ministro ou o presidente quem **governa** a França?

Política

l'opposition [ɔpozisjɔ̃] *n f*
- **L'opposition** critique toutes les réformes faites par le parti au pouvoir.

a **oposição**
- A **oposição** critica todas as reformas feitas pelo partido no poder.

le **Premier minister** [pRəmjeministR] *n*
- Le **Premier ministre** est nommé par le Président.

o **primeiro-ministro**
- O **primeiro-ministro** é nomeado pelo presidente.

le **président**, la **présidente** [pRezidɑ̃, pRezidɑ̃t] *n*
- Le **Président** de la République est élu pour cinq ans.

o **presidente**
- O **Presidente** da República é eleito por cinco anos.

le **chancelier**, la **chancelière** [ʃɑ̃səlje, ʃɑ̃səljɛr] *n*
- Le **chancelier** n'est élu que pour quatre ans.

o **chanceler**
- O **chanceler** é eleito por apenas quatro anos.

l'**Assemblée nationale** [asɑ̃blenasjɔnal] *n f*
- Le bâtiment de l'**Assemblée nationale** est au bord de la Seine.

a **Assembleia Nacional**
- O edifício da **Assembleia Nacional** francesa fica às margens do Sena.

➡ A **Assemblé nationale** é o parlamento francês.

le/la **ministre** [ministR] *n m/f*
- De nombreuses femmes ont été **ministres**, mais une seule a été Premier ministre.

o **ministro**, a **ministra**
- Muitas mulheres foram **ministras**, mas uma única foi primeira-ministra.

le **parlement** [paRləmɑ̃] *n*
- Le **parlement** français s'appelle l'Assemblée nationale.

o **parlamento**
- O **parlamento** francês chama-se Assembleia Nacional.

le **député**, la **députée** [depyte] *n*
- L'Assemblée nationale se compose de 577 **députés**.

o **deputado**, a **deputada**
- A Assembleia Nacional é composta de 577 **deputados**.

la **démocratie** [demɔkRasi] *n*
- La dictature est le contraire de la **démocratie**.

a **democracia**
- A ditadura é o contrário da **democracia**.

démocratique [demɔkRatik] *adj*
- Le suffrage universel est un principe **démocratique** fondamental.

democrático
- O sufrágio universal é um princípio **democrático** fundamental.

la dictature [diktatyʀ] n
- Plusieurs anciennes colonies d'Afrique sont des **dictatures**.

a ditadura
- Muitas antigas colônias africanas são **ditaduras**.

opprimer [ɔpʀime] v
- Certains peuples n'ont jamais oublié l'esclavage qui **a opprimé** leurs ancêtres.

oprimir
- Alguns povos jamais esqueceram a escravidão que **oprimiu** seus ancestrais.

l'ambassade [ɑ̃basad] n f
- Tu dois aller chercher ton visa à l'**ambassade**.

a embaixada
- Você deve buscar seu visto na **embaixada**.

le consulat [kɔ̃syla] n
- Le **consulat** peut vous communiquer une liste d'avocats francophones.

o consulado
- O **consulado** pode passar-lhe uma lista de advogados francófonos.

extérieur, extérieure [ɛksteʀjœʀ] adj
- La politique **extérieure** de la France a souvent dérangé les Américains.

exterior
- A política **exterior** da França frequentemente incomodou os americanos.

intérieur, intérieure [ɛ̃teʀjœʀ] adj
- Les Français approuvent la politique **intérieure** du nouveau gouvernement.

interno, interior
- Os franceses aprovam a política **interna** do novo governo.

la république [ʀepyblik] n
- La France est une **république**.

a república
- A França é uma **república**.

➡ Quando os franceses empregam **la République** com inicial maiúscula, geralmente estão se referindo à França.

le peuple [pœpl] n
- En démocratie, c'est le **peuple** qui gouverne.

o povo
- Na democracia, é o **povo** que governa.

la majorité [maʒɔʀite] n
- Aucun parti n'a, seul, la **majorité**.

a maioria
- Nenhum partido tem, sozinho, a **maioria**.

la minorité [minɔʀite] n
- La **minorité** au parlement forme l'opposition.

a minoria
- A **minoria** do parlamento forma a oposição.

l'**élection** [elɛksjɔ̃] *n f*
- Les candidats à l'élection doivent avoir au moins 23 ans.

a **eleição**
- Os candidatos à **eleição** devem ter no mínimo 23 anos.

voter pour [vɔtepuʀ] *loc*
- Je **vote pour** les écologistes.

votar em
- Eu **voto nos** ecologistas.

la **voix** [vwa] *n*
- Lors d'une élection, chaque **voix** compte.

o **voto**
- Em uma eleição, cada **voto** conta.

manifester [manifɛste] *v*
- Les lycéens **ont manifesté** dans la rue.

manifestar(-se)
- Os secundaristas **se manifestaram** nas ruas.

le **capitalisme** [kapitalism] *n*
- Il y a plusieurs théories sur l'origine du **capitalisme**.

o **capitalismo**
- Existem muitas teorias sobre a origem do **capitalismo**.

le **communisme** [kɔmynism] *n*
- Pour beaucoup, le **communisme** reste un projet qui n'a jamais été réalisé.

o **comunismo**
- Para muitos, o **comunismo** continua a ser um projeto que jamais foi realizado.

le **socialisme** [sɔsjalism] *n*
- Que penses-tu du **socialisme** ?

o **socialismo**
- O que você acha do **socialismo**?

l'**idéologie** [ideɔlɔʒik] *n f*
- La politique peut-elle exister sans **idéologie** ?

a **ideologia**
- A política pode existir sem **ideologia**?

l'**indépendance** [ɛ̃depɑ̃dɑ̃s] *n f*
- L'Algérie a obtenu l'**indépendance** en 1962.

a **independência**
- A Argélia obteve a **independência** em 1962.

indépendant, indépendante [ɛ̃depɑ̃dɑ̃, ɛ̃depɑ̃dɑ̃t] *adj*
- Les colonies françaises sont devenues **indépendantes** relativement tard.

independente
- As colônias francesas se tornaram **independentes** relativamente tarde.

l'**union** [ynjɔ̃] *n f*
- Les États-Unis sont le résultat de l'**union** de différents états.

a **união**
- Os Estados Unidos são o resultado da **união** de diferentes Estados.

s'unir [syniʀ] v
- Il faut **s'unir** contre le racisme.

unir-se
- É preciso **unir-se** contra o racismo.

la négociation [negɔsjasjɔ̃] n
- Ils ont enfin conclu un accord après des mois de **négociations**.

a negociação
- Eles enfim concluíram um acordo após meses de **negociações**.

diplomatique [diplɔmatik] adj
- Il y a longtemps que les relations **diplomatiques** entre nos deux pays sont tendues.

diplomático
- Há muito que as relações **diplomáticas** entre nossos dois países estão tensas.

l'accord [akɔʀ] n m
- Ils ont signé un **accord** de coopération pour cinq ans.

o acordo
- Eles assinaram um **acordo** de cooperação de cinco anos.

la crise [kʀiz] n
- On dit que le monde est en **crise**, mais tout ne va pas si mal.

a crise
- Diz-se que o mundo está em **crise**, mas as coisas não estão assim tão mal.

les Nations Unies [nasjɔ̃zynil] n f pl
- De Gaulle avait beaucoup de mépris pour les **Nations Unies**.

as Nações Unidas
- De Gaulle nutria muito desprezo pelas **Nações Unidas**.

l'UE, l'Union européenne [yə, ynjɔ̃øʀɔpeɛn] n f
- Avec ses 27 pays, l'**UE** compte plus de 501 millions d'habitants.

a União Europeia, a UE
- Com seus 27 países, a **UE** conta com mais de 501 milhões de habitantes.

le tiers-monde [tjɛʀmɔ̃d] n
- De nombreuses associations apportent leur aide au **tiers-monde**.

o Terceiro Mundo
- Numerosas associações levam ajuda ao **Terceiro Mundo**.

Defesa e segurança

la sécurité [sekyʀite] n ■ Les otages sont maintenant en sécurité.	a segurança ■ Agora os reféns estão em **segurança**.
sûr, sûre [syʀ] adj ■ Le quartier de la gare n'est pas très **sûr** la nuit.	seguro ■ O bairro da estação não é muito **seguro** à noite.
le drapeau [dʀapo] n; pl drapeaux ■ Le **drapeau** de la France est bleu, blanc, rouge.	a bandeira ■ A **bandeira** da França é azul, branca e vermelha.
la patrie [patʀi] n ■ Ma **patrie**, c'est la France.	a pátria ■ Minha **pátria** é a França.
la frontière [fʀɔ̃tjɛʀ] n ■ On ne traverse plus vraiment de **frontière** entre la France et l'Allemagne.	a fronteira ■ Não se atravessa realmente a **fronteira** entre a França e a Alemanha.
la guerre [gɛʀ] n ■ Le 11 novembre et le 8 mai on fête la fin des deux dernières **guerres**.	a guerra ■ Em 11 de novembro e em 8 de maio se celebra o fim das duas últimas **guerras**.
la paix [pɛ] n ■ Les hommes ne demandent qu'à vivre en **paix**.	a paz ■ Os homens querem apenas viver em **paz**.
tirer [tiʀe] v ■ Les policiers disent qu'ils **ont tiré** dans l'air pour faire peur.	atirar ■ Os policiais dizem que **atiraram** no ar para causar medo.
pacifique [pasifik] adj ■ Ils ont organisé une manifestation **pacifique**.	pacífico ■ Eles organizaram uma manifestação **pacífica**.
l'adversaire [advɛʀsɛʀ] n m/f ■ La France et l'Angleterre ont souvent été **adversaires**.	o adversário ■ A França e a Inglaterra muitas vezes foram **adversárias**.
l'armée [aʀme] n f ■ L'**armée** se compose maintenant de professionnels.	o exército ■ Hoje o **exército** se compõe de profissionais.

civil, civile [sivil] *adj*
- Lors des dernières inondations, les autorités **civiles** ont tout de suite pris des mesures d'urgence.

civil
- Por ocasião das últimas inundações, as autoridades **civis** logo tomaram medidas de urgência.

la **marine** [maʀin] *n*
- J'ai fait mon service militaire dans la **marine**.

a **marinha**
- Fiz meu serviço militar na **marinha**.

l'**armée de l'air** [aʀmedlɛʀ] *n f*
- Pour devenir pilote il s'est engagé très jeune dans l'**armée de l'air**.

a **aeronáutica**
- Para se tornar piloto, ele se alistou muito jovem na **aeronáutica**.

le **combat** [kõba] *n*
- Les **combats** sur les plages de Normandie ont été terribles.

o **combate**
- Os **combates** nas praias da Normandia foram terríveis.

combattre [kõbatʀ] *v*
▶ **v irr** p. 407 battre
- L'armée française a perdu la guerre presque sans **combattre**.

combater
- O exército francês perdeu a guerra quase sem **combater**.

le **conflit** [kõfli] *n*
- Le traité de Versailles a mis fin au **conflit** de 1914-1918.

o **conflito**
- O tratado de Versalhes pôs fim ao **conflito** de 1914-1918.

le **terrorisme** [tɛʀɔʀism] *n*
- Les victimes du **terrorisme** ont fondé une association.
➡ racisme p. 333

o **terrorismo**
- As vítimas do **terrorismo** fundaram uma associação.

l'**arme** [aʀm] *n f*
- La France possède des **armes** nucléaires.

a **arma**
- A França possui **armas** nucleares.

armé, armée [aʀme] *adj*
- Ils étaient **armés** jusqu'aux dents.

armado
- Estavam **armados** até os dentes.

la **défense** [defãs] *n*
- La meilleure **défense**, c'est l'attaque.

a **defesa**
- A melhor **defesa** é o ataque.

défendre [defãdʀ] *v*
▶ **v irr** p. 412 rendre
- Il n'y avait plus que des femmes et des enfants pour **défendre** la ville.

defender
- Havia apenas mulheres e crianças para **defender** a cidade.

Defesa e segurança

l'attaque [atak] n f
- Malgré les **attaques** répétées, Verdun a tenu.

o ataque
- Apesar dos repetidos **ataques**, Verdun resistiu.

occuper [ɔkype] v
- L'armée ennemie **occupe** le pays depuis quelques semaines.

ocupar
- O exército inimigo **ocupa** o país há algumas semanas.

libérer [libeʀe] v
- Après la fin de la guerre, les prisonniers **ont été libérés** par les Américains.

libertar
- Após o fim da guerra, os prisioneiros **foram libertados** pelos americanos.

la **troupe** [tʀup] n
- Le moral de la **troupe** est très bon.

a **tropa**
- O moral da **tropa** está muito bom.

garder [gaʀde] v
- Les soldats avaient l'ordre de **garder** le château.

vigiar
- Os soldados tinham ordem de **vigiar** o castelo.

l'**uniforme** [ynifɔʀm] n m
- Il s'est marié en **uniforme**.

o **uniforme**
- Ele se casou de **uniforme**.

le **héros**, l'**héroïne** [ˈeʀo, ˈeʀɔin] n
- Je ne suis pas un **héros** et j'espère ne jamais faire la guerre.
- Je ne suis pas une **héroïne** et j'espère ne jamais faire la guerre.

o **herói**, a **heroína**
- Não sou um **herói** e espero jamais ter de ir para a guerra.
- Não sou uma **heroína** e espero jamais ter de ir para a guerra.

l'**honneur** [ɔnœʀ] n m
- C'est un **honneur** pour moi de me battre à tes côtés.

a **honra**
- É uma **honra** para mim combater ao seu lado.

trahir [tʀaiʀ] v
- On a reproché à Louis XVI d'**avoir trahi** la France.

trair
- Censura-se a Luís XVI por **ter traído** a França.

s'enfuir [ɑ̃fɥiʀ] v
▶ v irr p. 410 fuir
- Le terroriste a caché sa bombe et **s'est enfui**.

fugir

- O terrorista escondeu a bomba e **fugiu**.

le **réfugié**, la **réfugiée** [ʀefyʒje] n
- De nombreux **réfugiés** politiques vivent en France.

o **refugiado**
- Numerosos **refugiados** políticos vivem na França.

la **torture** [tɔʀtyʀ] *n*
- Il a dénoncé ses compagnons sous la **torture**.

a **tortura**
- Ele denunciou os companheiros sob **tortura**.

le **désarmement** [dezaʀməmɑ̃] *n*
- La campagne française pour le **désarmement** nucléaire est soutenue par de nombreuses organisations.

o **desarmamento**
- A campanha francesa pelo **desarmamento** nuclear é amparada por numerosas organizações.

Instituições públicas e administração

le **pays** [pei] *n*
- La France est un des **pays** les plus développés du monde.

o **país**
- A França é um dos **países** mais desenvolvidos do mundo.

la **nation** [nasjɔ̃] *n*
- Au total, vingt **nations** ont participé au sommet.

a **nação**
- No total, vinte **nações** participaram da cúpula.

national, nationale [nasjɔnal] *adj*; *pl* **nationaux**
- La violence n'est pas un problème **national**, mais international.
- La fête **nationale** française est le 14 juillet.

nacional

- A violência não é um problema **nacional**, mas internacional.
- A festa **nacional** francesa é o 14 de julho.

international, internationale [ɛ̃tɛʀnasjɔnal] *adj*; *pl* **internationaux**
- L'ONU est une organisation **internationale**.

internacional

- A ONU é uma organização **internacional**.

l'**Etat** [eta] *n m*
- «L'**Etat**, c'est moi», disait Louis XIV.

o **Estado**
- "O **Estado** sou eu", dizia Luís XIV.

➡ **Etat** (escrito com inicial maiúscula) significa **Estado**, no sentido político; état (escrito com inicial minúscula), **estado**, no sentido de condição.

de l'Etat [dəleta] *loc*
- Le programme de réforme de l'**Etat** commence à porter ses fruits.

do **Estado**
- O programa de reforma do **Estado** começa a colher seus frutos.

Instituições públicas e administração

l'habitant, l'habitante [abitɑ̃, abitɑ̃t] *n*
- Paris compte neuf millions d'**habitants** avec la banlieue.

o **habitante**
- Paris conta nove milhões de **habitantes** nos subúrbios.

l'administration [administʀasjɔ̃] *n f*
- Qui est responsable de l'**administration** des départements ?

a **administração**
- Quem é o responsável pela **administração** dos departamentos?

officiel, officielle [ɔfisjɛl] *adj*
- J'attends le papier **officiel**, mais on m'a promis le poste.

oficial
- Estou esperando o documento **oficial**, mas me prometeram o cargo.

le formulaire [fɔʀmylɛʀ] *n*
- Remplissez, s'il vous plaît, ce **formulaire** et signez-le en bas.

o **formulário**
- Preencha, por favor, este **formulário** e assine embaixo.

signer [siɲe] *v*
- N'oubliez pas de **signer** en bas à droite.

assinar
- Não se esqueça de **assinar** embaixo, à direita.

remplir [ʀɑ̃pliʀ] *v*
- Ne **remplissez** pas cette section ; c'est la caissière qui le fait.

preencher
- Não **preencha** essa seção; é a caixa quem o faz.

la signature [siɲatyʀ] *n*
- Ta **signature** est facile à imiter.

a **assinatura**
- Sua **assinatura** é fácil de imitar.

la capitale [kapital] *n*
- Tu connais la **capitale** de Madagascar ?

a **capital**
- Você conhece a **capital** de Madagascar?

➡ Paris frequentemente é chamada de **la capitale**.

le département [depaʀtəmɑ̃] *n*
- Combien de **départements** y a-t-il en France ?

o **departamento**
- Quantos **departamentos** tem a França?

la région [ʀeʒjɔ̃] *n*
- En France, il y a 22 **régions**.

a **região**
- Na França há 22 **regiões**.

la commune [kɔmyn] *n*
- Une **commune** du nord de la France s'appelle «Y».

a **comuna**
- Uma **comuna** do norte da França chama-se "Y".

la **municipalité** [mynisipalite] *n* ■ Il a fait sa demande auprès de la **municipalité**.	a **municipalidade** ■ Ele fez sua demanda junto à **municipalidade**.
le **maire** [mɛʀ] *n* ■ Le **maire** est élu par le conseil municipal.	o **prefeito** ■ O **prefeito** é eleito pelo conselho municipal.

➡ A prefeita é referida como **Madame le maire**. Há também o termo **la mairesse**, raramente empregado.

le **siège** [sjɛʒ] *n* ■ Actuellement, il y a 322 **sièges** au Sénat français.	a **cadeira** ■ Atualmente há 322 **cadeiras** no senado francês.
le **citoyen**, la **citoyenne** [sitwajɛ̃, sitwajɛn] *n* ■ Le refrain de la Marseillaise commence par : «Aux armes, **citoyens** !»	o **cidadão** ■ O refrão da Marselhesa começa com: "Às armas, **cidadãos**!".

Lei e jurisprudência

le **droit** [dʀwa] *n* ■ Le travail devrait être un **droit**.	o **direito** ■ O trabalho deveria ser um **direito**.
la **loi** [lwa] *n* ■ La **loi** interdit la publicité pour le tabac.	a **lei** ■ A **lei** proíbe a publicidade sobre o tabaco.
légal, **légale** [legal] *adj*; *pl* **légaux** ■ Ce n'est pas **légal** de vendre de l'alcool à un mineur.	**legal** ■ Não é **legal** vender álcool a um menor.
illégal, **illégale** [ilegal] *adj*; *pl* **illégaux** ■ Il est **illégal** de passer la cassette vidéo d'un film en public.	**ilegal** ■ É **ilegal** passar o videocassete de um filme em público.
le **tribunal** [tʀibynal] *n*; *pl* **tribunaux** ■ On peut aller devant le **tribunal** pour un excès de vitesse.	o **tribunal** ■ Pode-se parar diante de um **tribunal** por excesso de velocidade.

Lei e jurisprudência **349**

---

le **procès** [pʀɔsɛ] *n*
- En France, on ne peut pas filmer un **procès**.

o **julgamento**
- Na França, não se pode filmar um **julgamento**.

---

l'**accusé**, l'**accusée** [akyze] *n*
- L'**accusée** n'a pas voulu prendre d'avocat.

o **acusado**
- O **acusado** não quis ter um advogado.

---

accuser [akyze] *v*
- Personne ne peut **être accusé** sans preuve.

acusar
- Ninguém pode **ser acusado** sem prova.

---

le **témoin** [temwɛ̃] *n*
- Une femme a été **témoin** de l'accident.

a **testemunha**
- Uma mulher foi **testemunha** do acidente.

---

la **victime** [viktim] *n*
- La femme de la **victime** a avoué le meurtre.

a **vítima**
- A mulher da **vítima** confessou o assassinato.

---

la **justice** [ʒystis] *n*
- Les syndicats demandent plus de **justice** sociale.
- Je suis très préoccupée par la façon dont la **justice** française a traité cette affaire.

a **justiça**, a **Justiça**
- Os sindicatos demandam mais **justiça** social.
- Estou muito preocupado pelo modo como a **justiça** francesa tratou essa questão.

---

juste [ʒyst] *adj*
- Mes parents sont sévères, mais ils ont toujours été **justes** avec moi.

justo
- Meus pais são severos, mas sempre foram **justos** comigo.

---

injuste [ɛ̃ʒyst] *adj*
- La punition était **injuste**, il n'avait rien fait.

injusto
- A punição foi **injusta**, ele não tinha feito nada.

---

la **tort** [tɔʀ] *n*
- C'est l'autre automobiliste qui a tous les **torts**.

a **culpa**
- É o outro motorista quem tem toda a **culpa**.

---

innocent, innocente [inɔsɑ̃] *adj*
- Le tribunal a déclaré l'accusée **innocente**.

inocente
- O tribunal declarou a acusada **inocente**.

---

coupable [kupabl] *adj*
- Il est peut-être **coupable**, mais il n'a jamais avoué.

culpado
- Talvez ele seja **culpado**, mas jamais confessou.

la **liberté** [libɛʀte] *n* ▪ La lutte pour la **liberté** est universelle.	a **liberdade** ▪ A luta pela **liberdade** é universal.
libre [libʀ] *adj* ▪ Il est sorti de prison hier. C'est un homme **libre** maintenant.	**livre** ▪ Ele saiu da prisão ontem. É um homem **livre** agora.
la **peine** [pɛn] *n* ▪ La **peine** est plus lourde que je ne pensais.	a **pena** ▪ A **pena** é mais pesada do que eu pensava.
le **criminel**, la **criminelle** [kʀiminɛl] *n* ▪ À mon avis, c'est un vrai **criminel** !	o **criminoso** ▪ A meu ver, é um verdadeiro **criminoso**!
le **crime** [kʀim] *n* ▪ Personne n'a compris pourquoi il a commis ce **crime** affreux.	o **crime** ▪ Ninguém entendeu por que ele cometeu esse **crime** horroroso.
le **cambrioleur**, la **cambrioleuse** [kâbʀijɔlœʀ, kâbʀijɔløz] *n* ▪ Attention aux **cambrioleurs** pendant les vacances !	o **assaltante**, a **assaltante** ▪ Cuidado com os **assaltantes** durante as férias!
le **vol** [vɔl] *n* ▪ Ce n'est pas la première fois qu'il est accusé de **vol**.	o **roubo** ▪ Não é primeira vez que ele é acusado de **roubo**.
voler [vɔle] *v* ▪ On m'**a volé** mon portefeuille dans le métro.	**roubar** ▪ **Roubaram** minha carteira no metrô.
le **meurtre** [mœʀtʀ] *n* ▪ Ce n'étais pas un accident ; c'était un **meurtre**.	o **assassinato** ▪ Não foi um acidente; foi um **assassinato**.
tuer [tɥe] *v* ▪ Les terroristes ont menacé de **tuer** un otage toutes les heures.	**matar** ▪ Os terroristas ameaçaram **matar** um refém a cada hora.
assassiner [asasine] *v* ▪ Marat **a été assassiné** dans sa baignoire.	**assassinar**, **matar** ▪ Marat **foi assassinado** em sua banheira.

Lei e jurisprudência

la Constitution [kɔ̃stitysjɔ̃] *n*
- La première **Constitution** française date de 1791.

a **Constituição**
- A primeira **Constituição** francesa data de 1791.

le jugement [ʒyʒmɑ̃] *n*
- Pour les victimes, le **jugement** n'est jamais trop sévère.

o **julgamento**
- Para as vítimas, o **julgamento** nunca é severo demais.

jurer [ʒyʀe] *v*
- Je vous **jure** que j'ai dit la vérité.

jurar
- Eu **juro** que disse a verdade.

les droits de l'homme [dʀwadlɔm] *n m pl*
- Amnesty combat pour le respect des **droits de l'homme**.

os **direitos do homem**
- A anistia combate pelo respeito aos **direitos do homem**.

avouer [avwe] *v*
- L'accusée **a avoué**.

confessar
- O acusado **confessou**.

la preuve [pʀœv] *n*
- Il a été arrêté, mais la police n'a aucune **preuve** contre lui.

a **prova**
- Ele foi preso, mas a polícia não tem nenhuma **prova** contra ele.

prouver [pʀuve] *v*
- Il est revenu pour **prouver** son innocence.

provar
- Ele voltou para **provar** sua inocência.

punir [pyniʀ] *v*
- Les violences sur des enfants ne **sont** pas assez **punies**.

punir
- As violências contra crianças não **são** suficientemente **punidas**.

acquitter [akite] *v*
- L'accusé **a été acquitté** et tout de suite remis en liberté.

absolver
- O acusado **foi absolvido** e na sequência posto em liberdade.

l'arrestation [aʀɛstasjɔ̃] *n f*
- Il a été conduit en prison dès son **arrestation**.

a **detenção**
- Ele foi levado à prisão após sua **detenção**.

arrêter [aʀete] *v*
- Plusieurs manifestants **ont été arrêtés**.

deter, prender
- Muitos manifestantes **foram detidos**.

la prison [pʀizɔ̃] *n*
- Ces dernières années, plusieurs hommes politiques ont fait de la **prison**.

a **cadeia**, a **prisão**
- Nos últimos anos, muitos políticos foram para a **cadeia**.

contrôler [kõtʀole] v
- En prison, on **contrôle** régulièrement les cellules.

controlar
- Na prisão, **controlam-se** regularmente as celas.

la **criminalité** [kʀiminalite] n
- La **criminalité** a diminué dans les quartiers où la police a été renforcée.

a **criminalidade**
- A **criminalidade** diminuiu nos bairros em que o policiamento foi reforçado.

menacer [mənase] v
- Le cambrioleur nous **a menacés** avec son couteau.

ameaçar
- O assaltante nos **ameaçou** com sua faca.

la **violence** [vjɔlɑ̃s] n
- La **violence** dans les banlieues est un grave problème.

a **violência**
- A **violência** nos subúrbios é um grave problema.

violent, violente [vjɔlɑ̃, vjɔlɑ̃t] adj
- Certains jeunes deviennent **violents** parce qu'ils sont désespérés.

violento
- Alguns jovens se tornam **violentos** porque estão desesperados.

violer [vjɔle] v
- L'autopsie a révélé que la femme assassinée **avait** d'abord **été violée**.

violentar, estuprar
- A autópsia revelou que a mulher assassinada antes **havia sido estuprada**.

kidnapper [kidnape] v
- Hier soir, quatre hommes **ont kidnappé** le fils d'un avocat très connu.

sequestrar
- Ontem à noite, quatro homens **sequestraram** o filho de um advogado muito conhecido.

tromper [tʀõpe] v
- Les électeurs ont souvent l'impression qu'on les **trompe** avec de fausses promesses.

enganar
- Os eleitores muitas vezes têm a impressão de que os **enganam** com falsas promessas.

Tempo

Decurso do ano

l'année [ane] *n f*	o **ano**

➡ **Anné**é e **an** são frequentemente intercambiáveis. Mas diz-se apenas **année** quando se tem em mente o ano como um todo: **dans les années 90 – nos anos noventa**. **An** é usado em indicações de tempo, nas quais o ano é considerado unidade: **Il a 20 ans. – Ele tem 20 anos.**

l'an [ã] *n m*	o **ano**
la saison [sɛzõ] *n*	a **estação**
le printemps [pʀẽtã] *n*	a **primavera**
l'été [ete] *n m*	o **verão**

➡ Ao se referir a épocas do ano, à exceção da primavera, emprega-se a preposição **en**.

l'automne [otɔn] *n m* ■ ➡ été p. 353	o **outono**
l'hiver [ivɛʀ] *n m* ■ ➡ été p. 353	o **inverno**
le mois [mwa] *n*	o **mês**
la semaine [s(ə)mɛn] *n*	a **semana**
le jour ouvrable [ʒuʀuvʀabl] *n*	o **dia útil**
le jour férié [ʒuʀferje] *n*	o **feriado**
le week-end [wikɛnd] *n*	o **fim de semana**
hebdomadaire [ɛbdɔmadɛʀ] *adj*	**semanal**

➡ Na linguagem corrente se diz, abreviadamente, **hebdo**.

les quinze jours [kɛ̃zʒuʀ] *n m pl*	**quinzena**
mensuel, mensuelle [mãsɥɛl] *adj*	**mensal**
annuel, annuelle [anɥɛl] *adj*	**anual**

Meses do ano

janvier [ʒɑ̃vje] n	janeiro

➡ Meses do ano são empregados sem artigo, por exemplo, **en janvier** – **em janeiro**. Apenas em indicações de data se insere o artigo, por exemplo, **Paris, le 11 septembre 2012**.

février [fevʀije] n	fevereiro
mars [maʀs] n	março
avril [avʀil] n	abril
mai [mɛ] n	maio
juin [ʒwɛ̃] n	junho
juillet [ʒɥijɛ] n	julho
août [u(t)] n m	agosto
septembre [sɛptɑ̃bʀ] n	setembro
octobre [ɔktɔbʀ] n m	outubro
novembre [nɔvɑ̃bʀ] n	novembro
décembre [desɑ̃bʀ] n	dezembro

Dias da semana

le lundi [lœ̃di] n	a **segunda-feira**

➡ Quando o artigo **le** é inserido antes de **lundi**, isto significa às segundas-feiras. Isso vale também para os demais dias da semana.

le mardi [maʀdi] n	a **terça-feira**
le mercredi [mɛʀkʀədi] n	a **quarta-feira**
le jeudi [ʒødi] n	a **quinta-feira**
le vendredi [vɑ̃dʀədi] n	a **sexta-feira**
le samedi [samdi] n	o **sábado**
le dimanche [dimɑ̃ʃ] n	o **domingo**

Períodos do dia

le **jour** [ʒuʀ] *n* ■ J'ai huit **jours** de congé à Pâques.	o **dia** ■ Tive oito **dias** de férias na Páscoa.
la **journée** [ʒuʀne] *n* ■ Qu'est que tu fais de tes **journées** quand il pleut ?	o **dia** ■ O que você faz em seus **dias** quando chove?

➡ Na palavra **journée** ressalta-se o transcurso do dia.

quotidien, quotidienne [kɔtidjɛ̃, kɔtidjɛn] *adj* ■ Il faut absolument éviter le stress **quotidien**.	**cotidiano** ■ É preciso evitar absolutamente o estresse **cotidiano**.
le **matin** [matɛ̃] *n* ■ C'est un très beau **matin** comme je les aime.	a **manhã** ■ Está uma **manhã** muito bela, como eu tanto amo.
la **matinée** [matine] *n* ■ J'ai lu toute la **matinée**.	a **tarde** ■ Li durante toda a **tarde**.

➡ **Matinée** caracteriza o período da tarde em toda a sua extensão.

le **matin** [matɛ̃] *adv* ■ En France, il y a cours **le matin** et l'après-midi.	a **manhã** ■ Na França, há aulas pela **manhã** e à tarde.
midi [midi] *n* ■ Il est **midi** juste.	**meio-dia** ■ É **meio-dia** em ponto.
l'**après-midi** [apʀɛmidi] *n m*; *pl inv* ■ Cet **après-midi**, j'irais bien au cinéma.	a **tarde** ■ Hoje à **tarde** vou ao cinema.
le **soir** [swaʀ] *n* ■ Alors, à ce **soir** !	a **noite** ■ Então, até hoje à **noite**!
la **soirée** [swaʀe] *n* ■ J'ai passé une **soirée** très agréable.	a **noite** ■ Tive uma **noite** muito agradável.

➡ **Soirée** designa a noite em toda a sua extensão.

le soir [ləswaʀ] adv
- **Le soir**, après le travail, les trains sont pleins.

à noite
- **À noite**, após o trabalho, os trens ficam cheios.

la nuit [nɥi] n
- La **nuit** dernière, j'ai très mal dormi.

a noite
- **Noite** passada dormi muito mal.

minuit [minɥi] n
- Il est **minuit** ! Bonne année à tous !

meia-noite
- É **meia-noite**! Feliz ano-novo a todos!

Horas do dia

l'heure [œʀ] n f
- Une pièce de Claudel peut durer jusqu'à dix **heures**.

a hora
- Uma peça de Claudel pode durar até dez **horas**.

à quelle heure [akvɛlœʀ] loc
- **À quelle heure** est le prochain train pour Nantes ?

a que horas
- **A que horas** sai o próximo trem para Nantes?

la demi-heure [d(ə)mijœʀ] n
- Nous avons encore une **demi-heure**. On va boire un verre ?

a meia-hora
- Temos ainda uma **meia hora**. Vamos beber alguma coisa?

demi, demie [d(ə)mi] adj
- Pour le petits, l'école commence à huit heures et **demie**.

meia
- Para os menores, a escola começa às oito e **meia**.

le quart [kaʀ] n
- Le cours de maths est à onze heures et **quart**.

quinze minutos
- A aula de matemática é às onze horas e **quinze** minutos.

le quart d'heure [kaʀdœʀ] n
- Attends-mois là ! J'en ai pour un petit **quart d'heure**.

quinze minutos
- Espere-me aqui! Preciso de apenas **quinze minutos**.

la minute [minyt] n
- Nous habitons à cinq **minutes** du centre.

o minuto
- Moramos a cinco **minutos** do centro.

la seconde [s(ə)gõd] n
- Une **seconde** ! Tu es si pressé ?

o segundo
- Um **segundo**! Você está com tanta pressa?

moins [mwɛ̃] adv ■ Ton train est à quatre heures **moins** cinq.	para as ■ O seu trem sai às cinco **para as** quatro.

➡ A preposição **e**, que se tem em português, não é mencionada em francês: Il est cinq heures dix – **São cinco horas e dez.**

à [a] prep ■ En général, les spectacles commencent seulement à 20 h 30.	às ■ De modo geral, os espetáculos começam somente **às** 20h30.

Outros conceitos de tempo

Atualidade, passado e futuro

le temps [tɑ̃] n ■ Les gens disent sans arrêt qu'ils n'ont pas le **temps** !	o tempo ■ As pessoas dizem sem parar que não têm **tempo**.
quand [kɑ̃] adv ■ **Quand** est-ce que tu arrives ?	quando ■ **Quando** você chega?
quand [kɑ̃] conj ■ **Quand** je reçois une lettre de toi, c'est toujours une joie. ■ **Quand** je l'ai vue hier, je ne l'ai pas reconnue.	quando ■ **Quando** recebo uma carta sua, é sempre uma alegria. ■ **Quando** a vi ontem, não a reconheci.
en [ɑ̃] prep ■ La Savoie est devenue française seulement **en** 1860.	em ■ A Saboia se tornou francesa somente **em** 1860.
dans [dɑ̃] prep ■ **Dans** quinze jours, on sera en vacances!	em ■ **Em** quinze dias estaremos de férias!

➡ **Dans** é empregado sempre para se referir a um instante temporal no futuro.

pendant [pɑ̃dɑ̃] prep ■ **Pendant** la grève de bus, nous avons dû marcher des kilomètres.	durante ■ **Durante** a greve de ônibus, tivemos de caminhar quilômetros.
la date [dat] n ■ D'après la **date** sur l'enveloppe, la lettre a été postée hier.	a data ■ Segundo a **data** do envelope, a carta foi postada ontem.

maintenant [mɛ̃t(ə)nɑ̃] *adj*
- C'est **maintenant** qu'il faut faire quelque chose ; après, ce sera trop tard.

agora
- É **agora** que é preciso fazer alguma coisa; depois será tarde demais.

le **présent** [pʀezɑ̃] *n*
- Il faut vivre dans le **présent**.

o **presente**
- É preciso viver no **presente**.

actuel, actuelle [aktɥɛl] *adj*
- La capital **actuelle** est Berlin.
- La mode **actuelle** n'est pas faite pour le gros ventres.

atual
- A capital **atual** é Berlim.
- A moda **atual** não é feita para quem tem barriga.

aujourd'hui [oʒuʀdɥi] *adj*
- Si je commence ce travail **aujourd'hui**, je peux avoir fini demain soir.

hoje
- Se eu começar a trabalhar **hoje**, vou poder terminar amanhã à noite.

dernier, dernière [dɛʀnje, dɛʀnjɛʀ] *adj*
- Les **derniers** modèles de téléphone portable sont tout petits.

último
- Os **últimos** modelos de telefone móvel são bem pequenos.

le **moment** [mɔmɑ̃] *n*
- Il va falloir choisir le bon **moment**.

o **momento**
- Teremos de escolher o **momento** certo.

l'**instant** [ɛ̃stɑ̃] *n m*
- J'en ai juste pour un **instant**.

o **instante**
- Preciso apenas de um **instante**.

le **passé** [pɑse] *n*
- L'accusé avait un **passé** difficile.

o **passado**
- O acusado tinha um **passado** difícil.

ancien, ancienne [ɑ̃sjɛ̃, ɑ̃sjɛn] *adj*
- L'**ancien** ministre est décédé hier à l'âge de 86 ans.

antigo
- O **antigo** ministro morreu ontem, com a idade de 86 anos.

hier [jɛʀ] *adv*
- Tu as déjà oublié ta promesse d'**hier** soir ?

ontem
- Você esqueceu sua promessa de **ontem** à noite?

il y a [ilja] *prep*
- Je suis déjà venu en France **il y a** trois ans.

faz, há
- Estou na França **há** três anos.

l'**avenir** [av(ə)niʀ] *n m*
- À l'**avenir**, je ferai plus attention.

o **futuro**
- No **futuro**, prestarei mais atenção.

demain [d(ə)mɛ̃] adv ■ On verra **demain** matin, car ce soir je suis fatiguée.	amanhã ■ Falamos sobre isto **amanhã** de manhã, pois esta noite estou cansado.
de temps en temps [dətãzɑ̃tɑ̃] adv ■ Je regarde de **temps en temps** la télé, mais pas très souvent.	de tempos em tempos ■ **De tempos em tempos**, assisto à televisão, mas não com muita frequência.
actuellement [aktyɛlmɑ̃] adv ■ **Actuellement**, ma sœur ne travaille pas.	atualmente ■ **Atualmente**, minha irmã não trabalha.
tant que [tãkə] conj ■ **Tant que** c'est de la musique, la radio ne me dérange pas.	enquanto ■ **Enquanto** estiver tocando música, o rádio não me atrapalha.
récemment [ʀesamɑ̃] adv ■ J'en ai **récemment** parlé avec elle.	recentemente ■ **Recentemente** eu falei com ela.
autrefois [otʀəfwa] adv ■ **Autrefois**, les familles avaient beaucoup plus d'enfants.	outrora, antes, antigamente ■ **Antigamente**, as famílias tinham muito mais filhos.
entre-temps [ɑ̃tʀətɑ̃] adv ■ **Entre-temps**, je vais prendre un bain.	enquanto isso ■ **Enquanto isso**, vou tomar banho.

Duração e frequência

jusque [ʒysk(ə)] prep ■ Les lycéens français ont souvent cours **jusqu'**à 18 heures.	até ■ Os estudantes do Ensino Médio franceses frequentemente têm aula **até** às 18 horas.
depuis [dəpɥi] prep ■ Tu dois me trouver changé **depuis** la dernière fois !	desde ■ Você me achará mudado **desde** a última vez.
de ... à [də...a] prep ■ **De** 1 heure **à** 5 heures, les métros ne circulent pas.	de ... à ■ **Da** 1 **às** 5 horas, o metrô não circula.

Duração e frequência

à partir de [apaʀtiʀdə] *prep*
- À partir de 11 heures du soir, je ne suis plus là pour personne.

a partir de
- A partir das 11 horas da noite, não estou mais para ninguém.

encore [âkɔʀ] *adv*
- Un siécle après, on parle **encore** de l'affaire Dreyfus.

ainda
- Um século depois, **ainda** se fala no caso Dreyfus.

long, longue [lõ, lõg] *adj*
- Après des vacances aussi **longues**, ça doit être dur de retravailler !

longo
- Após férias tão **longas**, deve ser duro trabalhar!

longtemps [lõtâ] *adv*
- Ça fait **longtemps** que je ne fume plus !

muito tempo
- Faz **muito tempo** que não fumo mais!

dès que [dɛkə] *conj*
- **Dès que** je serai rentré, je te passe un coup de fil.

quando, tão logo
- **Quando** eu chegar, ligo para você.

déjà [deʒa] *adv*
- Tu as **déjà** visite une grotte ?

já
- Você **já** visitou uma caverna?

ne ... pas encore [nə... pazâkɔʀ] *adv*
- Je n'ai **pas encore** vu cet acteur.

nunca, ainda não
- **Nunca** vi esse ator.

durer [dyʀe] *v*
- Un match de rugby ne **dure** que 80 minutes.

durar
- Um jogo de rúgbi não **dura** mais do que 80 minutos.

bref, brève [bʀɛf, bʀɛv] *adj*
- Pour un **bref** instant, j'ai eu peur de tomber.

breve
- Por um **breve** instante, tive medo de cair.

souvent [suvâ] *adv*
- Je pense **souvent** à toi et tu me manques.

frequentemente, muitas vezes
- Penso **frequentemente** em você e sinto a sua falta.

parfois [paʀfwa] *adv*
- Je fais encore **parfois** de fautes, mais je m'améliore.

às vezes, por vezes
- **Às vezes** ainda cometo falhas, mas estou melhorando.

rarement [ʀaʀmâ] *adv*
- Les gens du Midi sont **rarement** blonds.

raramente
- As pessoas do sul da França **raramente** são louras.

Duração e frequência

la fois [fwa] *n* ▪ Je me souviens de la première **fois** où on s'est rencontrés.	a **vez** ▪ Eu me lembro da primeira **vez** em que nos encontramos.
toujours [tuʒuʀ] *adv* ▪ Il veut **toujours** être le premier.	sempre ▪ Ele quer **sempre** ser o primeiro.
tout le temps [tul(ə)tã] *adv* ▪ Elle est **tout le temps** de bonne humeur.	todo o tempo, o tempo inteiro ▪ Ela está **o tempo inteiro** de bom humor.
ne... jamais [nə...ʒamɛ] *adv* ▪ Je **n'**en ai **jamais** entendu parler.	nunca, jamais ▪ **Nunca** ouvi falar.

➡ Diante de vogal ou *h* mudo, **ne** se converte em **n'** e, na linguagem falada, é frequentemente suprimido.

fréquent, frequente [fʀekã, fʀekãt] *adj* ▪ La neige en Bretagne, ça n'est pas **fréquent**.	frequente ▪ Neve na Bretanha não é algo **frequente**.
la durée [dyʀe] *n* ▪ En France, la **durée** des études jusqu'au bac est de douze ans.	a duração ▪ Na França, a **duração** dos estudos até o exame de conclusão é de doze anos.
sans arrêt [sãzaʀɛ] *adv* ▪ On se dispute **sans arrêt**, mais on s'aime quand même.	sem parar, o tempo todo ▪ A gente briga **o tempo todo**, mas se ama mesmo assim.
le plus souvent [ləplysuvã] *adv* ▪ Avec ma sœur, **le plus souvent**, c'est moi qui cède.	na maioria das vezes ▪ Com minha irmã, **na maioria das vezes**, sou eu quem cede.
d'habitude [dabityd] *adv* ▪ **D'habitude**, les bus s'arrêtent devant la gare, mais il y a des travaux en ce moment.	geralmente ▪ **Geralmente** os ônibus estacionam diante da estação, mas ela está em obras no momento.

Antes e depois

avant [avɑ̃] *adv, prep* ▪ J'aurais dû réfléchir **avant**. ▪ Il gèle souvent **avant** la Toussaint.	**antes** ▪ Eu deveria ter refletido **antes**. ▪ Frequentemente há geada **antes** do Dia de Todos os Santos.
avant que [avɑ̃kə] *conj* ▪ J'ai su que c'était ta sœur **avant qu'**elle me le dise : elle te ressemble tellement !	**antes que** ▪ Eu soube que era a sua irmã **antes que** ela me dissesse: ela se parece tanto com você!

➜ **Avant que** rege o modo subjuntivo.

à l'heure [alœʀ] *adv* ▪ Je suis toujours **à l'heure** à mes rendez-vous.	**na hora, pontualmente** ▪ Sempre chego **na hora** a meus encontros.
à temps [atɑ̃] *adv* ▪ Nous sommes arrivés juste **à temps** pour avoir le dernier métro.	**a tempo** ▪ Chegamos **a tempo** para pegar o último metrô.
en avance [ɑ̃navɑ̃s] *adv* ▪ Excusez-moi, je suis un petit peu **en avance** !	**adiantado** ▪ Desculpe-me, estou um pouco **adiantado**!
seulement [sœlmɑ̃] *adv* ▪ J'ai su **seulement** avant-hier que je pourrai venir.	**somente, só** ▪ **Só** anteontem soube que poderia vir.
bientôt [bjɛ̃to] *adv* ▪ À **bientôt**, j'espère.	**logo** ▪ Até **logo**, espero.
d'abord [dabɔʀ] *adv* ▪ On va **d'abord** manger ; on verra après!	**de início, primeiro** ▪ **Primeiro** vamos comer; veremos depois!
tout de suite [tutsɥit] *adv* ▪ Je ne peux pas te rembourser **tout de suite**.	**imediatamente** ▪ Não posso reembolsá-lo **imediatamente**.
ensuite [ɑ̃sɥit] *adv* ▪ Nous allons visiter le musée ; **ensuite**, je t'emmène chez moi.	**depois, na sequência** ▪ Vamos visitar o museu; **depois**, eu o levo comigo.
puis [pɥi] *adv* ▪ Il a mangé, **puis** il s'est endormi.	**depois** ▪ Ele comeu, **depois** dormiu.

alors [alɔʀ] *adv* ■ Elle t'a giflé ? Et **alors**, qu'est-ce que tu as fait ?	então ■ Ela o esbofeteou? E **então**, o que você fez?
après [apʀɛ] *prep, adv* ■ **Après** le bac, je ne sais pas ce que je ferai. ■ C'est seulement **après** que j'ai compris mon erreur. ■ Je te le dirai **après**.	depois, após ■ Ainda não sei o que vou fazer **após** o exame nacional. ■ Foi somente **depois** que eu compreendi meu erro. ■ Eu lhe direi **depois**.
tôt [to] *adv* ■ Il ne faut pas commencer le tennis trop **tôt**.	cedo ■ Não é preciso começar o tênis tão **cedo**.
tard [taʀ] *adv* ■ On peut rentrer **tard** ; mes parents sont sortis.	tarde ■ Podemos chegar **tarde**; meus pais saíram.
dernier, dernière [dɛʀnje, dɛʀnjɛʀ] *adj* ■ Le **dernier** jour de cours est le 30 juin.	último ■ O **último** dia de aula é 30 de junho.
enfin [ɑ̃fɛ̃] *adv* ■ J'ai **enfin** reçu de tes nouvelles !	enfim ■ **Enfim** recebi notícias suas!
le **retard** [ʀ(ə)taʀ] *n* ■ Le train aura un **retard** de vingt minutes.	o atraso ■ O trem terá um **atraso** de vinte minutos.
en retard [orig] *loc* ■ Il est encore **en retard**.	atrasado ■ Ele está de novo **atrasado**.
urgent, urgente [yʀʒɑ̃, yʀʒɑ̃t] *adj* ■ Je posterai le courrier demain, à moins que ta lettre soit **urgente**.	urgente ■ Postarei no correio amanhã, a menos que sua carta seja **urgente**.
à la fois [alafwa] *adv* ■ Je ne peux pas faire trente-six choses à la fois.	ao mesmo tempo ■ Não posso fazer 36 coisas **ao mesmo tempo**.
tout à coup [tutaku] *adv* ■ L'orage est venu **tout à coup**.	de repente ■ O temporal caiu **de repente**.

définitif, définitive [definitif, definitiv] *adv* ■ C'est ton dernier mot ? Ta décision est **définitive** ?	**definitivo** ■ É sua última palavra? Sua decisão é **definitiva**?
finalement [finalmã] *adv* ■ J'étais inquiète, mais **finalement**, ça a très bien fonctionné.	**finalmente** ■ Eu estava inquieto, mas **finalmente** funcionou muito bem.

Transcurso do tempo

prêt, prête [pʀɛ, pʀɛt] *adj* ■ Le repas est **prêt** ; on mange quand tu veux.	**pronto** ■ A refeição está **pronta**; coma quando quiser.
commencer [kɔmâse] *v* ■ Le film **commence** dans un quart d'heure.	**começar** ■ O filme **começa** em quinze minutos.
le début [deby] *n* ■ Au **début**, l'italien paraît très facile.	**o início** ■ No **início**, o italiano parece bem fácil.
rester [ʀɛste] *v* ■ Moi, je **reste** dans la voiture ; il pleut trop.	**ficar** ■ Eu **fico** no carro; está chovendo demais.
devenir [dəv(ə)niʀ] *v* ▶ v irr p. 413 venir ■ Ils est plus difficile qu'avant de **devenir** Français.	**tornar-se** ■ Está mais difícil do que antes **se tornar** francês.
le changement [ʃɑ̃ʒmɑ̃] *n* ■ Beaucoup de jeunes veulent le **changement**, pas forcément la revolution.	**a mudança** ■ Muitos jovens querem a **mudança**, não necessariamente a revolução.
changer [ʃɑ̃ʒe] *v* ■ Paris n'a pas tellement **changé** en un siécle, comparé à Berlin.	**mudar** ■ Paris não **mudou** tanto em um século, se comparada a Berlin.
arrêter [aʀete] *v* ■ Demain, j'**arrête** de fumer.	**parar** ■ Amanhã, **paro** de fumar.
finir [finiʀ] *v* ■ Tu sais comment **finit** la pièce ?	**terminar** ■ Você sabe como **termina** a peça?

Transcurso do tempo

la fin [fɛ̃] *n*
- À la **fin** du film, tout le monde pleurait.

o **fim**, o **final**
- Ao **final** do filme, todo mundo estava chorando.

fini, finie [fini] *adj*
- Je suis content que cette histoire soit **finie**.

terminado
- Estou contente que essa história tenha **terminado**.

cesser [sese] *v*
- Les essais nucléaires français ont **cessé** en 1997.

cessar
- Os testes nucleares franceses **cessaram** em 1997.

terminer [tɛʀmine] *v*
- Pour bien **terminer** l'année, nous avons organisé une grosse fête.

terminar
- Para **terminar** bem o ano, organizamos uma grande festa.

limiter [limite] *v*
- Le gouvernement veut **limiter** le temps de travail.

limitar
- O governo quer **limitar** o tempo de trabalho.

la suite [sɥit] *n*
- La **suite** au prochain numéro.

a **continuação**
- **Continuação** no próximo número.

suivant, suivante [sɥivɑ̃, sɥivɑ̃t] *adj*
- L'opération s'est bien passée, mais j'ai mal dormi les nuits **suivantes**.

seguinte
- A operação foi bem-sucedida, mas dormi mal nas noites **seguintes**.

avoir lieu [avwaʀljø] *loc*
▶ *v irr* p. 407 avoir
- Le Tour de France **a lieu** tous les ans en juillet.

dar-se, acontecer, ocorrer
- O Tour de France **acontece** todos os anos em julho.

l'**étape** [etap] *n f*
- La prochaine **étape** sera plus difficile.

a **etapa**
- A próxima **etapa** será mais difícil.

interrompre [ɛ̃tɛʀɔ̃pʀ] *v*
▶ *v irr* p. 410 interrompre
- Excusez-moi de vous **avoir interrompu** !

interromper
- Desculpe-me por **ter interrompido**.

le **délai** [delɛ] *n*
- J'ai un **délai** de quinze jours pour me décider.

o **prazo**
- Tenho um **prazo** de quinze dias para me decidir.

Espaço

Conceitos espaciais

se trouver [s(ə)tʀuve] v • Cette ville **se trouve** au milieu de la France.	**ficar, situar-se** • Essa cidade **fica** no meio da França.
où [u] adv • **Où** est la mairie ?	**onde** • **Onde** fica a prefeitura?
ici [isi] adv • C'est **ici** que j'habite.	**aqui** • É **aqui** que eu moro.
là [la] adv • Mes parents ne sont pas **là**.	**aqui** • Meus pais não estão **aqui**.
là-bas [laba] adv • Tu vois cette colline, **là-bas** ?	**lá, ali** • Você vê aquela colina **ali**?
y [i] adv • Tu connais Toulouse ? C'est une très belle ville, j'**y** suis allée l'an dernier.	**lá** • Você conhece Toulouse? É uma cidade muito bela, estive **lá** ano passado.
à [a] prep • J'habite **à** Berlin. • Je me réjouis de venir **à** Marseille.	**em, a** • Moro **em** Berlim. • Eu me alegro de vir **a** Marselha.
chez [ʃe] prep. • Tu habites toujours **chez** tes parents ? • Je vais **chez** mon père un week-end sur deux.	**com, casa de** • Você sempre morou **com** seus pais? • Vou para a **casa de** meu pai a cada dois fins de semana.
dans [dã] prep • **Dans** le centre-ville, il n'y a personne le dimanche.	**em** • **No** centro da cidade, não há ninguém aos domingos.

Conceitos espaciais

en [ã] prep — **em, a**
- **En** Forêt-Noire, on peut faire du ski.
- **Na** Floresta Negra, pode-se esquiar.
- Nous allons **en** Espagne tous les ans.
- Vamos **à** Espanha todos os anos.

sur [syʀ] prep — **sobre, em**
- Le dictionnaire est **sur** mon bureau.
- O dicionário está **sobre** a minha escrivaninha.

sous [su] prep — **sob**
- Ses économies étaient cachées **sous** le matelas.
- Suas economias estavam escondidas **sob** o colchão.

de [d(ə)] prep — **de**
- Tu viens **d'**où ? **De** Paris ou **de** la province ?
- Você vem **de** onde? **De** Paris ou **da** província?

quelque part [kɛlkəpaʀ] adv — **em algum lugar, em alguma parte**
- On va bien trouver un restaurant **quelque part**.
- Vamos encontrar um restaurante **em algum lugar**.

nulle part [nylpaʀ] adv — **em parte alguma, em lugar algum**
- Je n'ai trouvé **nulle part** de boîte aux lettres.
- Não encontrei caixa de correio **em parte alguma**.

ailleurs [ajœʀ] adv — **em outro lugar, alhures**
- Je ne trouve pas me lunettes. Alors il faut que je cherche **ailleurs**.
- Não encontro meus óculos. Tenho de procurar **em outro lugar**.

partout [paʀtu] adv — **por toda a parte**
- J'ai cherché **partout**.
- Procurei **por toda a parte**.

la place [plas] n — **o lugar**
- Dans le train, on n'a pas beaucoup de **place** pour ses jambes.
- No trem, não há muito **lugar** para as pernas.

la distance [distɑ̃s] n — **a distância**
- La **distance** entre Paris et Berlin est d'environ 1.000 kilomètres.
- A **distância** entre Paris e Berlim é de mais ou menos mil quilômetros.
- Sur l'autoroute, il faut garder ses **distances**.
- Na rodovia, deve-se manter **distância**.

loin [lwɛ̃] adv — **longe**
- Allons-y à pied, ce n'est pas **loin**.
- Vamos a pé, não é **longe**.

près de [pʀɛdə] *prep*
- On trouvera bien un hotel **près de** la gare !

perto de, próximo de
- Vamos encontrar um hotel bem **perto da estação**!

à côté de [akotedə] *prep*
- Sa chambre est **à côté de** la mienne.

ao lado de, do lado de
- Seu quarto fica **ao lado do** meu.

en face de [ɑ̃fasdə] *prep*
- Le théâtre se trouve **en face de** l'hôtel de ville.

em frente de, diante de
- O teatro se encontra **em frente da** prefeitura.

devant [d(ə)vɑ̃] *prep*
- Je suis garée **devant** la poste.

em frente a, diante de
- Estacionei **em frente ao** correio.

entre [ɑ̃tʀ] *prep*
- Le Pyrénées sont situées **entre** la France et l'Espagne.

entre
- Os Pirineus ficam situados **entre** a França e a Espanha.

le milieu [miljø] *n*; *pl* **milieux**
- Le statue de Stanislas est au **milieu** de la place.

o meio
- A estátua de Stanislas fica no **meio** da praça.

autour de [otuʀdə] *prep*
- On a longtemps cru que le Soleil tournait **autour de** la Terre.

em volta de, em torno de
- Durante muito tempo acreditou-se que o Sol girava **em torno da** Terra.

derrière [dɛʀjɛʀ] *prep*
- J'ai mis la clé de la maison **derrière** la boîte aux lettres.

atrás
- Coloquei a chave da casa **atrás** da caixa de correio.

le côté [kote] *n*
- Les piétons doivent marcher sur le **côté** gauche.

o lado
- Os pedestres devem caminhar do **lado** esquerdo.

à droite [adʀwat] *adv*
- Tourne **à droite** après le feu !

à direita
- Vire **à direita** após o semáforo!

droit, droite [dʀwa, dʀwat] *adj*
- J'écris de la main **droite**, mais je joue au tennis avec la gauche.

direito
- Escrevo com a mão **direita**, mas jogo tênis com a esquerda.

à gauche [agoʃ] *adv*
- Au carrefour, tournez **à gauche** !

à esquerda
- No cruzamento, vire **à esquerda**!

Conceitos espaciais 369

gauche [goʃ] *adj*
- Depuis mon accident de ski, j'ai mal au genou **gauche**.

esquerdo
- Depois do meu acidente de esqui, estou com problema no joelho **esquerdo**.

haut, haute [´o, ´ot] *adj*
- C'est une vieille maison, les plafonds sont très **hauts**.

alto
- É uma casa velha, o teto é bastante **alto**.

en haut [ão] *adv*
- Je passe devant ; je vous attendrai **en haut**.

lá em cima
- Eu já vou; espero você **lá em cima**.

au-dessus de [od(ə)sydə] *prep*
- **Au-dessus de** mon lit, j'ai deux grandes affiches de films.

sobre, acima de
- **Acima** da minha cama, tenho dois grandes pôsteres de filmes.

bas, basse [bɑ, bɑs] *adj*
- La chaise est trop **basse**, je suis mal assis.

baixo
- A cadeira é **baixa** demais, estou mal acomodado.

en bas [ãbɑ] *adv*
- Les toilettes sont **en bas**, au rez-de-chaussée.

embaixo
- Os banheiros ficam **embaixo**, no térreo.

au-dessous de [od(ə)sudə] *prep*
- La température est de 5 degrés **au-dessous de** zéro.

abaixo de
- A temperatura é de 5 graus **abaixo de** zero.

par terre [paʀtɛʀ] *adv*
- Tous ses pulls traînent **par terre**.

pelo chão
- Todos os seus pulôveres estão jogados **pelo chão**.

profond, profonde [pʀɔfõ, pʀɔfõd] *adj*
- Le lac n'est pas **profond** à cet endroit.

profundo
- O lago não é **profundo** neste local.

la surface [syʀfas] *n*
- On voit des poissons venir à la **surface**.

a superfície
- A gente vê os peixes vindo à **superfície**.

plat, plate [pla, plat] *adj*
- La plaine d'Alsace est toute **plate**.

plano
- A planície da Alsácia é completamente **plana**.

droit, droite [dʀwa, dʀwat] *adj* ■ Les routes de Champagne sont toutes **droites**.	reto ■ As estradas de Champagne são todas **retas**.
large [laʀʒ] *adj* ■ L'autoroute est très **large**, elle a de trois à six voies.	largo ■ A autoestrada é muito **larga**, tem de três a seis pistas.
étroit, étroite [etʀwa, etʀwat] *adj* ■ Les rues de la vieille ville sont **étroites**.	estreito ■ As ruas da velha cidade são **estreitas**.
la direction [diʀɛksjõ] *n* ■ Vous pouvez m'indiquer la **direction** de Metz ?	a direção ■ Você poderia indicar-me a **direção** para Metz?
vers [vɛʀ] *prep* ■ En automne, certains oiseaux partent **vers** le sud.	para, em direção a ■ No outono, alguns pássaros partem **em direção ao** sul.
hors de [ɔʀdə] *prep* ■ **Hors des** villes, on respire vraiment mieux !	fora de ■ **Fora das** cidades, respira-se realmente melhor!
par [paʀ] *prep* ■ On peut aller en Italie **par** le tunnel du Mont-Blanc. ■ Pour rentrer à Stuttgart, je passe **par** Strasbourg.	por ■ Pode-se ir à Itália **pelo** túnel do Monte Branco. ■ Para voltar a Stuttgart, passo **por** Estrasburgo.
tout droit [tudʀwa] *adv* ■ Au carrefour continuez **tout droit** sur la RN 19.	reto, em frente ■ No cruzamento, continue **em frente** pela RN 19.
l'espace [ɛspas] *n m* ■ Moi, j'ai besoin d'**espace** ; je ne pourrais pas vivre dans une seule pièce.	o espaço ■ Preciso de **espaço**; não conseguiria viver num cômodo único.
le lieu [ljø] *n*; *pl* **lieux** ■ Tu dois indiquer ta date et ton **lieu** de naissance.	o local ■ Você deve indicar sua data e **local** de nascimento.
l'endroit [ɑ̃dʀwa] *n m* ■ C'est l'**endroit** où l'accident a eu lieu.	o local ■ É o **local** onde se deu o acidente.

intérieur, intérieure [ɛ̃teʀjœʀ] adj ■ La chambre donne sur une cour **intérieure**.	**interno, interior** ■ O quarto dá para um pátio **interno**.
dedans [dədɑ̃] adv ■ Je sers le café **dedans** ou dehors?	**dentro** ■ Sirvo o café **dentro** ou fora?
extérieur, extérieure [ɛksteʀjœʀ] adj ■ L'éclairage **extérieur** s'allume quand quelqu'un approche.	**externo, exterior** ■ A iluminação **externa** acende quando alguém chega perto.
dehors [dəɔʀ] adv ■ On pourrait manger **dehors**.	**fora** ■ Poderíamos comer **fora**.
la **position** [pozisjɔ̃] n ■ Avec ces douleurs, c'est difficile de trouver une bonne **position** !	a **posição** ■ Com estas dores, é difícil encontrar uma boa **posição**!

Movimento, velocidade e repouso

bouger [buʒe] v ■ Allez, il faut **bouger** un peu, sinon on va prendre froid !	**mexer-se** ■ É preciso **mexer-se** um pouco, senão se fica com frio!
sauter [sote] v ■ Tu as **sauté** d'aussi haut ? Mais tu es fou !	**saltar** ■ Você **saltou** alto assim? Mas você é louco!
monter [mɔ̃te] v ■ **Monte** dans ta chambre !	**subir** ■ **Suba** para o seu quarto!
descendre [desɑ̃dʀ] v ■ Papa est **descendu** à la cave pour aller chercher une bouteille de vin.	**descer** ■ Papai **desceu** à adega para pegar uma garrafa de vinho.
tomber [tɔ̃be] v ■ Je ne **suis** pas **tombée**, mais j'ai eu chaud !	**cair** ■ Eu não **caí**, mas foi quase!
la **vitesse** [vitɛs] n ■ Le Concorde atteint la **vitesse** de 2.200 km/h.	a **velocidade** ■ O Concorde atinge a **velocidade** de 2.200 km/h.

→ Diz-se **kilomètres heure** ou **kilomètres à l'heure**.

se dépêcher [s(ə)depeʃe] *v*
- **Dépêchons-nous**, la séance va bientôt commencer !

apressar-se
- **Apressemo-nos**, a sessão está quase começando!

pressé, pressée [pʀese] *adj*
- Dans le métro, les gens ont toujours l'air **pressé**.

apressado
- No metrô, as pessoas têm sempre um ar **apressado**.

vite [vit] *adv*
- Je me dépêche, mais je ne peux pas aller plus **vite**.

rápido, ligeiro
- Estou me apressando, mas não consigo ir mais **rápido**.

lent, lente [lɑ̃, lɑ̃t] *adj*
- Les véhicules **lents** doivent circuler sur la voie de droite.

lento
- Os veículos **lentos** devem circular pela via da direita.

être couché, être couchée [ɛtʀəkuʃe] *loc*
▶ v irr p. 410 être
- Les vaches **sont** tranquillement **couchées** à l'ombre.

estar deitado, estar reclinado
- As vacas **estão** tranquilamente **deitadas** à sombra.

→ Em francês, verbos como "deitar(-se)" ou "sentar(-se)" exprimindo um estado são usados frequentemente com uma construção de **être** mais o particípio passado do verbo correspondente: **se coucher** e **être couché** (deitar-se/estar deitado) ou **s'asseoir** e **être assis** (sentar-se/estar sentado).

être debout [ɛtʀədəbu] *loc*
▶ v irr p. 410 être
- Les personnes qui **sont debout** peuvent s'avancer, il y a de place devant.

estar de pé
- As pessoas que **estão de pé** podem vir adiante, há lugares na frente.

rouler [ʀule] *v*
- Le ballon **a roulé** sur la ligne sans rentrer dans le but.

rolar
- A bola **rolou** sobre a linha sem entrar no gol.

se pencher [s(ə)pɑ̃ʃe] *v*
- Ne **te penche** pas trop, c'est vraiment profond !

inclinar-se
- Não **se incline** demais, é realmente profundo.

glisser [glise] *v*
- J'**ai glissé** sur le verglas.

deslizar
- Eu **deslizei** sobre a camada de gelo.

accélérer [akseleʀe] v ▪ Une moto **accélère** beaucoup plus vite qu'une voiture.	acelerar ▪ Uma moto **acelera** muito mais rápido do que um carro.
dépasser [depase] v ▪ On ne pourra jamais **dépasser** tous ces camions !	ultrapassar ▪ Nunca vamos conseguir **ultrapassar** todos esses caminhões!
ralentir [ʀalɑ̃tiʀ] v ▪ Je **ralentis** ; par temps de pluie, c'est plus prudent.	desacelerar, ir mais devagar ▪ **Vou mais devagar**; com tempo de chuva é mais prudente.

Ir e vir

venir [v(ə)niʀ] v ▶ v irr p. 413 venir ▪ **Viens** en ville avec moi, c'est le moment des soldes !	vir ▪ **Venha** para a cidade comigo; é a época das liquidações!
apparaître [apaʀɛtʀ] v ▶ v irr p. 408 connaître ▪ Quand le pape **est apparu** au balcon, il avait l'air très fatiguée.	aparecer ▪ Quando o papa **apareceu** na varanda, tinha a aparência muito cansada.
entrer [ɑ̃tʀe] v ▪ Tu ne sais pas qu'il faut frapper avant d'**entrer** ?	entrar ▪ Você não sabe que se deve bater antes de **entrar**?
s'en aller [sɑ̃nale] v ▶ v irr p. 407 aller ▪ Il faut que je **m'en aille**, sinon je vais être en retard.	ir, ir-se ▪ Tenho de **ir**, senão vou me atrasar.
avancer [avɑ̃se] v ▪ **Avance** jusqu'au feu.	avançar, seguir ▪ **Siga** até o semáforo.
marcher [maʀʃe] v ▪ Quand on **a marché** quelques heures, on ne sent plus la fatigue.	caminhar ▪ Quando **se caminha** por algumas horas, já não se sente cansaço.
passer [pase] v ▪ J'ai l'impression que nous sommes déjà **passés** là tout à l'heure !	passar ▪ Tenho a impressão de que **passamos** aqui agora há pouco.

s'arrêter [saʀɛte] v ▪ Nous **nous arrêterons** bientôt pour faire une pause.	**parar** ▪ Logo vamos **parar** para fazer uma pausa.
arriver [aʀive] v ▪ L'avion **est arrivé** avec deux heures de retard.	**chegar** ▪ O avião **chegou** com duas horas de atraso.
sortir [sɔʀtiʀ] v ▶ v irr p. 411 partir ▪ Mais tu ne peux pas **sortir** comme ça avec tes cheveux trempés ; tu vas attraper un rhume.	**sair** ▪ Mas você não pode **sair** assim, com esse cabelo molhado; vai pegar um resfriado.
atteindre [atɛ̃dʀ] v ▶ v irr p 411 peindre ▪ On **a atteint** le sommet au lever du soleil.	**atingir** ▪ **Atingimos** o cume ao raiar do sol.
disparaître [dispaʀɛtʀ] v ▶ v irr p. 408 connaître ▪ Tu as vu Jeanne ? Elle **a disparu** après le repas.	**desaparecer** ▪ Você viu Jeanne? Ela **desapareceu** após a refeição.
se sauver [səsove] v ▪ Tu n'as pas fermé le portail et le chien **s'est sauvé**.	**fugir** ▪ Você não fechou o portão, e o cachorro **fugiu**.

Cores e formas

Cores

la **couleur** [kulœʀ] n	a cor
blanc, blanche [blɑ̃, blɑ̃ʃ] adj	branco

➡ Como substantivos, as cores são sempre masculinas: **le blanc** – **o branco** –, **le rouge** – **o vermelho**.

noir, noire [nwaʀ] adj	preto
jaune [ʒon] adj	amarelo
rouge [ʀuʒ] adj	vermelho
bleu, bleue [blø] adj	azul
orange [ɔʀɑ̃ʒ] adj; pl inv	laranja

➡ Orange significa também **amarelo** no semáforo: **Tant pis, je passe à l'orange !** – Tanto faz, eu passo no amarelo.

vert, verte [vɛʀ, vɛʀt] adj	verde
violet, violette [vjɔlɛ, vjɔlɛt] adj	violeta
brun, brune [bʀœ̃ bʀyn] adj	marrom
gris, grise [gʀi, gʀiz] adj	cinza
rose [ʀoz] adj	rosa
foncé, foncée [fõse] adj	escuro
clair, claire [klɛʀ] adj	claro

Formas

la **forme** [fɔʀm] n	a forma
le **cercle** [sɛʀkl] n	o círculo
rond, ronde [ʀɔ̃, ʀɔ̃d] adj	redondo
la **ligne** [liɲ] n	a linha
le **carré** [kaʀe] n	o quadrado
carré, carrée [kaʀe] adj	quadrado
le **rectangle** [ʀɛktɑ̃gl] n	o retângulo
le **triangle** [tʀijɑ̃gl] n	o triângulo
la **croix** [kʀwa] n	a cruz
le **coin** [kwɛ̃] n	o canto
angulaire [ɑ̃gylɛʀ] adj	angular
la **boule** [bul] n	a esfera
le **bord** [bɔʀ] n	a borda, a margem
le **point** [pwɛ̃] n	o ponto
la **pointe** [pwɛ̃t] n	a ponta
pointu, pointue [pwɛ̃ty] adj	pontudo
la **flèche** [flɛʃ] n	a flecha

Números e unidades de medida

Números inteiros

0 zéro [zeʀo]	zero
1 un, une [ɛ̃, yn]	um

➡ Conta-se **un, deux, trois – um, dois, três**. Não sendo assim, **un** e **une** concordam em gênero com o substantivo.

2 deux [dø]	dois
3 trois [tʀwa]	três
4 quatre [katʀ]	quatro
5 cinq [sɛ̃k]	cinco
6 six [sis]	seis
7 sept [sɛt]	sete
8 huit [ˈɥit]	oito
9 neuf [nœf]	nove
10 dix [dis]	dez
11 onze [õz]	onze
12 douze [duz]	doze
13 treize [tʀɛz]	treze
14 quatorze [katɔʀz]	quatorze
15 quinze [kɛ̃z]	quinze
16 seize [sɛz]	dezesseis
17 dix-sept [di(s)sɛt]	dezessete
18 dix-huit [dizɥit]	dezoito

19 dix-neuf [diznœf]	dezenove
20 vingt [vɛ̃]	vinte
21 vingt et un, vingt et une [vɛ̃teɛ̃, vɛ̃teyn] ➡ un, une p. 377	vinte e um
22 vingt-deux [vɛ̃tdø]	vinte e dois
30 trente [tʀɑ̃t]	trinta
40 quarante [kaʀɑ̃t]	quarenta
50 cinquante [sɛ̃kɑ̃t]	cinquenta
60 soixante [swasɑ̃t]	sessenta
70 soixante-dix [swasɑ̃tdis]	setenta

➡ Os números 71 a 79 e 91 a 99, bem como os números ordinais correspondentes são formados com a dezena correspondente e com os números 11 até 19, como, por exemplo, 71 soixante et onze.
➡ Na Bélgica e na Suíça diz-se septante.

80 quatre-vingt [katʀəvɛ̃]	oitenta

➡ Escreve-se quatre-vingt quando se segue outro número, e quatre-vingts quando não se segue número algum, por exemplo, **quatre-vingt-trois ans**, mas **quatre-vingts ans**.

90 quatre-vingt-dix [katʀəvɛ̃dis] ➡ 70 soixante-dix p. 378	noventa

➡ Na Bélgica e na Suíça se diz **nonante**.

100 cent [sɑ̃]	cem

➡ **Cent** é flexionado no plural em centenas redondas, portanto deux cents, mas não quando outro número se segue, por exemplo, deux cent trois.

1.000 mille [mil]	mil

➡ **Mille** não varia em número.

1.000.000 un million [miljɔ̃]	um milhão
1.000.000.000 un milliard [miljaʀ]	um bilhão

le **nombre** [nõbʀ] *n*
- 5 et 19 sont des **nombres** impairs.
- Ce matin, j'ai envoyé un grand **nombre** de mails.

o **número**
- 5 e 19 são números ímpares.
- Hoje de manhã, enviei um grande **número** de e-mails.

le **numéro** [nymeʀo] *n*
- Prenez le bus **numéro** 1 jusqu'au terminus.

o **número**
- Tome o ônibus **número** 1 até o ponto final.

compter [kõte] *v*
- Allez, donne la réponse, je **compte** jusqu'à trois.

contar
- Vamos, responda, vou **contar** até três.

la **part** [paʀ] *n*
- Le plus simple, c'est que chacun paie sa **part**.

a **parte**
- O mais simples é que cada um pague a sua **parte**.

le **chiffre** [ʃifʀ] *n*
- Tu écris la somme en **chiffres**, puis en lettres.

o **algarismo**
- Você escreve a soma em **algarismos**, depois em letras.

la **somme** [sɔm] *n*
- Ce que j'ai économisé depuis que je ne fume plus, ça fait une belle **somme** !

a **soma**
- Só o que eu já economizei desde que parei de fumar já dá uma **soma** e tanto!

la **différence** [difeʀɑ̃s] *n*
- Calcule la **différence** entre les deux nombres.

a **diferença**
- Calcule a **diferença** entre os dois números.

calculer [kalkyle] *v*
- J'ai **calculé** combien je te dois.

calcular
- **Calculei** quanto lhe devo.

additionner [adisjɔne] *v*
- Ensuite tu peux **additionner** les résultats.

adicionar
- Em seguida você pode **adicionar** os resultados.

soustraire [sustʀɛʀ] *v*
▶ *v irr* p. 409 distraire
- Mon fils ne sait pas **soustraire** et multiplier correctement. Il a toujours de mauvaise notes en maths.

subtrair
- Meu filho não sabe **subtrair** e multiplicar corretamente. Ele sempre tira nota baixa em matemática.

multiplier [myltiplije] v ■ Vous pouvez **multiplier** un nombre par un autre de plusieurs façons.	**multiplicar** ■ Você pode **multiplicar** um número por outro de diversas maneiras.
diviser [divize] v ■ Pourquoi ne peut-on pas **diviser** par zéro ?	**dividir** ■ Por que não se pode **dividir** por zero?

Números ordinais

premier [pʀəmje] adj	primeiro

➡ Quando os números ordinais são escritos com algarismos, a eles se acrescenta a letra e sobrescrita: 2ᵉ, 3ᵉ, 85ᵉ etc.
Premier é grafado como **1ᵉʳ** e **première**, como **1ʳᵉ**.

deuxième [døzjɛm] adj	segundo
troisième [tʀwazjɛm] adj	terceiro
quatrième [katʀijɛm] adj	quarto
cinquième [sɛ̃kjɛm] adj	quinto
sixième [sizjɛm] adj	sexto
septième [sɛtjɛm] adj	sétimo
huitième [ɥitjɛm] adj	oitavo
neuvième [nœvjɛm] adj	nono
dixième [dizjɛm] adj	décimo
onzième [õzjɛm] adj	décimo primeiro
douxième [duzjɛm] adj	décimo segundo
treizième [tʀɛzjɛm] adj	décimo terceiro
quatorzième [katɔʀzjɛm] adj	décimo quarto
quinzième [kɛ̃zjɛm] adj	décimo quinto
seizième [sɛzjɛm] adj	décimo sexto

Números ordinais

dix-septième [di(s)sɛtjɛm] adj	décimo sétimo
dix-huitième [dizɥitjɛm] adj	décimo oitavo
dix-neuvième [diznœvjɛm] adj	décimo nono
vingtième [vɛ̃tjɛm] adj	vigésimo
vingt et unième [vɛ̃teynjɛm] adj	vigésimo primeiro
vingt-deuxième [vɛ̃tdøzjɛm] adj	vigésimo segundo
vingt-troisième [vɛ̃ttʀwazjɛm] adj	vigésimo terceiro
trentième [tʀɑ̃tjɛm] adj	trigésimo
quarantième [kaʀɑ̃tjɛm] adj	quadragésimo
cinquantième [sɛ̃kɑ̃tjɛm] adj	quinquagésimo
soixantième [swasɑ̃tjɛm] adj	sexagésimo
soixante-dixième [swasɑ̃tdizjɛm] adj ➡ 70 soixante-dix p. 378	septuagésimo

➡ Na Bélgica e na Suíça diz-se septantième.

quatre-vingtième [katʀəvɛ̃tjɛm] adj	octogésimo
quatre-vingt-dixième [katʀəvɛ̃dizjɛm] adj ➡ 70 soixante-dix p. 378	nonagésimo

➡ Na Bélgica e na Suíça diz-se nonantième.

centième [sɑ̃tjɛm] adj	centésimo
millième [miljɛm] adj	milésimo
millionième [miljɔnjɛm] adj	milionésimo

Pesos e medidas

le **mètre** [mɛtʀ] n	o **metro**
le **centimètre** [sâtimɛtʀ] n	o **centímetro**
le **millimètre** [milimɛtʀ] n	o **milímetro**
le **kilomètre** [kilɔmɛtʀ] n	o **quilômetro**
le **litre** [litʀ] n	o **litro**
le **gramme** [gʀam] n	o **grama**
le **kilo** [kilo] n	o **quilo**
le **kilogramme** [kilɔgʀam] n	o **quilograma**
la **tonne** [tɔn] n	a **tonelada**
le **degré** [dəgʀe] n	o **grau**

mesurer [məzyʀe] v
- J'ai **mesuré** la cuisine, impossible d'y mettre un frigo.

medir
- Eu **medi** a cozinha, é impossível caber uma geladeira.

la mesure [m(ə)zyʀ] n
- Mon père s'est fait faire un costume sur **mesure**.

a medida
- Meu pai mandou fazer um traje sob **medida**.

peser [pəze] v
- Tons sac **pèse** une tonne, qu'est-ce que tu as dedans ?

pesar
- Sua bolsa **pesa** uma tonelada, o que você está levando dentro dela?

le poids [pwa] n
- le **poids** d'une lettre normale ne dois pas dépasser 20 grammes.

o peso
- O **peso** de uma carta normal não deve ultrapassar 20 gramas.

le thermomètre [tɛʀmɔmɛtʀ] n
- Le **thermomètre** fonctionne parfaitement : il indique la bonne température.

o termômetro
- O **termômetro** funciona perfeitamente: ele indica a temperatura correta.

Conceitos de quantidade

la **centaine** [sâtɛn] *n* ▪ La salle peut contenir une **centaine** de personnes.	a **centena** ▪ A sala pode conter uma **centena** de pessoas.

➡ O sufixo **-aine** converte dezenas em substantivos femininos. Assim se expressa um número exato ou, o que é frequente, um número aproximado.

la **douzaine** [duzɛn] *n* ▪ J'ai une **douzaine** d'œufs, on pourrait faire une grosse omelette.	a **dúzia** ▪ Tenho uma **dúzia** de ovos, poderíamos fazer um grande omelete.
le **millier** [milje] *n* ▪ Plusieurs **milliers** de médecins ont manifesté.	o **milhar** ▪ **Milhares** de médicos se manifestaram.
le **quart** [kvart] *n* ▪ Un **quart** de la pizza me suffira !	o **quarto** ▪ Um **quarto** da pizza me basta!
le **tiers** [tjɛʀ] *n* ▪ Pour voter cette décision, il faut la majorité de deux **tiers**.	o **terço** ▪ Para votar essa decisão, é necessária a maioria de dois **terços**.
la **moitié** [mwatje] *n* ▪ La **moitié** sud du pays est plus ensoleillée que le nord.	a **metade** ▪ A **metade** sul do país é mais ensolarada do que a norte.
assez [ase] *adv* ▪ Vous avez **assez** chaud ?	**bastante** ▪ Está quente o **bastante** para você?
assez de [asedə] *adv* ▪ Je n'ai pas **assez de** temps pour tout faire.	**suficiente para** ▪ Não tenho tempo **suficiente para** fazer tudo.
suffisant, suffisante [syfizɑ̃, syfizɑ̃t] *adj* ▪ Il y a de la neige, mais pas en quantité **suffisante**.	**suficiente** ▪ Tem neve, mas não em quantidade **suficiente**.
beaucoup [boku] *adv* ▪ J'aime **beaucoup** mes grand-parents.	**muito** ▪ Gosto **muito** de meus avós.
beaucoup de [bokudə] *adv* ▪ **Beaucoup de** gens croient à l'astrologie.	**muito** ▪ **Muitas** pessoas acreditam em astrologia.

Conceitos de quantidade

combien [kõbjɛ̃] adv ■ **Combien** ça coûte ?	**quanto** ■ **Quanto** isso custa?
environ [ãviRõ] adv ■ La Loire fait **environ** 1.000 ki-lomètres.	**cerca de, aproximadamente** ■ O Loire percorre **aproximadamente** mil quilômetros.
plus [ply(s)] adv ■ Dès que je mange **plus**, je grossis.	**mais** ■ Assim que como **mais**, eu engordo.

➡ **Plus** significa, por um lado, **mais do que o habitual**; por outro lado, pode também ser o comparativo de **beaucoup**.

la plupart de [plypaRdə] n ■ **La plupart des** oiseaux sont maintenant protégés.	**a maior parte de, a maioria de** ■ **A maioria dos** pássaros hoje está protegida.

➡ Em francês, a concordância com **la plupart** se faz no plural.

quelques [kɛlk(ə)] pron ■ J'emporte toujours **quelques** livres en vacances.	**alguns** ■ Nas férias sempre levo **alguns** livros.
un peu de [ɛ̃pødə] adv ■ Tu veux **un peu de** lait dans ton café ?	**um pouco de** ■ Você quer **um pouco de** leite em seu café?
peu [pø] adv ■ Le soir, je mange **peu**.	**pouco** ■ À noite, como **pouco**.
très [tRɛ] adv ■ Dans ce restaurant, on ne mange pas **très** bien.	**muito** ■ Neste restaurante não se come **muito** bem.
tellement [tɛlmã] adv ■ La foie gras est **tellement** cher qu'on n'en mange qu'à Noël.	**tão** ■ O foie gras está **tão** caro que só o comemos no Natal.
moins de [mwɛ̃də] adv ■ Il y a eu **moins de** neige cette année.	**menos** ■ Houve **menos** neve este ano.

➡ **Moins** é o comparativo de **peu**.

aucun, aucune [okɛ̃, okyn] adj ■ Je n'en ai **aucune** idée.	**nenhum** ■ Não tenho **nenhuma** ideia.

Conceitos de quantidade

rien [ʀjɛ̃] *pron*
- Je n'ai **rien** acheté.

nada
- Não comprei **nada**.

tout, toute [tu, tut] *pron*
- Nous étions **tous** contents.

todos
- Estávamos **todos** contentes.

➡ Antes de uma palavra que se inicie com vogal, **tout** é pronunciado como o feminino "toute(s)" [tut].
➡ O masculino plural é **tous**, e o plural feminino é regular.

tout [tu] *pron*
- Je vais **tout** te dire.

tudo
- Vou contar-lhe **tudo**.

entier, entière [ɑ̃tje, ɑ̃tjɛʀ] *adj*
- Jamais je ne pourrais manger une pizza **entière**.

inteiro
- Jamais eu poderia comer uma pizza **inteira**.

plusieurs [plyzjœʀ] *adj*
- Après mon annonce, j'ai reçu **plusieurs** propositions.

muitos, uma série de
- Após meu anúncio, recebi **uma série de** propostas.

tout le monde [tul(ə)mɔ̃d] *pron*
- **Tout le monde** sait ça.

todo mundo
- **Todo mundo** sabe disso.

➡ A concordância com **tout le monde** se faz no masculino.

ne ... personne [nə... pɛʀsɔn] *pron*
- Ici, je ne connais **personne**.

ninguém
- Aqui não conheço **ninguém**.

➡ A concordância com **ne ... personne** se faz no masculino. Na linguagem falada, o **ne** frequentemente é omitido.

à peu près [apøpʀɛ] *adv*
- La tour Eiffel fait **à peu près** 300 mètres en haut.

cerca de
- A torre Eiffel tem **cerca de** 300 metros de altura.

double [dubl] *adj*
- Même en faisant un **double** nœud mes lacets traînent par terre.

duplo
- Mesmo fazendo um **duplo** nó, meu cordão fica soltando.

contenir [kɔ̃tniʀ] *v*
▶ *v irr* p. 413 venir
- Une bouteille de lait **contient** généralement 1 litre.

conter
- Uma garrafa de leite **contém** em geral 1 litro.

le **contenu** [kõtny] *n*
- Le congélateur est resté éteint une semaine et tout son **contenu** a été perdu.

o **conteúdo**
- O congelador ficou desligado uma semana e todo o seu **conteúdo** se perdeu.

la **quantité** [kâtite] *n*
- L'ᴜᴇ produit une trop grande **quantité** de lait.

a **quantidade**
- A ᴜᴇ produz uma grande **quantidade** de leite.

seul, seule [sœl] *adj*
- Jusqu'à présent, je n'ai été qu'une **seule** fois en France.

só, **apenas**, **único**
- Até hoje, estive uma **única** vez na França.

Classificação – conceitos gerais

Diferença e divisão

seulement [sœlmã] *adv*
- J'apprends **seulement** deux langues : l'anglais et le français.

somente, apenas
- Sei **apenas** duas línguas: o inglês e o francês.

le morceau [mɔʀso] *n*; *pl* **morceaux**
- Qui veut encore un **morceau** de gâteau ?

o pedaço
- Quem ainda quer um **pedaço** de bolo?

la partie [paʀti] *n*
- C'est une texte en deux **parties**.

a parte
- É um texto em duas **partes**.

prochain, prochaine [pʀɔʃɛ̃, pʀɔʃɛn] *adj*
- L'année **prochaine**, je passe le permis.

próximo, que vem
- Ano **que vem** faço a carteira de motorista.

ensemble [ãsâbl] *adv*
- On pourrait sortir **ensemble** ce soir, non ?

juntos
- Poderíamos sair **juntos** esta noite, que tal?

même [mɛm] *pron*
- Tiens, j'ai une raquete de la **même** marque que toi !

mesmo
- Veja só, tenho uma raquete da **mesma** marca que a sua.

autre [otʀ] *pron*
- Avec lui, ce sont toujours les **autres** qui ont tort.

outro
- Com ele, são sempre os **outros** que estão errados.

le reste [ʀɛst] *n*
- Je passerai le **reste** des vacances chez moi.

o resto, o restante
- Passarei o **restante** das férias em casa.

différent, différente [difeʀã, difeʀãt] *adj*
- La France n'est pas si **différente** de l'Allemagne.

diferente
- A França não é tão **diferente** da Alemanha.

pareil, pareille [paʀɛj] *adj*
- Tous les jours, c'est **pareil**.

igual, mesmo
- Todo o dia é a **mesma** coisa.

habituel, habituelle [abitɥɛl] *adj* ■ Ce sont les embouteillages **habituels** aux heures de pointe.	**habitual** ■ São os engarrafamentos **habituais** nos horários de pico.
spécial, spéciale [spesjal] *adj; pl* **spéciaux** ■ Est-ce que ce rêve a une signification **spéciale** ?	**especial** ■ Esse sonho tem uma significação **especial**?
surtout [syʀtu] *adv* ■ C'est **surtout** le soir que je suis en forme.	**sobretudo** ■ É **sobretudo** à noite que estou em boa forma.
la différence [difeʀɑ̃s] *n* ■ On constate des **différences** d'accent, mais les Français parlent tous la même langue.	**a diferença** ■ Constatam-se **diferenças** de sotaque, mas os franceses falam todos a mesma língua.
le contraire [kɔ̃tʀɛʀ] *n* ■ Pour expliquer un mot, on donne souvent son **contraire**.	**o contrário** ■ Para explicar uma palavra, muitas vezes se apresenta o seu **contrário**.
normal, normale [nɔʀmal] *adj; pl* **normaux** ■ C'est **normal** que l'écran ne s'allume pas tout de suite ?	**normal** ■ É **normal** que a tela não acenda imediatamente?
typique [tipik] *adj* ■ Les marchés de Provence sont vraiment **typiques**.	**típico** ■ Os mercados de Provença são bem **típicos**.
principal, principale [pʀɛ̃sipal] *adj; pl* **principaux** ■ Pour moi, la **principale** difficulté c'est l'orthographe.	**principal** ■ Para mim, a **principal** dificuldade é a ortografia.
la sorte [sɔʀt] *n* ■ Chaque région a ses **sortes** de fromages.	**o tipo** ■ Cada região tem seus **tipos** de queijos.
la qualité [kalite] *n* ■ Ces chaussures sont de très bonne **qualité**.	**a qualidade** ■ Estes calçados são de muito boa **qualidade**.
la classe [klɑs] *n* ■ Il n'y a plus de première **classe** dans le métro.	**a classe** ■ Não existe primeira **classe** no metrô.

Diferença e divisão

l'ordre [ɔʀdʀ] *n m*
- Il faut mettre les mots dans le bon **ordre**.

a ordem
- É preciso botar as palavras na **ordem** correta.

la paire [pɛʀ] *n*
- Une **paire** de chaussures me fait six mois, pas plus.

o par
- Um **par** de sapatos dura para mim seis meses, não mais.

le groupe [gʀup] *n*
- J'ai trouvé un **groupe** sympa avec qui je sors le samedi.

o grupo
- Encontrei um **grupo** simpático com o qual saio aos sábados.

sauf [sof] *prep*
- Nous sommes ouverts tous les jours **sauf** le dimanche.

salvo, exceto
- Estamos abertos todos os dias, **exceto** aos domingos.

l'exception [ɛksɛpsjõ] *n f*
- Apprenez d'abord les règles ! On fera les **exceptions** plus tard.

a exceção
- Aprenda primeiro as regras! As **exceções** veremos mais tarde.

comparer [kõpaʀe] *v*
- Certains **comparent** le Sacré-Cœur à un gâteau à la crème.

comparar
- Há quem **compare** o Sagrado Coração a um bolo de creme.

ressembler [ʀəsâble] *n*
- Les villages d'Alsace **ressemblent** beaucoup à ceux de la Forêt-Noire.

parecer
- As cidades da Alsácia se **parecem** muito com as da Floresta Negra.

correspondre [kɔʀɛspõdʀ] *v*
- Le stage que vou proposez **correspond** tout à fait à ce que je cherche.

corresponder
- O estágio que você propôs **corresponde** perfeitamente ao que eu procuro.

autrement [otʀəmã] *adv*
- Ça a raté ; la prochaine fois, je ferai **autrement**.

de outra maneira
- Não funcionou! Da próxima vez vou fazer **de outra maneira**.

général, générale [ʒeneʀal] *adj*; *pl* **généraux**
- Ce ne sont que quelques exemples, on ne peut pas en tirer des conclusions **générales**.

geral
- São apenas exemplos, não se podem extrair conclusões **gerais**.

moyen, moyenne [mwajɛ̃, mwajɛn] *adj*
- L'âge **moyen** des candidats au bac est de dix-huit ans.

médio
- A idade **média** dos que prestam o exame nacional do segundo grau é de dezoito anos.

par exemple [paʁɛgzɑ̃pl] *loc*
- On pourrait **par exemple** aller au cinéma.

por exemplo
- Poderíamos, **por exemplo**, ir ao cinema.

le **détail** [detaj] *n*
- Ne te perds pas dans les **détails** !

o **detalhe**
- Não se perca nos **detalhes**!

précis, précise [pʁesi, pʁesiz] *adj*
- J'ai une idée **précise** de ce que je veux faire plus tard.

preciso
- Tenho uma ideia **precisa** do que quero fazer mais tarde.

rare [ʁaʁ] *adj*
- Dans ma collection, j'ai quelques timbres **rares**.

raro
- Em minha coleção, tenho alguns selos **raros**.

le **domaine** [dɔmɛn] *n*
- La géologie est un **domaine** auquel je ne connais rien du tout.

o **campo**, o **domínio**
- A geologia é um **campo** que não conheço muito bem.

ranger [ʁɑ̃ʒe] *v*
- Tous me livres **sont rangés** par ordre alphabétique.

ordenar, arrumar
- Todos os meus livros são **arrumados** em ordem alfabética.

le **niveau** [nivo] *n*; *pl* **niveaux**
- J'ai un très bon **niveau** en anglais et je me débrouille en français.

o **nível**
- Tenho um **nível** muito bom em inglês e me viro em francês.

la **marque** [maʁk] *n*
- Mes parents achètent toujours la même **marque** de voitures.

a marca
- Mas pais compram sempre a mesma **marca** de carro.

le **rang** [ʁɑ̃] *n*
- Au cinéma, je m'assois toujours dans les derniers **rangs**.

a fileira
- No cinema, eu me sento sempre nas últimas **fileiras**.

la **série** [seʁi] *n*
- Cette **série** de victoires s'arrêtera forcément un jour.

a **série**
- Essa **série** de vitórias certamente vai acabar um dia.

Causa e efeito

pourquoi [puʀkwa] *adv* ■ **Pourquoi** est-ce que tu ne m'as rien dit ?	**por que** ■ **Por que** você não me disse nada?
la **raison** [ʀɛzɔ̃] *n* ■ Pour quelle **raison** a-t-elle dit ça ?	a **razão** ■ Por que **razão** ela lhe disse isso?
parce que [paʀsk(ə)] *conj* ■ Je tremble **parce que** j'ai froid.	**porque** ■ Estou tremendo **porque** sinto frio.
pour [puʀ] *conj* ■ Je me suis beaucoup entrainée **pour** faire partie de l'équipe.	**para** ■ Treinei muito **para** fazer parte da equipe.
car [kaʀ] *conj* ■ Ceux qui habitent sur la Côte d'Azur ont bien de la chance, **car** ils ont à la fois le soleil et la mer.	**pois** ■ Os que moram na Côte d'Azur têm bastante sorte, **pois** possuem ao mesmo tempo o sol e o mar.
l'**origine** [ɔʀiʒin] *n f* ■ On ne connaît pas l'**origine** de cette tradition.	a **origem** ■ Não se conhece a **origem** dessa tradição.
à l'origine [alɔʀiʒin] *adv* ■ À l'**origine**, l'Internet devait être réservé aux scientifiques.	**originalmente** ■ **Originalmente**, a internet devia ser reservada aos cientistas.
la **cause** [koz] *n* ■ Quelle est la **cause** de la pollution ?	a **causa** ■ Qual é a **causa** da poluição?
causer [koze] *v* ■ C'est le brouillard qui **a causé** l'accident.	**causar** ■ Foi a neblina que **causou** o acidente.
provoquer [pʀɔvɔke] *v* ■ Cette décision **a provoqué** de violentes réactions.	**provocar** ■ Essa decisão **provocou** violentas reações.
à cause de [akozdə] *prep* ■ Il a raté son examen **à cause de** la physique.	**por causa de** ■ Ele não passou no exame **por causa de** física.

Causa e efeito

puisque [pɥisk(ə)] *conj*
- **Puisqu**'il fait mauvais, on va regarder la télé

uma vez que
- **Uma vez que** o tempo está ruim, vamos assistir à televisão.

c'est pourquoi [sɛpuʀkwa] *conj*
- Je veux m'exercer un peu, **c'est pourquoi** je t'écris en français.

por isso
- Quero me exercitar um pouco, **por isso** lhe escrevo em francês.

donc [dõk] *conj*
- C'est **donc** pour cette raison qu'ils sont partis ?

então
- **Então** é por essa razão que eles foram embora?

c'est-à-dire [sɛtadiʀ] *conj*
- Elle gagne le SMIC, **c'est-à-dire** très peu.

ou seja, isto é
- Ela ganha salário mínimo, **ou seja**, muito pouco.

la conséquence [kõsekɑ̃s] *n*
- J'espère que mon erreur n'aura pas de **conséquences**.

a consequência
- Espero que meu erro não tenha **consequências**.

l'effet [efɛ] *n m*
- Les médicaments n'ont eu aucun **effet**.
- On connaît les **effets** du tabac sur la santé.

o efeito
- Os medicamentos não tiveram **efeito** algum.
- São conhecidos os **efeitos** do tabaco para a saúde.

la condition [kõdisjõ] *n*
- Je suis d'accord à une **condition** : que tu viennes avec moi.

a condição
- Estou de acordo com uma **condição**: que você venha comigo.

la réaction [ʀeaksjõ] *n*
- Je suis curieuse de voir sa **réaction** quand elle l'apprendra.

a reação
- Estou curiosa para ver a **reação** dela quando ficar sabendo.

Modos

la manière [manjɛʀ] n
- C'est de cette **manière** qu'on peut résoudre le problème.

a **maneira**
- É dessa **maneira** que podemos resolver o problema.

la façon [fasõ] n
- Tu as ta **façon** de faire ; moi, j'ai la mienne.

o **modo**, a **forma**
- Você tem o seu **modo** de fazer; e eu, o meu.

comment [kɔmã] adv
- **Comment** tu y es arrivée ?

como
- **Como** você chegou a esta conclusão?

comme ça [kɔmsa] adv
- Tu vois, tu fais **comme ça** et ça marche.

assim
- Está vendo, você faz **assim** e funciona.

autant [otã] adv
- Ne travaille pas **autant**, tu vas te rendre malade !

tanto
- Não trabalhe **tanto**, você vai ficar doente!

pas du tout [padytu] adv
- Je n'ai **pas du tout** compris la fin du film.

nada, coisa alguma
- Não entendi **coisa alguma** do final do filme.

en tout cas [ãtukɑ] adv
- Tu penses avoir réussi ? **En tout cas**, tu as bien révisé.

em todo caso
- Você acha que conseguiu? **Em todo caso**, estudou bastante.

en vain [ãvɛ̃] adv
- Il a fait plusieurs tentatives, mais **en vain**.

em vão
- Ele fez muitas tentativas, mas **em vão**.

au moins [omwɛ̃] adv
- Avec le brouillard, on n'a rien vu, mais **au moins**, on a pris l'air.
- Pour apprendre à conduire, il faut avoir **au moins** 16 ans.

pelo menos, ao menos
- Com a neblina, não conseguimos ver nada, mas **pelo menos** tomamos um ar.
- Para aprender a dirigir, é preciso ter **ao menos** 16 anos.

presque [pʀɛsk(ə)] adv
- Notre chien est vieux et il n'y voit **presque** plus.

quase
- Nosso cachorro é velho e não enxerga **quase** nada.

complètement [kõplɛtmã] adv
- Mon échec ne m'a pas **complètement** découragé.

completamente
- Meu fracasso não me desencorajou **completamente**.

exactement [εgzaktəmɑ̃] *adv*
- Je pense **exactement** comme toi.

exatamente
- Penso **exatamente** como você.

vraiment [vʀεmɑ̃] *adv*
- Tu as **vraiment** envie de voir ce film?

verdadeiramente, realmente
- Você tem **realmente** vontade de assistir a esse filme?

aussi [osi] *adv*
- Tu aimes la musique classique ? Moi **aussi**.

também
- Você gosta de música clássica? Eu **também**.

à part ça [apaʀsa] *loc*
- Et **à part ça**, comment vont tes parents?

a propósito
- E, **a propósito**, como vão seus pais?

même [mεm] *adv*
- Je fais du vélo le dimanche **même** quand il pleut.

mesmo
- Ando de bicicleta aos domingos, **mesmo** quando chove.

plutôt [plyto] *adv*
- J'aime bien le théâtre, mais j'irais **plutôt** au cinéma.

mais
- Adoro teatro, mas gostaria **mais** de ir ao cinema.

non plus [nõply] *adv*
- Je n'ai rien compris et ma soeur **non plus**!

tampouco
- Não entendi nada, e minha irmã **tampouco**.

le moyen [mwajɛ̃] *n*
- Le meilleur **moyen** d'oublier ses soucis, c'est d'écouter un bon CD.

o meio
- O melhor **meio** de esquecer as preocupações é ouvir um bom CD.

justement [ʒystəmɑ̃] *adv*
- Ça tombe bien, c'est **justement** le livre que j'avais envie de lire !

justamente
- Isso veio em boa hora, é **justamente** o livro que eu estava com vontade de ler!

même pas [mεmpɑ] *adv*
- Tu ne m'as **même pas** dit que tu étais marié !

nem mesmo
- Você **nem mesmo** contou que era casado!

à peine [apεn] *adv*
- Je connais **à peine** Paris.

quase não, pouco
- **Quase não** conheço Paris.

à propos [apʀopo] *adv*
- **À propos**, tu connais la nouvelle ?

a propósito
- **A propósito**, está sabendo da última?

absolument [apsɔlymɑ̃] adv
- Elle veut **absolument** aller au théâtre avec moi.

de qualquer maneira
- Ela quer **de qualquer maneira** ir ao teatro comigo.

de toute façon [dətutfasõ] adv
- Il ne veut pas t'inviter. – **De toute façon**, ça m'est égal.

de todo modo
- Ela não quer convidar você. – **De todo modo**, para mim tanto faz.

au lieu de [oljødə] conj
- **Au lie du** livre, tu aurais dû acheter le CD-ROM.
- Il peut passer la nuit devant son ordinateur **au lieu de** dormir.

em vez de
- **Em vez do** livro, você deveria ter comprado o CD-ROM.
- Ele pode passar a noite diante do computador **em vez de** dormir.

sinon [sinõ] conj
- Il faut mettre le riz dans beaucoup d'eau, **sinon** il colle.

senão, caso contrário
- É preciso botar o arroz em bastante água, **senão** ele gruda.

en plus de [ɑ̃plysdə] prep
- **En plus du** français et de l'anglais, je fais aussi de l'espagnol.

além de
- **Além do** francês e do inglês, também faço espanhol.

pourtant [puʀtɑ̃] adv
- Il n'est pas là, il m'avait **pourtant** promis d'être à l'heure.

no entanto
- Ele não está aqui, e **no entanto** ele me havia prometido chegar no horário.

en fait [ɑ̃fɛt] adv
- **En fait**, je suis timide, mais j'essaie de le cacher.

de fato
- **De fato**, sou tímido, mas procuro disfarçar.

quand même [kɑ̃mɛm] adv
- Il pleuvait, mais on s'est bien amusés **quand même**.

mesmo assim
- Chovia, mas **mesmo assim** a gente se divertiu bastante.

par hasard [paʀˈzaʀ] adv
- Nous nous sommes rencontrés **par hasard**.

por acaso
- Nós nos reencontramos **por acaso**.

Termos estruturais

Artigos

le, la [lə, la]	o, a

➡ Diante de vogal e *h* mudo, le e la se convertem em l': l'or, l'école, l'hôtel. Em ligação com a preposição à, os artigos le, la, l', les transformam-se em au, à la, à l', aux; em ligação com de, transformam-se em du, de la, de l', des.

les [le] *pl*	os, as
➡ le p. 396	

un, une [ɛ̃, yn]	um, uma

➡ A forma plural dos artigos un e une é des. Em português não há equivalente: des tableaux – **quadros**.

du, de la [dy, dəla] (artigo partitivo)	(não é traduzido)
▪ Il reste **de la** choucroute.	▪ Ainda tem chucrute.

➡ Os artigos partitivos exprimem uma parte não quantificada de um todo e não são usados no português moderno: Je bois de l'eau. – Eu bebo água.

des [de] (artigo partitivo) *pl*	(não é traduzido)
▪ Donne-moi **des** fraises et **des** abricots.	▪ Dê-me morangos e damascos.
➡ du p. 396	

Pronomes

Pronomes pessoais

je [ʒə]	eu
▪ **Je** n'ai rien contre.	▪ **Eu** não tenho nada contra.

➡ Diante de vogal e *h* mudo, je se converte em j'.

Pronomes pessoais

tu [ty]	**tu, você**
■ **Tu** m'accompagnes ?	■ **Você** me acompanha?
il [il]	**ele**
■ **Il** veut sortir avec moi.	■ **Ele** quer sair comigo.
■ **Il** a neigé cette nuit.	■ [Sujeito inexistente] Nevou esta noite.
elle [ɛl]	**ela**
■ **Elle** m'a embrassé.	■ **Ela** me beijou.
nous [nu]	**nós**
■ **Nous** nous réjouissons de cette rencontre.	■ **Ficamos** satisfeitos com esse encontro.
vous [vu]	**vós, vocês**
■ Les enfants, **vous** allez être sages !	■ Crianças, **vocês** serão obedientes!

➡ **Vous** pode ser usado tanto para se referir a vários interlocutores quanto para se dirigir a uma só pessoa em linguagem formal – por oposição ao tu, informal.

ils [il]	**eles**
■ **Ils** sont sévères, tes parents ?	■ Seus pais, **eles** são severos?
elles [ɛl]	**elas**
■ **Elles** se ressemblent comme deux sœurs.	■ **Elas** se parecem como duas irmãs.
me [mə]	**me**
■ Ça **m**'intéresse.	■ Isso **me** interessa
■ Ce tableau **me** plaît.	■ Esse quadro **me** agrada.

➡ Diante de vogal e *h* mudo, me se converte em m'. Pode ser tanto objeto direto quanto indireto. Quando preposicionado, usa-se moi. O mesmo vale para te, t', toi.

moi [mwa]	**me, mim**
■ Tu ne te souviens pas de **moi** ?	■ Você não se lembra de **mim**?
■ Dis-**moi** ce que tu penses.	■ Diga-**me** o que você está pensando.
te [tə]	**te, se, o, lhe**
■ Ne **t**'inquiète pas, je **t**'attends.	■ Não **se** preocupe, eu **o** espero.
➡ **me** p. 397	

toi [twa]
- Ce livre n'est pas à **toi**.
- Ces fleurs sont pour **toi**.
- Lève-**toi** !

te, se, ti, você
- Esse livro não pertence a **você**.
- Essas flores são para **você**.
- Levante-**se**!

le [lə]
- Inutile de **le** présenter.
- Je **l'**adore !

o, lo
- Não é preciso apresentá-**lo**.
- Eu **o** adoro!

→ Diante de vogal e *h* mudo, o **le** se converte em **l'**. **Le** e **la** são objetos diretos. Depois de preposições, usa-se **lui, elle** e **eux, elles**.

lui [lɥi]
- Tout est raté à cause de **lui**.
- Donne-**lui** le livre !

ele, lhe
- Por causa **dele**, tudo foi por água abaixo.
- Dê-**lhe** o livro.

→ **Lui** é empregado como pronome tônico de **il** depois de preposições. Se estiver diante de um verbo como objeto indireto, significa **lhe** e refere-se tanto à **lui** (a ele) quanto à **elle** (a ela).

la [la]
- Tu **la** reconnais ?
→ le p. 398

a, la
- Você **a** reconhece?

elle [ɛl]
- Avec **elle**, je me sens bien.

ela
- Com **ela** eu me sinto bem.

se [sə]
- Elle **se** moque de moi.

se
- Ela **se** ri de mim.

→ Diante de vogal e *h* mudo, o **se** se converte em **s'**. Refere-se a **il, elle, ils** e **elles**. Com verbos pronominais ou preposições, os pronomes tônicos podem ser reforçados por **même**: **lui-même, elle-même, eux-mêmes, elles-mêmes** ou **soi-même**.

soi [swa]
- C'est chacun pour **soi**.

si
- É cada um por **si**.

→ **Soi**, na maioria das vezes, é ligado a uma preposição.

nous [nu]
- Nous **nous** réjouissons de cette rencontre.

nos
- Nós **nos** alegramos com este encontro.

vous [vu] ■ Salut Lionel et Marie ! Je **vous** écris juste un petit mot … ➡ vous p. 399	vos, o, lhe, lhes, a vocês ■ Olá, Lionel e Marie! Escrevo **a vocês** apenas umas poucas linhas…
eux [ø] ■ Avec **eux**, on est sûrs de ne pas s'ennuyer.	eles ■ Com **eles**, é garantia de não se entediar.
elles [ɛl] ■ Tu es invité chez **elles** ?	elas ■ Você foi convidado por **elas**?
leur [lœʀ] ■ Il faut que je pense à **leur** écrire. ■ Vous **leur** avez demandé ?	lhes, para eles, a eles ■ Tenho de pensar em escrever **para eles**. ■ Você perguntou **a eles**?
vous [vu] ■ **Vous** avez raison, monsieur le Directeur. ➡ vous p. 399	vós, o senhor, a senhora ■ **O senhor** tem razão, Sr. Diretor.
vous [vu] ■ Parlez ! Je **vous** écoute. ➡ vous p. 399	vos, os ■ Falem! Eu **os** escuto.

Pronomes possessivos

mon, ma [mɔ̃, ma]; *pl* mes	meu
➡ Os pronomes possessivos franceses concordam em gênero e número com o objeto de referência, e não com o possuidor.	
mien, mienne [mjɛ̃, mjɛn]; *pl* miens, miennes	meu, minha
➡ Mien é empregado substantivamente em contraste com mon. Isso vale analogamente para os outros pronomes possessivos.	
ton, ta [tɔ̃, ta]; *pl* tes	teu, seu
tien, tienne [tjɛ̃, tjɛn]; *pl* tiens, tiennes	teu, seu
son, sa [sɔ̃, sa]; *pl* ses	seu, dele

sien, sienne [sjɛ̃, sjɛn]; pl siens, siennes ➡ mon p. 399	seu, dele
notre [nɔtʀ]; pl nos	nosso
nôtre [notʀ]; pl nôtres	nosso
votre [vɔtʀ]; pl vos ➡ vous p. 399	vosso, seu
vôtre [votʀ]; pl vôtres ➡ vous p. 399	vosso, seu
leur [lœʀ] pl leurs	seu, deles

Pronomes demonstrativos

ce, cet, cette [sə, sɛt]; pl ces	este, esse
➡ Diante de vogal e h mudo, ce se converte em c'.	
celui, celle [səlɥi, sɛl]; pl ceux, celles	aquele
➡ Celui e celle são seguidos sempre por uma preposição ou por uma oração relativa com qui, que e dont.	
celui-ci, celle-ci [səlɥisi, sɛlsi]; pl ceux-ci celles-ci	este
celui-là, celle-là [səlɥila, sɛlla]; pl ceux-là, celles-là	aquele
ce [sə]	este, esse
➡ Diz-se também ce matin – **hoje de manhã** –, ce soir – **esta noite** – e cette nuit – **hoje à noite**. A forma cet é empregada quando o demonstrativo é inserido diante de um substantivo masculino que se inicie com vogal ou h mudo. ➡ Ce é empregado somente como sujeito do verbo être ou para introduzir qui, que e dont.	
ça [sa]	isto, isso

> ➡ Ça é empregado sobretudo na linguagem falada, enquanto na escrita é preferível sua versão não contraída, cela.

cela [s(ə)la]   isto, isso
➡ ça p. 400

Pronomes interrogativos

qu'est-ce qui [kɛski]	o que
qu'est-ce que [kɛsk(ə)]	o que
qui [ki]	quem
que [kə]	que
➡ Diante de vogal e *h* mudo, que se converte em qu'.	
quel, quelle [kɛl]	qual
lequel, laquelle [ləkɛl, lakɛl]	o qual
➡ Quando ligados a de, lequel, laquelle, lesquels, lesquelles se convertem em duquel, de laquelle, desquels, desquelles; ligados a à, em auquel, à laquelle, auxquels, auxquelles.	

Pronomes indefinidos e adjetivos indeterminados

quelqu'un [kɛlkɛ̃]	alguém
➡ A concordância com quelqu'un se faz no masculino.	
quelque chose [kɛlkəʃoz]	alguma coisa
➡ A concordância com quelque chose se faz no masculino. Rege a preposição de: **quelque chose de gentil** – algo gentil.	
quoi [kwa]	que
quel, quelle [kɛl]	que
on [ɔ̃]	se, nós, a gente

Pronomes indefinidos e adjetivos indeterminados

> ➡ Na linguagem coloquial usa-se com frequência **on** em vez de **nous**. Nesse caso, o particípio concorda com o significado plural, por exemplo: **On est venus pour s'amuser. – Viemos para nos divertir.**

n'importe [nɛ̃pɔʀt]	qualquer
quelconque [kɛlkõk]	qualquer

> ➡ **Quelconque** vem sempre depois de seu substantivo: **Une personnne quelconque. – Uma pessoa qualquer.**

chaque [ʃak]	cada
tout le monde [tul(ə)mõd] ➡ tout le monde p. 385	todo mundo
chacun, chacune [ʃakɛ̃, ʃakyn]	cada um
en [ã]	disto, disso, daí, dali, daquilo

> ➡ O pronome **en** substitui construções iniciadas com **de**.

y [i]	a isto, a isso, nisto, nisso

> ➡ O pronome **y** substitui construções iniciadas com **à**.

est-ce que [ɛskə] *loc*	(para introduzir interrogações; não é traduzido)

> ➡ **Est-ce que** introduz interrogações. A posição dos termos se mantém tal como na oração enunciativa.

c'est ... qui [se...ki] *loc*	(para enfatizar; não é traduzido)

> ➡ **C'est** é empregado para realçar o sujeito. O **c'est** varia em número. Na linguagem falada, não se flexiona o número.

c'est ... que [se...kə] *loc* ➡ c'est ... qui p. 402	(para enfatizar; não é traduzido)
qui [ki]	que
que [kə] ➡ que p. 401	que
dont [dõ]	de que, do qual, da qual, dos quais, das quais

Preposições

avec [avɛk] ■ Tu veux jouer aux cartes **avec** nous ?	**com** ■ Quer jogar carta **conosco**?
sans [sâ] ■ **Sans** mes lunettes, je ne vois rien du tout.	**sem** ■ **Sem** meus óculos, não enxergo nada.
pour [puʀ] ■ J'ai un cadeau **pour** toi.	**para** ■ Tenho um presente **para** você.
par [paʀ] ■ Il a été renversé **par** une voiture. ■ **Par** la poste, il faut deux jours. ■ Tu peux m'envoyer ça **par** Internet.	**por** ■ Ele foi atropelado **por** um carro. ■ **Pelo** correio, são necessários dois dias. ■ Você pode me enviar isso **pela** internet.
grâce à [gʀɑsa] ■ **Grâce aux** satélites, on peut recevoir des dizaines de chaînes.	**graças a** ■ **Graças aos** satélites, podemos receber dezenas de canais.
d'après [dapʀɛ] ■ **D'après** la Bible, le monde a été créé en six jours.	**segundo** ■ **Segundo** a Bíblia, o mundo foi criado em seis dias.
selon [s(ə)lõ] ■ **Selon** moi, c'est une erreur.	**segundo, para** ■ **Para** mim é um erro.
malgré [malgʀe] ■ Ma grand-mère joue encore au tennis **malgré** son âge.	**apesar de** ■ Minha avó ainda joga tênis, **apesar de** sua idade.
parmi [paʀmi] ■ **Parmi** les lettres, il y en avait une de ma correspondante.	**em meio a** ■ **Em meio** às cartas, havia uma de minha correspondente.

Conjunções

comme si [kɔmsi]
- Fais **comme si** tu ne l'avais pas vue !

como se
- Faça **como se** você não o tivesse visto.

et [e]
- J'invite Corinne **et** sa sœur.

e
- Vou convidar Corinne **e** sua irmã.

ou [u]
- Tu bois du café **ou** du thé ?

ou
- Você bebe café **ou** chá?

ou ... ou [u... u]
- **Ou** c'est lui, **ou** c'est moi, il faut que tu choisisses.

ou... ou
- **Ou** ele, **ou** eu, você tem de escolher.

mais [mɛ]
- J'ai eu du mal, **mais** j'y suis arrivé.
- Sarrebourg n'est pas en Allemagne, **mais** en France.

mas
- Passei mal, **mas** cheguei.
- Sarrebourg não fica na Alemanha, **mas** na França.

comme [kɔm]
- **Comme** je n'ai rien vu, je préfère ne rien dire.

como
- **Como** não vi nada, prefiro não dizer nada.

pour que [puʀkə]
- Je vais t'expliquer tout ça encore une fois **pour que** tu comprennes bien.

para que
- Vou lhe explicar tudo mais uma vez **para que** você entenda bem.

➡ **Pour que** determina sempre que se use o modo subjuntivo.

que [kə]
- Nous espérons **qu'**elle va mieux.

que
- Esperamos **que** ela esteja melhor.

➡ Quando se expressa certeza ou dúvida em uma oração subordinada, usa-se o modo subjuntivo. Diante de vogal e *h* mudo, **que** se converte em **qu'**.

si [si]
- **Si** j'étais riche, ça se saurait !
- Je ne sais pas **si** j'aurai le temps.

se
- **Se** eu fosse rico, saberiam!
- Não sei **se** vou ter tempo.

au cas où [okɑu]
- **Au cas où** tu ne le saurais pas, je vais me marier.

caso
- **Caso** você não saiba, vou me casar.

bien que [bjɛ̃kə]
- J'ai dit oui **bien que** je n'en aie pas très envie.

ainda que
- Eu disse "sim", **ainda que** não estivesse com muita vontade.

➡ Bien que rege o modo subjuntivo.

Verbos auxiliares e modais

être [ɛtʀ] v
▶ v irr p. 410 être
- Je me **suis** levée à 6 heures.

ser
- Levantei-me às 6 horas (O verbo être, como auxiliar, não é traduzido.)

➡ Com o verbo auxiliar être são formados os tempos compostos de certos verbos e de todos os verbos reflexivos. Être é empregado também para a formação da voz passiva e, tal como no português, pode ser usado como verbo principal.

avoir [avwaʀ] v
▶ v irr p. 407 avoir
- Tu n'**as** pas **vu** ce film ?

ter
- Você não **viu** esse filme? (O verbo avoir, como auxiliar, não é traduzido.)

➡ Com o verbo auxiliar avoir formam-se os tempos compostos dos verbos transitivos. Tal como no português, ele também pode ser verbo principal.

vouloir [vulwaʀ] v
▶ v irr p. 414 vouloir
- Elle n'a pas **voulu** danser.
- **Voudriez**-vous manger autre chose ?

querer, gostar
- Ela não **quis** dançar.
- Você **gostaria** de comer mais alguma coisa?

devoir [d(ə)vwaʀ] v
▶ v irr p. 409 devoir
- Je **dois** absolument partir.
- Tu **devrais** être contente.

dever, ter de
- **Tenho de** partir de qualquer jeito.
- Você **deveria** estar satisfeito.

➡ A negação devoir é traduzida também pelo verbo **poder**: On ne doit pas fumer dans cette salle. – Não se pode fumar nesta sala.

Verbos auxiliares e modais

falloir [falwaʀ] *v*
- ▶ v irr p. 410 falloir
- Il **faudra** faire attention.
- Il me **faut** à peu près une demi--heure.

ter de, precisar, ser preciso, ser necessário
- **Será necessário** ter atenção.
- Vou **precisar** de cerca de meia hora.

➡ **Falloir** é um verbo impessoal.

Anexo

Verbos irregulares

As formas não mencionadas são regulares ou podem ser deduzidas. Para o caso de outras variantes, são referidas apenas as formas empregadas na linguagem cotidiana. Usamos as seguintes abreviações: *prés* = *présent de l'indicatif*, *impf* = *imparfait*, *fut* = *futur simple*, *subj* = *subjonctif présent*, *imp* = *impératif*, *p/pr* = *participe présent*, *p/p* = *participe passé*.

aller
prés:	vais, vas, va, allons, vont	impf:	allais
fut:	irai	subj:	aille, allions, aillent
imp:	va !, mas vas-y !	p/p:	allé

s'asseoir
prés:	assieds, assied, asseyons, asseyent ou assois, assoit, assoyons, assoient	p/p:	assis
impf:	asseyais ou assoyais	fut:	assiérai ou assoirai
subj:	asseye ou assoie	p/pr:	asseyant ou assoyant

avoir
prés:	ai, as, a, avons, ont	p/p:	eu
impf:	avais	fut:	aurais
imp:	aie !, ayons !, ayez !	subj:	aie, ait, ayons, aient
p/pr:	ayant		

battre
prés:	bats, bat, battons	p/p:	battu
impf:	battais	fut:	battrai
subj:	batte		

boire
prés:	bois, boit, buvons, boivent	p/p:	bu
impf:	buvais	fut:	boirai
subj:	boive, buvions, boivent		

bouillir

prés:	bous, bout, bouillons, bouillent	*p/p:*	bouilli
impf:	bouillais	*fut:*	bouillirai
subj:	bouille		

conduire

prés:	conduis, conduit, conduisons	*p/p:*	conduit
impf:	conduisais	*fut:*	conduirai
subj:	conduise		

connaître

prés:	connais, connaît, connaissons	*p/p.:*	connu
impf:	connaissais	*fut:*	connaîtrai
subj:	connaisse		

conquérir

prés:	conquiers, conquiert, conquérons, conquièrent	*p/p:*	conquis
impf:	conquérais	*fut:*	conquerrai
subj:	conquière, conquérions		

coudre

prés:	couds, coud, cousons	*p/p:*	cousu
impf:	cousais	*fut:*	coudrai
subj:	couse		

courir

prés:	cours, court, courons	*p/p:*	couru
impf:	courais	*fut:*	courrai
subj:	coure		

croire

prés:	crois, croit, croyons, croient	*p/p:*	cru
impf:	croyais	*fut:*	croirai
subj:	croie, croyions, croient		

cueillir
prés:	cueille; cueilles, cueille, cuellions	p/p:	cueilli
impf:	cueillais	fut:	cueillerai
imp:	cueille !	subj:	cueille

devoir
prés:	dois, doit, devons, doivent	p/p:	dû, mas due
impf:	devais	fut:	devrai
subj:	doive, devions, doivent		

dire
prés:	dis, dit, disons, dites, disent	p/p:	dit
impf:	disais	fut:	dirai
subj:	dise		

distraire
prés:	distrais, distrait, distrayons, distraient	p/p:	distrait
impf:	distrayais	fut:	distrairai
subj:	distraie		

dormir
prés:	dors, dort, dormons	p/p.:	dormi
impf:	dormais	fut.:	dormirai
subj:	dorme		

écrire
prés:	écris, écrit, écrivons	p/p:	écrit
impf:	écrivais	fut:	écrirai
subj:	écrive		

envoyer
prés:	envoie, envoies, envoie, envoient	fut:	enverrai
imp:	envoie !		

être
prés:	suis, es, est, sommes, êtes, sont	*p/p:*	été
impf:	étais	*fut:*	serai
imp:	sois !, soyons !, soyez !	*subj:*	sois, soit, soyons, soient
p/pr:	étant		

faire
prés:	fais, fait, faisons, faites, font	*p/p:*	fait
impf:	faisais	*fut:*	ferai
subj:	fasse, fassions		

falloir
prés:	faut	*p/p:*	fallu
impf:	fallait	*fut:*	faudra
subj:	faille		

fuir
prés:	fuis, fuit, fuyons, fuient	*p/p:*	fui
impf:	fuyais	*fut:*	fuirai
subj:	fuie	*p/pr:*	fuyant

haïr
prés:	hais, hait, haïssons, haïssent	*p/p:*	haï
impf:	haïssais	*fut:*	haïrai
subj:	haïsse		

interrompre
prés:	interromps, interrompt, interrompons	*p/p:*	interrompu
impf:	interrompais	*fut:*	interromprai
subj:	interrompe		

joindre
prés:	joins, joint, joignons	*p/p:*	joint
impf:	joignais	*fut:*	joindrai
subj:	joigne		

lire
prés:	lis, lit, lisons	*p/p:*	lu
impf:	lisais	*fut:*	lirai
subj:	lise		

mettre
prés:	mets, met, mettons	*p/p:*	mis
impf:	mettais	*fut:*	mettrai
subj:	mette		

mourir
prés:	meurs, meurt, mourons, meurent	*p/p:*	mort
impf:	mourais	*fut:*	mourrai
subj:	meure, mourions, meurent		

naître
prés:	nais, naît, naissons	*p/p:*	né
impf:	naissais	*fut:*	naîtrai
subj:	naisse		

ouvrir
prés:	ouvre, ouvres, ouvre, ouvrons	*p/p:*	ouvert
impf:	ouvrais	*fut:*	ouvrirai
subj:	ouvre		

partir
prés:	pars, part, partons	*p/p:*	parti
impf:	partais	*fut:*	partirai
subj:	parte		

peindre
prés:	peins, peint, peignons	*p/p:*	peint
impf:	peignais	*fut:*	peindrai
subj:	peigne		

plaire
prés:	plais, plaît, plaisons	*p/p:*	plu
impf:	plaisais	*fut:*	plairai
subj:	plaise		

pleuvoir

prés:	pleut	*p/p:*	plu
impf:	pleuvait	*fut:*	pleuvra
subj:	pleuve		

pouvoir

prés:	peux, peut, pouvons, peuvent	*p/p:*	pu
impf:	pouvais	*fut:*	pourrai
subj:	puisse, puissions		

prendre

prés:	prends, prend, prenons, prennent	*p/p:*	pris
impf:	prenais	*fut:*	prendrai
subj:	prenne, prenions, prennent		

recevoir

prés:	reçois, reçoit, recevons, reçoivent	*p/p:*	reçu
impf:	recevais	*fut:*	recevrai
subj:	reçoive, recevions, reçoivent		

rendre

prés:	rends, rend, rendons	*p/p.:*	rendu
impf:	rendais	*fut:*	rendrai
subj:	rende		

résoudre

prés:	résous, résout, résolvons, résolvent	*p/p:*	résolu
impf:	résolvais	*fut:*	résoudrai
subj:	résolve, résolvions		

rire

prés:	ris, rit, rions	*p/p:*	ri
impf:	riais	*fut:*	rirai
subj:	rie		

savoir
prés:	sais, sait, savons	*p/p:*	su
impf:	savais	*fut:*	saurai
imp:	sache!, sachons!, sachez!	*subj:*	sache, sachions
p/pr:	sachant		

servir
prés:	sers, sert, servons	*p/p:*	servi
impf:	servais	*fut:*	servirai
subj:	serve		

suffire
prés:	suffis, suffit, suffisons	*p/p:*	suffi
impf:	suffisais	*fut:*	suffirai
subj:	suffise		

suivre
prés:	suis, suit, suivons	*p/p:*	suivi
impf:	suivais	*fut:*	suivrai
subj:	suive		

vaincre
prés:	vaincs, vainc, vainquons	*p/p:*	vaincu
impf:	vainquais	*fut:*	vaincrai
subj:	vainque		

venir
prés:	viens, vient, venons, viennent	*p/p:*	venu
impf:	venais	*fut:*	viendrai
subj:	vienne, venions, viennent		

vivre
prés:	vis, vit, vivons	*p/p:*	vécu
impf:	vivais	*fut:*	vivrai
subj:	vive		

voir			
prés:	vois, voit, voyons, voient	*p/p:*	vu
impf:	voyais	*fut:*	verrai
subj:	voie, voyions, voient		
vouloir			
prés:	veux, veut, voulons, veulent	*p/p:*	voulu
impf:	voulais	*fut:*	voudrai
subj:	veuille ! veuillez !	*subj:*	veuille, voulions, veuillent

Países, línguas e povos

l'Europe [øʀɔp] *n f*	a **Europa**
européen, européenne [øʀɔpeɛ̃, øʀɔpeɛn] *adj*	europeu
la Norvège [nɔʀvɛʒ] *n*	a **Noruega**

➡ Em francês, os nomes de países e de continentes normalmente são usados com artigo (são poucas as exceções, por exemplo, Israël ou Monaco). Continentes e regiões geralmente são substantivos femininos. Países que sejam designados por substantivos femininos são precedidos pela preposição en; países masculinos, por au: **Nous sommes en Allemagne/au Portugal/aux États-Unis – Estamos na Alemanha/em Portugal/nos Estados Unidos.**

norvégien, norvégienne [nɔʀveʒjɛ̃, nɔʀveʒjɛn] *adj*	norueguês

➡ Usa-se a mesma palavra, tanto como adjetivo quanto para a língua e para os habitantes de um país. As línguas são sempre designadas por substantivos masculinos. Os patronímicos são grafados com inicial maiúscula e, em ligação com être, devenir e rester, podem ser escritos também com inicial minúscula: norvégien – **norueguês** –, le norvégien – **o norueguês** – e le Norvégien – **o norueguês**.

la Suède [sɥɛd] *n*	a **Suécia**
suédois, suédoise [sɥedwa, sɥedwaz] *adj*	sueco
la Finlande [fɛ̃lɑ̃d] *n*	a **Finlândia**
finlandais, finlandaise [fɛ̃lɑ̃dɛ, fɛ̃lɑ̃dɛz] *adj*	finlandês

➡ Além de finlandais, usa-se também finnois, precisamente quando se tem em mente a língua ou a cultura finlandesa.

le Danemark [danmaʀk] *n*	a **Dinamarca**
danois, danoise [danwa, danwaz] *adj*	dinamarquês
la Grande-Bretagne [gʀɑ̃dbʀətaɲ] *n*	a **Grã-Bretanha**

britannique [bʀitanik] *adj*	britânico
l'Angleterre [ãglətɛʀ] *n f*	a Inglaterra
anglais, anglaise [ãglɛ, ãglɛz] *adj*	inglês
l'Irlande [iʀlɑ̃d] *n f*	a Irlanda
irlandais, irlandaise [iʀlɑ̃dɛ, iʀlɑ̃dɛz] *adj*	irlandês
la Hollande [ˈɔl(l)ɑ̃d] *n f*	a Holanda
hollandais, hollandaise [ˈɔl(l)ɑ̃dɛ ˈɔl(l)ɑ̃dɛz]] *adj*	holandês
les Pays-Bas [peiba] *n m pl*	os Países Baixos
néerlandais, néerlandaise [neɛʀlɑ̃dɛ, neɛʀlɑ̃dɛz] *adj*	holandês
la Belgique [bɛlʒik] *n*	a Bélgica
belge [bɛlʒ] *adj*	belga
la Flandre [flɑ̃dʀ] *n*	Flandres
flamand, flamande [flamɑ̃, flamɑ̃d] *adj*	flamengo
la Wallonie [walɔni] *n*	a Valônia
wallon, wallone [walɔ̃, walɔn] *adj*	valão
l'Allemagne [almaɲ] *n f*	a Alemanha
allemand, allemande [almɑ̃, almɑ̃d] *adj*	alemão
l'Autriche [otʀiʃ] *n f*	a Áustria
autrichien, autrichienne [otʀiʃjɛ̃, otʀiʃjɛn] *adj*	austríaco
la Suisse [sɥis] *n*	a Suíça
suisse [sɥis] *adj*	suíço
l'Italie [itali] *n f*	a Itália

Países, línguas e povos

italien, italienne [italjẽ, italjɛn] *adj*	**italiano**
la France [fʀɑ̃s] *n*	**a França**

➡ A **França** é referida também como l'**Hexagone**, já que sua forma geográfica se assemelha a um hexágono.

français, française [fʀɑ̃sɛ, fʀɑ̃sɛz] *adj*	**francês**
la Corse [kɔʀs] *n*	**a Córsega**

➡ Para ilhas (com bem poucas exceções, como **Madagascar** ou **Haïti**), usa-se sempre o artigo definido, por exemplo, **La Corse est très jolie. – A Córsega é muito bonita.**

corse [kɔʀs] *adj*	**corso**
l'Espagne [ɛspaɲ] *n f*	**a Espanha**
espagnol, espagnole [ɛspaɲɔl] *adj*	**espanhol**
le Pays basque [peibask] *n*	**o País Basco**
basque [bask] *adj*	**basco**
le Portugal [pɔʀtygal] *n*	**Portugal**
portugais, portugaise [pɔʀtygɛ, pɔʀtygɛz] *adj*	**português**
la Grèce [gʀɛs] *n*	**a Grécia**
grec, grecque [gʀɛk] *adj*	**grego**
la Russie [ʀysi] *n*	**a Rússia**
russe [ʀys] *adj*	**russo**
la Pologne [pɔlɔɲ] *n*	**a Polônia**
polonais, polonaise [pɔlɔnɛ, pɔlɔnɛz] *adj*	**polonês**
la République tchèque [ʀepyblikt ʃɛk] *n*	**a República Tcheca**
tchèque [tʃɛk] *adj*	**tcheco**

l'Amérique [ameʀik] n f	a América
américain, américaine [ameʀikɛ̃, ameʀikɛn] adj	americano
l'Amérique du Nord [ameʀikdynɔʀ] n f	a América do Norte
nord-américain, nord-américaine [nɔʀameʀikɛ̃, nɔʀameʀikɛn] adj	norte-americano
l'Amérique du Sud [ameʀikdysyd] n f	a América do Sul
sud-américain, sud-américaine [sydameʀikɛ̃, sydameʀikɛn] adj	sul-americano
l'Amérique latine [ameʀiklatin] n f	a América Latina
latino-américain, latino-américaine [latinoameʀikɛ̃ latinoameʀikɛn] adj	latino-americano
les États-Unis [etazyni] n	os **Estados Unidos**
les USA [yɛsa] n	os EUA
le Canada [kanada] n	o Canadá
canadien, canadienne [kanadjɛ̃, kanadjɛn] adj	canadense
le Brésil [bʀezil] n	o Brasil
brésilien, brésilienne [bʀeziljɛ̃, bʀeziljɛn] adj	brasileiro
l'Argentine [aʀʒɑ̃tin] n f	a Argentina
argentin, argentine [aʀʒɑ̃tɛ̃, aʀʒɑ̃tin] adj	argentino
l'Asie [azi] n f	a Ásia
asiatique [azjatik] adj	asiático
l'Arabie [aʀabi] n f	a Arábia

Países, línguas e povos 419

arabe [aʀab] adj	árabe
la Turquie [tyʀki] n	a Turquia
turc, turque [tyʀk] adj	turco
l'Israël [isʀaɛl] n m	Israel
israélien, israélienne [isʀaɛljẽ, isʀaɛljɛn] adj	israelense
hébreu [ebʀø] adj	hebreu
l'hébreu [ebʀø] n m	o hebraico
la Chine [ʃin] n	a China
chinois, chinoise [ʃinwa, ʃinwaz] adj	chinês
le Japon [ʒapõ] n	o Japão
japonaise, japonaise [ʒapɔnɛ, ʒapɔnɛz] adj	japonês
l'Inde [ɛ̃d] n f	a Índia
indien, indienne [ɛ̃djẽ, ɛ̃djɛn] adj	indiano
l'Australie [ostʀali] n f	a Austrália
australien, australienne [ostʀaljẽ, ostʀaljɛn] adj	australiano
la Nouvelle-Zélande [nuvɛlzelɑ̃d] n	a Nova Zelândia
néo-zélandais, néo-zélandaise [neozelɑ̃dɛ, neozelɑ̃dɛz] n	neozelandês
l'Afrique [afʀik] n f	a África
africain, africaine [afʀikẽ, afʀikɛn] adj	africano
l'Égypte [eʒipt] n f	o Egito
égyptien, égyptienne [eʒipsjẽ, eʒipsjɛn] n	egípcio
l'Algérie [alʒeʀi] n f	a Argélia

> ➡ **Pieds-noirs** (que significa literalmente "pés negros") designa os habitantes da Argélia de ascendência francesa.

le **Bénin** [benɛ̃] n	Benim
le **Burkina Faso** [byʀkinafazo] n	Burkina Fasso
le **Burundi** [buʀundi] n	Burundi
le **Cambodge** [kɑ̃bɔdʒ] n	o Camboja
le **Cameroun** [kamʀun] n	Camarões
les **Comores** [kɔmɔʀ] n	Comores
le **Congo** [kõgo] n	o Congo
la **Côte d'Ivoire** [kotdivwaʀ] n	a Costa do Marfim
Djibouti [dʒibuti] n	Djibouti
le **Gabon** [gabõ] n	o Gabão
la **Guinnée** [gine] n	a Guiné
Haïti [aiti] n	o Haiti
l'**île Maurice** [ilmɔʀis] n f	as Ilhas Maurício
le **Laos** [laɔs] n	Laos
le **Liban** [libɑ̃] n	o Líbano
le **Luxembourg** [lyksâbuʀ] n	Luxemburgo
Madagascar [madagaskaʀ] n	Madagascar
le **Mali** [mali] n	Mali
le **Maroc** [maʀɔk] n	o Marrocos
le **Mauritanie** [mɔʀitani] n	a Mauritânia
Monaco [mɔnako] n	Mônaco
la **République centrafricaine** [ʀepyblik sɑ̃tʀafʀikɛ̃] n	a República Centro-Africana
le **Rwanda** [ʀwanda] n	Ruanda

le **Sénégal** [senegal] *n*	o **Senegal**
les **Seychelles** [sɛʃɛl] *n pl*	**Seychelles**
le **Tchad** [tʃad] *n*	o **Chade**
le **Togo** [togo] *n*	o **Togo**
la **Tunisie** [tynizi] *n*	a **Tunísia**

A

à 357, 366
abonner à (s') 291
abandonner 91
abonnement 291
abricot 213
absolument 395
académie 137
à carreaux 37
à cause de 391
accélérer 373
accent 128
accepter 77, 97
accident 113
accompagner 50
accord 80, 342
accorder 76
accrocher 235
accusé 349
accuser 349
achat 196
acheter 196
acide 205
acier 327
à côté de 368
acquitter 351
acte 174
acteur 149
actif 194
action 86, 173, 315
activité 86
actualités 292
actuel 358
actuellement 359
acueillir 177
addition 224
additionner 379
Adieu ! 84
adjectif 126
administration 347
admiration 63
admirer 63
adopter 43
adorer 61
adresse 19, 146
adresse e-mail 296
adroit 146
à droite 368
adulte 52
adverbe 126
adversaire 343
à emporter 224
aéroport 263
affaire 87
affirmer 79

affranchir 290
affreux 63
africain 419
Afrique 419
à gauche 368
âgé 53
âge 53
agence 310
agence d'intérim 160
agence de voy-
   age 245
agenda 155
agir 87
agneau 215
agréable 60
agrégation 136
agressif 64
agricole 316
agriculteur 149
agriculture 316
Ah bon ? 86
aide 94
aider 94
aiguille 195
ail 212
ailleurs 367
aimable 21
aimer 61, 43
aimer (s') 43
aimer bien 51
aimer bien faire
   qc 51
aimer faire qc 61
air 282
aire (de repos) 271
ajouter 210
à la fois 363
à la maison 226
à la mode 36
alarme 113
alcool 218
alcoolique 104
à l'est de 281
à l'étranger 248
Algérie 419
à l'heure 362
aliments 204
aliments complets
   209
aliments
   diététiques 208
à interieur 232
allée 257
Allemagne 416
allemand 416
aller 32, 257, 261

aller à vélo 267
aller bien 101
aller chercher 97,
   265
aller ensemble 32
aller et retour 261
aller (s' en) 373
aller simples 261
aller voir 49
allergie 107
allô 296
allocation de parente
   isolé 162
allocations familiales
   162
allumer 233
allumette 241
à l'origine 391
alors 363
à l'ouest de 280
alphabet 129
alternatif 319
aluminium 327
ambassade 340
ambassadeur 152
ambitieux 23
ambulance 113
âme 337
amende 270
amer 208
américain 418
Amérique 418
Amérique du
   Nord 418
Amérique du
   Sud 418
Amérique latine 418
ami 47
amical 47
amitié 47
amitiés 83
amour 43
amoureux 43
ampoule 241
amusant 181
Amuse-toi bien ! 181
amuser 181
amuser (s') 181
an 353
analyser 323
ancêtre 43
ancien 358
âne 274
ange 337
anglais 416
Angleterre 416

angulaire 376
animal 273
animal domestique
   274
année 353
année scolaire 131
anniversaire 176
anniversaire de
   marriage 178
annonce 265, 311
annuel 353
annulaire 100
annuler 246
anpe 159
antipathique 23
antique 171
Antiquité 329
antivirus 307
août 354
à part ça 394
à partir de 360
à péage 271
à peine 394
apéritif 219
à peu près 385
À plus ! 84
apliqué 23
apparaître 373
appareil 263
appareil élec-
   troménager 240
appareil photo
   numérique 191
apparence 58
appartement 226
appartement pour les
   vacances 250
appel 295
appeler 18, 69
appeler (s') 18
appétit 205
applaudir 175
applaudisse-
   ments 175
appli 299
apporter 97
apprendre 69, 118
apprendre à 131
apprenti 139
apprentissage 139
apprivoisé 318
appuyer 88
après 363
après-midi 355
à propos 394
à quelle heure 356

Índice remissivo

À qui le tour ? 199
arabe 418
Arabie 418
arbitre 190
arbre 273
architecte 150
architecture 140
arête 215
argent 312, 325
argentin 418
Argentine 418
arme 344
armé 344
armée 343
armée de l'air 344
Armistice 180
armoire 233
arobase 300
arranger 234
arrestation 351
arrêt 258
arrêter 351, 364
arrêter (s') 267, 374
arrivée 260
arriver 374
arroser 317
art 171
artichaut 213
article 291
artisan 149
artiste 149
artistique 172
ascenseur 230
asiatique 418
Asie 418
asile politique 333
à son compte 144
aspirateur 242
assaisoner 210
assassiner 350
Assemblée nationale 339
asseoir (s') 232
assez 383
assez de 383
assiette 237
assiette de charcuterie 222
assiette de crudités 222
assistant 149
assistant de service social 150
association 50
Assomption 180
assurance 314

assurer 96, 314
astronaute 282
atelier 171, 310
atelier de retouches 203
à temps 362
athée 335
athlète 187
athlétisme 187
Atlantique 276
atmosphère 282
À tout à heure ! 84
attacher 195
attacher sa ceinture 271
attaque 345
atteindre 94, 374
attendre 258
attendre à (s') 58
Attention ! 114
attention 122
atterrir 264
attirant 28
attitude 51
attraction touristique 250
attraper 184
au cas où 404
au lieu de 395
au moins 393
au nord de 280
Au revoir ! 83, 296
Au secours ! 114
au sud de 280
au-dessous de 369
au-dessus de 369
auberge de jeunesse 249
aubergine 213
aucun 384
augmentation de salaire 161
augmenter 314
aujourd'hui 358
auriculaire 100
aussi 394
Australie 419
australien 419
autant 393
auteur 148
auto-stop 272
automatique 321
automne 353
automobiliste 268
autorisation 75

autorisation de travail 163
autoroute 255
autour de 368
autre 387
autrefois 359
autrement 389
Autriche 416
autrichien 416
aux cheveux gris 29
aux cheveux noirs 29
avaler 206
avancer 267, 373
avant 362
avant que 362
avantage 80
avare 24
avec 403
Avec plaisir ! 86
avenir 358
aventure 247
avenue 255
avertissement 287
aveugle 106
avion 263
avis 76
avocat 148
avoir 96, 405
avoir besoin de 88
avoir bonne mine 30
avoir envie de 192
avoir honte 65
avoir l'air 30
avoir la moyenne 123
avoir lieu 178, 365
avoir mal 102
avoir mauvaise mine 30
avoir raison 78
avoir tort 78
avoir un bon goût 204
avoir un goût de 205
avoir... ans 53
avortement 108
avorter 108
avouer 351
avril 354

B

baccalauréat 132
bachelor 135
bagages 246

bague 37
baguette 211
baignoire 233
baiser 44
baisser 314
baisser le prix de 201
baladeur MP3 169
balai 242
balance 241
balayer 242
balcon 231
baleine 274
balle 184
ballet 174
ballon 184
banane 212
bande dessinée 166
banlieue 254
banque 312
banque en ligne 297
baptême 178
bar 182
barbe 31
barque 264
barrette 38
bas 33, 369
base de données 306
basilic 216
basilique 251
basket-ball 188
basque 417
bateau 264
bâtiment 254
batterie 168
battre 186
bavarder 71
bavarder en ligne 301
beau 27
beau-frère 42
beau-père 41
beaucoup 383
beaucoup de 383
beauté 27
beaux-art 172
beaux-parents 41
bébé 19
beignet 211
belge 416
Belgique 416
belle-fille 42
belle-mère 41
belle-sœur 42
bénéfice 315

Bénin 420
best-seller 167
bétail 318
bête 22, 273
bêtise 22
béton 327
beurre 214
bible 337
bibliothèque 165
bicyclette 266
bien que 405
Bien, merci ! 84
bientôt 362
Bienvenue ! 84
bière 218
bifteck 214
bijouterie 203
bijoux 38
bijoux fantaisie 38
bikini 35
billet 173, 261
billet (d'avion) 264
billet (de banque) 313
billet électronique 264
biocarburant 271
biographie 165
biologie 139
biologique 318
biscuit 211
bise 84
bistro(t) 221
bizarre 65
blanc 375
blanc d'œuf 216
blessé 102
blesser 102
blesser (se) 102
blessure 102
bleu 215, 375
bloc-notes 154
blog 301
bloguer 301
blogueur 301
blond 29
bloquer 269
bœuf 213, 274
boire 204
boire un verre 181
bois 278, 324
boisson 218
boîte 207
boîte (aux lettres) 290
boîte (de nuit) 182

boîte de conserve 207
bol 237
bon 21, 121
Bon appétit ! 204
Bon courage ! 176
bon marché 198
Bon voyage ! 245
bonbon 217
bonheur 60
Bonjour ! 83
Bonne année ! 177
Bonne chance ! 176
Bonne journée ! 84
Bonne nuit ! 83
Bonne soirée ! 84
bonnet 37
Bonsoir ! 83
bord 376
botte 36
bouche 99
boucher 148
boucherie 202
boucle d'oreille 38
bouddhiste 336
bouffe 209
bouger 371
bougie 241
bouillabaisse 221
bouillir 205
boulanger 148
boulangerie 202
boule 376
boulevard 255
boulot 142
bourgeois 332
bourse (d'études) 137
Bourse 315
bout de papier 154
bouteille 205
boutique 202
boutique en ligne 297
bouton 36
bouton de la souris 303
bracelet 38
branche 273
bras 99
brasserie 220
brave 21
bref 360
Brésil 418
brésilien 418
bricolage 194

bricoler 192
briller 283
brioche 211
briquet 241
brise 285
britannique 416
brocante 203
brosse à dents 116
brosse (à cheveux) 116
brosser 116
brouillard 285
bruit 67
brûler 286
brûler (se) 113
brumeux 285
brun 29, 375
brut 208, 316
buffet 233
buffet de la gare 262
bulletin 123
bureau 152, 305
bureau de change 314
bureau de poste 289
bureau de tabac 202
Burkina Faso 420
Burundi 420
bus 258
but 94, 188

C

ça 400
Ça va ? 84
Ça y est ! 85
cabine 265
cabinet médical 111
câble 321
cacah(o)uète 213
cadeau 176
cadre 172
cadre supérieur 145
café 218, 220
café au lait 218
café crème 218
cafetière 237
cafetière électrique 236
cahier 119
caisse 198, 242
caisse d'épargne 312
calculatrice 156
calculer 379

caleçon 34
calme 22
camarade de classe 131
Cambodge 420
cambrioleur 350
Cameroun 420
camion 268
campagne 254, 276
camping 249
Canada 418
canadien 418
canal 278
canapé 234
canard 274
cancer 107
candidature 157
canif 192
cantine 132
caoutchouc 327
capable 147
capacité 146
capes 136
capitaine 151
capitale 347
capitalisme 341
capture de l'écran 307
car 391
caractère 23
caravane 269
cargaison 265
caries 108
carnaval 180
carotte 212
carré 376
carrefour 254
carrière 158
carte 222, 255
carte d'abonnement 259
carte d'étudiant 133
carte d'identité 246
carte de crédit 313
carte de visite 152
carte des vins 224
carte postale 289
carte SIM 299
cartes à jouer 191
casque 271
casser 91
casser (se) 102
casserole 237
cassoulet 222
catastrophe 287
cathédrale 251
catholique 335

la **possession** [pɔsɛsjõ] *n*
- Mon oncle est en **possession** d'une immense fortune.

a **posse**
- Meu tio está de **posse** de uma imensa fortuna.

distribuer [distʁibɥe] *v*
- Dans l'Est de la France, Saint Nicolas **distribue** des bonbons et de jouets aux enfants.

distribuir
- No leste da França, São Nicolau **distribui** balas e brinquedos para as crianças.

apporter [apɔʀte] v
- Peux-tu m'**apporter** mes lunettes ?
- Je vous **ai apporté** une spécialité de ma région.

trazer
- Você pode me **trazer** meus óculos?
- Eu lhes **trouxe** uma especialidade de minha região.

emporter [ɑ̃pɔʀte] v
- Je préfère **emporter** ma valise avec moi.

levar
- Eu prefiro **levar** minha mala comigo.

➡ Com coisas usa-se **emporter**; com pessoas, **emmener**.

accepter [aksɛpte] v
- J'**accepte** avec plaisir votre invitation.

aceitar
- **Aceito** com prazer seu convite.

aller chercher [aleʃɛʀʃe] loc
▶ v irr p. 407 aller
- Peux-tu **aller chercher** mes lunettes ?

ir buscar
- Você pode **ir buscar** meus óculos?

laisser [lese] v
- Est-ce que tu peux me **laisser** ta voiture pour trois jours ?

emprestar
- Você pode me **emprestar** seu carro por três dias?

recevoir [ʀ(ə)s(ə)vwaʀ] v
▶ v irr p. 412 recevoir
- J'espère que tu **recevras** ma lettre demain.

receber
- Espero que você **receba** a minha carta amanhã.

rendre [ʀɑ̃dʀ] v
▶ v irr p. 412 rendre
- Pourrais-tu me **rendre** mon livre ?

devolver
- Você poderia **devolver** meu livro?

prêter [pʀɛte] v
- Pourriez-vous me rendre assez rapidement la somme que je vous **avais prêtée** ?

emprestar
- Você poderia devolver o dinheiro que lhe **emprestei** o mais rápido possível?

emprunter [ɑ̃pʀɛte] v
- Je lui **ai emprunté** deux cassettes vidéo pour ce soir.

pegar emprestado
- Eu **peguei emprestado** dele duas fitas de vídeo para esta noite.

emmener [ɑ̃m(ə)ne] v
- Je veux bien t'**emmener**, mais je ne pourrai pas te ramener.
➡ emporter p. 97

levar junto
- De bom grado eu o **levo junto**, mas não posso trazê-lo de volta.

commune 347
communication interurbaine 298
communication locale 298
communisme 341
Comores 420
compagnie aérienne 263
compagnon 47
comparer 389
compartiment 262
compétence 159
compétition 186
complet 197, 249
complètement 393
composer 295
composer de (se) 326
compositeur 151
composter 259
compréhensible 125
comprendre 118
comprimé 109
compte 315
compte de courrier (électronique) 300
compter 379
compter sur 95
concentration 124
concentrer (se) 124
concerner 79
concert 168
concession 80
concierge 150
concombre 212
concours 123
concurrence 311
concurrent 186
condition 392
condoléances 55
conducteur 266
conduire 266
conférence 146
confession 335
confiance 95
confier 95
confirmation 247
confirmer 247
confiserie 203
confiture 217
conflit 344
confort 228
confortable 233
congé 244

congé parental 161
congélateur 240
Congo 420
congrès 145
connaissance 49, 118
connaître (s'y) 159
connecter (se) 301
connexion 301
connu 190
conquérir 328
consacrer 194
conscience 59, 335
conseil 77
conseiller 77, 151, 310
conséquence 392
considérer comme 58
consigne 262
consigne automatique 262
consommateur 311
consommer 268
Constitution 351
construction 227
construire 227
consulat 340
consulter 125
contact 49
contacter qn 50
contagieux 106
conte 164
conte de fées 165
conteneur 265
contenir 385
content 61
contenu 386
continent 386
contraceptif 112
contraire 388
contrarié 81
contrat de travaile 161
contre 79
contrebasse 170
contrôle 120
contrôler 352
contrôleur 262
convaincre 77
convaincu 77
convenir 160
convention 161
convention collective 162
conversation 69

conversation en ligne 301
cookie 302
copain 47
copie 152
copier 305
coq 274
coq au vin 222
coquillages 215
corbeille à papier 156
corde 195
cordonnerie 203
corps 55, 99
correct 120
correction 125
correspondance 153, 261
correspondre 389
corriger 120
Corse 417
costume 33, 175
côte 277
côté 368
Côte d'Ivoire 420
côtelette 215
coton 324
cou 99
couche 117
couche sociale 333
coucher (se) 283
coucher de soleil 283
coude 100
couler 264, 279
couleur 375
couloir 231
coup de fil 295
coup de soleil 108
coupable 349
couper 206
couple 45
coupole 252
courage 22
courageux 22
courant 279, 319
courgettes 213
courir 183
couronne 328
courrier 289
courrier indésirable 300
cours 119, 131
cours (magistral) 138
cours du soir 146
course 183

court 35
court métrage 175
couscous 222
cousin 40
coussin 234
couteau 238
coûter 198
coutume 179
couvercle 240
couvert 225, 240, 284
couverture 235
couvrir (se) 235
craie 133
cravate 37
crayon 153
crédit 316
créer 171
crème 115, 214
crème solaire 117
crepe 221
crêperie 220
crevette 214
cri 81
crier 81
crier au secours 114
crime 350
criminalité 352
criminel 350
crise 107, 342
critique 78
critiquer 78
crochet 195
croire 57, 334
croisière 265
croissance (économique) 312
croissant 211
croix 376
croque-monsieur 221
croyant 335
cru 206
crustacés 215
cueillir 317
cuillère 238
cuir 325
cuire 206
cuisine 230
cuisinier 149
cuisinière 237
cuisinière à induction 240
cuisse 214
cuit 206
cuivre 327

cause   391
causer   391
cave   231
cd   169
ce   400
ceinture   38
ceinture de sécurité   271
cela   401
célèbre   187
célibataire   20
celui   400
celui-ci   400
celui-là   400
cendre   286
cendrier   241
censure   167
cent   378
centaine   383
centenaire   178
centième   381
centime   314
centimètre   382
centrale électrique   322
centrale nucléaire   322
centre comercial   203
centre-ville   254
cercle   376
céréale   274
cerise   212
certainement   96
certificat médical   112
certitude   92
cerveau   99
cesser   365
c'est-à-dire   78, 392
C'est ça !   85
C'est mon tour   199
c'est pourquoi   392
c'est … que   402
c'est … qui   402
chacun   402
chagrin   66
chaine (hi-fi)   169
chaîne   292
chaise   232
chaise de bureau   155
chaleur   284
chaleureux   177
chambré   219, 230
chambre double   249
chambre simple   249
champ   316

champagne   219
champignon   275
championnat du monde   189
chance   158, 191
chancelier   339
changement   364
changement climatique   288
changer   258, 314, 364
changer (se)   32
chanson   167
chanter   168
chanteur   148
chantier   227
chapeau   37
chapelle   252
chapitre   166
chaque   402
charbon   327
charcuterie   202
charger   76, 265
charges   229
chariot   201
charmant   21
charme   21
chasse   196
chat   273
château   252
château fort   252
chaud   284
chauffage   234
chauffer   234
chaussette   33
chausson aux pommes   211
chaussure   34
chef d'entreprise   151
chef d'orchestre   151
chemin   278
chemin de fer   260
cheminée   232
chemise   33
chemise de nuit   34
chemisette   35
chemisier   33
chêne   275
chèque de voyage   313
cher   198, 289
chercher   88
chercher sur Google   297
cheval   273

cheveux   27
chèvre   215, 273
chez   366
chez soi   226
chien   273
chiffon   242
chiffre   379
chiffre d'affaires   310
chimie   139
chimiste   150
Chine   419
chinois   419
chips   217
choc   103
chocolat   217, 218
choisir   197
choix   200
chômage   157
chose   89
chou   213
choucroute   212
chouette   177
chrétien   335
chuchoter   71
cidre   219
ciel   282
cigare   217
cigarette   217
ciment   327
cimetière   255
cinéaste   174
cinéma   173
cinq   377
cinquante   378
cinquantième   381
cinquième   380
cintre   235
circuit touristique   251
circulation   266
cirque   179
ciseaux   154
citation   166
citoyen   348
citron   212
civil   344
clair   375
clair, claire   29
classe   131, 388
classique   170
clavier   303
clé   236
clé usb   307
clic de (la) souris   304
client   199
climat   284

clinique   110
cliquer   303
cloche   252
clocher   252
clou   195
club   50
coca   218
cochon   273
code postal   290
cœur   100
coiffer (se)   29
coiffeur   147
coiffure   29
coin   376
col   36
colère   81
collaborateur   144
collaboration   144
collant   35
colle   156
collectif   51
collection   194
collectionner   194
collège   135
collègue   143
collier   38
collision   114
colonie   330
colonie (de vacances)   244
coloniser   329
colonne   253
combat   344
combattre   344
combien   384
Combien coûte… ?   198
comédie   174
comédie musicale   170
comique   22
comité directeur   309
commande   310
commander   224
comme   404
comme ça   393
comme si   404
commencer   364
comment   393
Comment allez-vous ?   84
Comment vas-tu ?   84
commerçant   151
commerce   311
commun   48

douzaine 383
douze 377
drame 174
drap 235
drapeau 343
drogue 104
droguer (se) 105
droguerie 203
droit 140, 348, 368, 370
droits de l'homme 351
drôle 25
du 396
du nord 280
du sud 280
dur 325
dur d'oreille 106
durabilité 288
durable 288
durée 361
durer 360

E

eau 276
eau minérale 218
échanger 198
écharpe 38
échecs 193
échelle 195
échouer à 123
éclair 211, 285
école 130
école élémentaire 135
école maternelle 134
école privée 135
écolier 130
écologique 288
économie 309
économie politique 140
économies 313
économiser 313
écoute 167
écouter 66
écran 175, 303
écran tactile 305
écrire 153
écrire des texts 295
écrivain 150
édition 291
éducation 122
éducation artistique 140
éduquer 122
effet 392
effet de serre 288
efficace 323
efforcer (s') 93
effort 93
église 251
Égypte 419
égyptien 419
Eh bien 85
élection 341
électricien 149
électricité 319
électrique 320
électronique 321
électrotechnique 140
élégant 31
éléphant 274
élevage 318
élève 131
élever 42, 318
elle 397, 398
elles 397, 399
e-mail 296
embarquer 265
embaucher 157
embouteillage 269
embrasser 44
embrasser (s') 44
émigré 333
émigrer 333
émission 292
emmener 97
empêcher de 76
empereur 328
emploi 156
emploi du temps 134
employé 143, 157
employer 157
employeur 156
empoisonner 288
emporter 97
emprunter 97
en 357, 367, 402
en avance 362
en bas 369
en direct 293
en face de 368
en fait 395
en forme 187
en free-lance 144
en haut 369
en ligne 297
en liquide 312
ennui 64
en plein air 232
en plus de 395
en retard 363
en stock 200
en théorie 323
en tout cas 393
en vain 393
en vente 200
en vouloir à qn 82
encaisser 198
enceinte 54
Enchanté ! 84
encore 360
encourage 95
endormir (s') 89
endroit 253, 370
endurance 187
énergie 322
énergies renouvelables 288
énerve (s') 81
enfance 52
enfant 18
enfant adoptif 43
enfants 40
enfer 337
enfin 363
enflammé 107
enfuir (s') 345
engager 157
enlever 32, 88
ennuyer (s') 64
ennuyex 64
enregistrer 305
enrhumé 103
enseignant 147
enseignement à distance 146
enseigner 133
ensemble 387
ensuite 362
entendre 66
entendre (s') 50
enterrement 54
enterrer 54
enthousiasme 63
enthousiaste 63
entier 385
entraînement 187
entraîner (s') 183
entre 368
entre-temps 359
entretenir (s') 71
entrée 224, 229, 252
entreprise 309
entrer 226, 304, 373
entrer en collision 114
entretien d'embauche 158
Entrez ! 84
enveloppe 290
envelopper 178
envier 66
environ 384
environnement 286
environs 256
envoyer 289
épais 325
épaule 99
épeler 126
épicé 205
épicerie 202
épices 216
épidémie 107
épinards 213
éplucher 210
époque 331
épreuve 123
éprouver 68
épuisé 197
équipe 145, 187
équipement 250
erreur 120
escale 264
escalier 230
escalier roulant 201
escalope 215
escargots 215
esclave 329
espace 282, 370
Espagne 417
espagnol 417
espérer 57
espoir 57
essai 93
essayer 32, 92
essence 268
essuyer (s') 116
est 280
est-ce que 402
Est-ce que je peux... ? 86
Est-ce que tu veux... ? 85
estomac 100
et 404
étage 227
étagère 234
étape 365

cul 100
culotte 34
cultiver 317
culture 252
culturel 252
curieux 25
curiosité 25
curseur 303
cv 159
cyclisme 188
cyprès 275

D

d'abord 362
D'accord ! 78
dame 17
Danemark 415
danger 113
dangereux 113
danois 415
dans 357, 366
danse 174
danser 181
danseur de ballet 151
d'après 403
date 357
dauphin 274
dé 191
de 367
de ... à 359
de luxe 200
De rien ! 73
de temps en temps 359
de toute façon 395
debout 372
début 364
débutant 159
décapsuleur 241
décembre 354
déception 64
décevoir 64
déchets 288
déchirer 91
décider 92
décision 93
déclarer 248
décoller 264
déconnecter (se) 302
décoration 178
décorer 178
découverte 320
découvrir 320

décrire 125
décrocher 298
dedans 371
défaite 186
défendre 344
défense 344
définitif 364
dégoût 65
degré 382
Dehors ! 86
dehors 232, 371
déjà 360
déjeuner 223
délai 365
de l'est 281
de l'Etat 346
délicieux 205
de l'ouest 280
demain 359
demande 74, 310
demander 72
demander à qn 72
demander (se) 57
démarrer 304
déménager 228
demi 356
demi-heure 356
demi-pension 250
démission 158
démissioner 158
démocratie 339
démocratique 339
démodé 36
démon de midi 55
dent 99
dentifrice 116
dentiste 148
départ 187, 260
département 144, 347
dépasser 373
dépêcher (se) 372
dépendre de 104
dépenser 198
dépenses 315
depuis 359
député 339
déranger 82
dernier 358, 363
derrière 100, 368
des 396
dès que 360
désagréable 60
descendre 90, 371
description 125

désert 278
désespéré 66
déshabiller (se) 32
désinstaller 304
Désolé ! 74
désordre 243
dessert 223
desservir la table 225
dessin 172
dessiner 172
destruction 287
détail 172, 390
détester 63
détour 269
détruire 287
dettes 313
deuil 55
deux 377
deuxième 380
Deuxième Guerre mondiale 330
devant 368
développement 323
développer (se) 323
devenir 143, 364
déviation 269
deviner 193
devinette 193
devoir 94, 313, 405
devoir à la maison 132
d'habitude 361
diabète 108
diable 337
dialogue 173
diarrhée 107
dictature 340
dictée 129
dictionnaire 128
dieu 334
différence 379, 388
différent 387
difficile 122
difficulté 121
digestif 219
dimanche 354
dinde 215
dîner 223
diplomate 152
diplomatique 342
diplôme 120
dire 69
direct 261
directeur 132, 149
direction 144, 370

diriger 143
discothèque 181
discours 70
discrimination 333
discriminer 334
discussion 79
discuter 79
discuter de 79
disparaître 374
dispute 81
disputer (se) 81
disque dur 307
distance 367
distraction 181
distribuer 98
distributeur automatique 315
distributeur de tickets 259
diviser 380
divorcé 20
divorce 47
divorcer 47
dix 377
dix-huit 377
dix-huitième 381
dix-neuf 378
dix-neuvième 381
dix-sept 377
dix-septième 381
dixième 380
Djibouti 420
d'occasion 197
docteur 148
documents 152
doigt 100
doigt de pied 100
domaine 390
domicile 20
Dommage ! 86
donc 392
données 304
donner 96
dont 402
dormir 89
dos 99
dossier 152, 304
douane 248
double 385
double-clic 304
doucement 167
douche 231
doué 125
douleur 102
doute 62, 65
douzième 380

Etat 346
état 90
état civil 20
États-Unis 418
été 353
éteindre 233, 304
éternel 337
étoile 282
étonnant 64
étonner 64
éttoner (s') 65
étrange 60
étranger 332
être 274, 405
être absent 122
être ami avec 50
être assis 232
être au chômage 157
être bien fait 28
être couché 372
être d'accord 77, 80
être de passage 248
être en apprentissage 138
être en grève 160
être en retard 258
être profitable 314
étroit 35, 370
études 133
étudiant 133
étudier 118
euro 313
Europe 415
européen 415
eux 399
évanouir (s') 105
événement 178
évident 79
exact 119
exactement 394
exagération 80
exagérer 80
examen 108, 120
examiner 108
excellent 121
exception 389
excès de vitesse 270
excitant 64
excité, excitée 63
excursion 250
excuse 73, 83
excuser 73
excuser (s') 74
Excusez-moi ! 74
exemple 119

exercer (s') 119
exercer une profession 142
exercice 119
exiger 76
existence 335
exister 335
expéditeur 290
expérience 323
expérience professionnelle 159
expert 157
explication 70
expliquer 69
exporter 310
exposé 136
exposer 170
exposition 170
exprès 94
expression 69
exprimer 70
exprimer (s') 70
exquis 207
extérieur 340, 371

F

fable 165
fabricant 310
fabrication 310
fabriquer 311
façade 228
fâcher 81
fâcher (se) 81
facile 121
façon 393
faculté 133
faim 204
faire 87
faire attention à 92
faire de alpinisme 185
faire de auto-stop 272
faire de escalade 185
faire de la luge 184
faire de la randonnée 185
faire défiler 307
faire demi-tour 267
faire des courses 199
faire des efforts 93
faire du camping 249

faire du cheval 185
faire du jogging 185
faire du lèche-vitrine 200
faire du shopping 200
faire frire 207
faire l'amour 45
faire la cuisine 205
faire la queue 199
faire la vaisselle 238
faire le ménage 236
faire mal 102
faire peur à 62
faire réchauffer 206
faire rôtir 207
faire sauter 207
faire savoir 70
faire ses valises 246
faire un créneau 271
faire un gâteau 206
faire une radio 111
faire une réclamation 198
fait 294
falloir 406
familial 38
famille 38
famille monoparentale 47
farine 211
fascisme 331
fatigant 93
fatigué, fatiguée 89
faute 120
fauteuil 234
fauteuil roulant 112
faux 120
faveur 94
féliciter 177
féminin 127
femme 17, 44
femme au foyer 147
fenêtre 230
fer 324
fer à repasser 239
fermé 196
ferme 316
fermer 230
fermer à clé 236
fermeture éclair 36
ferry 264
fertile 317
fesses 100

fête 176
Fête de la Victoire 180
Fête du Travail 180
fête nationale 179
fêter 176
feu 267, 286
feu d'artifice 179
feuille 153, 273
février 354
fiançailles 45
fiancé 45
fiche 154
fichier 154, 304
fiction 165
fidèle 45
fier 26
fierté 26
fièvre 103
figure 27
fil 195
file d'attente 199
fille 18, 39
film 172
fils 39
filtre anti-spam 300
fin 90, 325, 365
finale 189
finalement 364
financier 312
fines herbes 216
fini 365
finir 364
finlandais 415
Finlande 415
fixer 90
flageolet 213
flamand 416
flamant (rose) 274
flan 222
Flandre 416
flash 191
flèche 376
fleur 273
fleurir 317
fleuriste 203
fleuve 277
flûte 169
foi 334
foie gras 221
foin 317
fois 361
foncé 30, 375
fonction 319
fonctionnaire 152

fonctionner 319
fontaine 253
football 184
force 102, 320
forêt 277
forfait illimité 300
formation
 continue 144
formation en
 ligne 125
forme 376
former 138
formidable 177
formulaire 347
fort 167
fortuné 332
fouilles 329
foul 26
foulard 38
foule 179
four 237
fourchette 238
fournisseur (d'accès
 Internet) 300
fracture 105
fragile 326
frais 200, 205, 284
fraise 212
français 417
France 417
frapper 91
frein 269
freiner 269
fréquent 361
frère 39
frères et sœurs 39
fresque 171
frigidaire 237
froid 284
fromage 214
fromage blanc 215
front 99
frontière 343
fruit 212
fruits de mer 215
fumer 104
fumeur 104
furieux 81

G

Gabon 420
gagner 161, 186
gagner sa vie 161
gai 24
galerie 170, 257
gant 37
garage 231
garantie 95
garantir 96
garçon 18, 148
garder 96, 345
gare 259
gare routière 259
garer 268
garer (se) 268
garrigue 275
gâteau 211
gauche 369
gaz 324
gazole 268
gel 286
gel douche 117
geler 286
gendre 42
général 152, 389
génération 54
généreux 24
genou 100
genre 126
gens 48
gentil 21
géographie 139
gérant 147
gigot 214
glace 217, 239, 285
glacier 220, 278
glaçon 219
glisser 372
golf 188
gomme 154
gonfler 106
gorge 99
goût 207
goûter 223
goutte 206
gouvernement 338
gouverner 338
gps 270
grâce à 403
graduation 322
graisse 210
grammaire 128
gramme 382
grand 28
grand magasin 202
grand-mère 40
grand-père 40
grande école 136

grande famille 39
grande surface 202
Grande-Bretagne
 415
grandir 53
grands-parents 40
gratte-ciel 228
grec 417
Grèce 417
grêle 286
grenier 232
grève 160
grille-pain 240
griller 207
grippe 104
gris 375
gros 28
gros titre 293
grossesse 54
grossir 30
grotte 279
groupe 169, 389
groupe d'amis 50
guérir 101, 106
guerre 343
guerre civile 330
guichet de renseigne-
 ments 261
guide 151, 250
Guinnée 420
guitare 168
gymnase 183

H

habillé 37
habiller (s') 31
habitant 347
habiter 226
habitude 104
habituel 388
habituer à (s') 104
haine 43
haïr 43
Haïti 420
handball 188
handicapé 103
harcèlement moral
 83
harceler 83
haricot 213
haut 369
haut-parleur 169
hebdomadaire 353
hébreu 419

hein 85
hélicoptère 264
herbe 273
hériter 55
héros 345
heure 356
heure supplémentaire
 163
heures de consultation
 111
heures de pointe
 259
heureux 60
hier 358
hindou 336
histoire 139, 164
histoire de l'art 140
historique 328
hiver 353
hockey sur gazon
 189
hockey sur glace
 189
hollandais 416
Hollande 416
homard 215
homme 17, 51
homme d'affaires
 151
homme politique
 152
homosexuel 46
honnête 24
honnêteté 24
honneur 345
honte 65
hôpital 110
horaire 260
horaires de travail
 163
horaires individualisés
 163
hors connexion 297
hors de 370
hors-d'œuvre 224
hôte 177
hôtel 248
hôtel de ville 256
hôtesse de l'air 151
huile 216
huit 377
huitième 380
huître 215
humain 54
humeur 25
humour 25
hygiénique 111

hypermarché 202

I
ici 366
icône 305
idée 335
idéologie 341
il 397
il y a 358
île 277
île Maurice 420
illégal 348
ils 397
image 293
imagination 59, 166
imaginer 59
immeuble 227
immigré 333
immigrer 333
imoral 335
impatient 24
imperméable 35
impoli 23
importance 78
important 78
importer 310
impossible 57
impôt 315
impression 58
imprimante 303
imprimer 303
imprudent 25
incapable 147
incendie 113
incinérer 55
incompréhensible 125
inconvénient 80
incroyable 294
Inde 419
indépendance 341
indépendant 144, 341
index 100
indicatif 296
indien 419
industrie 309
industriel 309
infarctus 107
infection 106
infidèle 45
infirmier 148
inflammation 106
influencer 338

information 70
informations 292
informatique 139
informer 71, 291
ingénieur 150
injuste 349
innocent 349
inondation 286
inquiet 62
inquiéter (s') 63
inscription 122
inscrire (s') 122, 138
insecte 274
insérer 305
insister 76
installation 234
installer 304
installer (s') 228
instant 358
instituteur 148
instrument 168
insuffisant 123
insulter 83
intelligence 124
intelligent 124
intention 94
interactif 306
interdiction 75
interdire 75
intéressant 119
intéresser (s') 118
intérêt 118, 316
intérieur 340, 371
international 346
Internet 297
interprète 150
interrompre 365
interrupteur 321
interview 293
intolérance au lactose 208
inutile 319
inventer 320
invention 320
investir 316
invité 49
inviter 49
irlandais 416
Irlande 416
irrité 107
islamique 336
Israël 419
israélien 419
Italie 416
italien 417

itinéraire 253
ivre 104

J
j'ai le vertige 107
jaloux 45
jambe 100
jambon 214
janvier 354
Japon 419
japonaise 419
jardin 231
jardinier 149
jaune 375
jaune d'œuf 216
je 396
Je pense que oui. 85
J'espère ! 85
J'espère (bien) ! 85
Je voudrais… 85
Je vous en prie ! 73
jean 33
jeter 91, 288
jeter un coup d'œil sur 67
jeu 191
jeu de boules 185
jeudi 354
jeune 52
jeunesse 52
Jeux olympiques 189
jogging 188
joie 59
joindre 50
joli 27
joue 100
jouer 168
jouer à 191
joueur 183
jour 355
jour de l'an 180
jour férié 353
jour ouvrable 353
journal 291
journal intime 166
journaliste 150
journée 355
Joyeuses Pâques ! 177
joyeux 24
Joyeux Noël ! 177
juge 151
jugement 351
juif 336
juillet 354

juin 354
jumeau 42
jumelle 42
jupe 33
jurer 351
jus de fruit 218
jusque 359
juste 119, 349
justement 78, 394
justice 349

K
kermesse 178
kidnapper 352
kilo 382
kilogramme 382
kilomètre 382
kiosque 203
kir 219
kit mains libres 299
kitesurf 189

L
là 366
la 398
là-bas 366
lac 277
lâche 23
laid 28
laine 324
Laisse-moi tranquille ! 86
laisser 87, 97
laisser tomber 91
lait 214
lampe 233
lancer 184
langage 127
langoustines 215
langue 99, 127
langue étrangère 128
langue maternelle 128
Laos 420
lapin 274
lard 214
large 35, 370
larme 62
latin 140
latino-américain 418
laurier 216
lavande 275
lave-linge 239

lave-vaisselle 238
laver 239
laver (se) 115
laver les dents (se) 116
le 396, 398
le matin 355
le mieux 121
le plus souvent 361
le soir 356
leçon 119
lecteur 164
lecteur de CD 169
légal 348
léger 325
légumes 212
lent 183, 372
lentilles de contact 38
lequel 401
les 396
lesbien 46
lessive 242
lettre 126, 289
lettre d'information 296
lettre de candidature 159
lettres 140
lettres et sciences humaines 139
leur 399, 400
lever (se) 89, 283
lever du soleil 283
lèvre 99
Liban 420
libérer 345
liberté 350
librairie 202
libre 350
licence 136
licenciement 158
licencier 158
lien 297
lieu 253, 370
ligne 259, 298, 376
ligne d'arrivée 187
limiter 365
limonade 218
lion 274
liqueur 219
liquide vaisselle 243
lire 164
lisse 326
liste 153
liste de courses 199

lit 233
litre 382
littéraire 165
littérature 165
livre 164
livre numérique 299
livrer 311
local 256
locataire 229
logement 226
logiciel 302
logique 125
loi 348
loin 367
loisir 192
long 35, 360
long métrage 175
longtemps 360
louer 228
loup 274
lourd 325
loyer 227
ludiciel 306
lui 398
lumière 233
lundi 354
lune 282
lunettes 37
lunettes de soleil 38
Luxembourg 420
lycée 130
lycéen 130

M

machine 319
Madagascar 420
madame 17
mademoiselle 17
magasin 202
magasin d'électroménager 203
magasin de chaussures 202
magasin de photographie 203
magasin de sport 203
magazine 291
magnifique 177
mai 354
maigre 28, 210
maigrir 30
maillot de bain 34
main 99

main d'œuvre 145
maintenant 358
maire 348
mairie 256
maïs 213
mais 404
maison 226
maison d'édition 167
maison de confection 202
maison individuelle 226
majeur 19, 100
majorité 340
mal 92
mal de tête 103
mal de ventre 103
mal du pays 65
mal élevé 25
mal soigné 31
malade 101
maladie 101
maladroit 146
malbouffe 209
malchance 191
malgré 403
malheureusement 60
malheureux 60
Mali 420
malin 26
maman 39
mamie 40
manche 36
manger 204, 318
manière 393
manifester 341
manque 332
manquer 260
manquer à qn 65
manteau 32
maquillage 117
maquiller 117
marbre 326
marchandise 309
marché 202
marché aux puces 179
marcher 373
mardi 354
Mardi gras 180
marée 283
marée basse 283
marée haute 283
margarine 216
mari 44
mariage 44

marié 18, 45
marier (se) 44
marin 151
marine 344
Maroc 420
maroquinerie 203
marque 390
marquer un but 188
mars 354
marteau 195
masculin 127
massage 112
masseur 150
master 135
match 186
matelas 235
matériel 302
mathématiques 139
matière 131, 324
matière première 326
matière principale 137
matière secondaire 137
matin 355
matinée 355
Mauritanie 420
mauvais 121
me 397
mécanicien 149
mécanique 140, 321
méchant 22, 82
mécontent 63
médaille 190
médecin 148
médecine 140
médical 109
médicament 109
médicaments 109
Méditerranée 276
méfiance 95
mélange 326
mélanger 326
mélodie 169
melon 213
membre 48
même 387, 394
même pas 394
mémoire (de maîtrise) 136
mémoire 124
mémoriser 305
menacer 352
ménage 44, 236
mendiant 332
mensonge 82

Índice remissivo

mensuel 353
mental 105
mentionner 71
mentir 82
mentir à 83
menton 100
menu 222, 304
mer 276
Merci ! 73
Merci beaucoup ! 73
Merci, ça suffit. 86
mercredi 354
mère 39
méridional 281
Mesdames 289
message 70, 291, 295
message d'erreur 307
messagerie vocale 298
mesure 90, 382
mesurer 382
méta 324
météo 287
méthode 323
métier 142
mètre 382
métro 257
metteur en scène 151
mettre 31, 87
mettre à son compte (se) 144
mettre d'accord (se) 80
mettre en scène 173
mettre la table 225
mettre son clignotant 270
meuble 232
meublé 232
meurtre 350
micro-ondes 240
microbe 106
midi 355
miel 217
mien 399
mieux 121
mignon 30
milieu 51, 368
mille 378
millefeuille 211
milliard 378
millième 381
millier 383

millimètre 382
million 378
millionième 381
mince 29
mine 30
mineur 19
ministre 339
minorité 340
minuit 356
minute 356
misère 332
mms 299
moche 28
mode 31
mode d'emploi 243
modèle 200
moderne 171
modeste 26
moi 397
Moi aussi. 85
Moi non plus. 85
moine 336
moins 357
moins de 384
mois 353
moitié 383
moment 358
momie 329
mon 399
Mon Dieu ! 86
Monaco 420
monarchie 328
monde 282
mondialisation 312
monnaie 199, 316
monologue 173
monsieur 17
montagne 276
montée 185
monter 371
montre 37
monument 253
moquer (se) 181
moquette 235
moral 334
morceau 387
mort 53
mortel 53
mosquée 251
mot 126
mot de passe 307
mot-dièse 302
moteur 319
moteur de recherche 301
motif 36, 191

moto 266
mots croisés 194
mou 325
mouchoir 116
mouchoir en papier 117
mouillé 285
mourir 53
mousse au chocolat 221
moutarde 216
mouton 215, 273
mouvement 187
moyen 390, 394
Moyen Âge 330
muet 103
multimédia 306
multiplier 380
municipal 256
municipalité 348
mûr 208, 229
muscle 100
musée 251
musicien 150
musique 167
musique pop 170
musulman 336

N

nager 184
naissance 52
naître 52
nappe 241
narrateur 166
nation 346
national 346
nationalisme 330
nationalité 20, 338
Nations Unies 342
nature 278
nausée 105
navette spatiale 283
navigateur 298
ne ... pas 72
ne ... pas encore 360
ne ... personne 385
Ne t'en fais pas ! 86
ne... jamais 361
néerlandais 416
négatif 324
négliger 95
négociation 342
neige 286

neiger 286
néo-zélandais 419
nerf 101
nerveux 26
N'est-ce pas ? 85
net 316
nettoyer 238
neuf 197, 377
neuvième 380
neveu 41
nez 99
nièce 41
n'importe 402
niveau 390
noblesse 330
Noël 180
noir 375
noisette 212
noix 212
nom 18, 126
nom d'utilisateur 302
nom de famille 18
nombre 379
nommer 162
non 72
non plus 394
non-fumeur 104
non-sens 59
Non, merci. 85
nord 280
nord-américain 418
normal 388
Norvège 415
norvégien 415
note 121, 153, 169
noter 121, 153
notice 112
nôtre 400
nourrir 318
nourriture 204
nous 397, 398
nouveau 197
nouvelle 70, 165
Nouvelle-Zélande 419
novembre 354
nu 37
nuage 284
nucléaire 322
nuit 356
nulle part 367
numérique 306
numéro 379
numéro d'immatriculation 270

numéro d'urgence 114
numéro de la maison 19
numéro de portable 295
numéro de téléphone 294
numéro direct 299

O

obéir 76
objectif 193, 294
objet 89
obligatoire 271
obliger 76
observer 68
occasion 177, 201
occidental 281
occupation 157
occupé 296
occuper 345
occuper de (s') 41
océan 276
octobre 354
odeur 67
odorat 68
œil 99
œuf 216
œuvre 171
office du tourisme 256
officiel 347
officier 152
offre 196
offre d'emploi 159
offrir 176
Oh là là ! 85
oignon 212
oiseau 273
olive 212
olivier 275
ombre 286
omelette 221
on 401
oncle 40
onze 377
onzième 380
opéra 168
opération 110
opérer 110
opinion 76
opposition 339
opprimer 340

opticien 203
or 325
orage 285
orageux 285
oral 123
orange 212, 375
orangeade 218
orchestre 170
ordinateur 302
ordinateur portable 305
ordonnance 112
ordonner 75, 110
ordre 75, 243, 310, 389
oreille 99
oreiller 235
organisation 143
organiser 247
orgue électronique 168
oriental 281
origine 391
orthographe 129
os 99
ou … ou 404
où 366
ou 404
oublier 56
ouest 280
oui 72
Oui, je veux bien 85
ouïe 68
ours 274
outils 192
ouvert 196
ouvre-boîte 238
ouvrier 143
ouvrier qualifié 149
ouvrir 229

P

pacifique 343
Pacifique 277
PACS 46
pacser (se) 46
page 119
page d'accueil 301
paille 318
pain 211
pain au chocolat 211
pain de mie 211
paire 389
paix 343

palais 252
pâle 29
pamplemousse 213
panneau (de signalisation) 267
pansement 111
pantalon 32
papa 39
pape 336
papeterie 203
papi 40
papier 153
papier hygiénique 117
papier peint 194
papiers 246
papillon 275
Pâques 180
paquet 207, 290
par 370, 403
par exemple 78, 390
par hasard 395
par heure 160
par terre 369
paradis 337
paraître 58
parapluie 37
parasol 192
parc 255
parce que 391
Pardon ? 73
pardonner 74
pareil 387
parent 42
parent isolé 47
parents 39
paresseux 23
parfois 360
parfum 67, 116
parier 193
parking 255
parlement 339
parler 69
parmi 403
parole 126
part 379
partenaire 46
parti 338
participer 49
partie 387
partir 244
partir en voyage 244
partout 367
Pas de problème ! 86
pas du tout 393

passager 263
passé 358
passe-temps 191
passeport 246
passer 49, 96, 296, 373
passer dans la classe supérieure 122
passer l'aspirateur 242
passer son diplôme 135
passer son doctorat 135
passion 25
passionnant 190
passionné 25
pastèque 213
pâté 214
pâté de maisons 227
pâtes 211
patience 24
patient 24, 110
pâtisserie 202
pâtisseries 211
patrie 343
patron 143
pause 161
pauvre 331
pauvreté 331
pavé tactile 305
payer (au) comptant 312
payer 224
pays 346
Pays basque 417
Pays-Bas 416
paysage 275
paysan 148
pc 302
péage 271
peau 100
pêche 196, 212, 318
péché 337
pêcher 192
pencher (se) 372
pêcheur 148
pédagogie 140
peigne 116
peindre 171
peine 350
peintre 149
peinture 171, 194
pendant 357
pensée 56

penser 76
penser à 56
penser de 56
pension complète 249
pente 278
Pentecôte 180
perdant 186
perdre 186
père 39
perforateur 156
périmé 247
période d'essai 162
périphérie 256
permettre 75
permis de conduire 266
permis de séjour 333
permission 75
personnalité 23
personne 19
personnel 48, 142
personnes du troisième âge 54
persuader 80
perte 315
peser 382
pétillant 208
petit 28
petit ami 46
petit pain 211
petit-beurre 217
petit-déjeuner 222
petit-fils 41
petit-suisse 215
petite cuillère 238
petits fours 217
petits pois 212
pétrole 324
peu 384
peuple 340
peur 61
peut-être 57
pharmacie 109
pharmacien 148
philologie anglaise 140
philologie espagnole 140
philologie germanique 140
philologie romane 140
philosophie 141
photo 190
photo panoramique 193
photocopie 154
photocopier 154
photocopieuse 154
photographe 150
photographier 191
phrase 126
physiothérapeute 150
physique 101, 139
piano 168
pièce 229, 313
pièce d'identité 246
pièce de théâtre 172
pièce jointe 297
pied 100
pierre 326
piéton 269
pile 321
pilote 149
pilule 109
pin 275
pin parasol 275
pipe 217
pique-niquer 210
piqûre 111
pirate (informatique) 308
pirater 308
piscine 185
pitié 65
placard 235
place 254, 367
place assise 261
place d'aprenti 139
plafond 229
plage 277
plaindre (se) 82
plaine 278
plaire 197
plaisanter 182
plaisanterie 182
plaisir 60
plan de la ville 255
planche 195
planche à voile 189
planète 283
plante 273
planter 317
plaque d'immatriculation 270
plastique 325
plat 222, 240, 369
plat du jour 221
plat principal 224
plateau 241
plein 223
pleurer 62
pleuvoir 284
plomb 327
plongée 189
pluie 284
plupart de 384
pluriel 127
plus 384
plusieurs 385
plutôt 394
pneu 268
poche 37
poêle 237
poème 166
poète 166
poids 382
poignet 100
poil 101
poing 100
point 130, 376
point de vue 79
pointe 376
pointu 376
pointure 34
poire 212
poisson 214, 273
poissonnerie 203
poitrine 99
poivre 216
poivron 212
polar 165
poli 23
police 113
policier 147
politique 338
pollution de l'environnement 287
Pologne 417
polonais 417
pommade 111
pomme 212
pomme de terre 212
pompe 321
pompiers 114
pont 255
population 331
porc 213
port 290, 264
portable 294
portail 229
porte 229
porte d'embarquement 263
porte-monnaie 37
portefeuille 38
porter 32, 87
portier 149
portion 225
portrait 192
portugais 417
Portugal 417
poser sa candidature 158
positif 324
position 371
posséder 96
possession 98
possibilité 93
possible 57
poste 143, 289
poster 290
pot-au-feu 221
poubelle 240
pouce 100
poudre 326
poule 273
poulet 214
poumon 100
pour 391, 403
pour cent 314
pour plaisanter 182
pour que 404
pourboire 224
pourquoi 391
pourri 208
pourtant 395
pousser 88
poussière 242
pouvoir 75, 338
pouvoir se payer 201
pratique 147
pré 317
précis 320, 390
précis 78
préféré 61
préférer 77
préhistorique 329
premier 380
Premier ministre 339
Première Guerre mondiale 330
premiers soins 115
prendre 96
prendre dans ses bras 44
prendre en considération 58
prendre rendez-vous 49
prendre sa retraite

161
prendre un bain 115
prendre un bain de soleil 192
prendre une douche 115
Prenez place, je vous en prie ! 84
prénom 18
préparation 93
préparer 92, 205
préparer (se) 89
près de 368
prescrire 110
présent 122
présent 358
présentation 155
présenter 155
président 339
presqu'île 279
presque 393
presse 293
pressé 372
pression 321
prêt 90, 364
prêter 97
prêtre 336
preuve 351
prévenir 70
préventif 110
prévention 110
prévoir 59, 287
prier 334
prince 329
principal 134, 388
printemps 353
prise (de courant) 241
prison 351
privé 331
prix 198
probable 57
probablement 57
problème 132
procès 349
prochain 387
production 311
produire 311
produit 311
professeur 132, 147
profession 142
professionnel 142
profiter de 181
profond 369
programme 292, 302
programmer 303

programmeur 150
projet 92
projeter 93
promenade 192
promesse 74
promettre 73
promotion 162, 201
prononcer 128
prononciation 129
proposer 77
proposition 79
propre 96, 239
propreté 242
propriétaire 228
propriété 227
propriété privée 227
protagoniste 166
protection de environnement 287
protestant 336
protestation 82
protester 81
prouver 351
proverbe 129
proviseur 134
provoquer 391
prudent 25
prune 213
psychique 105
psychologie 140
puberté 54
public 175, 331
publicité 311
puer 67
puis 362
puisque 392
puissant 338
pull-over 33
punir 351
puzzle 194
pyjama 34

Q

quai 261
qualifier (se) 143
qualité 388
quand 357
quand même 395
quantité 386
quarante 378
quarantième 381
quart 356, 383
quart d'heure 356
quartier 254

quatorze 377
quatorzième 380
quatre 377
quatre-vingt 378
quatre-vingt-dix 378
quatre-vingt-dixième 381
quatre-vingtième 381
quatrième 380
que 401, 402, 404
quel 401
quelconque 402
quelque chose 401
quelque part 367
quelques 384
quelqu'un 401
qu'est-ce que 401
qu'est-ce qui 401
Qu'est-ce qui se passe ? 85
question 72
qui 401, 402
Qui est à l'appareil ? 296
quiche lorraine 221
quinze 377
quinze jours 353
quinzième 380
quitter 89
quoi 401
quotidien 291, 355

R

raccourci 269
raccrocher 298
race 318
racisme 333
raconter 69
radio 292
radioactif 322
ragots 71
raide 278
rail 262
raisins 213
raison 21, 391
raisonnable 21
ralentir 373
ramasser 91
randonnée 185
rang 390
ranger 231, 390
râpé 208
rapide 183
rappeler 56, 296

rappeler (se) 56
raquette 189
rare 390
rarement 360
raser (se) 116
rasoir 117
ratatouille 221
rater 123, 260
rayé 37
rayon 200
réaction 392
réalisable 74
réalisateur 151
réaliser 74
réalité 293
récemment 359
réception 249
recette 210
recettes 315
recevoir 97
recherche 323
réclamation 198
récolte 317
récolter 317
recommandation 79
recommander 77
reconnaissant 64
reconnaître 58
record 190
récréation 132
rectangle 376
reçu 199
reculer 267
recycler 288
rédaction 129
redémarrer 306
redoubler (une classe) 123
réduction 201
réfléchir 124
réfléchir 56
réflexion 124
réfrigérateur 236
réfugié 345
refus 82
refuser 82
regard 66
regarder 66, 173
regarder la télévision 292
régime 209
région 275, 347
régional 275
règle 154
règle du jeu 193
régler 321

Índice remissivo

régner sur 328
regretter 65
reine-claude 213
réjouir (se) 63
relation 46
religieuse 336
religieux 334
religion 334
remarque 71
remarquer 58
remède 109
remercier 74
remettre 290
remettre (se) 101
remise 290
remplacer 145
remplir 88, 347
renard 274
rencontre 48
rencontrer 48
rendez-vous 48, 153
rendre (un) service
  à qn 95
rendre 97
rendre visite (à) 49
renoncer à 74
rénover 194
renseignement 291
rentrée (des classes)
  131
rentrer 245
renverser 210
réparer 310
repas 204
repasser 239
répéter 119
répondeur 295
répondre 72, 295
répondre à une
  question 72
réponse 72
reportage 293
reporter 150
repos 247
reposant 247
reposer (se) 89
représentant 151
représentation 173
république 340
République
  centrafricaine 420
République
  tchèque 417
requin 274
RER 257
réseau de téléphonie

mobile 299
réseau fixe 299
réseau social 300
réservation 224
réserver 224, 246
résistance 330
résoudre 124
respect 93
respecter 92
respirer 109
responsabilité 145
responsable 143
ressembler 389
ressembler (se) 27
ressembler à 27
restaurant 220
restauration
  rapide 209
reste 387
rester 364
résultat 323
retard 258, 363
retour 245, 261
retourner 245
retraite 161
(re)transmettre 292
rétroprojecteur 155
retrouver 88
réunion 48, 155
réunir (se) 50
réussir à 94
rêve 91
réveil 240
réveiller 91
réveiller (se) 89
réveillon (de la
  Saint-Sylvestre)
  179
réveillon (de Noël)
  180
revendication 162
revendiquer 162
revenir 245
revenu 162
rêver 91
révolution 329
revue 291
rez-de-chaussée 227
rhume 103
riche 332
richesse 332
rideau 235
rien 385
rire 60, 182
risqué 193
risquer 193

rive 277
rivière 277
riz 211
robe 33
robinet 233
rocher 278
roi 328
rôle 174
roman 164
roman policier 164
romarin 216
rond 376
rosé 219
rose 274, 375
rôti 221
roue 270
rouge 375
rouler 372
route 254, 267
roux, rousse 29
royaume 328
rude 23
rue 19, 254
rugueux 326
ruine 253
ruisseau 279
russe 417
Russie 417
Rwanda 420
rythme 170

S

sable 279
sac 37, 207
sac à dos 248
sac à main 37
sac à provisions 199
sac de couchage
  249
sac de voyage 248
sacré 337
sage 21
saigner 102
sain 101
saint 337
Saint-Esprit 334
Saint-Sylvestre 179
saison 250, 353
salade 212
salade de fruits 222
salaire 160
salarié 157
salé 205
sale 239

saleté 242
salle 251
salle à manger 230
salle d'attente 112
salle de bains 230
salle de séjour 230
salon 230
salon de thé 220
Salut ! 83
samedi 354
sandale 36
sandwich 221
sang 100
sans 403
sans arrêt 361
sans aucun doute 62
sans connaissance
  105
sans doute 57
sans lactose 208
Santé ! 204
santé 101
sapin 275
satellite 282
sauce 222
saucisse 214
saucisson 214
sauf 389
saumon 214
sauter 188, 371
sauvage 318
sauvegarde 306
sauver 113
sauver (se) 374
savant 150
savoir 118
savon 115
scanner 307
scène 174
scie 195
science 322
sciences économiques
  et de gestion 140
sciences physiques et
  naturelles 139
sciences politiques
  141
sciences sociales
  140
scientifique 322
scolaire 133
scooter 266
score 190
sculpteur 151
sculpture 171
se 398

438 Índice remissivo

séance 173
sec 208, 285
sèche-cheveux 239
sécher 239
sécheresse 287
seconde 356
secours 113
secret 82
secrétaire 147
secteur 309
sécurité 343
Sécurité sociale 112
seins 100
seize 377
seizième 380
séjour 247
sel 216
self 221
selon 403
semaine 353
sembler 56
semestre 137
Sénégal 421
sens 58, 67, 127
sens du goût 68
sens du toucher 68
sens unique 270
sensation 67
sensible 26
sentiment 59
sentir 67
sentir (se) 101
séparation 45
séparé 19
séparer 88
séparer (se) 45
sept 377
septembre 354
septentrional 281
septième 380
série 390
sérieux 22
serpent 274
serrer la main 50
serrure 236
Sers-toi ! 85
serveur 298
serveuse 148
Servez-vous ! 85
service 225
serviette 238, 239
servir 197, 225, 319
servir (se) 223
seul 62, 386
seulement 362, 387
sexe 20, 46

Seychelles 421
shampooing 116
short 33
si 72, 404
sida 107
Siècle des lumières 330
siège 348
sien 400
siffler 190
signature 347
signe 128
signer 347
silence 69
silencieux 70
S'il vous plaît 73
simple 121
sincère 24
singe 274
singulier 127
sinon 395
site web 301
situation 90
six 377
sixième 380
ski 184
skier 184
skyper 300
slip 34
slip de bain 34
smartphone 299
SMIC 160
sms 295
snack 220
social 331
socialisme 341
société 331
société anonyme 309
société de consommation 312
sœur 39
soi 398
soie 327
soif 204
soigné 31
soigner 109
soin 122
soir 355
soirée 182, 355
soirée dansante 182
soixante 378
soixante-dix 378
soixante-dixième 381
soixantième 381

sol 230, 276
solaire 322
soldat 149
soldes 201
soleil 282
solide 326
solution 124
somme 379
sommet 276
son 169, 399
sonner 236, 298
sonnerie 298
sonnette 236
sonorité 170
sort 66
sorte 388
sortie 229, 255
sortie de secours 115
sortir 181, 374
soucieux 63
soucoupe 238
souffle 109
souffler 285
souffrir 102
souhait 74
souhaiter 73
soulever 90
souligner 71
soupe 221
source 279
sourd 106
sourire 61
souris 273, 303
sous 367
sous-sol 228
soustraire 379
soutenir 95
soutien 95
soutien-gorge 35
souvenir 56
souvent 360
souverain 329
spa 247
sparadrap 111
spécial 388
spécialiser (se) 146
spécialiste 146
spécialité 221
spectateur 175
sport 183
sportif 187
sports d'hiver 184
spot publicitaire 292
stade 187
stage 138

station 293
station-service 268
steak 214
steward 151
stress 108
studio 228
style 172
stylo 153
stylo à bille 153
subordonné 145
succès 190
sucré 205
sucre 217
sucrerie 217
sud 280
sud-américain 418
Suède 415
suédois 415
sueur 105
suffire 223
suffisant 383
Suisse 416
suisse 416
suite 365
suivant 365
sujet 133, 166
superbe 177
supérieur 145
supermarché 202
superstitieux 337
supportable 106
supporter 106, 190
supposer 57
supprimer 305
sûr 92, 343, 367
sûre 92
surdoué 125
surface 369
surfer sur Internet 297
surgelé 206
surnom 20
surprendre 61
surprise 61
surtout 388
surveillant 134
survivre 114
symbole 253
sympathique 22
synagogue 251
syndicat 160
syndicat d'initiative 256
systématique 320
système 320

Índice remissivo **439**

système d'exploitation 306

T

tabac [taba] 217
table 233
tableau 133, 155, 171
tablette 305
tache 242
taille 34
taire (se) 71
talent 125
tambour 168
tampon 156
Tant mieux ! 85
Tant pis ! 85
tant que 359
tante 40
taper 155
tapis 234
tapis de souris 306
tapisser 194
tard 363
tarte 211
tartine 221
tasse 237
taureau 273
taxi 266
Tchad 421
tchèque 417
te 397
techinicien 150
technique 320, 321
techonologie 320
tee-shirt 33
teint 31
teinturerie 203
télécharger 297
téléphone 294
téléphone mobile 294
téléphoner 294
téléphoner à 294
télévision 292
tellement 384
témoin 349
température 284
tempête 285
temple 253
temps 284, 357
tendre 46
tenir 87
tenir compte de 59
tennis 35, 188
tentative 93

tente 249
ter 260
terminale 135
terminer 90, 365
terminus 259
terrain 188, 228
terrain de jeux 257
terrasse 231
terre 276, 282
terrible 62
terrorisme 344
testament 55
tester 120
tête 99
tête chauve 30
texte 165
texto 295
TGV 260
thé 218
théâtre 172
théologie 140
théorie 323
thermomètre 382
thèse (de doctorat) 136
thon 214
thym 216
ticket 258
ticket de caisse 199
tien 399
Tiens 85
tiers 383
tiers état 330
tiers-monde 342
tigre 274
timbre 289
timide 26
tire-bouchon 240
tirer 87, 343
tiroir 234
tissu 327
titre 165
tofu 216
Togo 421
toi 398
toilettes 231
toit 227
tolérer 77
tomate 212
tombe 54
tomber 371
tomber amoureux 43
tomber en panne 270
ton 399
tongs 36

tonne 382
tort 349
torture 346
tôt 363
touche 303
toucher 65, 67
toujours 361
tour 251
tour en ville 192
tourisme 245
touriste 245
touristique 245
tourner 88, 269
tourner un film 174
tournesol 275
tournevis 195
Toussaint 180
tousser 103
tout 385
tout à coup 363
Tout à fait ! 78
tout de suite 362
tout droit 370
tout le monde 385, 402
tout le temps 361
Toutes mes félicitations ! 176
toux 105
toxicomane 105
tradition 179
traditionnel 179
traduction 129
traduire 128
tragédie 174
trahir 345
train 259
train regional 260
traitement 111
traiter 90, 108
traiteur 203
tram 258
tranche 206
tranquille 22
transformer 90
transpirer 103
transport 265
transporter 265
transports en commun 258
travail 142
travail en in- térim 159
travailler 142
travailler à la chaîne 163

travailler à mi-temps 163
travailler à plein temps 163
travailler à temps partiel 163
travailler par roulement 163
travaux dirigés 138
travaux pratiques 138
traverser 267
traversin 235
treize 377
treizième 380
tremblement de terre 286
trembler 103
trente 378
trentième 381
très 384
triangle 376
tribunal 348
trimestre 134
triste 62
tristesse 62
trois 377
troisième 380
trombone 156
tromper 352
tromper de numéro (se) 295
tromper (se) 120
trottoir 255
troupe 345
trouver 88, 257
trouver la mort 53
trouver (se) 267, 366
truffe 213
truite 214
tu 397
tuer 350
tulipe 275
Tunisie 421
turc 419
Turquie 419
tuyau 321
tweeter 300
type 48
typique 388

U

UE 342
un 377, 396

une 293
uni 36
uniforme 345
union 341
Union européenne 342
union libre 46
unir (s') 342
univers 282
université 133
un peu de 384
urgences 114
urgent 363
usa 418
usage 90
utile 319
utiliser 87

V

vacances 244
vacances à la ferme 247
vache 273
vae 272
vague 277
vainqueur 186
vaisselle 237
valeur 315
valide 246
valise 246
vallée 278
vase 241
veau 214, 273
vedette 175
végétal 317
végétalien 209
véhicule 268
vélo 266
vendeur 147
vendre 196

vendredi 354
Vendredi saint 180
venir 373
venir de 19
vent 285
vente 196
ventre 99
verbe 127
verglas 287
vérité 293
vernis à ongles 117
verre 237, 325
vers 370
verser 225, 315
vert 375
veste 32
vestiaire 231
veston 35
vêtements 31
vétérinaire 150
veuf 19, 54
viande 213
victime 349
victoire 186
vide 223
vidéoprojecteur 155
vie 51
vieillesse 52
vieux 52
vigne 275
village 254
ville 254
vin 218
vin blanc 218
vin rouge 218
vinaigre 216
vinaigrette 222
vingt 378
vingt et un 378
vingt et unième 381
vingt-deux 378

vingt-deuxième 381
vingt-troisième 381
vingtième 381
violence 352
violent 352
violer 352
violet 375
violon 168
virage 269
virer 158
virgule 130
virtuel 306
virus 106
virus informatique 307
vis 195
visa 248
visage 27
visite 250
visite guidée 251
visiter 250
vitamine 210
vite 183, 372
vitesse 371
vitrine 201
vivant 51
vivre 52
vivre ensemble 41
vocabulaire 129
voie 262
Voilà ! 73
voile 189
voir 66
voir du monde 51
voisin 48
voiture 266
voix 168, 341
vol 263, 350
vol direct 263
volaille 215
volcan 279

voler 263, 350
volley-ball 188
volonté 73
volume 166
voter pour 341
vôtre 400
vouloir 73, 405
vouloir dire 128
vous 397, 399
Vous désirez ? 197
Vous permettez 75
voyage 244
voyager 257
vrai 293
vraiment 394
vue 68, 253

W

wagon 262
wagon-lit 262
wagon-restaurant 262
wallon 416
Wallonie 416
w.-c. 231
week-end 353
wifi 296

Y

y 366, 402
yaourt 215

Z

zéro 377
zone piétonne 257
zoom 193
Zut ! 86

Índice remissivo

A

a 366, 367, 396, 398
a advertência 287
a alçada 159
a eles 399
a esposa 44
a gente 401
a isso 402
a isto 402
a leste de 281
a maior parte de 384
a maioria de 384
à mesa 233
a mulher 44
à noite 356
a oeste de 280
a partir de 360
a primeira página 293
a propósito 394
a que horas 356
a tempo 362
a tentativa 93
à venda 200
a vocês 399
abaixo de 369
aberto 196
abobrinha 213
abono de família 162
abono de família monoparental 162
abortar 108
aborto 108
abraçar 44
abridor de garrafa 238
abridor de garrafas 241
abril 354
abrir 229
absolver 351
academia 137
acampar 249
ação 86, 173, 315
aceitar 77, 97
acelerar 373
acender 233
acento 128
achar 88
achar de 56
acidente 113
ácido 205
acima de 369

acionar o pisca-pisca 270
aço 327
acolher 177
acompanhar 50
aconselhar 77
acontecer 178, 365
acontecimento 178
acordar 89, 91
acordo 80, 161, 342
acostamento 271
acostumar-se com 104
açougue 202
açougueiro 148
acreditar 57, 334
acrescentar 210
açúcar 217
acusado 349
acusar 349
adega 231
Adeus! 84
adiantado 362
adicionar 379
adivinhação 193
adivinhar 193
adjetivo 126
administração 347
admiração 63
admirar 63
adorar 51, 61
adormecer 89
adotar 43
adulto 52
advérbio 126
adversário 343
advogado 148
aeronáutica 344
aeronave 263
aeroporto 263
afastar 88
afirmar 79
aflição 66
afortunados 332
afresco 171
África 419
africano 419
afundar 264
agência 310
agência de empregos temporários 160
agência de viagens 245
agência dos correios 289
agenda 134, 155

agir 87
agora 358
agosto 354
agradar 197
agradável 60
agradecer 74
agrégation 136
agressivo 64
agrícola 316
agricultor 149
agricultura 316
água 276
água mineral 218
agulha 195
Ah, é? 86
AIDS 107
ainda 360
ainda não 360
ainda que 405
ajuda 94
ajudar 94
alameda 257
alarme 113
albergue da juventude 249
alcachofra 213
álcool 218
alcoólatra 104
aldeia 254
alecrim 216
alegrar-se 63
alegre 24
alegria 59
além de 395
Alemanha 416
alemão 416
alergia 107
alfabeto 129
alfândega 248
alfazema 275
algarismo 379
algodão 324
alguém 401
alguma coisa 401
alguns 384
alho 212
alhures 367
ali 366
alimentação 204
alimentar 318
alimentar-se de 318
alimentos 204
alimentos dietéticos 208
alimentos integrais 209

alma 337
almoçar 223
almoço 223
almofada 234
alô 296
alternativo 319
alto 167, 369
alto, alta 28
alto-falante 169
alugar 228
aluguel 227
alumínio 327
aluno 130, 131
amanhã 359
amar 43, 61
amarelo 375
amargo 208
amarrar 195
amável 21
ambicioso 23
ambulância 113
ameaçar 352
ameixa 213
ameixa rainha-cláudia 213
amendoim 213
América 418
América do Norte 418
América do Sul 418
América Latina 418
americano 418
amigável 47
amigo 47
amistoso 47
amizade 47
amor 43
analisar 323
ancestral 43
andar 227
andar de trenó 184
anel 37
anexo 297
anfitrião 177
angular 376
animado 63
animal 273
animal doméstico 274
aniversário 176
aniversário de casamento 178
anjo 337
ano 353
ano escolar 131
anotar 121, 153

Índice remissivo

ANPE 159
antes 359, 362
antes que 362
antigamente 359
antigo 171, 358
Antiguidade 329
antipático 23
antivírus 307
anual 353
anular 100, 246
anúncio 265, 311
ao ar livre 232
ao lado de 368
ao menos 393
ao mesmo tempo 363
ao norte de 280
ao sul de 280
ao vivo 293
apagar 233, 305
apaixonado 25, 43
apaixonante 43
apaixonar-se 43
apanhar 184
aparecer 373
aparelho de som 169
aparelho eletrônico 240
aparência 58
apartamento 226
apartamento para passar as férias 250
apelido 20
apenas 386, 387
aperitivo 219, 224
apertado 35
apertar 88
apertar a mão 50
apertar os cintos 271
apesar de 403
apetite 204
apitar 190
aplaudir 175
aplausos 175
aplicado 23
aplicativo 299
apoiar 95
apoio 95
após 363
aposentado 161
aposentar-se 161
apostar 193
aprender 69, 118
aprendiz 139
apresentação 136, 155, 173
apresentar 155
apressado 372
apressar-se 372
aprontar-se 89
aproveitar 181
aproximadamente 384
aquecedor 234
aquecer 234
aquele 400
ar 282
ar (respiração) 109
árabe 418
Arábia 418
árbitro 190
área de trabalho 305
areia 279
Argélia 419
Argentina 418
argentino 418
arma 344
armado 344
armário 233
armário embutido 235
aroma 67
arquiteto 150
arquitetura 140
arquivo 154, 304
arranha-céu 228
arredores 256
arriscado 193
arriscar 193
arroba 300
arroz 211
arrumar 231, 234, 390
arte 171
artesão 149
artigo 291
artista 149
artístico 172
árvore 273
às 357
as 396
às vezes 360
Ásia 418
asiático 418
asilo político 333
asno 274
áspero 326
aspirador 242
assado 221
assalariada 157
assalariado 157
assaltante 350
assar 207
assassinar 350
assassinato 350
assediar 83
assédio moral 83
assegurar 96
Assembleia Nacional 339
assim 393
Assim espero! 85
assinar 347
assinatura 291, 347
assistente 149
assistente social 150
assistir 66, 173
assistir à televisão 292
associação 50
Assunção de Maria 180
assunto 87
assustador 63
assustar 62
astronauta 282
ata 152
atalho 269
ataque 107, 345
até 359
Até logo! 84, 296
Até mais! 83, 84, 296
ateliê 171, 310
ateliê de costura 203
atenção 122
Atenção! 114
atender 295, 298
aterrissar 264
atestado médico 112
ateu 335
atingir 94, 374
atingir a média 123
atirar 343
atitude 51
atividade 86
ativo 194
Atlântico 276
atleta 187
atletismo 187
atmosfera 282
ato 174
ator 149
atormentar 83
atração turística 250
atraente 28
atrás 368
atrasado 363
atrasar-se 258
atraso 258, 363
atravessar 267
atriz 149
atual 358
atualização 296
atualmente 359
atum 214
audição 68
aula 119, 131
aula à noite 146
aula prática 138
aulas 131
aumentar 314
aumento de salário 161
Austrália 419
australiano 419
Áustria 416
austríaco 416
autoestrada 255
automático 321
automobilista 268
autônomo 144
autor 148
autorização 75
autorização de residência 333
autorização de trabalho 163
avançar 373
avarento 24
avelã 212
avenida 255
aventura 247
avião 263
avó 40
avô 40
avós 40
azar 191
azul 375

B

bacharelado 135
backup 306
bactéria 106
bagagem 265
bagagens 246
baguete 211
bailarina 151
bairro 254
baixar 297, 314
baixar os preços 201
baixo 369

Índice remissivo 443

bala 217
balança 241
baldear 258
balé 174
baleia 274
balsa 264
banana 212
banco 312
banco de poupança 312
banco on-line 297
band-aid 111
banda 169
bandeira 343
bandeja 241
banheira 233
banheiro 230, 231
banho 231
bar 182
baralho 191
barato 198
barba 31
barbeador 117
barbear-se 116
barco 264, 264
barraca 249
barulho 67
basco 417
base de dados 306
basílica 251
basquete 188
bastante 383
batata 212
batata chips 217
bater 91, 236
bateria 168
batismo 178
bêbado 104
bebê 19
beber 181, 204
bebida 218
bebida digestiva 219
bedel 134
beijar 44
beijar-se 44
beijo 44, 84
belas-artes 172
beleza 27
belga 416
Bélgica 416
belo 27
bem 187
Bem-vindo! 84
Bem, obrigado! 84
Benim 420
berinjela 213

best-seller 167
Bíblia 337
biblioteca 165
bicicleta 266
bicicleta elétrica 272
bijuteria 38
bilhete eletrônico 264
bilhete único 259
biocombustível 271
biografia 165
biologia 139
biquíni 35
biscoito 211
biscoito de maisena 217
bistrô 221
bizarro 65
bloco de notas 154
blog 301
blogueiro 301
bloquear 269
blusa 33
Boa noite! 83, 84
Boa sorte! 176
Boa tarde! 83
Boa viagem! 245
boate 182
boca 99
bochecha 100
boi 274
bola 184
boletim 123
bolo 211
bolsa 37, 207
bolsa (de estudos) 137
bolsa de mão 37
bolsa de valores 315
bolsos 37
bom 21, 121, 177
Bom apetite! 204
Bom dia! 83, 84
bomba 211, 321
bombeiros 114
bonde 258
bonitinho 30
bonito 27
borboleta 275
borbulhante 208
borda 376
borracha 154, 327
bosque 278
bota 36
botão 36
botão do mouse 303
bracelete 38

braço 99
branco 375
Brasil 418
brasileiro 418
bravo 81
breve 360
bricolagem 194
briga 81
brigar 81
brilhar 283
brincar 182
brinco 38
brioche 211
brisa 285
britânico 416
bruto 316
budista 336
buffet 233
bula 112
bulevar 255
bunda 100
burguês 332
Burkina Fasso 420
burrice 22
burro 22
Burundi 420
buscar 88
butique 202

C

cabeça 99
cabeleireiro 147
cabelo 27, 101
cabelos castanhos 29
cabelos grisalhos 29
cabelos negros 29
cabelos ruivos 29
cabide 235
cabine 265
cabo 321
cabo usb 307
cabra 273
caça 196
caçarola 237
cachimbo 217
caçoar 181
cada 402
cada um 402
cadeia 351
cadeira 232, 348
cadeira de escritório 155
cadeira de rodas 112

caderno 119
café 218, 220
café com leite 218
café da manhã 222
cafeteira 237
cafeteira elétrica 236
cair 32, 371
caixa 198, 207, 242
caixa de correio 290
calar-se 71
calçada 255
calçadão 257
calças 32
calcinha 34
calculadora 156
calcular 379
calmo 22
calor 284
calorosa 177
caloroso 177
cama 233
camada de gelo 287
camada social 333
camarão 214
Camarões 420
Camboja 420
câmera digital 191
caminhada 185
caminhão 268
caminhar 373
caminho 278
camisa 33
camiseta 33, 35
camisola 34
campainha 236
campanário 252
campeonato mundial 189
camping 249
campo 188, 254, 276, 316, 390
camponês 148
Canadá 418
canadense 418
canal 278, 292
canção 167
cancelar 246
câncer 107
candidatar-se 158
candidatura 157
caneta 153
caneta esferográfica 153
canivete 192

Índice remissivo

cano 321
cansado 89
cansativo 93
cantar 168
canteiro de
  obras 227
cantina 132
canto 376
cantor 148
cão 273
capacete 271
capacidade 146
capaz 147
capela 252
CAPES 136
capital 347
capitalismo 341
capitão 151
capítulo 166
captura de tela 307
cara 30, 48
caráter 23
cardápio 222
careca 30
cargo 143
cáries 108
carimbo 156
carinhoso 46
Carnaval 180
carne 213
carne de boi 213
carne de porco 213
carne de vitela 214
carneiro 215, 273
caro 198, 289
carona 272
carpete 235
carregar 87, 265
carreira 158
carrinho 201
carrinho de compras
  201
carro 266
carta 289
carta de apresentação
  159
carta de vinhos 224
cartão de crédito 313
cartão de visita 152
cartão SIM 299
cartão-postal 289
carteira 38
carteira de estudante
  133
carteira de identidade
  246

carteira de motorista
  266
carvalho 275
carvão 327
casa 226
casa de 366
casa de câmbio 314
casa de carnes 202
casaco 32, 35
casaco de chuva 35
casado 18
casal 44, 45
casamento 44
casar-se 44
caso 404
caso contrário 395
castelo 252
catástrofe 287
catedral 251
católico 335
causa 391
causar 391
cavalgar 185
cavalo 273
CD 169
cebola 212
cedo 363
cego 106
célebre 187
celular 294
cem 378
cemitério 255
cena 174
cenoura 212
censura 167
centavo 314
centena 383
centenário 178
centésimo 381
centímetro 382
central elétrica 322
central nuclear 322
centro comercial 203
centro da cidade 254
cerca de 384, 385
cereal 274
cérebro 99
cereja 212
certamente 96
certeza 92
certo 92
cerveja 218
cervejaria 220
cessar 365
céu 282
chá 218

Chade 421
chamar 69
chamar-se 18
champanhe 219
chance 158
chanceler 339
chão 230
chapéu 37
charcutaria 202
charme 21
charmoso 21
charuto 217
chat 301
chave 236
chave de fenda 195
chefe 143
chegada 260
chegar 245, 374
cheio 223
cheque de viagem
  313
China 419
chinelo 36
chinês 419
chocolate 217, 218
choque 103
chorar 62
chover 284
chucrute 212
chumbo 327
chuva 284
chuveiro 231
ciclismo 188
cidadão 348
cidade 254
cidra 219
ciência 322
ciências econômicas
  140
ciências físicas e
  naturais 139
ciências políti-
  cas 141
ciências sociais 140
científico 322
cientista 150
cigarro 217
cimento 327
cinco 377
cineasta 174
cinema 173
cinquenta 378
cinta 38
cinto 38
cinto de segurança
  271

cinza 286, 375
cinzeiro 241
cipreste 275
circo 179
circuito turístico 251
círculo 376
citação 166
ciumento, 45
civil 344
clara do ovo 216
claro 29, 375
classe 131, 388
classe social 333
clássico 170
clicar 303
clicar duas vezes
  304
cliente 199
clima 284
clínica 110
clipe 156
clique do mouse 304
clube 50
coberta 235
cobrador 262
cobre 327
cobrir-se 235
coca-cola 218
cochichar 71
código de área 296
código postal 290
coelho 274
cogumelo 275
coisa 89
coisa alguma 393
cola 156
colaboração 144
colaborador 144
colar 38
colarinho 36
colchão 235
coleção 194
colecionar 194
colega 143
colega de classe 131
coletivo 51
colheita 317
colher 238, 317
colher (para o sentido
  de colheita) 317
colherzinha 238
colidir 114
colisão 114
colocar 87
colônia 330
colônia de férias 244

Índice remissivo

colonizar 329
coluna 253
com 366, 403
com inclinação para 125
com pedágio 271
Com prazer! 86
combate 344
combater 344
combinar 32
começar 364
comédia 174
comer 204, 318
comercial 292
comerciante 151
comércio 311
cômico 22
comida 209
comida fast-food 209
comissária de bordo 151
como 393, 404
como *freelance* 144
como se 404
Como vai? 84
Comores 420
companheira 47
companheiro 47
companhia aérea 263
comparar 389
compartimento 262
competência 159
competição 186
completamente 393
completo 197
compor-se de 326
comportado 21
compositor 151
compra 196
comprar 196
compreender 118
compreensível 125
comprido 35
comprimido 109
computador 302
comum 48
comuna 347
comunicação 136
comunicar 70
comunismo 341
comunitário 51
conceder 76
concentração 124
concentrar-se 124

concernir 79
concerto 168
concessão 80
concordar 160
concorrência 311
concorrente 186
concreto 327
condição 392
condimentada 205
condimento 216
condolências 55
condutor 266
conduzir 266
conectar-se 301
conexão 261, 301
confeitaria 202, 203, 211, 217
conferência 138, 146
confessar 351
confiança 95
confiar 95
confirmação 247
confirmar 247
conflito 344
confortável 233
conforto 228
congelado 206
congelador 240
congelamento 286
Congo 420
congresso 145
conhecido 49, 190
conhecimento 118
conquistar 328
consagrar 194
consciência 59, 335
conseguir 94
conselheiro 151
conselho 77
consequência 392
consertar 310
conservar 96
considerar 58
Constituição 351
construção 227
construir 227
consulado 340
consultar 125
consultório médico 111
consumidor 311
consumir 268
conta 224, 315
conta de e-mail 300
contagioso 106

contar 69, 95, 379
contar com 58, 95
contatar 50
contato 49
contêiner 265
conter 385
conteúdo 386
continente 276
continuação 365
conto 164
conto de fadas 165
contra 79
contrabaixo 170
contraceptivo 112
contrariado 81
contrário 388
contratar 157
contrato de trabalho 161
controlar 352
convenção coletiva 162
convencer 77, 80
conversa 69
conversar 69, 71
conversar on-line 301
convicto 77
convidado 49
convidar 49
cookie 302
cópia 152
copiar 305
copo 237
cor 375
cor da pele do rosto 31
coração 100
coragem 22
corajoso 22
corda 195
cordeiro 215
coroa 328
corpo 55, 99
correção 125
corredor 231
correio 289
correio de voz 298
corrente 279
correr 183, 185, 279
correspondência 153
corresponder 389
correto 119, 120
corrida 183, 188

corrigir 120
Córsega 417
corso 417
cortar (em pedaços) 206
cortina 235
costa 277
Costa do Marfim 420
costas 99
costeleta 215
costume 179
cotidiano 355
cotovelo 100
couro 325
couvert 225
covarde 23
coxa 214
cozido 206
cozinha 230
cozinhar 205, 206
cozinheiro 149
crédito 316
cremar 55
creme 115, 214
crença religiosa 335
crente 335
crepe 221
creperia 220
crer 57, 334
crescer 53
crescimento (econômico) 312
criação 318
criado em cativeiro 318
criança 18
crianças 40
criar 42, 171, 318
crime 350
criminalidade 352
criminoso 350
crise 107, 342
crise da meia-idade 55
cristão 335
crítica 78
criticar 78
croissant 211
croque-monsieur 221
cru 206
crustáceos 215
cruz 376
cruzeiro 265
cubo de gelo 219

cueca slip 34
cuidado 31, 122
cuidar de 41
culpa 349
culpado 349
cultivar 317
cultura 252
cultural 252
cume 276
cunhada 42
cunhado 42
cúpula 252
curar 106
curar(-se) 101
curativo 111
curiosidade 25
curioso 25
currículo 159
curso 119
cursor 303
curta-metragem 175
curto 35
curva 269
cuscuz 222
custar 198
custos 200

D

dado 191
dados 304
daí 402
dali 402
dama 17
damasco 213
dança 174
dançar 181
daquilo 402
dar 96, 176
dar marcha à ré 267
dar meia-volta 267
dar ré 267
dar uma olhada em 67
dar-se 365
da qual 402
das quais 402
data 357
de 367
de ... à 359
De acordo! 78
de brincadeira 182
de fato 395
de início 362

de luxo 200
De nada! 73
de outra maneira 389
de propósito 94
de qualquer maneira 395
de que 402
de repente 363
de tempos em tempos 359
de todo modo 395
de uma cor 36
debater 79
debochar 181
decepção 64
decepcionar 64
decidir 92
décimo 380
décimo nono 381
décimo oitavo 381
décimo primeiro 380
décimo quarto 380
décimo quinto 380
décimo segundo 380
décimo sétimo 381
décimo sexto 380
décimo terceiro 380
decisão 93
declarar 248
decolar 264
decoração 178
decorar 178
dedicar 194
dedo 100
dedo do pé 100
dedo médio 100
dedo mínimo 100
defender 344
defender seu doutorado 135
defesa 344
deficiência 332
deficiente 103
definitivo 364
deixar 87, 89
deixar cair 91
dejetos 288
dele 399, 400
deles 400
deletar 305
delicatéssen 203
delicioso 205
demanda 310
demissão 158
demitir 158

democracia 339
democrático 339
dente 99
dentifrício 116
dentista 148
dentro 371
dentro de 232
departamento 144, 347
depender 104
depois 362, 363
depositar 315
deputada 339
deputado 339
derramar 210
derrota 186
desacelerar 373
desacordado 105
desagradável 60
desaparecer 374
desarmamento 346
descansar 89
descanso 161
descascar 210
descer 90, 371
descoberta 320
descobrir 320
desconectar-se 302
desconfiança 95
descontente 63
desconto 201
descrever 125
descrição 125
descuidado 31
desculpa 73, 83
desculpar 73
desculpar-se 74
Desculpe-me! 74
desde 359
desejar 73
desejo 74
desemprego 157
desenhar 172
desenho 172
desenvolver-se 323
desenvolvimento 323
deserto 278
desesperado 66
desfazer-se de 288
desinstalar 304
desistir 91
desligar 298, 304
deslizar 372
desmaiar 105
desordem 243

despertador 240
despertar 89
despesas 229, 315
despir-se 32
desportivo 187
destreza 146
destruição 287
destruir 287
desvio 269
detalhe 172, 390
detenção 351
deter 351
detergente 243
detestar 63
deus 334
dever 94, 313, 405
dever de casa 132
devolver 97
dez 377
dezembro 354
dezenove 378
dezesseis 377
dezessete 377
dezoito 377
dia 355
dia de Ano-Novo 180
Dia de Todos os Santos 180
Dia do Trabalho 180
dia útil 353
diabete 108
diabetes 108
diabo 337
diálogo 173
diante de 368
diário 166
diarreia 107
dicionário 128
diferença 379, 388
diferente 387
difícil 122
dificuldade 121
digital 306
digitar 155
Dinamarca 415
dinamarquês 415
dinheiro 312, 313
diploma 120
diplomata 152
diplomático 342
direção 144
direção 370
direita 368
direito 140, 348, 368

Índice remissivo 447

direitos do homem 351
direto 261
diretor 132, 134, 149, 151
diretor artístico 151
diretoria 145, 309
dirigir 143, 173, 266
disca 295
discar errado 295
disciplina 131
disciplina obrigatória 137
disciplina optativa 137
disco rígido 307
disco voador 238
discoteca 181
discriminação 333
discriminar 334
discurso 70
discussão 79
discutir 79
dissertação (de mestrado) 136
disso 402
distância 367
disto 402
distração 181
distribuir 98
ditado 129
ditadura 340
divertido 181
divertimento 181
divertir-se 181
dívidas 313
dividir 380
Divirta-se! 181
divorciado 20
divorciar-se 47
divórcio 47
dizer 69
dizer respeito 79
Djibouti 420
do lado de 368
do leste 281
do norte 280
do oeste 280
do qual 402
do sul 280
doce 205
documento 153
documento de identidade 246
documentos 152, 246

doçura 217
doença 101
doente 101
dois 377
dom 125
domicílio 20
domingo 354
domínio 390
dona de casa 147
dor 66, 102
dor de barriga 103
dor de cabeça 103
dormir 89
dos quais 402
dotado 125
dourar 207
doze 377
drama 174
droga 104
Droga! 86
drogar-se 105
drogaria 203
duplo 385
duração 361
durante 357
durar 360
duro 325
dúvida 62
duvidar 65
dúzia 383

E

e 404
É assim! 85
É isso aí! 85
É minha vez 199
e-book 299
e-mail 296
echarpe 38
ecler 211
ecológico 288
economia 309
economia política 140
economias 313
economizar 313
edição 291
edifício 254
editora 167
edredom 235
educação 122
educação artística 140
educada 23

educado 23
educar 122
efeito 392
efeito estufa 288
eficaz 323
egípcio 419
Egito 419
Ei! Veja! 85
Eis! Aí está! 73
ela 397, 398
elas 397, 399
ele 397, 398
elefante 274
elegante 31
eleição 341
eles 397, 399
eletricidade 319
eletricista 149
elétrico 320
eletrônico 321
eletrotécnica 140
elevador 230
em 357, 366, 367
em algum lugar 367
em alguma parte 367
em casa 226
em conta 198
em dinheiro 312
em direção a 370
em espécie 312
em estoque 200
em frente 370
em frente a 368
em frente de 368
em lugar algum 367
em meio a 403
em outro lugar 367
em parte alguma 367
em teoria 323
em todo caso 393
em torno de 368
em vão 393
em vez de 395
em volta de 368
emagrecer 30
embaixada 340
embaixador 152
embaixo 369
embarcar 265
embarque 260
embriagado 104
embrulhar 178
emigrado 333
emigrar 333
empregado 143, 157
empregador 156

empregar 157
emprego 142, 156
empresa 309
empresário 151
emprestar 97
empurrar 88
Encantado! 84
encarregar 76
encenar 173
encher 88
encoberto 284
encomenda 310
encontrar 48, 88
encontrar a morte 53
encontrar-se 49, 257, 267
encontro 48
encosta 278
endereço 19
endereço de e-mail 296
energia 319, 322
energia elétrica 319
energias renováveis 288
enfeitar 178
enfermeiro 148
enfim 363
enganar 352
enganar-se 120
engarrafamento 269
engenheiro 150
engolir 206
engordar 30
engraçado 25
enigma 193
enquanto 359
enquanto isso 359
enraivecer-se 81
ensina 131, 133
ensino a distância 125, 146
ensino fundamental II 135
ensino secundário 130
então 85, 363, 392
entediar-se 64
entender 118
entender-se 50
enterrar 54
enterro 54
entrada 224, 229, 252
entrar 226, 373
entrar em acordo 80
entrar em contato 50

entre 368
Entre! 84
entrega 290
entregar 311
entrevista 293
entrevista de emprego 158
entusiasmado 63
entusiasmo 63
envelope 290
envenenar 288
enviar 289, 290
enxugar-se 116
epidemia 107
época 331
equipamento 250
equipe 145, 187
erguer 90
errar 120
erro 120
erva 273
ervas finas 216
ervilhas 212
esbelto 29
escada 195, 230
escada rolante 201
escala 264
escalope 215
escanear 307
escâner 307
escargot 215
escarpado 278
escavações 329
escola 130
escola de ensino fundamental 135
escola maternal 134
escola particular 135
escolar 133
escolher 197
escova 116
escova de dente 116
escovar 116
escovar os dentes 116
escravo 329
escrever 153
escrever em um blog 301
escrever sms 295
escritor 150
escritório 152
escrivaninha 152
escultor 151
escultura 171
escuro 30, 375

escutar 66
esfera 376
esforçar-se 93
esforço 92, 93
esgotado 197
esmalte 117
espaço 282, 370
Espanha 417
espanhol 417
espantar 65
especial 388
especialidade 221
especialista 146, 157
especializar-se 146
espectador 175
espectadores 175
espelho 239
esperança 57
esperar 57, 58, 258
Espero que sim! 85
espesso 325
espetáculo 173
espinafre 213
espinha 215
Espírito Santo 334
esporte 183
esportes de inverno 184
esportista 187
esportivo 187
espresso com leite 218
esquecer 56
esquentar 206
esquerda 368
esquerdo 369
esqui 184
esquiar 184
esquina 254
esse 400
estação 250, 259, 293, 353
estação final 259
estacionamento 255
estacionar 268
estada 247
estádio 187
Estado 346
estado 90
estado civil 20
Estados Unidos 418
estágio 138, 139
estampa 36
estante 234
estar atrasado 258
estar ausente 122

estar bem 28
estar bonito 28
estar com uma aparência 30
estar de acordo 77, 80
estar de passagem 248
estar de pé 372
estar deitado 372
estar desempregado 157
estar em greve 160
estar entre pessoas 51
estar errado 78
estar na mesa 233
estar reclinado 372
estar satisfeito 223
estar com vontade de 192
este 400
estilo 172
estômago 100
estrada 254
estrada de ferro 260
estrangeiro 332
estranho 60, 65
estreito 370
estrela 175, 282
estresse 108
estudante 130, 133
estudar 118
estúdio 228
estudos universitários 133
estuprar 352
etapa 365
eterno 337
eu 396
Eu acho que sim. 85
Eu gostaria… 85
Eu posso … ? 86
Eu também! 85
EUA 418
euro 313
Europa 415
europeu 415
evento 178
evidente 79
exagerar 80
exagero 80
exame 108, 120
exame nacional do ensino médio 132
examinar 108

exatamente 394
Exatamente! 78
exato 119, 320
exceção 389
excelente 121
excesso de velocidade 270
exceto 389
excitante 64
excursão 250
exemplo 119
exercer uma profissão 142
exercício 119
exército 343
exigir 76
existência 335
existir 335
experiência 323
experiência profissional 159
experimentar 92
experimento 323
explicação 70
explicar 69
expor 170
exportar 310
exposição 136, 170
exposição ao sol 108
expressão 69
expressar 70
expressar-se 70
exterior 332, 340, 371
externo 371

F

fábrica 309
fabricação 310
fabricante 310
fabricar 311
fábula 165
faca 238
fachada 228
fácil 121
faculdade 133
faixa 262
falar 69
falar ao telefone 294
falar pelo Skype 300
falar sobre 79
falso 120
falta 332

Índice remissivo

faltar 122
família 38
família extensa 39
família monoparental 47
familiar 38
farinha 211
farmacêutico 148
farmácia 109
fascismo 331
fatias 206
fato 294
favor 94
faz 358
fazenda 316
fazer 87
fazer a barba 116
fazer a limpeza 236
fazer alpinismo 185
fazer as malas 246
fazer baliza 271
fazer bricolagem 192
fazer brincadeira 182
fazer caminhada 185
fazer compras 199, 200
fazer corrida 185
fazer escalada 185
fazer esforço(s) 93
fazer fila 199
fazer mal 102
fazer piquenique 210
fazer radiografia 111
fazer raios-X 111
fazer saber 70
fazer sexo 45
fazer um bolo 206
fazer uma reclamação 198
fazer visita 49
fé 334
febre 103
fechado 196
fechadura 236
fechar 230
fechar à chave 236
feder 67
feição 30
feijão 213
feio 28
felicidade 60
felicitar 177
feliz 24, 60
Feliz Ano-Novo! 177
Feliz Natal! 177
Feliz Páscoa! 177

feminino 127
feno 317
fera 273
feriado 353
feriado nacional 179
férias 244
férias na fazenda 247
ferido 102
ferimento 102
ferir-se 102
ferramenta de busca 301
ferramentas 192
ferro 324
ferro de passar 239
fértil 317
ferver 205
festa 176, 182
Festa da Vitória 180
festa dançante 182
festejar 176
fevereiro 354
ficar 364, 366
ficar amigo de 50
ficar bem 32
ficar nervoso 81
ficar sabendo 69
ficar sentado 232
ficção 165
ficha 154
fichário 154
fiel 45
figurino 175
fila de espera 199
filé 214, 214
fileira 390
filha 39
filho 18, 39
filho adotivo 43
filhos 40
filme 172
filologia alemã 140
filologia espanhola 140
filologia inglesa 140
filologia românica 140
filosofia 141
filtro anti-spam 300
filtro solar 117
fim 90, 365
fim de semana 353
final 189, 365
finalmente 364
financeiro 312

finlandês 415
Finlândia 415
fino 325
fio 195
física 139
físico 101
fisioterapeuta 150
fixar 90
flã 222
flamengo 416
flamingo 274
Flandres 416
flash 191
flauta 169
flecha 376
flor 273
florescer 317
floresta 277
florista 203
fofocas 71
fogão 237
fogão elétrico 240
fogo 286
fogos de artifício 179
foie gras 221
folha 153, 273
folhado de maçã 211
fome 204
fonte 253, 279
fora 232, 371
fora de 370
fora de moda 36
força 102, 320
forma 376, 393
formação 139
formação continuada 144
formar 138
formar fila 199
formar-se 136
formidável 177
formulário 347
forno 237
forrar com papel de parede 194
fortaleza 252
foto 190
foto panorâmica 193
fotocópia 154
fotocopiadora 154
fotocopiar 154
fotografar 191
fotógrafo 150
fracassar 123
frágil 326

fraldas 117
França 417
francês 417
frango 214
frango no vinho 222
frase 126
fratura 105
frear 269
freio 269
frequente 361
frequentemente 360
fresco 205, 284
frigideira 237
frio 284, 284
fritar 207
fronteira 343
fruta 212
frutos do mar 215
fugir 345, 374
fumante 104
fumar 104
função 319
funcionar 319
funcionário 152
furioso 81
futebol 184
futuro 358

G

Gabão 420
gado 318
galeria 170, 257
galho 273
galinha 215, 273
galo 274
gancho 195
ganhar 161, 186
garagem 231
garantia 95
garantir 96
garçom 148
garçonete 148
garfo 238
garganta 99
garota 18
garrafa 205
garrigue 275
gás 324
gasolina 268
gastar 198
gato 273
gaveta 234
gear 286
geladeira 237

geleia 217
geleira 278
gelo 285
gema do ovo 216
gêmea 42
gêmeo 42
general 152
gênero 126
generoso 24
genro 42
gentil 21
geografia 139
geração 54
geral 389
geralmente 361
gerente 147
ginásio 183
girar 88
girassol 275
giz 133
globalização 312
gol 188
golfe 188
golfinho 274
gordo 28
gordura 210
gorjeta 224
gorro 37
gostar 61, 405
gostar de fazer
  alguma coisa 51
gosto 207
gota 206
governar 338
governo 338
GPS 270
Grã-Bretanha 415
graças a 403
gracejo 182
graduação 322
grama 273, 382
gramática 128
grande 35
granizo 286
grato 64
grau 382
gravar 305
gravata 37
grávida 54
gravidez 54
Grécia 417
grego 417
grelhar 207
greve 160
gripe 104
gritar 81

grito 81
grosseiro 23
grosso 325
grupo 389
grupo de amigos 50
gruta 279
guarda-chuva 37
guarda-sol 192
guarda-volumes 262
guardar rancor 82
guerra 343
guerra civil 330
guia 250
guia turístico 151
guichê de informações 261
Guiné 420
gustação 68

H

há 358
hábil 146
habitante 347
hábito 104
habitual 388
habituar-se a 104
hackear 308
hacker 308
Haiti 420
handebol 188
hardware 302
hashtag 302
hebraico 419
hebreu 419
hein 85
helicóptero 264
herdar 55
herói 345
heroína 345
higiênico 111
hindu 336
hipermercado 202
história 139, 164
história da arte 140
história em quadrinhos 166
histórico 328
hoje 358
Holanda 416
holandês 416
homem 17, 51
homem de negócios 151

homepage 301
homossexual 46
honestidade 24
honesto 24
honra 345
hóquei sobre a grama 189
hóquei sobre o gelo 189
hora 356
horário 260
horário de pico 259
horários de consulta 111
horários de trabalho 163
horários flexíveis 163
horas extras 163
hospital 110
hotel 248
humano 54
humor 25

I

ícone 305
idade 53
Idade Média 330
ideia 335
ideologia 341
idoso 53
igreja 251
igual 387
ilegal 348
ilha 277
Ilhas Maurício 420
imagem 293
imaginação 59, 166
imaginar 59
imaginar-se 159
imediatamente 362
imigrante 333
imigrar 333
imoral 335
imóvel 227
impaciente 24
impedir 76
imperador 328
imperatriz 328
impermeável 78
importância 78
importante 78
importar 310
importunar 83
impossível 57

imposto 315
imprensa 293
impressão 58
impressora 303
imprimir 303
imprudente 25
inábil 146
inabilidoso 146
inacreditável 294
incapaz 147
incêndio 113
incentivar 95
inchar 106
inclinar-se 372
incomodar-se 82
incompreensível 125
inconveniente 80
incorreto 120
incrível 190
independência 341
Índia 419
indiano 419
indicador 100
indústria 309
industrial 309
infância 52
infarto 107
infecção 106
infeliz 60
infelizmente 60
inferno 337
infiel 45
inflamação 106
inflamado 107
influenciar 338
informação 70, 291
informar 71, 291
informática 139
informativo 296
Inglaterra 416
inglês 416
íngreme 278
ingresso 173
iniciante 159
iniciar 304
início 364
injeção 111
injusto 349
inocente 349
inquieto 62
inscrever-se 122, 138
inscrição 122
inserir 304, 305
inseto 274
insistir 76

instalação 234
instalar 304
instalar-se 228
instante 358
instrumento 168
insuficiente 123
insultar 83
inteiro 385
inteligência 124
inteligente 124
intenção 94
interativo 306
interessante 119
interessar-se por 118
interesse 118
interior 340, 371
internacional 346
internet 297
interno 340, 371
intérprete 150
interromper 365
interruptor 321
intolerância à
 lactose 208
inundação 286
inútil 319
invejar 66
invenção 320
inventar 320
inverno 353
investir 316
iogurte 215
ir 257, 373
ir bem 101
ir buscar 97, 265
ir de bicicleta 267
ir mais devagar 373
ir ver 49
ir-se 373
ira 81
Irlanda 416
irlandês 416
irmã 39
irmão 39
irmãos e irmãs 39
irritado 107
irritar 81
irritar-se 81
islâmico 336
isqueiro 241
Israel 419
israelense 419
isso 400, 401
isto 400, 401
isto é 78, 392
Itália 416

italiano 417
itinerário 253

J

já 360
jamais 361
janeiro 354
janela 230
jantar 223
Japão 419
japonês 419
jaqueta 32
jardim 231
jardineiro 149
jeans 33
joelho 100
jogador 183
jogadora 183
jogar 184, 191
jogar fora 91, 288
jogo 191
jogo (de computador) 306
jogo de cartas 191
jogo de peteca 185
jogos olímpicos 189
joia 38
jornal 291
jornal diário 291
jornalista 150
jovem 52
jovial 52
judaico 336
judeu 336
juiz 151
julgamento 349, 351
julho 354
junho 354
junk food 209
juntar 91
juntar-se 50
juntos 387
jurar 351
juro 316
justamente 78, 394
justiça 349
Justiça 349
justo 119, 349
juventude 52

K

kir 219

kit mãos livres 299
kitesurf 189

L

lã 324
lá 366
la 398
lá em cima 369
lábio 99
lado 368
lago 277
lagosta 215
lagostim 215
lágrima 62
lambreta 266
lamentar 65
lâmpada 241
lançar 184
lanche 223
lanchonete 220
Laos 420
lápis 153
laranja 212, 375
laranjada 218
lareira 232
largada 187
largo 370
latim 140
latino-americano 418
lava-louça 238
lavadora de roupa 239
lavanda 275
lavar 239
lavar a louça 238
lazer 192
leão 274
legal 348
legumes 212
lei 348
leite 214
leito 233
leitor 164
leitor de CD 169
leitora 164
lembrança 56
lembrar 56
lembrar-se de 56
lenço 38, 116
lenço de cabeça 38
lenço de papel 117
lençol 235
lente 193
lentes de contato 38
lento 183, 372

ler 164
lésbico 46
leste 280
letra 126
letras 140
letras e ciências
 humanas 139
levantar 90
levantar-se 89
levar 97
levar em consideração 58
levar em conta 59
levar junto 97
leve 325
lhe 397, 398, 399
lhes 399
Líbano 420
liberdade 350
libertar 345
lição 119
licença parental 161
liceu 130
licor 219
ligação 295
ligação interurbana 298
ligação local 298
ligar para 294
ligeiro 372
limão 212
limitar 365
limonada 218
limpar 239
limpeza 236, 242
limpo 239
língua 99, 127
língua estrangeira 128
língua materna 128
linha 195, 259, 298, 376
linha de chegada 187
link 297
liquidações 201
líquido 316
lisa 326
lista 153
lista de compras 199
listrado 37
literário 165
literatura 165
litoral 277
litro 382

livraria 202
livre 350
livro 164
lixeira 156, 240
lixo eletrônico 300
lo 398
lobo 274
local 253, 256, 370
locatário 229
lógico 125
logo 362
loja 202
loja de (equipamentos) eletrônicos 203
loja de antiguidades 203
loja de artigos de couro 203
loja de bijuteria 203
loja de con-fecções 202
loja de departamentos 202
loja de equipamentos esportivos 203
loja de equipamentos fotográficos 203
loja de sapatos 202
loja virtual 297
longa-metragem 175
longe 367
longo 35, 360
lotado 249
louça 237
louco, louca 26
louro 29, 216
lousa 133
lua 282
lucro 315
lugar 253, 367
lugar para morar 226
lugar sentado 261
luminária 233
luto 55
luva 37
Luxemburgo 420
luz 233

M

maçã 212
macaco 274
machucar-se 102
Madagascar 420
madeira 324
maduro 208
mãe 39
mãe solteira 47
maestro 151
magnífico 177
magro 28, 210
maiô 34
maio 354
maior de idade 19
maioria 340
mais 384, 394
mais baixo 167
mal 121
mal-educada 23
mal-educado 23, 25
mala 246, 248
malcriado 25
maldoso 82
Mali 420
maligno 26
mamãe 39
mancha 242
manchete 293
mandar 75, 184
maneira 393
manga 36
manhã 355
manifestar(-se) 341
manjericão 216
manteiga 214
manual de instruções 243
mão 99
mão de obra 145
mão única 270
mapa 255
mapa da cidade 255
maquiagem 117
maquiar 117
máquina 319
mar 276
marca 390
marcar um gol 188
março 354
maré 283
maré alta 283
maré baixa 283
margarina 216
margem 277, 376
marido 44
marinha 344
marinheiro 151
marisco 215
mármore 326
Marrocos 420
marrom 375
martelo 195
mas 404
masculino 127
massagem 112
massagista 150
massas 211
matar 350
matemática 139
matéria 131, 324
matéria-prima 326
mau 22, 26, 82
Mauritânia 420
me 397
Me deixe em paz! 86
mecânica 140
mecânico 149, 321
medalha 190
medicamento 109
medicamentos 109
medicina 140
médico 109, 148
medida 90, 382
médio 390
medir 382
Mediterrâneo 276
medo 61
medonho 63
meia 33, 356
meia-calça 33, 35
meia-hora 356
meia-noite 356
meia-pensão 250
meio 51, 368, 394
meio ambiente 286
meio-dia 355
mel 217
melancia 213
melão 213
melhor 121
melodia 169
membro 48
memória 124
mencionar 71
mendicante 332
menor de idade 19
menos 384
mensagem 70, 291
mensagem de erro 307
mensal 353
mental 105
mentir 82, 83
mentira 82
menu 222, 304
mercado 202
mercado de pulgas 179
mercadoria 309
mercearia 202
mergulho 189
meridional 281
mês 353
mesmo 387, 394
mesmo assim 395
mesquita 251
mestrado 135
metade 383
metal 324
meteorologia 287
método 323
metrô 257
metro 382
meu 399
Meu Deus! 86
Meus parabéns! 176
mexer-se 371
micro-ondas 240
micróbio 106
mil
mil-folhas 211
milésimo 381
milhar 383
milho 213
milímetro 382
milionésimo 381
mim 397
minha 399
Minha Nossa! 86
Minhas felicitações! 176
ministra 339
ministro 339
minoria 340
minuto 356
miséria 332
misto quente 221
mistura 326
misturar 326
mms 299
mobília 232
mobiliado 232
moça 18
mochila 248
moda 31
modelo 200
moderno 171
modesto 26
modo 393
moeda 313, 316

moldura 172
mole 325
molhado 285
molho 222
molusco 215
momento 358
Mônaco 420
monarquia 328
monge 336
monocromático 36
monólogo 173
montanha 276
monumento 253
moral 334
morango 212
morar 226
moreno 29
morrer 53
mortal 53
morte 53
mostarda 216
moto 266
motor 319
motorista 266
mouse 303
mousepad 306
mousse de chocolate 221
móveis 232
movimento 187
MP3 player 169
muçulmano 336
mudança 364
mudanças climáticas 288
mudar 90, 364
mudar-se 228
mudo 103
muitas vezes 360
muito 383, 384
Muito obrigado! 73
Muito prazer! 84
muito tempo 360
muitos 385
mulher 17
multa 270
multidão 179
multimídia 306
multiplicar 379
múmia 329
mundo 282
municipal 256
municipalidade 348
muro 229
músculo 100
museu 251

música 167
música pop 170
musical 170
musicista 150
músico 150

N

na hora 362
na maioria das vezes 361
na moda 36
na sequência 362
nação 346
nacional 346
nacionalidade 20, 338
nacionalismo 330
Nações Unidas 342
nada 385, 393
nadar 184
nádegas 100
namorada 46
namorado 46, 47
não 72
Não é? 85
não faz sentido 59
não fumante 104
Não há de quê! 73
não parecer bem 30
não passar 123
Não se preocupe! 86
Não, obrigado! 85
nariz 99
narrador 166
nascer 52
nascer (do sol) 283
nascimento 52
nata 214
Natal 180
natureza 278
náusea 105
navegador 298
navegar na internet 297
neblina 285
nebuloso 285
negativo 324
negligenciar 95
negociação 342
Nem eu. 85
nenhum 384
neozelandês 419
nervo 101

nervoso 26
neto 41
nevar 286
neve 286
ninguém 385
nisso 402
nisto 402
nível 390
no entanto 395
no estrangeiro 248
no exterior 248
no interior de 232
nobreza 330
noite 355, 356
noite de São Silvestre 179
noiva 45
noivado 45
noivo 45
nojo 65
nome 18
nome de usuário 302
nomear 162
nonagésimo 381
nono 380
nora 42
normal 388
norte 280
norte-americano 418
Noruega 415
norueguês 415
nós 397, 401
nos 398
nosso 400
nota 121, 153, 169
notar 58, 68
notebook 305
notícia 70
noticiário 292
noticiários 292
Nova Zelândia 419
nove 377
novela 165
novembro 354
noventa 378
novo 52, 197
noz 212
nu 37
nuclear 322
número 34, 379
número da casa 19
número da placa 270
número de celular 295

número de emergência 114
número de telefone 294
número direto 299
número fixo 299
nunca 360, 361
nutrição 204
nuvem 284

O

o 396, 397, 398, 399
o funcionário 143
o qual 401
o que 401
O que está acontecendo? 85
O senhor deseja? 197
O senhor/A senhora permite 75
o tempo inteiro 361
o tempo todo 361
o teste (experimento) 93
obedecer 76
objetiva 193
objetivo 94, 294
objeto 89
obra 171
Obrigado, estou satisfeito. 86
Obrigado! 73
obrigar 76
obrigatório 271
observação 71
observar 66, 68
obter o diploma 135
ocasião 177
oceano 276
ocidental 280, 281
ocorrer 365
octogésimo 381
óculos 37
óculos de sol 38
ocupação 157
ocupado 296
ocupar 345
odiar 43
ódio 43, 81
odor 67
oeste 280
oferecer 176
oferta 196

oferta de emprego 159
off-line 297
oficial 152, 347
oficina 310
oitavo 380
oitenta 378
oito 377
Olá! Tchau! 83
óleo 216
óleo diesel 268
olfato 68
olhar 66
olhar as vitrines 200
olho 99
oliva 212
oliveira 275
ombro 99
omelete 221
on-line 297
onda 277
onde 366
ônibus 258
ônibus espacial 283
ontem 358
onze 377
ópera 168
operação 110
operar 110
operário qualificado 149
opinião 76
oportunidade 201
oposição 339
oprimir 340
orar 334
ordem 75, 243, 389
ordenar 75, 390
orelha 99
orgânico 318
organização 143
organizar 234, 247
órgão eletrônico 168
orgulho 26
orgulhoso 26
oriental 281
origem 391
originalmente 391
orquestra 170
ortografia 129
os 396, 399
osso 99
ostra 215
ótica 203
ótimo 177
ou 404

ou seja 78, 392
ou… ou 404
ouro 325
outono 353
outro 387
outrora 359
outubro 354
ouvir 66, 167
ovo 216

P

paciência 24
paciente 24, 110
Pacífico 277
pacífico 343
pacote 207, 290
padaria 202
padeiro 148
padre 336
pagar 224
pagar à vista 312
página 119
pai 39
pai solteiro 47
país 346
pais 39
País Basco 417
paisagem 275
paisagens 275
Países Baixos 416
paixão 25
palácio 252
paladar 68
palavra 126
palavras cruzadas 194
palha 318
pálido 29
palito de fósforos 241
panela 237
pano 242
pão 211, 221
pão com manteiga 221
pão com chocolate 211
pão de milho 211
pãozinho 211
papa 336
papai 39
papel 153, 174
papel de parede 194
papel higiênico 117

papel-moeda 313
papelaria 203
páprica 212
par 389
para 370, 391, 403
para as 357
para eles 399
Para fora! 86
para levar 224
para que 404
parabenizar 177
parada 258
parafuso 195
paraíso 337
parar 267, 268, 364, 374
parceira 46
parceiro 46
parecer 56, 58, 389
parecer-se 27
parede 229
parente 42
parlamento 339
parque 255, 257
parque infantil 257
parte 379, 387
participar 49
particular 331
partida 186, 187, 260
partido 338
partir 244
Páscoa 180
passado 358
passageiro 257, 263
passagem (de avião) 264
passagem 258, 261
passagem de ida e volta 261
passagem só de ida 261
passaporte 246
passar 49, 93, 96, 239, 296, 373
passar de ano 122
passar o aspirador 242
pássaro 273
passatempo 191
passe 258
passeio 192
passeio pela cidade 192
pasta 304
pasta de dente 116

pasto 317
patê 214
pato 274
patrão 143
pátria 343
pausa 161
paz 343
pc 302
pé 100
peça de teatro 172
pecado 337
pedaço 387
pedaço de papel 154
pedágio 271
pedagogia 140
pedestre 269
pedido 74, 310
pedir 72, 224
pedir conselho 310
pedir orientação 310
pedir socorro 114
pedra 326
pegar 96, 184
pegar carona 272
pegar emprestado 97
pegar no sono 89
peito 99
peixaria 203
peixe 214, 273
pele 100
pelo chão 369
pelo menos 393
pena 350
Pena! 86
pendurar 235
península 279
pensamento 56
pensão completa 249
pensar 76
pensar em 56
pente 116
penteado 29
pentear-se 29
Pentecostes 180
pepino 212
pequeno 28
pera 212
perceber 58
percurso 267
perda 315
Perdão? 73
perdedor 186
perder 186, 260

Índice remissivo

perdoar 74
perfume 116
perfurador 156
pergunta 72
perguntar 72
perguntar a alguém 72
perguntar-se 57
periferia 256
perigo 113
perigoso 113
período de experiência 162
permissão 75
permitir 75
perna 100
pernil 214
personalidade 23
persuadir 80
perto de 368
perua 215
pesado 325
pêsames 55
pesar 382
pesca 196, 318
pescador 148
pescar 192
pescoço 99
peso 382
pesquisa 323
pêssego 212
pessoa 19
pessoal 48, 142
pessoas 48
pessoas da terceira idade 54
petit suisse 215
petróleo 324
piada 182
piano 168
picada 111
piedade 65
pijama 34
pilha 321
piloto 149
pílula 109
pimenta 216
pinheiro 275
pinheiro-manso 275
pinho 275
pintar 171
pintor 149
pintora 149
pintura 171, 194
piscina 185
piso 227

placa (do veículo) 270
placa (de sinalização) 267
placar 190
planejar 93
planeta 283
planície 278
plano 92, 369
plano ilimitado 300
planta 273
plantar 317
plástico 325
plataforma 261
plural 127
pneu 268, 270
pó 242, 326
pobre 331
pobreza 331
poder 75, 338
poder pagar (algo para si) 201
poderoso 338
podre 208
poeira 242
poema 166
poeta 166
poetisa 166
pois 391
polegar 100
polícia 113
policial 147
política 338
político 152
polonês 417
Polônia 417
poltrona 234
poluição do meio ambiente 287
pomada 111
ponta 376
ponte 255
ponto 130, 258, 376
ponto de vista 76, 79
ponto final 259
pontualmente 362
pontudo 376
população 331
por 370, 403
pôr 87
pôr a mesa 225
por acaso 395
por causa de 391
por cento 314
por conta própria 144
pôr do sol 283

por exemplo 78, 390
Por favor, sente-se! 84
Por favor! 73
por hora 160
por isso 392
por que 391
pôr selo 290
por toda a parte 367
por vezes 360
pôr-se 283
porção 225
porco 273
porque 391
porta 229
porta-moedas 37
portão 229
portão de embarque 263
porteiro 149
porto 264
Portugal 417
português 417
posição 371
positivo 324
posse 98
possibilidade 93
possível 57
possuir 96
postagem 290
postar 290
posto 143
posto de gasolina 268
posto de informações turísticas 256
postura 51
pouco 384, 394
povo 340
praça 254
praia 277
prata 325
praticar 119
prático 147
prato 222, 237, 240
prato de embutidos 222
prato de legumes crus 222
prato do dia 221
prato principal 224
prazer 60
prazo 365
pré-histórico 329
precisar 88, 406
preciso 78, 320, 390

preço 198
prédio 254
preencher 347
prefeito 348
prefeitura 256
preferir 61, 77
prego 195
preguiçoso 23
prender 351
prenome 18
preocupação 66
preocupado 63
preocupar-se 63
preparar 92, 205
preparar-se 89
preparo 93
prescrever 110
presente 122, 176, 358
presidente 339
presilha 38
pressão 321
pressionar 88
prestar (um) serviço a alguém 95
prestar atenção a 92
presunto 214
preto 375
prevenção 110
prevenir 70
preventivo 110
prever 59, 287
prima 40
primavera 353
Primeira Guerra Mundial 330
primeiro 362, 380
primeiro-ministro 339
primeiros socorros 115
primo 40
princesa 329
principal 388
príncipe 329
prisão 351
privado 331
problema 132
procura 310
procurar 88
procurar no Google 297
produção 311
produto 311
produzir 311
professor 132, 147, 148

profissão 142
profissional 142
profundo 369
programa 292, 302
programação 134
programador 150
programar 303
proibição 75
proibir 75
projetar 93
projeto 92
promessa 74
prometer 73
promoção 162, 201
pronto 90, 364
Pronto! 85
pronto-socorro 114
pronúncia 129
pronunciar 128
propor 77
propositalmente 94
propósito 394
proposta 79
própria 96
propriedade 227
propriedade particular 227
proprietário 228
protagonista 166
proteção do meio ambiente 287
protestante 336
protestar 81
protesto 82
prova 120, 351
prova (escrita) 123
prova oral 123
provar 32, 351
provável 57
provavelmente 57
provedor 300
provérbio 129
provocar 391
próximo 387
próximo de 368
prudente 25
psicologia 140
psíquico 105
puberdade 54
publicidade 311
público 175, 331, 331
pulmão 100
pulôver 33
pulso 100
punho 100

punir 351
puxar 87

Q

quadra 227
quadrado 376
quadragésimo 381
quadro 171
quadro negro 133
qual 401
qualidade 388
qualificar-se 143
qualquer 402
quando 357, 360
quantidade 385
quanto 384
Quanto custa...? 198
quarenta 378
quarta-feira 354
quarteirão 227
quarto 229, 230, 380, 383
quarto duplo 249
quarto simples 249
quase 393
quase não 394
quatorze 377
quatro 377
que 401, 402, 404
que não escuta bem 106
Que pena! 86
que vem 387
quebra-cabeça 194
quebrar 91, 102, 269
queijo 214
queijo de cabra 215
queijo de pasta azul 215
queijo fresco 215
queimar 286
queimar-se 113
queixo 100
quem 401
Quem é o próximo na fila? 199
Quem está falando? 296
quente 284
querer 73, 405
querer alguém mal 82

querer dizer 128
querido 30
quermesse 178
quiche lorraine 221
quieto 22, 70
quilo 382
quilograma 382
quilômetro 382
química 139
químico 150
quinquagésimo 381
quinta-feira 354
quinto 380
quinze 377
quinze minutos 356
quinzena 353
quiosque 203

R

raça 318
racismo 333
rádio 292
radioativo 322
rainha 328
raios de sol 108
raiva 81
ralado 208
ramal 299
ramo 273
rapaz 18
rápido 183, 372
raposa 274
raquete 189
raramente 360
raro 390
rasgar 91
ratatouille 221
rato 273
razão 21, 391
razoável 21
reação 392
realidade 293
realizar 74
realizável 74
realmente 394
recado 295
receber 97, 177, 198
receber tratamento 109
receita (médica) 112
receita 210
receitar 110
receitas 315
recentemente 359

recepção 249
recibo 199
recibo de compra 199
reciclar 288
reclamação 198
reclamar 82
recomendação 79
recomendar 77
reconhecer 58
recordar-se de 56
recorde 190
recreio 132
recuperar-se 101
recusa 82
recusar-se a 74
recusar(-se) 82
redação 129
rede 296
rede de telefonia móvel 299
rede expressa regional 257
rede social 300
redondo 376
reencontrar 88
refeição 204
refinado 207
refletir 56, 124
reflexão 124
refogado de carne bovina e legumes 221
refogado de carne, linguiça e feijão branco 222
refogado de peixe de Marselha 221
reformar 194
refrigerador 236
refugiado 345
regar 317
regente 151
região 275, 347
regime 209
regional 275
regra do jogo 193
régua 154
regular 321
rei 328
reinar em 328
reiniciar 306
reino 328
reivindicação 162
reivindicar 162
relação 46

relâmpago 285
relaxante 247
religião 334
religiosa 336
religioso 334
relógio 37
reluzir 283
remédio 109
remetente 290
renda 162
rendimentos 162
renunciar a 74
repetir 119
repolho 213
reportagem 293
repórter 150
repousante 247
repousar 89
repouso 247
representante 151
reprovar 123
república 340
República Centro-
 -Africana 420
República Tcheca 417
repulsa 65
requentar 206
reserva 224
reservar 224, 246
resfriado 103
resistência 187, 330
resolver 124
respeitar 92
respeito 93
respirar 109
responder 72
responder a uma pergunta 72
responsabili-
 dade 145
responsável 143
resposta 72
ressaltar 71
restante 387
restaurante 220
restaurante da estação 262
restaurante *self-service* 221
resto 387
resultado 323
retângulo 376
reto 370
retornar (ligação) 296
retorno 245, 261

(re)transmitir 292
retrato 192
retroprojetor 155
reunião 153, 155
reunião 48
reunir 91
reunir-se 50, 71
réveillon 179
revista 291
revolução 329
rezar 334
riacho 279
rico 332
rio 277
riqueza 332
rir 60
risada 182
risco 113
riso 60
ritmo 170
rochedo 278
roda 270
rodar um filme 174
rodoviária 259
rolar 307, 372
romance 164
romance policial 164, 165
rosa 274, 375
rosto 27
roubar 350
roubo 350
roupa 31
rua 19, 254
Ruanda 420
rude 23
rugoso 326
ruído 67
ruim 82
ruína 253
Rússia 417
russo 417

S

sábado 354
sabão em pó 242
saber 118
sabonete 115
sabonete líquido 117
saco de dormir 249
sacola de compras 199
sacro 337
sagrado 337

saia 33
saída 187, 229, 255
saída de emergência 115
sair 181, 374
sair de viagem 244
sal 216
sala 131, 251
sala de espera 112
sala de estar 230
sala de jantar 230
salada 212
salada de frutas 222
salão de chá 220
salário 160
salário mínimo 160
salgado 205
salmão 214
salsicha 214
salsichão 214
saltar 188, 371
salvar 113, 305
salvo 389
samba-canção 34
sandália 36
sandália de dedo 36
sanduíche 221
sangrar 102
sangue 100
santo 337
sapataria 203
sapato 34
sarar 106
sarau 182
satélite 282
satisfatório 187
satisfeito 61
saudações 83
saudade 65
saudável 101
saúde 101
Saúde! 204
se 397, 398, 401, 404
seca 287
secador de cabelos 239
seção 200
secar 239
secar-se 116
seco 208, 285
secretaria de turismo 256
secretária eletrônica 295
secretário 147

Século das Luzes 330
secundarista 130
seda 327
sede 204
segredo 82
seguinte 365
seguir 373
seguir adiante 267
Segunda Guerra Mundial 330
segunda-feira 354
segundo 356, 380, 403
segurança 343
seguridade social 112
seguro 314, 343
seios 100
seis 377
selar 290
selo 289
selvagem 318
sem 403
sem conexão 297
sem dúvida 62
sem lactose 208
sem parar 361
Sem problemas! 86
semáforo 267
semana 353
semanal 353
semente de fei-
 jão 213
semestre 137
seminário 138
sempre 361
senão 395
Senegal 421
senha 307
senhor 17
senhora 17
senhorita 17
sensação 59, 67
sensibilizado 65
sensível 26
sentar-se 232
sentido 58, 67, 127
sentido do olfato 68
sentido do tato 68
sentir 67
sentir dores 102
sentir-se 101
separação 45

separado 19
separar 88
separar-se 45
septuagésimo 381
sequestrar 352
ser 274, 405
ser amigo de 50
ser aprendiz 138
ser assinante de 291
ser carregado 265
ser composta de 326
ser demitido 158
ser despedido 158
ser empregado 319
ser lucrativo 314
ser necessário 406
ser parecido 27
ser preciso 406
ser suficiente 223
série 390
sério 22
serpente 274
serra 195
serviço 225
servidor 298
servir 197, 225
servir-se 223
sessão 173
sessenta 378
sete 377
setembro 354
setenta 378
setentrional 281
sétimo 380
setor 309
seu 399, 400
sexagésimo 381
sexo 20, 46
sexta-feira 354
Sexta-Feira Santa 180
sexto 380
Seychelles 421
shorts 33
si 398
significado 127
signo 128
silêncio 69
silencioso 70
sim 72
Sim, eu gostaria! 85
símbolo 253
simpático 22
simples 121
sinagoga 251
sincero 24

sindicato 160
singular 127
sino 252
Sinto muito! 74
Sirva-se! 85
sistema 320
sistema operacional 306
sistemático 320
site 301
situação 90
situar-se 366
smartphone 299
sms 295
só 62, 362, 386
sob 367
soberana 329
soberano 329
soberbo 177
sobre 367, 369
sobremesa 223
sobrenome 18
sobretudo 388
sobreviver 114
sobrinha 41
sobrinho 41
social 331
socialismo 341
sociedade 331
sociedade anônima 309
sociedade de consumo 312
socorro 113
Socorro! 114
sofá 234
sofrer 102
software 302
sogra 41
sogro 41
sogros 41
sol 282
solar 322
soldado 149
soletrar 126
sólido 326
solo 276
solteiro 20
solução 124
som 169
soma 379
sombra 286
somente 362, 387
sonhar 91
sonho 91
sonho (doce) 211
sonoridade 170

sopa 221
soprar 285
sorrir 61
sorriso 61
sorte 66, 191
sortudos 332
sorvete 217
sorveteria 220
sótão 232
sozinho 62
spa 247
subida 185
subir 371
subordinado 145
subsolo 228
substantivo 126
substituir 145
subtrair 379
subúrbio 254
sucesso 190
suco de frutas 218
Suécia 415
sueco 415
suficiente 383
suficiente para 383
Suíça 416
suíço 416
sujeira 242
sujo 239
sul 280
sul-americano 418
sunga 34
suor 105
superdotado 125
superfície 369
superior 145
supermercado 202
supersticioso 337
supervisor 134
supor 57
suportar 106
suportável 106
surdo 106
surpreendente 64
surpreender 61, 64
surpresa 61
sustentabilidade 288
sustentável 288
sutiã 35

T

tabacaria 202
tabaco 217
tabela 155

tablet 305
tábua 195
talento 125
talheres 240
talvez 57
tamanho 34
também 394
tambor 168
tampa 240
tampouco 394
tanto 393
Tanto melhor! 85
Tanto pior! 85
tão 384
tão logo 360
tapete 234
tarde 355, 363
tato 68
táxi 266
tcheco 417
te 397, 398
teatro 172
tecido 327
tecla 303
teclado 303
técnica 320, 321
técnico 150
tecnologia 320
tédio 64
tedioso 64
tela 175, 303
tela sensível ao toque 305
telefonar para 294
telefone 294, 298
telefone celular 294
telejornais 292
televisão 292
telhado 227
tema 133, 166, 191
temperado 219
temperar 210
temperatura 284
tempestade 285
tempestuoso 285
templo 253
tempo 284, 357
tenda 249
tenho vertigens 107
tênis 35, 188
tentar 92
tentativa 93
teologia 140
teoria 323
TER 260

ter 87, 96, 405
ter ... anos (de idade) 53
ter de 405, 406
ter fé 335
ter gosto de 205
ter necessidade de 88
ter raiva 82
ter razão 78
ter saudades de 65
ter seguro 314
ter um ar 30
ter um gosto bom 204
ter uma pane 270
ter vergonha 65
ter/estar com ciúme de 45
ter/estar/ficar com a cara boa 30
terça-feira 354
terça-feira de Carnaval 180
terceiro 380
terceiro Estado 330
Terceiro Mundo 342
terço 383
terminado 365
terminar 90, 364, 365
termômetro 382
terno 33
terra 276, 282
terraço 231
terreno 188, 228
térreo 227
terrível 62
terrorismo 344
tese (de doutorado) 136
tesoura 154
testa 99
testamento 55
testar 120
teste 120
testemunha 349
teto 227, 229
teu 399
texto 165
tez 31
TGV 260
ti 398
tia 40
tigela 237
tigre 274

time 187
tímido 26
tinturaria 203
tio 40
típico 388
tipo 48, 388
tíquete 258, 261
tira-manchas 240
tirar 32, 88
tirar a mesa 225
tirar foto 191
título 165
toalha 239
toalha de mesa 241
toalhas 238
toca 37
tocar 67, 168, 298
todo mundo 385, 402
todo o tempo 361
todos 385
tofu 216
Togo 421
tolerar 77
tomada (de energia elétrica) 241
tomar banho 115
tomar nota 121, 153
tomar parte 49
tomar um banho de sol 192
tomar uma ducha 115
tomate 212
tomilho 216
tonelada 382
toque 298
toranja 213
torcedor 190
tornar-se 143, 364
torneira 233
torradeira 240
torre 251
torta 211
tortura 346
tosse 105
tossir 103
touchpad 305
toucinho 214
touro 273
toxicômano 105
trabalhador 143
trabalhar 142
trabalhar em linha de montagem 163
trabalhar em meio período 163

trabalhar em período integral 163
trabalhar meio período 163
trabalhar por conta própria 144
trabalhar por turnos 163
trabalho 142
trabalho temporário 159
tradição 179
tradicional 179
tradução 129
traduzir 128
tragédia 174
trailer 269
trair 345
trajado 37
trajar 32
tranquilo 22
transformar 90
trânsito 266
transpirar 103
transportar 265
transporte 265
transporte público 258
traseiro 100
tratamento 111
tratar 90, 108
tratar-se 109
travesseiro 235
trazer 97
treinamento 187
treinar 183
trem 259
trem regional 260
tremer 103
tremor de terra 286
três 377
treze 377
triângulo 376
tribunal 348
trigésimo 381
trilho 262
trimestre 134
trinta 378
triste 62
tristeza 62
trocar 198, 314
trocar-se 32
troco 199
tropa 345
trufa 213
truta 214

tu 397
tubarão 274
tudo 385
Tudo bem? 84
Tudo de bom! 176
tuitar 300
tulipa 275
túmulo 54
Tunísia 421
turco 419
turismo 245
turista 245
turístico 245
Turquia 419
TV 292

U

UE 342
último 358, 363
último ano 135
ultrapassar 373
um 377, 396
um bilhão 378
um milhão 378
um pouco de 384
uma 396
uma série de 385
uma vez que 392
união 341
união estável 46
União Europeia 342
união livre 46
único 386
uniforme 345
unir-se 342
Universidade 133
universidades de elite 136
universo 282
urgente 363
urso 274
usado 197
usar 32, 87
uso 90
útil 319
utilizar 87
uvas 213

V

vaca 273
vaga de aprendiz 139
vagão 262
vagão-leito 262

vagão-restaurante 262
valão 416
vale 278
validar 259
válido 246
Valônia 416
valor 315
vantagem 80
varanda 231
variedade 200
varrer 242
vaso 241
vassoura 242
vazio 223
veado 273
vegano 209
vegetal 317
vegetariano 209
veículo 268
Veja só! 85
vela 189, 241
velhice 52
velho 52
velocidade 371
veloz 183
vencedor 186
vencer 186
vencido 247
venda 196
vendedor 147
vendedor de passagens 259
vender 196
vento 285
ventre 99
ver 66
ver pessoas 51
ver-se 159
verão 353
verbo 127

verdade 293
verdadeiramente 394
verde 375
vergonha 65
vermelho 375
véspera de Natal 180
vestiário 231
vestibular 123
vestido 33, 37
vestir 31
vestir-se 31
veterinário 150
vez 361
viagem 244
viagem de ida 261
viajar 244
vida 51
videira 275
videoprojetor 155
vidro 325
vidro de conserva 207
vigésimo 381
vigésimo primeiro 381
vigésimo segundo 381
vigésimo terceiro 381
vigiar 345
vil 22
vilarejo 254
vinagre 216
vinagrete 222
vinha 275
vinho 218
vinho branco 218
vinho rosé 219
vinho tinto 218
vinte 378
vinte e dois 378

vinte e um 378
violão 168
violência 352
violentar 352
violento 352
violeta 375
violino 168
vir 373
vir de 19
virar 88
vírgula 130
virtual 306
vírus 106
vírus de computador 307
visão 68
visita 250
visita guiada 251
visitar 49, 250
vista 253
visto 248
vitamina 210
vítima 349
vitória 186
vitrine 201
viúva 54
viúvo 19, 54
viver 52
viver em união estável 46
viver junto 41
vivo 51
vizinha 48
voar 263
vocabulário 129
você 397, 398
Você gostaria de...? 85
vocês 397
vôlei 188
volta 261

volta às aulas 131
voltar 245
volume 166
volume de transações 310
vontade 73
voo 263
voo direto 263
vos 399
vós, o senhor, a senhora 397
vosso 400
votar em 341
voto 341
vovó 40
vovô 40
voz 168
vulcão 279
vulnerável 26

W

wi-fi 296
windsurfe 189

X

xadrez 37, 193
xale 38
xampu 116
xícara 237

Z

zelador 150
zero 377
zíper 36
zombar 181
zoom 193